C. H. BECK
STUDIUM

KARL CHRIST

DIE RÖMER

Eine Einführung in ihre Geschichte und Zivilisation

VERLAG C.H.BECK MÜNCHEN

Die erste und zweite Auflage der ‚Römer' von Karl Christ erschienen 1979 und 1984 in der Reihe Beck'sche Elementarbücher.

Mit 10 Karten und 16 Abbildungen auf 8 Tafeln

Die Deutsche Bibliothek – CIP-Einheitsaufnahme

Christ, Karl:
Die Römer : eine Einf. in ihre Geschichte u. Zivilisation / Karl Christ. – 3., überarb. Aufl. – München : Beck, 1994
(C.H.Beck Studium)
ISBN 3 406 38504 4

ISBN 3 406 38504 4

Umschlagentwurf: Bruno Schachtner, Dachau
Dritte, überarbeitete Auflage. 1994

Gesamtherstellung: C.H.Beck'sche Buchdruckerei, Nördlingen
Gedruckt auf säurefreiem, aus chlorfrei gebleichtem Zellstoff hergestelltem Papier
Printed in Germany

Inhalt

Vorwort

Diese Einführung in die römische Geschichte und Zivilisation wurde für den Leser geschrieben, der sich über die Grundzüge der römischen Gesellschaft und Politik, Wirtschaft und Kultur informieren will, für den Reisenden, der die Denkmäler des *Imperium Romanum* in ihren historischen Zusammenhang einzuordnen sucht, nicht zuletzt für die Studierenden jener Disziplinen, die noch immer auf römischen Fundamenten aufbauen.

Für die Abfassung waren vor allem drei Gesichtspunkte leitend: Erstens: Das Buch gibt kein Konzentrat der Ereignisgeschichte und keine bloße Miniatur des historischen und zivilisatorischen Erscheinungsbildes. Es ist bewußt auf die großen historischen Entwicklungslinien sowie auf die zentralen Bereiche und Perspektiven der modernen Forschung ausgerichtet. Im Vordergrund stehen dabei jene Phänomene der Geschichte und Zivilisation, welche für das Römertum konstitutiv waren, und jene Sektoren der Kultur, in welchen die Römer spezifische Leistungen von weitreichendem Einfluß erzielten, wie zum Beispiel Architektur, Geschichtsschreibung und Recht, nicht dagegen die Philosophie.

Zweitens: In keinem der behandelten Bereiche konnte hier die nivellierende Vollständigkeit eines Handbuches erstrebt werden. Die Akzente und Schwerpunkte sind bewußt gesetzt, für das Gesamtbild Wesentliches ist ausführlicher behandelt, manche Einzelheit und mancher Name, die dem Spezialisten teuer sind, werden dagegen nicht erwähnt. Ungeachtet solcher Einschränkungen wurde versucht, die Totalität der römischen Geschichte und Zivilisation zu erfassen und zu vermitteln sowie insbesondere jener Fragmentierung entgegenzuwirken, die in diesem Bereich üblich geworden ist. Die Verklammerung der Verfassungs-, Sozial- und Wirtschaftsgeschichte mit der Kulturgeschichte wurde vor allem angestrebt.

Drittens: Methodisch will dieses Buch immer wieder die Römer selbst zum Sprechen bringen. Deshalb wurden Übertragungen repräsentativer Texte eingefügt, dabei nicht nur Auszüge aus der klassischen Literatur im engeren Sinne, sondern auch Übersetzungen von Inschriften, Gesetzen, Edikten oder Schriften der Kirchenväter, und es wurde versucht, so gut dies dem Verfasser möglich war, auch die historische Aussage der römischen Denkmäler verständlich zu machen. Schließlich werden im Anhang bibliographische Hinweise zu weiterer Lektüre und zu eigenem Studium gegeben, aber auch jene Darstellungen und Forschungen genannt, auf denen der Autor dankbar aufbauen konnte.

Marburg/Lahn, Oktober 1978 *Karl Christ*

Vorwort zur zweiten Auflage

Dank dem Verständnis des verantwortlichen Lektors, Herrn Dr. Ernst-Peter Wieckenberg, und dem Entgegenkommen des Verlages konnten bei der Gestaltung dieser neuen Auflage nicht nur die Vorschläge kompetenter Rezensenten und Kollegen sowie die Wünsche interessierter Leser berücksichtigt werden, sondern vor allem auch jene Erfahrungen, die sich bei der Vorbereitung der soeben erschienenen englischen Ausgabe dieses Buches (The Romans. An Introduction to their History and Civilisation. Translated by Christopher Holme. 1984. Chatto & Windus/The Hogarth Press, London – The University of California Press, Berkeley) auf Grund des besonders intensiven Engagements des Übersetzers sowie der Initiatoren und Betreuer jener Publikation ergaben. Für all diese wertvolle Kooperation ist der Verfasser sehr dankbar. Während im Text der zweiten Auflage nur wenige Versehen zu berichtigen waren, wurden die bibliographischen Hinweise völlig neu gefaßt. Hier war in der ersten Auflage offensichtlich des Guten zuviel geboten worden. Die Bibliographie wurde deshalb gestrafft und übersichtlicher gegliedert, im übrigen durch die Aufnahme wichtiger Neuerscheinungen zugleich ergänzt und aktualisiert. Es ist zu hoffen, daß sie in ihrer neuen Form noch bessere Dienste leisten wird. Die jetzt beigegebenen Skizzen und Tafeln des Buches können natürlich nicht mit den oft üppig ausgestatteten Bildbänden rivalisieren, die gerade in den letzten Jahren in so großer Zahl auch zu diesem Themenbereich erschienen sind. Doch mit relativ bescheidenen Mitteln dürften sie die Aussagen des Textes veranschaulichen und vertiefen und so auf ihre Weise zu einem angemessenen und realistischen Bild der Römer beitragen.

Marburg/Lahn, Januar 1984 *Karl Christ*

Vorwort zur dritten Auflage

Bei dieser Neuauflage kam es darauf an, die im letzten Jahrzehnt erschienenen Beiträge der internationalen Forschung zur römischen Geschichte und Zivilisation aufzuzeigen. Die Bibliographie wurde deshalb durchgängig ergänzt und weiter differenziert, der Text selbst dagegen nicht verändert.

Marburg/Lahn, November 1993 *Karl Christ*

I. Die Römer

1. Historisches Subjekt und historische Formation – Der Wandel eines Begriffs

Es ist eine Folge der einzigartigen Dimensionen der römischen Geschichte, daß historisches Subjekt und historische Formation weder in geographischer noch in struktureller Hinsicht identisch sind. „Die Römer" – das sind zunächst selbstverständlich die Bauern, Hirten, Handwerker, kleinen und mittleren Gutsbesitzer, die ursprünglich in der Stadtgründung am Tiber zusammen lebten. Aber „Römer" sind auch jene Inhaber des römischen Bürgerrechts, die später hinzutraten, Angehörige verschiedenster ethnischer Herkunft, in sozialer Hinsicht dagegen häufig Mitglieder der politisch und wirtschaftlich führenden Schichten Italiens. „Römer" sind die Siedler der römischen Kolonien nicht nur in Italien, sondern auch in den Provinzen, ehemalige Bundesgenossen Roms, denen das römische Bürgerrecht einzeln oder kollektiv verliehen wurde, später in zunehmendem Maße Angehörige der gehobenen Schichten aller Reichsteile, aber auch Soldaten, die nach einem 25jährigen Dienst in römischen Hilfstruppenformationen das volle Bürgerrecht erhielten und schließlich seit der *Constitutio Antoniniana* des Jahres 212/213 n. Chr. nahezu sämtliche freie Bewohner des *Imperium Romanum.* Römische Bürger wurden in diesem Prozeß die Honoratioren der italischen Städte wie die Soldaten der Verbündeten, die sich ausgezeichnet hatten, die Förderer römischer Bürgerkriegsparteien wie der heilige Paulus, der reiche griechische Kaufmann wie der Rhetor, der arabische Stammesfürst wie der germanische Heermeister.

Auch die historische Formation „Rom" umfaßt in ihren verschiedenen Epochen sehr verschiedenartige Einheiten. Das Rom der frühen Republik war eine mittelitalische Stadtgemeinde, die durch weitgehende politische und wirtschaftliche Interessenidentität, vor allem jedoch durch die direkte Staatsgestaltung einer sich selbst verwaltenden Gemeinde freier Bürger charakterisiert wird. Die Anerkennung der maßgebenden Autorität der Korporation der Führungsschicht, des Senates, war dabei ein wesentliches Kennzeichen. Das Rom der klassischen Republik aber wurde bereits Italiens Vormacht, die, gestützt auf einen planmäßigen Kolonisationsprozeß und eine systematisch aufgebaute Bundesorganisation, mit einem Minimum eigenen Einsatzes und ohne Bürokratie die Beherrschung Italiens durchzusetzen und festzuhalten vermochte.

Das Rom des Principats aber wird dann zur Weltmacht des Mittelmeerraums schlechthin. Sieht man von der bewußten Beibehaltung republikanischer Elemente und Traditionen ab, so ist es eine Militärmonarchie „mit einer monarchischen Staatsführung und Regierung und einer teils monarchischen, teils republikanischen Verwaltung" (Ernst Meyer). Aus ihm entwickelt sich schließlich nach der großen Reichskrise des 3. Jahrhunderts n. Chr. der Zwangsstaat der Spätantike, jenes christliche Rom, das die alten Traditionen um so lebhafter zu erneuern und zu propagieren suchte, je weiter es sich von ihnen in allen Bereichen entfernte.

Einige Zahlen mögen die Entwicklung verdeutlichen: Die gesamte Bürgerschaft der frühen Republik dürfte im 5. Jahrhundert v. Chr. rund 20000 Personen nicht überschritten haben, die Bevölkerung des *Imperium Romanum* der Kaiserzeit wird auf insgesamt rund 60–80 Millionen Einwohner geschätzt, von denen im Jahre 48 n. Chr. 5,9 Millionen römische Bürger waren. Das Territorium Roms umfaßte im 5. Jahrhundert v. Chr. rund 800 Quadratkilometer, zur Zeit seiner größten Ausdehnung unter dem Principat ca. 3,5 Millionen Quadratkilometer. Doch wie sehr auch die neueren Forschungen und Darstellungen diesen Entwicklungsprozeß differenziert und die von ihm umschlossenen Gegensätze aufgezeigt haben, Kontinuität und Kohärenz der römischen Geschichte überwiegen so sehr, daß bereits in ihrem Verlauf ältere Elemente der politischen Tradition zum Instrument der Legitimation wie der Abwehr neuer Entwicklungen und Ansprüche geworden sind.

2. Die Epochen der römischen Geschichte – Periodisierung und Terminologie

Die Problematik der inneren Strukturierung und damit der Periodisierung der römischen Geschichte fand in der neueren Forschung keine einheitliche Lösung. Zu einer solchen kann es deshalb nicht kommen, weil die Entwicklungen im Bereich der politischen und der Verfassungsgeschichte, der Gesellschaft und Wirtschaft, der Kultur- und Geistesgeschichte nicht im Gleichtakt abliefen, die Zäsuren der politischen Geschichte zum Beispiel nicht immer auch mit solchen der Literaturgeschichte identisch sind. Dennoch dürfte es für eine erste Orientierung zweckmäßig sein, die heute in der Regel übliche Aufgliederung der römischen Geschichte kurz vorzuführen und zu erläutern.

Die Frühphase der römischen Geschichte umfaßt die Anfänge der Siedlung Rom seit dem Ende des 2. Jahrtausends v. Chr., die sogenannte Stadtwerdung Roms – wohl unter etruskischer Vorherrschaft oder zumindest unter starkem etruskischem Einfluß – sowie die Zeit der sieben legendären Könige bis zur Begründung der Republik (um 500 v. Chr.). Sie wird auch als die *Epoche des archaischen Rom* bezeichnet.

Die Geschichte der römischen Republik (etwa 500 v. Chr. bis ca. 30 v. Chr.) wurde früher unter überwiegend politischen und verfassungsrechtlichen Aspekten in die folgenden Perioden unterteilt:

1. Die *Periode der frühen Republik* und der Ständekämpfe (ca. 500–287 v.Chr.);
2. Die *Periode der klassischen Republik* (287–133 v.Chr.);
3. Das *Zeitalter der römischen Revolution* (133–30 v.Chr.).

Demgegenüber hat die neuere sozialwissenschaftliche Forschung zu Recht geltend gemacht, daß sich seit ca. 200 v.Chr., nach dem Ende des 2. Punischen Krieges, so tiefgreifende wirtschaftliche und soziale Veränderungen vollziehen, daß sich die Konzeption einer Einheit „*Späte römische Republik*" für den Zeitraum zwischen ca. 200 und 30 v.Chr. empfiehlt, während gleichzeitig die Vorstellung einer römischen „Revolution", die einst Theodor Mommsen eingeführt und Ronald Syme mit neuem Inhalt erfüllt hatte, angesichts der Kontinuität wirtschaftlicher und sozialer Strukturen stark angezweifelt wird.

Der Begriff der „*Römischen Kaiserzeit*" hat sich im europäischen Geschichtsbild für die Periode von Augustus bis Romulus Augustulus (476 n.Chr.) oder gar bis Justinian († 565 n.Chr.) durchgesetzt. Dabei war es zumeist üblich, die Kaiserzeit wiederum unter primär verfassungsrechtlichen Kriterien in die Perioden des Principats und des Dominats zu unterteilen. Der *Principat* wurde deshalb zwischen 30 v.Chr. und 284 n.Chr., der *Dominat* zwischen 284 und 476 n.Chr. oder noch späteren Daten abgegrenzt.

In den vergangenen Jahrzehnten sind auch hier eine neue Terminologie und neue Periodisierungen eingeführt worden. Um die spezifische Eigenart der römischen Herrschaftsstruktur seit Augustus exakter zu erfassen, wird der Begriff „Kaiser" heute weitgehend vermieden. Auf den Principat im engeren Sinne (30 v.–193 n.Chr.) folgt die Übergangsphase der Epoche der Severer (193–235 n.Chr.), während die große Reichskrise des 3. Jahrhunderts n.Chr. zumeist mit der Periode der sogenannten Soldatenkaiser (235–284 n.Chr.) gleichgesetzt wird.

Mit den systematischen Reformen Diokletians (284–305 n.Chr.), spätestens mit dem Herrschaftsantritt Konstantins d. Gr. (306 n.Chr.), läßt die neuere Forschung dann die *Spätantike* beginnen, eine Epoche, welche durch völlig neue historische Kräfte und Ausdrucksformen, ein neues Selbstverständnis des Menschen, neue ästhetische Maßstäbe, aber auch durch eine neue sozio-ökonomische Struktur gekennzeichnet wird. In ihr überlagern sich römische, frühbyzantinische und germanische Geschichte. Denn sie umfaßt nicht nur den Untergang des Weströmischen Reiches (476 n.Chr.), sondern ebenso den Aufstieg von Byzanz (Konstantinopel) und die Ausbildung der Germanenreiche auf dem Boden des alten *Imperium Romanum* während der Völkerwanderung. In der Spätantike klingt die römische Geschichte aus, welches Epochenjahr auch immer als Grenze zwischen Alter und Mittelalterlicher Geschichte gewählt wird.

II. Stadtgründung und frühe Republik

1. Sage und Tradition

Seit dem Beginn einer Geschichtsschreibung gegen Ende des 3. Jahrhunderts v. Chr. entstand in Rom aus verschiedenartigsten Überlieferungselementen eigener, etruskischer und griechischer Provenienz eine literarische Tradition über die Anfänge und die frühe Geschichte der Stadt. Von Autoren wie Diodor (1. Jahrhundert v. Chr.), Livius und Dionys von Halikarnaß (augusteische Zeit) systematisiert, hat sie bis in die Neuzeit das römische und das europäische Geschichtsbild bestimmt. Gelehrte wie J. Perizonius (1685), L. de Beaufort (1738), B. G. Niebuhr (1811 ff.) eröffneten eine intensive Kritik dieser Traditionsbestände, J. Rubino (1839) und Th. Mommsen (1854ff.) suchten gegenüber der römischen „Pseudohistorie" den Vorrang der Rechtsquellen und der Institutionen der Verfassungsgeschichte durchzusetzen. Im 20. Jahrhundert haben schließlich Sprachwissenschaftler, Religionshistoriker und vor allem Archäologen neue Konzeptionen und Chronologien der römischen Frühgeschichte entworfen, die die Vorstellungen der antiken literarischen Tradition auflösten. Die tiefen Gegensätze zwischen antiker und moderner Rekonstruktion kennzeichnen den derzeitigen Forschungsstand; ein Vergleich der Inhalte und Perspektiven dürfte die Problemlage am besten verdeutlichen.

Spätestens seit der Ausformung der literarischen Tradition waren für die Römer die Anfänge ihrer Stadt mit dem Untergang Trojas (1184/3 v. Chr. nach der antiken Chronologie) verbunden. Aeneas, ein Sohn der Venus und des Anchises, konnte zusammen mit weiteren Flüchtlingen aus dem brennenden Troja entkommen und nach langen Irrfahrten in Latium an Land gehen. Er gründete die Stadt Lavinium, sein Sohn Iulus Alba Longa an den Albaner Bergen. Alba Longa wurde zur Hauptstadt von Latium; mit dem dort regierenden Haus des Aeneas aber blieben die Anfänge Roms verknüpft. Denn Rhea Silvia, die Mutter des Romulus und Remus, war eine Tochter des Königs Numitor von Alba Longa, der dann von seinem jüngeren Bruder Amulius vertrieben wurde.

Mit diesen Auseinandersetzungen beginnt die berühmte Romulussage, die Aussetzung der Zwillinge, ihre wunderbare Rettung durch die Wölfin, ihre Erziehung durch den Hirten Faustulus, ihre Rache an Amulius. Schließlich kommt es zur Gründung der Stadt Rom (nach Varro 753 v. Chr.). Die Ermordung des Bruders, der die niedrige Stadtmauer lächerlich gemacht hatte, die Errichtung eines Asyls, das neue Bürger anlockte, der Raub der Sabinerinnen, die gemeinsame Herrschaft des Romulus mit dem Sabinerkönig Titus Tatius und schließlich die Apotheose des Romulus sind die wichtigsten Elemente der Legende um Gründung und Anfänge der Stadt.

Mit Romulus begann die Reihe der traditionellen sieben Könige Roms. Sein Nachfolger, Numa Pompilius, soll insbesondere die religiösen Institutionen der Stadt geschaffen, Tullus Hostilius dann Alba Longa zerstört und den römischen Einfluß in Latium beträchtlich erweitert haben. Auf den vierten König, Ancus Martius, wird die Errichtung der wichtigen „Pfahlbrücke", des *pons sublicius* am Fuß des Aventins, zurückgeführt und die angebliche Gründung einer Kolonie in Ostia, worunter wahrscheinlich der Erwerb der Salinen an der Tibermündung und eine entsprechende Intensivierung des Handels zu verstehen ist.

Der fünfte König, Tarquinius Priscus, ein Sohn des Korinthers Demaratus und einer Etruskerin, verkörpert in jedem Falle etruskischen Einfluß. In seinen Kämpfen gegen Sabiner und Latiner, der Ausgestaltung des Forums wie der Einführung der etruskischen Königstracht dokumentiert sich ein entschiedener Herrschaftswille. Mit dem Namen seines Nachfolgers, des Römers Servius Tullius, wurden dagegen eine ganze Reihe der grundlegenden organisatorischen Einrichtungen des frühen Roms verbunden, die Schaffung der Centurienordnung wie der Bau der sogenannten servianischen Stadtmauer, um nur die bekanntesten zu nennen, Maßnahmen, die jedoch mindestens zum Teil ebenso anachronistisch sind wie die angebliche Einführung der Münzprägung.

In der Figur des letzten römischen Königs, des Tarquinius Superbus, waren dann Leistungen wie Hybris der Monarchie besonders plastisch gestaltet. Große öffentliche Bauten, wie die Anlage der *Cloaca maxima*, des berühmten Abwasserkanals, neue Erfolge über die Latiner, aber auch die Lucretia-Episode spiegeln typische Züge eines antiken Tyrannenbildes wider, welche den Sturz des Königtums und die aristokratische Verschwörung um 510 v. Chr. zu legitimieren hatten, ein Vorgang, der später in sehr massiver Weise zur „Gründung der Republik" umstilisiert wurde.

Die modernen archäologischen Rekonstruktionen gingen von systematischen Analysen und Interpretationen der Bodenfunde und der Denkmäler aus. Der Prähistoriker H. Müller-Karpe konzentrierte sich dabei auf die Frühphase der Siedlungsgeschichte. Er wies die frühesten Grabfunde aus römischem Boden (Palatin, Forum) noch dem 10. Jahrhundert v. Chr. zu, die Funde am Esquilin und auf dem Quirinal datierte er auf das 9.–7. Jahrhundert v. Chr. Für den Fundniederschlag selbst, besonders Hausurnen, kleine menschliche Figuren, Gefäße, suchte er Analogien zum ägäischen Raum, speziell zu Kreta, nachzuweisen und damit die Existenz sehr enger Beziehungen. In kleinen runden Hausurnen wollte er die eigentümliche Rundform des ältesten Vestaheiligtums wiedererkennen, eines Rundbaus mit einem Strohdach, das mit Hörnerpaaren verziert war und über dem Eingang ein Paar Vogelvorderteile und bunte Bänder als Schmuck aufwies.

Insgesamt gesehen blieb dabei freilich die Frage offen, ob und in welcher Weise ein Zusammenhang zwischen den frühesten Siedlungsspuren und der späteren Stadtgründung besteht.

Auf sie hat sich vor allem der schwedische Archäologe Einar Gjerstad in seinem monumentalen Werk „Early Rome" (6 Bde. 1953–1973) konzentriert. Subtile Untersuchungen des gesamten archäologischen Materials zur Frühgeschichte Roms, insbesondere der Überreste der Bauten und Anlagen an Forum, Palatin, *Forum Boarium* (in der Gegend der Kirche von S. Omobono) mündeten in ein in sich geschlossenes Vorstellungsmodell. Danach würden die frühesten Siedlungsspuren Roms aus dem 8. Jahrhundert v. Chr. stammen und der Palatin wäre ursprünglich das Zentrum bescheidener dörflicher Siedlungen auf den Hügeln Roms gewesen. In der Zeit zwischen ca. 625 und 575 v. Chr. hätte sich daraus ein loser Zusammenschluß entwickelt, der Siedlungsverband des *„Septimontium"*. Erst durch etruskische Könige wäre dieser um 575 v. Chr. systematisch als Stadt organisiert worden. Im Wandel der Wohnweise, dem Übergang von den alten strohgedeckten Hütten zu ersten Gebäuden mit Ziegeldächern, in der Erbauung monumentaler Tempel, der Anlage eines gepflasterten Stadtmarktes im Areal des Forums, in der planmäßigen Anlage neuer Straßen wie der *via sacra* und in der Errichtung einer Burg auf dem Kapitol erblickte Gjerstad die wichtigsten archäologischen Elemente dieses Urbanisierungsprozesses. Nach ihm war es ein spezifisches Merkmal der römischen Entwicklung, daß die „Gründung" der Stadt Rom gerade nicht mit einer Befestigungsanlage begann, sondern mit der planmäßigen Gestaltung eines neuen Zentrums der Bürgerschaft am Forum. Die „Gründung" Roms sah Gjerstad zudem als Teil des großen etruskischen Urbanisierungsprozesses in Mittelitalien, daneben wies er mit Nachdruck auf die, vor allem in Vasenfragmenten faßbare, erstaunliche Intensität des Fernhandels hin, der das archaische Rom in der Phase zwischen 575 und 450 v. Chr. mit Griechenland verband.

Es ist hier nicht der Ort, um die Harmonisierungsversuche zwischen der antiken literarischen Tradition und den Rekonstruktionen der Archäologen nachzuzeichnen oder zu den ebenso faszinierenden wie phantasievollen, häufig jedoch auch unbeweisbaren Versuchen Stellung zu nehmen, die Nachrichten über die Frühgeschichte Roms mit generellen indo-europäischen Traditionen in Einklang zu bringen (G. Dumézil) oder sie sehr konkret in eurasische Phänomene mythisch-religiöser Vorstellungen und Gesellschaftsstrukturen (A. Alföldi) einzufügen. In einem Augenblick, da über die Anfänge der Stadtgründung und deren Chronologie nicht einmal unter den Vertretern der beteiligten wissenschaftlichen Disziplinen ein consensus besteht, da das Modell eines „voretruskischen" Roms ebenso entschieden bejaht wie bestritten, eine längerfristige Evolution ebenso vertreten wird wie ein bestimmter Gründungsakt, die ursprünglich verbreitete Annahme einer einzigartigen römischen Sonderentwicklung zugunsten ge-

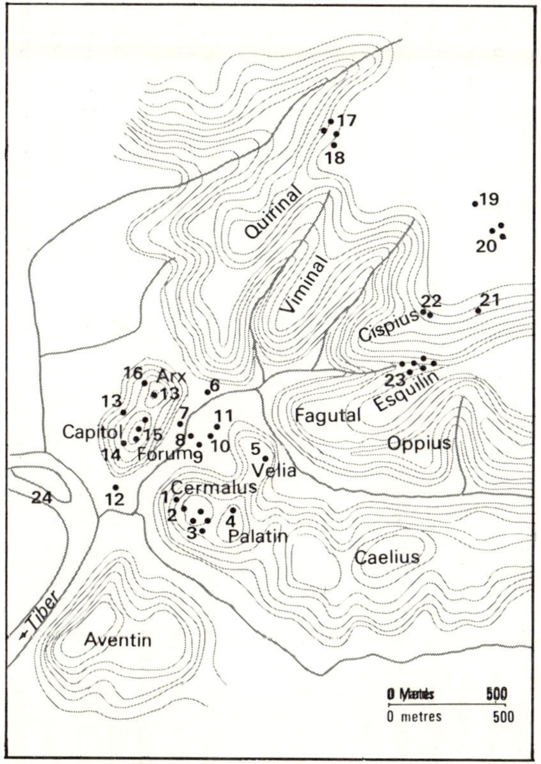

1. Frühes Rom

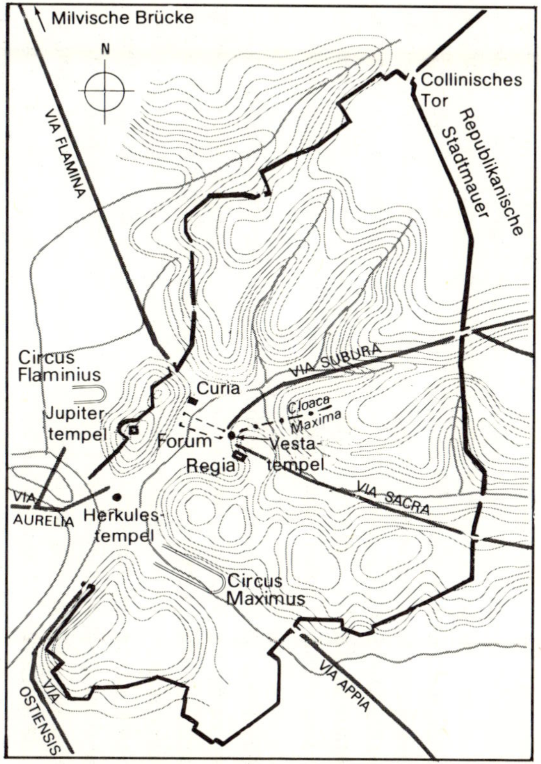

2. Republikanisches Rom

1 Wälle am Palatin
2 Hütten
3 Hütten, Gräber, Zisternen
4 Frühe Hütten
5 Hütten an der Velia
6 Gräber unter dem Augustusforum
7 Hütten am Equus Domitiani
8 Hütten und Gräber beim Caesartempel
9 Funde beim Vestatempel
10 Regia
11 Gräber und Hütten an der Via Sacra
12 Forum Boarium mit Tempeln
13 Wälle am Kapitol
14 Tempel des Jupiter Capitolinus
15 Funde am Kapitol
16 Antefix von der Arx
17 Grab am Quirinal
18 Agger am Quirinal
19 Agger am Esquilin
20 Gräber am Esquilin
21 Agger am Esquilin
22 Hütten am Cispius
23 Gräber am Esquilin
24 Flußübergang

nereller Zusammenhänge reduziert scheint, dürfte es vielmehr darauf ankommen, Bedeutung und Tragweite der römischen Tradition ins Bewußtsein zu rufen.

Die „Mischung alter Erinnerung und politischer Anschauung", als die Ranke die römische Tradition definierte, die im einzelnen kaum mehr auflösbare Verflechtung von Legende, Dichtung und Wahrheit, war für das spätere Rom – aller rationalen Kritik zum Trotz – das Fundament des politischen und historischen Selbstverständnisses. Die Vorgänge, die zur Stadtgründung führten, verliehen den römischen Anfängen eine unvergleichliche Weihe. Wie tief eine Gestalt wie Romulus im römischen Bewußtsein verankert war, geht aus Octavians Überlegungen, den Romulusnamen anzunehmen, ebenso hervor wie aus Augustins Diskreditierung des Brudermörders. Die Figur des zum Tyrannen entarteten *rex* wurde für die politische Vorstellungswelt Roms geradezu zum Trauma; die von den Anhängern wie der Opposition gegen Caesar unternommenen Anläufe, den Diktator in die Nähe des Königtums zu rücken, dokumentieren, wie prekär und verhängnisvoll, aber auch wie stark diese Tradition noch immer war.

Die Entscheidung darüber, ob die Existenz einer voretruskischen Stadt Rom akzeptiert wird oder nicht, hängt von der Datierung der archäologischen Funde ab. Doch in jedem Falle stand das Rom des 6. Jahrhunderts v. Chr. unter starkem etruskischem Einfluß. Die vorhergehenden Siedlungseinheiten verloren damals nahezu ihr ganzes Eigenleben, jedenfalls jede echte politische Funktion. Lediglich im Rahmen von Kultverbänden lebten sie noch weiter, so in den *Salii Palatini* und den *Salii Collini,* den Gemeinschaften der Springer, die ihre eigentümlichen kultischen Tanzzeremonien zu Ehren des Mars ausübten. Das Stadtgebiet selbst gliederte sich zunächst in vier Stadtteile, die *regio Suburana,* die *regio Palatina,* die *regio Esquilina* und die *regio Collina.* Die Bewohner hießen nach dem Zusammenschluß *Romani,* daneben hielt sich indessen noch der Eigenname der Bewohner des Quirinal, der *Quirites,* eine Tatsache, die am deutlichsten in der stereotypen Formel des *populus Romanus Quiritium* zum Ausdruck kommt.

2. Gesellschaft und Wirtschaft des archaischen Rom

Trotz des etruskischen Stempels, der dem Gemeinwesen sein Gepräge gab, wurde der Grundstock der Gesamtbevölkerung durch die ältere indo-europäische Komponente bestimmt, es dürften lediglich einzelne etruskische Familien zugezogen sein. Der Gesellschaftsaufbau in der Stadt wurde schon früh von den Vorstellungen und der Macht einer starken Adelsschicht geformt. Dagegen ist unklar, wie umfassend die Machtbefugnisse des Königs, des *rex,* der an der Spitze des Stadtstaates stand, wirklich waren. Es läßt sich jedenfalls nicht ausschließen, daß sie im Zuge einer gesamtetruskischen Entwicklung sehr stark eingeschränkt wurden.

Die führende Gesellschaftsschicht setzte sich jedenfalls aus den Angehörigen eines Erbadels, der *gentes,* der Geschlechter, zusammen. Schon in der Königszeit bestand der Senat als Versammlung der Häupter der Adelsfamilien, die später mit dem Wort *patricii* bezeichnet wurden. Politisch-militärisch aber war das frühe Rom in drei große Verbände, die *Tribus* der *Ramnes, Tities* und *Luceres,* aufgegliedert, somit in Einheiten, die etruskische Namen führten. Jede Tribus bestand aus zehn Kurien oder Männervereinigungen; unter den *curiae* standen dann die *gentes,* die Sippen, Geschlechter, Großfamilien oder Clans, darunter endlich die Einzelfamilien.

Entsprechend war die militärische Organisation aufgebaut. Jede Kurie stellte eine, jede Tribus somit zehn Hundertschaften Fußvolk auf, so daß ein *populus,* ein Gesamtfußvolk von insgesamt 3000 Mann zusammenkam, das in analoger Weise durch eine Adelsreiterei von 300 *equites* oder *celeres* ergänzt wurde. Es folgt daraus, daß *populus* im engeren Sinne das militärisch organisierte Fußvolk der Bürgerschaft bezeichnete, die enge Beziehung dieser Definition zu einer auch politisch wirksamen Heeresversammlung ist evident. Daneben schälen sich die Kurien als politisch bedeutsamste Verbände heraus. Sie bilden die Grundeinheit, nach der sich anfänglich die Gemeinde konstituierte, sie leisteten den Huldigungseid auf den König, und sie übertrugen den Obermagistraten ihre Befehlskompetenz, ihr *imperium.*

Wichtiger als der Schematismus dieser Organisation wurde indessen der Gegensatz zwischen dem Patriziat, dem Adel, und der Plebs, der Masse des Volkes. Der Adel war als Geburtsadel ursprünglich eine nach unten hermetisch abgeschlossene Schicht, die wohl durch Adlige aus anderen Städten ergänzt wurde, die jedoch grundsätzlich keine Ehen mit nichtadligen Römern duldete. In den Händen dieser Adelsschicht befanden sich zunächst alle wesentlichen politischen, aber auch religiösen Rechte. Ursprünglich waren die Adelsgeschlechter zudem sowohl durch das Zusammenwohnen als auch durch gemeinsame Kulte verklammert. Und schon von Beginn an zählten zur jeweiligen *gens* auch die *clientes,* die juristisch zwar freien, wirtschaftlich und gesellschaftlich jedoch abhängigen Bürger in weitestem Umfang.

Die Grundlinien der Gesellschaftsstruktur des archaischen Roms werden durch spezifisch römische Phänomene bestimmt: erstens durch die Familie, die Grundeinheit der römischen Gesellschaft, zweitens durch die Institution der Klientel. Die römische Familienstruktur ist durch die kompromißlose Machtstellung des männlichen Familienvorstandes, des *pater familias,* charakterisiert, eine Machtstellung, die sich im juristischen Bereich ebenso dokumentiert wie im wirtschaftlichen oder kultischen. Der *pater familias* hatte ursprünglich gegenüber allen Familienangehörigen das Recht über Leben und Tod; er konnte die eigenen Kinder als Sklaven verkaufen. Ihrem Wesen nach war die römische Familie in den Anfängen eine konsequent organisierte bäuerliche Lebens- und Hausgemeinschaft. Für die Kinder entsprach das Verhältnis der religiös sanktionierten Bindungen gegenüber den Eltern jenem der Beziehungen zwischen Menschen und Göttern. Es wurde jedenfalls mit demselben Begriff, der *pietas*, bezeichnet.

Noch wichtiger für das Verständnis der römischen Sozialordnung ist indessen die Institution der Klientel. Sie setzt auf der Seite des Schwächeren, des *cliens*, die grundsätzliche Anerkennung einer Abhängigkeit voraus, auf der Seite des Stärkeren, des *patronus*, eine bewußte Übernahme von Verantwortung für den Schwächeren, somit die Übernahme einer Hilfs- und Schutzfunktion, die gleichzeitig den Verzicht auf die rücksichtslose Ausnutzung der eigenen Stellung gegenüber dem Abhängigen in sich schloß. Das Treueverhältnis, das in solchen Fällen bestand, wurde als *fides* bezeichnet. Den Klienten verpflichtete es zur Leistung der Aufwartung, zur Teilnahme im Gefolge beim Auftreten des Adligen in der Öffentlichkeit, in besonderen Fällen auch zu materiellen Leistungen. Auf der andern Seite war jedoch auch der Patron in mannigfaltiger Weise zum Eintreten für den *cliens* verpflichtet, nicht zuletzt vor Gericht. Das Treueverhältnis war demnach wechselseitig; nach dem Zwölftafelrecht galt ein Patron, der seinen Klienten betrog, als geächtet.

Angesichts der Überlieferungslage ist eine eindeutige Klärung der Entstehung der Klientel nicht möglich. Die Differenzierung von Grundbesitz, Reichtum, Einfluß und Macht, das Absinken freier Bauern in die Abhängigkeit, die Zuwanderung von Handwerkern, die Überlassung von Ackerland als jederzeit widerrufbarem Nutzungsobjekt werden zumeist als Erklärungsmodell angeboten. Versuche, die wirtschaftliche Komponente im Klientelverhältnis zu negieren, können kaum überzeugen; es ist im Gegenteil eher anzunehmen, daß gerade Bewußtsein und Eingeständnis wirtschaftlicher Abhängigkeit, die sich in der familienbezogenen frühen Subsistenzwirtschaft sehr schnell ergeben konnten, am Anfang der Institution standen. Eine zweite Voraussetzung liegt im juristischen Bereich, denn die Vertretung des Rechts der Klienten durch den Patron war schon deshalb unumgänglich, weil der Klient in der Frühzeit seine Rechte ohne Beistand des Patrons im regulären Rechtsverfahren faktisch überhaupt nicht geltend machen konnte.

Es handelt sich bei der Klientel demnach ursprünglich um direkte, dauernde persönliche Bindungen von Person zu Person, Familie zu Familie, Bindungen, die auch vererbt wurden, das heißt auf beiden Seiten jeweils mit allen Rechten und Pflichten auf die nächsten Generationen übergingen, wenngleich, zum Beispiel bei den Freigelassenen, nicht immer mit derselben Intensität, mit der sie einst begründet worden waren. Das Verhältnis von Adelsfamilie und Klientel erreichte oft die Relation von 1 : 10. Nach einer Angabe des Livius wies beispielsweise die *gens Fabia* im Jahre 479

v. Chr. bei 306 Angehörigen des Geschlechts *(gentiles)* nicht weniger als ca. 4–5000 Klienten auf.

Die Klientel blieb lange Zeit in ihrer ursprünglichen, fundamentalen Form bestehen, doch traten dann parallel zum römischen Expansionsprozeß und zur innenpolitischen Entwicklung Roms erhebliche Veränderungen ein. War die Beziehung anfangs ganz personal, so traten später Dörfer, Städte und Könige in die Klientel einzelner römischer Aristokraten ein, oft jener römischen Feldherrn, von denen sie unterworfen wurden und die dann zu ihren Interessenvertretern im römischen Senat geworden waren. Es kam auf diese Weise schließlich auch zu einer „Vermassung der Klientelen" (J. Bleicken).

Nicht weniger folgenschwer war die innenpolitisch bedingte Veränderung in der Zusammensetzung des Kreises der *patroni.* Waren diese ursprünglich mit der geschlossenen Gruppe der Patrizier identisch, so stießen im Verlauf der Ständekämpfe des 5. und 4. Jahrhunderts v. Chr. auch reiche Plebejer in diesen Kreis vor, Bürger, die auf Grund ihrer materiellen Lage die Funktionen der Aristokraten übernehmen konnten. Waren die *patroni* anfangs ausschließlich Großgrundbesitzer, so kamen später hervorragende Anwälte und Politiker hinzu, zur Zeit der späten Republik auch die großen Heerführer. Bildete das Netz der Klientelen anfangs ein polyzentrisches Abhängigkeitssystem, so wurde es später einerseits immer weiter ausgedehnt, andererseits auf die dominierenden Politiker und Heerführer reduziert, zuletzt im Principat der Kaiserzeit gleichsam monopolisiert.

Die Auswirkungen der Klientel auf die politische Willensbildung sind kaum zu überschätzen. In der frühen und klassischen Republik war die Bindung des Klienten an die Entscheidungen seines Patrons bei Wahlen und Abstimmungen selbstverständlich. Durch diese Absorbierung des politischen Willens der Klienten wurde indessen auch eine politische Zersplitterung verhindert; in der Praxis nahmen die Patrone gleichsam die Stellung der modernen politischen Parteien ein. Erst mit der Einführung der geheimen Abstimmung durch die *leges tabellariae* des 2. Jahrhunderts v. Chr., das heißt in dem Augenblick, als die Kontrollmöglichkeit bei der Stimmabgabe beseitigt wurde, begann sich diese Bindung zu lockern und schließlich aufzulösen.

3. Der Ständekampf

Die Beseitigung der Monarchie mußte im Innern des römischen Staates zum Antagonismus der beiden großen sozialen Gruppen, des Patriziats und der Plebs, führen. Im Gegensatz zum Patriziat war die römische Plebs keineswegs homogen. Für die Epoche der frühen römischen Republik wäre es völlig falsch, in ihr eine amorphe Großstadtbevölkerung ohne ausreichende Arbeits- und Verdienstmöglichkeiten zu sehen und damit Erscheinungen zu reprojizieren, welche erst die Phasen der späten Republik und des Principats kennzeichnen. Denn zur römischen Plebs der frühen Republik zählten nicht nur die Klienten und damit überwiegend bäuerliche Kleinproduzenten, sondern ebenso unabhängige freie Bauern, Handwerker und Händler, jedoch auch nichtadlige Bürger mit so großem Besitz und Vermögen, daß sie die Rüstung eines Schwerbewaffneten erwerben konnten. Eine kriegstechnische und taktische Revolution, der Übergang von der Kampfweise ritterlicher Gefolgschaften, die in Streitwagen oder zu Pferde kämpften, zu jener der Hoplitenphalanx, einer massierten Schlachtreihe schwer gepanzerter Infanterie, gab gerade dieser letzten Gruppe ein großes Gewicht. Denn je größer die Lasten waren, die sie in den zahlreichen und langjährigen militärischen Auseinandersetzungen der frühen Republik zu tragen hatte, desto entschiedener drängte sie auf eine politische Gleichberechtigung mit den ganz eindeutig privilegierten Patriziern.

Für die breite Masse der Plebs standen dagegen andere Motivationen im Vordergrund. Ihr ging es in erster Linie um Versorgung mit Acker- oder Weideland, nicht zuletzt für die zweiten und weiteren Kinder, sodann aber auch um eine angemessene Bereinigung des Verschuldungsproblems. Denn durch das frührömische Kreditrecht in der Form des *nexum* hatte der Kreditgeber faktisch ein Zugriffsrecht auf die Person des Schuldners. Die Gefahr der Schuldsklaverei ergab sich vor allem aus den sehr hohen Zinssätzen, die sich nach Ansicht vieler Interpreten zeitweilig bis zu einem Zwölftel des Kapitals beliefen. Erst nach der *lex Poetelia* von 326 v. Chr. wurden Fesselung und Verkauf des Schuldners untersagt, darnach verfiel die Institution des *nexum* insgesamt.

Landaufteilung und Schuldentilgung sind elementare Forderungen in nahezu allen sozialen Unruhen des griechisch-römischen Kulturkreises. Es mag daher sein, daß eine gewisse Vorstellungstypik der antiken Überlieferung spätere römische oder griechische Phänomene auf die frührömische Entwicklung zurückwarf. Dennoch ist kaum ein Zweifel daran möglich, daß auch in der frühen römischen Republik hier die größten Mißstände lagen. Hinzu trat die anfangs offensichtlich unkontrollierte Rechtsausübung der führenden Magistrate, die der Willkür Tür und Tor öffnete, so daß die Forderung nach Schutzmaßnahmen gegen einen solchen Machtmißbrauch schon bald eine breite Resonanz fand.

Jede Analyse der Anfänge des römischen Ständekampfes steht auf einem sehr unsicheren Boden, weil damit zu rechnen ist, daß in dem Bestreben, eine möglichst weit zurückreichende revolutionäre Tradition zu belegen, spätere Ereignisse und auch Gesetzesinhalte schon in die Frühzeit zurückgeblendet wurden, um Forderungen und Kampfmaßnahmen gleichsam historisch zu sanktionieren. Während es zum Beispiel im Jahre 287 v. Chr. zu einer *secessio plebis* kam, zum Auszug der Plebs aus der Stadt und zu einer Verweigerung des Dienstes im Heer, läßt sich nicht ausschließen, daß die legendären Berichte über parallele Vorgänge des Jahres 494/3 v. Chr. durch die späteren Erfahrungen beeinflußt sind. Ganz ähnlich liegt es bei den

„Gesetzeswiederholungen". Ist zum Beispiel an der Anerkennung des Rechtes der *provocatio*, des Rechtes freier römischer Bürger, bei der Verhängung von Todes- und anderen schweren Strafen römischer Magistrate an das Volk zu appellieren, im Jahre 300 v. Chr. kaum zu rütteln, so dürften die analogen juristischen Fixierungen der Tradition auf die Jahre 509 und 449 v. Chr. nicht zutreffen.

Der römische Ständekampf wird zumeist durch den ersten „Auszug" der Plebs im Jahre 494 v. Chr. und durch die *lex Hortensia* des Jahres 287 v. Chr., die den Beschlüssen der eigenständigen Volksversammlungen Rechtskraft für den Gesamtstaat verlieh, abgegrenzt. Seine wichtigsten Etappen und Höhepunkte sind daneben die Zeit des Decemvirats 451/450 v. Chr., als die Zwölftafelgesetzgebung durchgesetzt wurde, die Staatsstreichversuche unter Marcus Manlius Capitolinus 385 v. Chr., die Verabschiedung der *leges Liciniae Sextiae* von 367/6 v. Chr., welche unter anderem die Zulassung der Plebejer zu den höchsten Staatsämtern eröffneten, die faktische Abschaffung der Schuldknechtschaft durch die *lex Poetelia* des Jahres 326 v. Chr. und die Anerkennung der *provocatio*, des Rechts auf Anrufung des Volksgerichts bei Kapitalstrafen römischer Magistrate, im Jahre 300 v. Chr.

Aufs Ganze gesehen brachte schon das 5. Jahrhundert v. Chr. eine beträchtliche Verschärfung der Gegensätze zwischen Plebs und Patriziat. Ansprüche der Patrizier und wachsendes Selbstbewußtsein der Plebejer steigerten sich dabei gegenseitig; der Antagonismus überlagerte zeitweilig das Klientelsystem, denn zumindest in politischer Hinsicht, aber auch teilweise im juristischen Bereich nahmen nun die Anführer der Plebs die Funktionen der *patroni* wahr. Es ist daneben jedoch ein besonderes Kennzeichen der römischen Entwicklung, daß immer wieder einzelne Patrizier die Interessen der Plebejer verteidigten, so Spurius Cassius (486 v. Chr.), Marcus Manlius Capitolinus (385 v. Chr.), Q. Publilius Philo (339 v. Chr.) und Appius Claudius Caecus (Censor 312 v. Chr.), um nur einige Beispiele zu nennen.

Die sich über rund zwei Jahrhunderte hinziehende Auseinandersetzung wird durch Phasen erbitterter innerer Kämpfe, aber auch durch längere Perioden der Kompromisse angesichts der Notwendigkeit der Abwehr gemeinsamer äußerer Gefahren gekennzeichnet. An ihrem Ende steht die volle privatrechtliche Gleichstellung aller Plebejer, die öffentliche Fixierung des geltenden Rechts, eine später noch näher zu besprechende Umbildung der Verfassung, die in der entwickelten Form der sogenannten Centurienverfassung ihren sinnfälligsten Ausdruck fand, aber auch die Mitwirkung der Plebs bei der Wahl der Magistrate wie bei politischen Strafverfahren, bei der Entscheidung über Krieg und Frieden wie bei der Verabschiedung von Gesetzen vorsah, schließlich der Rechtsschutz gegenüber magistratischer Willkür und die Zuständigkeit des Volksgerichts bei kapitalen Strafen. Für die reicheren Plebejer aber war gleichzeitig der Aufstieg in die erweiterte Führungsschicht der Nobilität ertrotzt, nachdem ihnen Zug um Zug das passive Wahlrecht in die verschiedenen Staatsämter eingeräumt worden war (366 v. Chr.: 1. plebejischer Konsul, 356 v. Chr.: Diktator, 351 v. Chr.: Censor; 172 v. Chr. erstmals beide Konsuln Plebejer).

Zunächst jedoch war es seit 494 v. Chr. zur Ausbildung einer Sonderorganisation der Plebs, gleichsam als Staat im Staate, gekommen, einer Sonderorganisation, deren Entwicklung vor allem in der Institution des Volkstribunats faßbar wird. Die ursprünglich wohl 2, später 5, und seit 449 v. Chr. 10 Volkstribunen vertraten die Sonderinteressen der Plebejer gegen die patrizische Standesherrschaft. Alle ihre Aktionen waren ursprünglich Rechtsanmaßungen, und gerade deshalb war in der religiös gebundenen Gemeinschaft die Unantastbarkeit *(sacrosanctitas)*, die „Tabuisierung" der Personen der Volkstribunen erforderlich, um die Exponenten plebejischer Interessen zu schützen. Im „Dazwischentreten" *(intercessio)* der Volkstribunen, in der Organisation von Volksaufläufen bei Übergriffen der patrizischen Magistrate und im Auszug der Plebs werden die Kampfformen des Ständekampfes sichtbar.

Die Volkstribunen waren anfangs auch die militärischen Befehlshaber der Plebs gewesen. Später trat hinter dem kontinuierlich ausgeübten Rechtsschutz und hinter der Leitung der Volksversammlungen und einem sehr weitgehenden Initiativrecht die militärische Herkunft völlig in den Hintergrund. Insgesamt gesehen stand die Kompetenz der Volkstribunen weithin unter negativem Vorzeichen. Ein Volkstribun konnte zwar faktisch einen Magistrat an dessen Ausübung der Amtstätigkeit hindern, aber er konnte diese nicht selbst übernehmen. Wenn am Ende des Ständekampfes die volle Legalisierung der ursprünglich usurpierten Kompetenzen der Volkstribunen und deren Integration in die republikanische Verfassung stand, so ist dies der sinnfälligste Ausdruck dafür, daß die beiden Verfassungsebenen, die patrizische und die plebejische, die während des Ständekampfes auseinandergetreten waren, am Ende wieder in einem einheitlichen System zusammengefaßt wurden. Die *lex Hortensia* von 287 v. Chr. erhob indirekt die einstige Sonderorganisation der plebejischen Opposition in den Rang eines staatlichen Organs mit offiziellen Funktionen. Die Volkstribunen selbst wurden zwar für geraume Zeit konstruktive Förderer der senatorischen Politik, doch hatten sie nun einmal „die heiligste, höchste und freieste aller Magistraturen" (Th. Mommsen) inne, die sich deshalb auch in der Krise der späten Republik als Basis neuer oppositioneller Zielsetzung anbot.

4. Ausweitung der römischen Herrschaft in Italien

Die Beseitigung der Monarchie und das Ausscheiden aus dem etruskischen Machtbereich führten den römischen Adelsstaat zugleich in eine schwere außenpolitische Krise. Denn nicht nur gegenüber den Etruskern, sondern auch gegenüber den Latinern hatte Rom jetzt seinen Rückhalt verloren; der erste römisch-punische Vertrag aus dem ersten Jahr der Republik ist wohl auch als Ausdruck jener Situation zu verstehen, da für Rom alles darauf ankam, seine Positionen in Latium zu behaupten. Aus dem Rückblick und aus großer Distanz betrachtet begann jetzt jener kontinuierliche Expansionsprozeß, in dem die römische Republik ihren Herrschaftsbereich bis zum Beginn des 1. Punischen Krieges (264 v. Chr.) über ganz Mittel- und Süditalien ausdehnen konnte.

Doch dieser Prozeß war auch durch schwere Rückschläge und Katastrophen markiert. In den Kämpfen gegen die Etrusker, Latiner, Kelten und Samniten, um nur die wichtigsten Gegner zu nennen, schien die römische Macht mehr als einmal zu zerbrechen; das „heroische" Zeitalter Roms wird durch raschen Wechsel von Erfolgen und Krisen gekennzeichnet. Die Legenden um das Gefecht am See Regillus, Coriolan (angeblich 491 v. Chr.), Cincinnatus (angeblich 462 v. Chr.), die Einnahme und Zerstörung der alten Rivalin Veji im Jahr 396 v. Chr., die Katastrophe an der Allia und die Einnahme Roms durch die Kelten (387 v. Chr.), der große latinische Aufstand (340–338 v. Chr.), die Kriege gegen die Samniten (1.: 343–341 v. Chr.; 2.: 327–304; 3.: 298–290) und schließlich die Kämpfe gegen König Pyrrhus von Epirus (280–275 v. Chr.) verdeutlichen die wichtigsten Etappen der keineswegs ungebrochenen Machtentfaltung.

Allein gerade die schweren Rückschläge und Krisen, welche die beständige Erweiterung und Organisation des römischen Machtbereichs bestimmen, lassen zugleich die Eigenart dieses Prozesses erkennen. Kontinuität, Konsequenz und Unerbittlichkeit der Machtbildung wurden von der Korporation einer Führungsschicht diktiert, die zugleich überwiegend im Interesse der Mehrheit aller freien Bürger handelte. In der Schaffung und Konsolidierung breiter Interessenidentität gegenüber den anderen italischen Mächten liegt die wichtigste Leistung des Patriziats, später der Nobilität. Es wäre dabei völlig unrealistisch, vor den elementaren wirtschaftlichen und sozialen Voraussetzungen und Folgen der römischen Expansion die Augen zu verschließen. Denn sowohl Patrizier als auch Plebejer konnten ihren chronischen Landhunger nur auf diese Weise stillen, vor allem den jüngeren Söhnen der freien Kleineigentümer, der Bauern, Hirten, Handwerker und Händler nur auf diese Weise zu einer Existenz verhelfen, das soziale System der Stadt nur auf diese Weise beständig reproduzieren.

In seiner späteren Phase aber war dieser Expansionsprozeß nur deshalb weiterzuführen und abzusichern, weil es die römische Führungsschicht wiederum verstand, auch aus den Angehörigen ihrer eigenen sozialen Schicht in den italischen Städten und Stämmen eine breitere Interessengemeinschaft zu formieren. Da die Vorteile des Systems der von Rom organisierten italischen Bundesgenossenschaft offensichtlich den Verlust lokaler Sonderrechte und Traditionen überwogen, fand sich diese politisch entscheidende soziale Gruppe zunächst mit Roms Suprematie ab, um sich später völlig mit ihr zu identifizieren. Eine realistische Alternative zur römischen Machtbildung gab es, langfristig gesehen, ohnehin nicht. Im Italien des 6. bis 3. Jahrhunderts v. Chr. existierte keine andere politische Macht, die über einen so langen Zeitraum hin und so konsequent und kompromißlos wie Rom einen vergleichbaren Expansions- und Konsolidierungsprozeß der eigenen Herrschaft durchgeführt hätte. In vielen Fällen mußte zudem die Hinnahme der römischen Herrschaft als das kleinere Übel erscheinen, nachdem sich die freien Gemeinden und Städte Italiens gegenüber den Vorstößen der oskisch-sabellischen Bergstämme wie der Kelten oder der Nachbarstaaten aus eigener Kraft doch nicht halten konnten.

Auf dem Weg zur Vormacht Italiens gab es genügend Konstellationen, in denen Rom seinen Gegnern im Potential eindeutig unterlegen war, allein die kontinuierliche Konzentration aller verfügbaren eigenen Kräfte und schon sehr früh auch die umfassende Mobilisierung derjenigen der Verbündeten glichen die zeitweilige Überlegenheit der zumeist aufgesplitterten Gegner Roms aus. Politisch wie militärisch ist der Triumph des römischen Führungskollektivs umso erstaunlicher, als es gleichzeitig fort und fort die größten inneren Krisen zu bestehen hatte. So wird es verständlich, daß dieser zäh durchgehaltene aktivistische Expansionsprozeß ohne Beispiel vor allem im Zuge der nationalstaatlichen Perspektiven wie des universellen Fortschrittsdenkens der Neuzeit lange Zeit einzig in seinen positiven Aspekten und Resultaten, vor allem in der Überwindung der Partikularität, gewürdigt worden ist. Allein über der Apotheose der politischen und militärischen Erfolge der römischen Republik sollte nicht übersehen werden, daß sie zugleich, wie schon Herder betont hat, mit der Vernichtung der Zivilisationen des alten Italiens identisch sind.

5. Die Herrschaftsorganisation – Römische Kolonisation

Die römische Republik gab ihrem italischen Herrschaftsbereich eine neuartige politische und rechtliche Ordnung. In staatsrechtlicher Hinsicht bildeten die römischen Bürger, deren Versammlung Träger der Staatssouveränität war, die innere Basis. Doch nicht alle Einwohner Roms waren vollberechtigte römische Bürger, und nicht alle vollberechtigten Bürger lebten in der Stadt Rom. Rom hat vielmehr wie kein anderer Stadtstaat des Altertums das Bürgerrecht als politisches Instrument und als Instrument zur Festigung seiner Herrschaft benutzt. Mit dem Anwachsen des römischen Territoriums, des *ager Romanus*, wurden die annektierten Gebiete von Streusiedlungen römischer Bürger durchsetzt, die im Wege der Einzelzuweisung, der sogenannten viritanen Assignation, Landzuteilungen erhalten hatten. Im Gegensatz hierzu war die Zusammenfassung der römischen

Siedler in den unten näher zu besprechenden Kolonien wesentlich straffer. Staatsrechtlich blieben beide Bürgerkategorien ganz auf Rom bezogen, obwohl sie angesichts des immer weiter ausgedehnten römischen Herrschaftsradius ihre Bürgerrechte in der Praxis politisch kaum mehr ausüben konnten.

Die staatsrechtliche Struktur Italiens wurde indessen nicht allein durch neue römische Ansiedlungen verändert, sondern ebenso durch die Aufhebung ursprünglich selbständiger Gemeinden und durch die Zuerkennung des römischen Bürgerrechts an Unterworfene. Doch dieser direkten Inkorporation waren Grenzen gesetzt. Bei einer Ausdehnung des Verfahrens auf fremdstämmige und fremdsprachige Stämme und Gemeinden lief die römische Bürgerschaft Gefahr, majorisiert zu werden. Es kam deshalb darauf an, eine Organisations- und Rechtsform zu finden, welche einerseits den sehr kleinen stadtrömischen Beamtenapparat nicht mit noch weiteren Verwaltungsaufgaben belastete und welche die politischen Gefahren einer weiteren Ausdehnung des römischen Bürgerrechts vermied, andererseits aber den davon Betroffenen die für sie wertvollen privatrechtlichen Elemente des römischen Bürgerrechts zubilligte. Die Lösung wurde in den *cives sine suffragio* gefunden, einer Bürgerrechtskategorie, deren Inhaber einzig von den aktiven wie passiven Wahl- und Stimmrechten in den römischen Volksversammlungen ausgeschlossen waren, in allen Bereichen des Privatrechts jedoch gleichberechtigt waren. Sie hatten deshalb auch Seite an Seite mit den römischen Vollbürgern in den Legionen zu dienen.

Den so eingestuften Gemeinden wurde zur Verwaltung und Ordnung ihrer lokalen Angelegenheiten die Selbstverwaltung unter eigenen, frei gewählten Beamten belassen, lediglich die Wehrhoheit und das Recht auf eigene „Außenpolitik" gingen auf Rom über. Verliehen wurde dieser Status vor allem den Nachbarstädten Roms, die auf einem ähnlichen sozialen und kulturellen Niveau standen, insbesondere Städten in Latium und Kampanien, aber auch dem etruskischen Caere, das dieses Recht als erste Stadt schon 342 v. Chr. erhalten hatte.

Diesem staatsrechtlich-politischen Kern stehen die römischen Verbündeten gegenüber, die wiederum stark differenziert waren. Die wichtigste und privilegierteste Gruppe bildeten hier die latinischen Bundesgenossen Roms als ursprünglich gleichberechtigte Partner. Anfänglich galt das sogenannte latinische Recht für sämtliche latinische Städte, es war damit an einen ganz bestimmten geographischen Raum und an einen ganz bestimmten Stamm gebunden. Erst die Niederwerfung des großen Latineraufstandes (340–338 v. Chr.) brachte hier eine entscheidende Veränderung, denn zunächst wurde das latinische Recht nur auf wenige Sonderfälle, wie Tibur und Praeneste, beschränkt, später dann aber auch an Gemeinden und Bürger verliehen, die nicht dem latinischen Stamm angehörten.

Das latinische Recht anerkannte zunächst die autonome Stellung der betreffenden Gemeinden. Ihre Bürger waren den römischen Vollbürgern jedoch nicht nur im Eherecht und Handelsrecht, in *conubium* und *commercium,* gleichgestellt, sondern im Falle einer dauernden Übersiedlung nach Rom wurde ihnen auch das volle römische Bürgerrecht zuteil. Allerdings ist diese Regelung später wieder eingeschränkt worden. Seit dem 2. Jahrhundert v. Chr. wurde schließlich ein anderes Verfahren eingeführt, das für die Sozial- und Rechtsstruktur des *Imperium Romanum* von besonderer Tragweite werden sollte. Jetzt wurde das volle römische Bürgerrecht den ehemaligen Beamten der Gemeinden latinischen Rechts zuerkannt und so die Schicht des italischen Großbürgertums systematisch an Rom herangezogen.

Damit war jedoch zugleich auch die höhere Qualität des römischen Bürgerrechts gegenüber dem latinischen in den betroffenen Gemeinden selbst dokumentiert, das latinische Bürgerrecht als Vorstufe des römischen gekennzeichnet. In dieser Funktion wurde das latinische Bürgerrecht, jetzt losgelöst von allen regionalen und ethnischen Bindungen, bis in die Kaiserzeit schließlich an Städte, Stämme und ganze Provinzen verliehen. Als rechtliches Zwischenstadium des Romanisierungsprozesses gelangte es zu weitester Verbreitung.

Die Gruppe der *socii,* der Verbündeten Roms, war in sich selbst völlig inhomogen, umfaßte sie doch Städte und Stämme verschiedenster Größe, Struktur, Tradition und Leistungskraft. Sie alle blieben nach dem Abschluß eines Bündnisvertrags, des *foedus,* weitgehend selbständig. Doch in Wirklichkeit war die Vorrangstellung Roms anerkannt; auf das Recht von Rom unabhängiger zwischenstaatlicher Beziehungen hatten die Verbündeten verzichtet, das Bündnis war zudem auf ewige Dauer geschlossen und unkündbar. Es wies ferner gelegentlich auch die sogenannte Majestätsformel auf, das heißt der Verbündete verpflichtete sich ausdrücklich, die *maiestas* des römischen Volkes bereitwillig anzuerkennen. Im übrigen waren die Verbündeten im Kriegsfalle zur Gestellung eines Truppenkontingentes verpflichtet, das jedoch unter dem eigenen Kommando der betreffenden Stadt blieb und nicht in den Legionen aufging.

Das in sich so stark differenzierte Netz der römischen Herrschaftsorganisation war an den Pfeilern der römischen und latinischen Kolonien verankert. Ursprünglich hatte sich Rom nur an der Gründung der latinischen Kolonien beteiligt. Die Angehörigen der untersten Schichten Roms, die sich in diesen Kolonien niederließen, verzichteten auf ihr römisches Bürgerrecht und tauschten dafür dasjenige der betreffenden latinischen Kolonie ein. Während sie jedoch als besitzlose Bürger in Rom nicht zum Heeresdienst herangezogen werden konnten, hatten sie als Angehörige der latinischen Kolonie nach der Übernahme ihres Landloses zu dienen, so daß Roms militärisches Potential auf diese Weise erheblich verstärkt wurde.

Hauptziel aller Kolonien war die Sicherung der beherrschten Landschaften. Zumeist wurde ihnen eine Überwachungsfunktion an Grenzen, Straßen, Flußübergängen, Pässen und Häfen zugewiesen. Die ältesten römischen Bürgerkolonien (Ostia – nach 350 v. Chr., Antium – 348; Tarracina – 329; Minturnae – 295; Sinuessa – 295; Castrum Novum – um 289; Sena Gallica – 283, Pyrgi – ?) lagen in der Regel als *coloniae maritimae* nahe oder an der Küste. Ihre Hauptaufgabe war der Küstenschutz, und sie erklären auch, warum Rom erst im 1. Punischen Krieg eine größere Kriegsflotte aufstellte. Diese frühen römischen Bürgerkolonien waren relativ klein. Sie umfaßten in der Regel nur 300 Mann, die Landlose im Umfange von 2 *iugera* (= ca. 5000 m^2) erhielten und daneben das Gemeindeland, den *ager publicus,* besonders für Weidezwecke nutzen konnten. Für die Kolonisten galt eine rigorose Anwesenheitspflicht; sie durften ihre Kolonie nie länger als 30 Tage verlassen, waren andererseits jedoch vom Dienst in den römischen Legionen befreit. Zunächst gab es in diesen kleinen Festungen nur Rudimente einer Selbstverwaltung; die Rechtsprechung lag in den Händen von Präfekten, die aus Rom kamen.

Die latinischen Kolonien waren vor 338 v. Chr. auf Grund einer Entscheidung des Latinerbundes angelegt worden, darnach einzig auf römische Initiative. Ihr Umfang wie ihre Anzahl übertrafen die der römischen Bürgerkolonien bei weitem. Das 334 v. Chr. gegründete Cales soll 2500 Siedler, das 291 v. Chr. angelegte Venusia gar 20000 umfaßt haben. Aus der Zeit vor 218 v. Chr. sind 30 latinische Kolonien und 10 römische Bürgerkolonien bezeugt. Auch diese latinischen Kolonien haben somit in beträchtlichem Umfang die Konzentration besitzlosen und verarmten Bauerntums in Rom selbst verhindert. Man kann die Doppelfunktion des römischen Kolonisationsprozesses deshalb auch kaum prägnanter charakterisieren, als dies Max Weber getan hat, der sie bezeichnete als „das unvergleichlich wirksame Mittel der Befestigung der römischen Herrschaft und, neben vielen negativen – wie Frumentationen, Schuldenerlasse – die einzige positive sozialpolitische Maßregel großen Stiles ..., mit welcher der römische Staat den konvulsivischen Krankheitsäußerungen seines sozialen Körpers entgegentrat". (Die römische Agrargeschichte in ihrer Bedeutung für das Staats- und Privatrecht. 1891, 7)

Insgesamt betrachtet handelt es sich bei dem römischen Bundesgenossensystem um eine völlig neuartige Form der Herrschaftsorganisation. In ihm wurden von der herrschenden Stadt Rom die Schranken des antiken Stadtstaates, der Polis, der sich selbst verwaltenden Gemeinde freier Bürger, überwunden. Dabei ist jedoch den von Rom Abhängigen gleichzeitig ein Höchstmaß an eigener, lokaler, stadtstaatlicher Ordnung und Verwaltungskompetenz belassen worden. Im Prinzip blieb es innerhalb des *Imperium Romanum,* des römischen Machtbereichs, auch später bei diesem Grundmuster der Herrschaftsstruktur, denn noch in der römischen Kaiserzeit, als längst eine effektive Provinzialverwaltung bestand, wurde einerseits an der zentralen Funktion Roms festgehalten, während andererseits noch immer die Städte die wichtigsten Verwaltungszellen des Römischen Reiches darstellten.

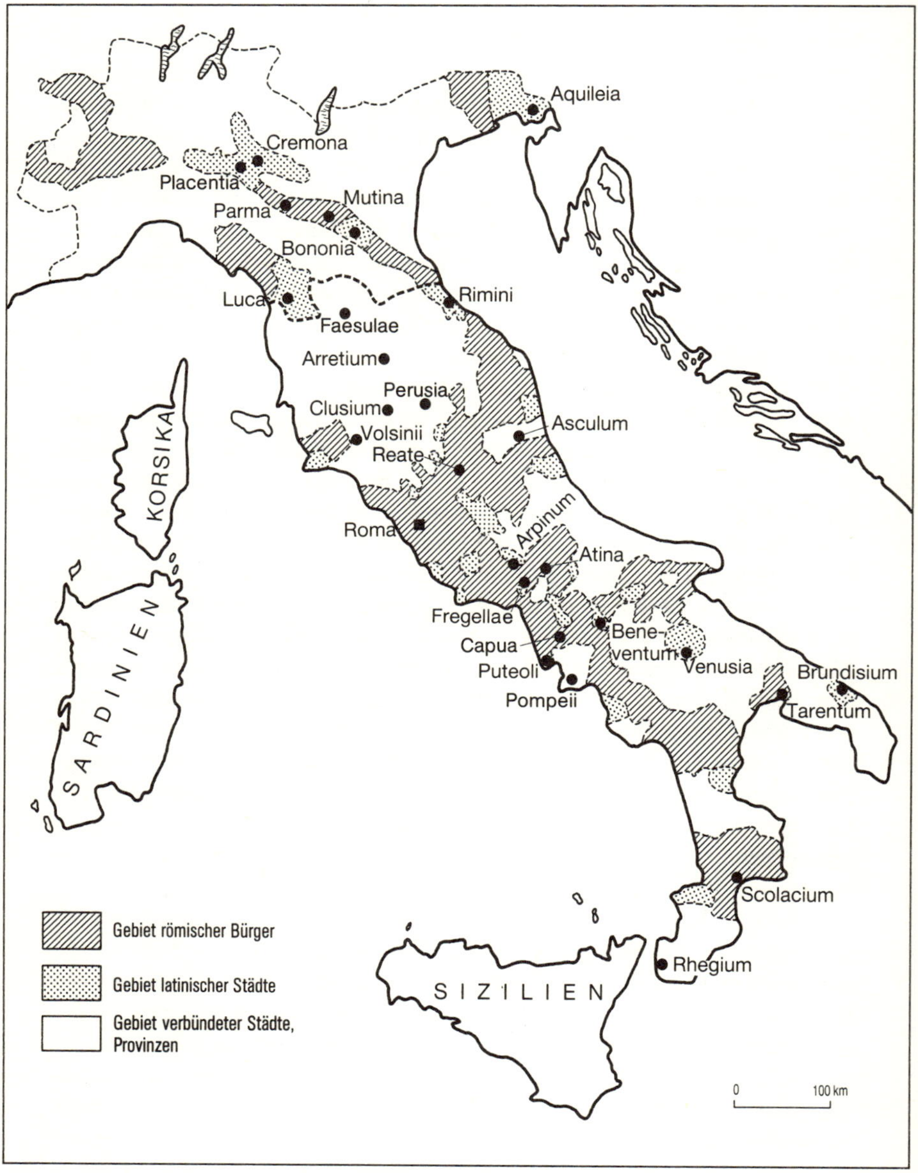

3. Römische Kolonien in Italien

Die herrschaftssoziologische Struktur Roms ließ im Grunde nur diese Form der Herrschaftsorganisation zu. Zur indirekten Form der Beherrschung wurde die römische Führungsschicht schon allein deswegen gezwungen, weil sie, im Gegensatz etwa zu den hellenistischen Monarchien, insbesondere zu Ägypten, weder über eine Bürokratie verfügte noch eine solche wollte, und weil der Stadtstaat Rom die Mittel für eine kontinuierliche, direkte Administration seines gesamten Herrschaftsbereiches auch gar nicht aufbringen konnte. Die vielen Mängel einer solchen Herrschaft ohne hinreichende Administrationsbasis traten erst später ans Licht. Für den Augenblick sahen beide Seiten nur die Vorzüge der Lösung.

Die römische Form der Herrschaftsorganisation wirkte im Interesse aller lokalen und regionalen Führungsschichten stabilisierend. Die Gruppen der begüterten städtischen Aristokraten fanden nun an Rom den starken Rückhalt, den sie brauchten, um ihre Stellung in den innerstädtischen Auseinandersetzungen abzusichern und zu festigen. So wie sich in Griechenland zur Zeit des Peloponnesischen Krieges die aristokratisch beherrschten Poleis an Sparta, die demokratisch beherrschten an Athen anschlossen, so wurde die römische Republik jetzt in Italien auch zum Garanten der bestehenden Sozialordnung.

Eine Interessengemeinschaft bestand für die Mitglieder des römischen Bundesgenossensystems aber noch unter einem anderen Aspekt. Denn zu seiner Konsolidierung trugen nicht zuletzt auch die großen gemeinsamen Gegner bei: die Kelten, König Pyrrhus von Epirus mit seinen Söldnern, schließlich die Karthager. Die gemeinsame Abwehr all dieser Kräfte und damit die Gemeinsamkeit militärischer Aufgaben durch Jahrzehnte hindurch, während langer Phasen des 4. und 3. Jahrhunderts v. Chr., haben die Verbündeten erst recht an Rom gekettet und damit auch ein Gemeinschaftsbewußtsein geschaffen, das ohne diese Konstellationen sehr viel schwieriger zu erreichen und zu beleben gewesen wäre.

III. Die klassische Republik

1. Gesellschaftsstruktur und Verfassung

Die klassische römische Republik, zumeist auf den Zeitraum zwischen 287 und 133 v. Chr. festgelegt, wird in ihrer inneren Entwicklung durch eine erstaunliche Geschlossenheit und Stabilität gekennzeichnet. Nach dem Abschluß des römischen Ständekampfes konsolidiert sich die Herrschaft der Nobilität, die Gesellschaftsstruktur scheint nur wenige grundsätzliche Veränderungen aufzuweisen, nach wie vor bilden Familie und Klientel die wichtigsten sozialen Zellen des Staates. Und doch täuschen Statik und Kontinuität vieler verfassungsrechtlicher Erscheinungen über Ansätze und Tragweite tiefgreifender Veränderungen hinweg, die sich dann im 2. Jahrhundert v. Chr. immer stärker bemerkbar machen.

Die stürmische Expansion seit den Punischen Kriegen (1.: 264–241; 2.: 218–201; 3.: 149–146 v. Chr.) konnte nicht ohne weitreichende Rückwirkungen auf Gesellschaft und Wirtschaft der römischen Republik bleiben. Erst das Geflecht wechselseitiger Einflüsse und Bedingungen, die Interdependenz außen- und innenpolitischer, militärischer und wirtschaftlicher, gesellschaftlicher wie religiöser und geistiger Faktoren bewirkt die Veränderungen. Ohne die, trotz aller Rückschläge und Verluste, erfolgreichen Kriege ist die Versteifung der Macht der römischen Führungsschicht ebensowenig zu begreifen wie der Ausbau der Produktionskapazitäten oder die Verfügbarkeit beträchtlicher Sklavenscharen. Ohne Roms Zugriff auf sizilisches Getreide und spanisches Silber, ohne die Erfahrungen mit großgriechischer und karthagischer Veredelungswirtschaft läßt sich der Übergang zu neuen Wirtschaftsformen und Produktionszielen nicht verstehen. Ohne die Berücksichtigung der tiefen Wunden, welche die Kriege in Italien schlugen, des Ruins vieler Kleineigentümerfamilien durch Todesfälle und Verwüstungen, der langen Abwesenheit vieler freier Bauern und Arbeiter können weder die Ausweitung der Weidewirtschaft noch die Blüte der Villenwirtschaft, die eine kontinuierliche Zufuhr von Sklaven zur Voraussetzung hatte, erklärt werden. Ohne die Intensivierung der Geldwirtschaft, die Bereicherungsmöglichkeiten der Führungsschicht, die wirtschaftliche Aktivität neuer Kräfte, die gerade von den traditionellen agrarischen Bindungen der Senatoren profitierten, läßt sich die fortschreitende Differenzierung der römischen Gesellschaft nicht begründen. Diese Beispiele und Zusammenhänge müssen zunächst genügen, um jene Faktoren und Entwicklungen wenigstens anzudeuten, die seit dem 3. Jahrhundert v. Chr. bestimmend waren.

Zu keiner Zeit waren Einfluß und Macht der römischen Führungsschicht im engeren Sinne, der Nobilität, so bedeutsam wie in der Epoche der klassischen römischen Republik. Bei dieser nun neu formierten Gruppe handelt es sich um eine Erweiterung des alten Patriziats in der Weise, daß die Familien aller Römer, welche das höchste Staatsamt, das Konsulat, bekleidet hatten, zur Nobilität gezählt wurden. Umgekehrt ist jedoch festzustellen, daß nur wenige *homines novi* zum Konsulat aufstiegen (zwischen den Licinisch-Sextischen Gesetzen und der Zeit Ciceros kaum mehr als ein Dutzend!), daß somit in der Regel nur Männer zum Konsul gewählt wurden, deren Familien bereits zur Nobilität gehörten.

Nach den Samnitenkriegen verfestigte sich demnach der Kreis der führenden Familien; offensichtlich hielten auch die ehemaligen Plebejer an der Exklusivität der einmal fixierten Führungsschicht fest. Der Aufstieg qualifizierter „Neuer" *(homines novi)* wurde faktisch eher erschwert. C. Flaminius (cos. 223, 217 v. Chr.), M. Porcius Cato (cos. 195 v. Chr.), C. Marius (cos. 107, 104–100, 86 v. Chr.), M. Tullius Cicero (cos. 63 v. Chr.) sind die bekanntesten Aufsteiger aus der Zeit der späteren Republik, und diese Namen zeigen bereits das weite politische Spektrum an, das jene Männer verkörperten. Während Flaminius und Marius oft genug die römische Aristokratie bekämpften, haben Cato und Cicero deren Traditionen und Politik mit besonderer Schärfe vertreten.

Auf Grund ihrer Tradition und ihres Anspruchs war die römische Nobilität stets gezwungen, ihre Legitimation im Bewußtsein aller römischen Bürger, insbesondere jedoch auch ihrer Standesgenossen, lebendig zu halten. Die Bekleidung von Ämtern sowie Leistungen und Erfolge für die *res publica* durften nicht in Vergessenheit geraten. Die Erfüllung der Normen im Sinne eines aktivistischen Eintretens für die gemeinsame Sache, die Bewährung in Staatsämtern und staatlichen Aufgaben war nicht nur zu realisieren, sondern bei Wahlen, in den politischen Auseinandersetzungen und nicht zuletzt bei den Begräbnissen und in den Grabinschriften darzustellen und einzuprägen, beständig zu erneuern und zu vertiefen. Nur auf diese Weise konnte das politische und gesellschaftliche Prestige gewahrt werden.

Deshalb kam es zu der für den modernen Menschen oft penetrant erscheinenden Zurschaustellung der Taten und Sitten der Vorfahren wie der eigenen Leistungen, zum Brüsten mit bekleideten Magistraturen, eingenommenen Städten, eroberten Landschaften und abgelieferter Beute, zum Kultus der oft fingierten Stammbäume und der nicht selten einseitig übertriebenen und auch gefälschten Familientraditionen, die in die späte Annalistik eingingen. Es kam jedoch auch zur Ausbildung eines Kodex verbindlicher Normen, Werte und Verhaltensweisen, die das Selbstverständnis dieser Führungsschicht festlegten.

Banden die „Sitten der Vorfahren" *(mores maiorum)* zunächst einzig als verpflichtende moralische Kategorien, so mehrten sich seit dem 2. Jahrhundert v. Chr. die Versuche, durch Gesetze, zum Beispiel zur Beschränkung des Luxus *(leges sumptuariae),* oder durch Rügen und Eingriffe der Censoren den alten Normen Geltung zu verschaffen, Maßnahmen, die oft genug verkannten, daß bestimmte sittliche und moralische Verhaltensweisen und Erscheinungen auch an konkrete wirtschaftliche und gesellschaftliche Voraussetzungen gebunden waren. Die Spannung zwischen der schon bald verklärten und enthistorisierten Welt der *mores maiorum* und der Notwendigkeit, den Anforderungen neuer gesellschaftlicher und politischer Realitäten gerecht zu werden, durchzieht die ganze römische Geschichte. Tacitus ist von ihr ebenso geprägt wie Symmachus.

Im Rahmen ihrer Normen bot die römische Führungsschicht begabten wie erfahrenen Politikern, Feldherrn und Administratoren ein weites Betätigungsfeld – und dies bereits in sehr jungen Jahren. Denn wie die Altersbestimmungen der *leges annales* zeigen, kamen die Angehörigen dieser Schicht schon in den dreißiger und vierziger Jahren auf die oberen Stufen ihrer Karriere. Die römischen Konsuln waren keine Greise, sondern dynamische Männer. Geradezu allergisch reagierte die Führungsschicht jedoch immer dann, wenn einer der ihren auf Grund seiner Leistungen und seiner Autorität über das Gleichmaß hinauswuchs und wenn sich auch nur entfernt die Gefahr einer kontinuierlichen außerordentlichen Machtstellung eines Einzelnen abzeichnete. Es genügte dann, an das Trauma einer Königsherrschaft oder Tyrannis zu erinnern, um Persönlichkeiten solchen Ranges oder solcher Ambitionen zu stürzen; P. Cornelius Scipio, der Sieger über Hannibal, und die Gracchen wurden Opfer dieser Mentalität.

Der römische Senat hatte sich einst als Versammlung der Familienoberhäupter des Patriziats konstituiert. Jetzt wurde er praktisch zu einer Versammlung ehemaliger Obermagistrate (Konsuln, Prätoren), aber die Censoren, die seine Zusammensetzung überwachten, konnten auch Personen ohne Amt hinzuwählen oder gewesene Magistrate wieder streichen; die Zahl seiner Mitglieder war auf 300 beschränkt. Der römische Senat war somit nicht deckungsgleich mit der Nobilität. Denn einerseits gehörten ihm römische Politiker an, deren Familie noch kein Konsulat erreicht hatte, während andererseits nicht alle männlichen Mitglieder von Familien der Nobilität auch einen Sitz im Senat innehatten. Praktisch wurde er indessen von der Nobilität beherrscht; er war ihr wichtigstes Instrument zur Durchsetzung des politischen Willens ihrer Mehrheit.

Auf Grund der anfangs einheitlichen wirtschaftlichen Basis einer Grundbesitzeraristokratie war die römische Führungsschicht durch eine erstaunliche soziale Homogenität ausgezeichnet. Doch durch die Ämter, die ihre Angehörigen bekleideten oder bekleidet hatten, durch ihre Leistungen, den Umfang ihrer Klientel, ihr Vermögen und ihre Verbindungen wurde sie in sich differenziert. Der *princeps senatus* als angesehenstes Mitglied des Senats, die ehemaligen Censoren, Konsuln und Prätoren bildeten, entsprechend der Hierarchie der Magistraturen, wichtige Rangstufen. Sie wiesen jedem einzelnen Senator seinen bestimmten Platz in der Korporation zu. Es wurde daher auch erforderlich, die Ämterlaufbahnen in den *leges annales* genau zu regulieren und die Wahlvorgänge vor irregulärer Beeinflussung, insbesondere der Bestechung bestimmter Wählergruppen, in den *leges de ambitu* abzusichern.

Innerhalb des Senats wurden die politischen Auseinandersetzungen durch die Gegensätze der verschiedenen Adelsgruppen bestimmt, Gruppen, die sich durch Verwandtschaften und freundschaftliche politische Verbindungen *(amicitia)* gebildet hatten. Lange Zeit ist das Verständnis der Struktur dieser Senatspolitik durch die Übertragung von Vorstellungen des modernen Parlamentarismus beeinträchtigt worden. Es kommt jedoch darauf an, zu berücksichtigen, daß der römische Senat keine programmatisch gebundenen „Adelsparteien" kannte, sondern Gruppierungen, die auf Grund der erwähnten Bindungen oder auf Grund gemeinsamer Zielsetzungen für längere Zeit Konstanten darstellten, daneben aber immer wieder auch, zum Beispiel bei Wahlen, nur sehr kurzfristig wirksame Interessensidentitäten vertraten.

Der römische Senat war nahezu für alle Bereiche des politischen Lebens zuständig, zumindest konnte er nahezu alle relevanten Angelegenheiten an sich ziehen, mit Ausnahme der während des Ständekampfes fixierten Kompetenzen der Volksversammlung (Entscheidung über Krieg und Frieden, Wahl der Magistrate, Gesetzgebung, politische Prozesse). Allein selbst bei dieser Einschränkung ist zu berücksichtigen, daß hinter vielen Gesetzesanträgen Initiativen des Senates standen. Im Mittelpunkt seines eigenen Tätigkeitsbereiches blieben indessen die Fragen der „äußeren" Politik, der Kriegführung, Finanz-, Steuer- und Provinzialverwaltung, aber auch der öffentlichen Ordnung im weitesten Sinne des Wortes. Die *auctoritas senatus* stellte für die Römer allezeit die höchste Konzentration politischer Autorität dar; für die Vertreter auswärtiger Mächte war der Senat erst recht die entscheidende Instanz der römischen Republik.

Die Verhandlungen des römischen Senats wurden durch eine sehr einfache, aber durch Herkommen streng geregelte Verfahrensweise bestimmt. Der die Sitzung leitende Magistrat referierte jeweils über die einzelnen Punkte der Tagesordnung, sein Bericht *(relatio)* mündete in der Regel in einen Antrag, zu dem die Senatoren gemäß der beschriebenen hierarchischen Ordnung, die annähernd dem modernen Prinzip des Rangdienstalters entspricht, ihre Stellungnahme abgeben konnten. In dieser Debatte wurden Alternativen oder Ergänzungen zum Antrag des Versammlungsleiters entwickelt, die Abstimmung erfolgte durch einfaches Auseinandertreten, das heißt jeder Senator stellte sich zu der Personengruppe, deren Auffassung er „beitreten" wollte. Der so zustandegekommene Senatsbeschluß wurde protokolliert und archiviert.

Die Leistungen der römischen Senatsaristokratie sprachen für sich selbst. Selbst Theodor Mommsen, der die „Junkerherrschaft" der späten Republik mit ätzender Schärfe gebrandmarkt hat, würdigte den Senat der klassischen Republik mit voller Emphase: „alles in sich schließend was das Volk besaß von politischer Intelligenz und praktischer Staatskunde; unumschränkt verfügend in allen finanziellen Fragen und in der Leitung der auswärtigen Politik; die Exekutive vollkommen beherrschend durch deren kurze Dauer und durch die dem Senat nach der Beseitigung des ständischen Haders dienstbar gewordene tribunizische Interzession, war der Senat der edelste Ausdruck der Nation und in Konsequenz und Staatsklugheit, in Einigkeit und Vaterlandsliebe, in Machtfülle und sicherem Mut die erste politische Körperschaft aller Zeiten – auch jetzt noch ‚eine Versammlung von Königen', die es verstand mit republikanischer Hingebung despotische Energie zu verbinden." Nach Mommsen „hat das römische Volk in seinem Senat längere Zeit, als es einem Volke verstattet zu sein pflegt, das großartigste aller Menschenwerke durchzuführen vermocht, eine weise und glückliche Selbstregierung" (Römische Geschichte. I[9]. 1903, 318f.).

Die römischen Staatsämter, die Magistraturen, waren unbesoldete, kurzfristige Ehrenämter mit so umfassenden Kompetenzen, daß einerseits Selbstkontrolle und Selbstbeschränkung der Amtsgewalt *(potestas)* im Rahmen kollegialer Amtsführung, andererseits eine enge Begrenzung der Amtsdauer auf die Zeit eines Jahres (beim Diktator auf ein halbes Jahr, bei den Censoren auf einundeinhalb Jahre) erforderlich waren. Diese Prinzipien der Kollegialität und der Annuität der Magistraturen waren vermutlich eine Reaktion auf die Erfahrungen der Königsherrschaft. Bei den römischen Magistraturen gab es keine Trennung zwischen zivilen und militärischen Kommandos: ein Prätor konnte ebenso als Gerichtsherr wirken wie als Truppenbefehlshaber oder Provinzialstatthalter.

Dem Prinzip der Kollegialität zufolge wurde jede Magistratur in der Regel mindestens von zwei Personen zugleich bekleidet. Dabei besaß jeder Magistrat ein Intercessionsrecht gegenüber den Maßnahmen seiner Kollegen in der Magistratur. Diese Bindung geht ursprünglich von der Vorstellung einer einheitlichen Kompetenz und auch Verantwortung aller Personen aus, die gleichzeitig eine Magistratur bekleideten. Sie erzwang in allen wichtigen Fragen einen Konsens beziehungsweise einen Verzicht auf die Durchführung beabsichtigter Maßnahmen dort, wo kein Konsens zu erzielen war.

Die streng hierarchische Gliederung der Magistraturen führte zur Entwicklung einer konsequenten Überordnung der jeweils höheren Magistrate über die jeweils niederen mit der Folge, daß der Inhaber einer höheren Amtsgewalt auch die Maßnahmen und Anordnungen eines Trägers niedrigerer Amtsgewalt untersagen konnte. Den Magistraten standen zur Bewältigung ihrer Aufgaben nur eine sehr geringe Zahl subalterner Hilfskräfte zur Verfügung (Liktoren, Schreiber, Boten u.a.), so daß es weder zur Ausbildung einer Bürokratie noch zur Abhängigkeit des Magistrats vom „Apparat" kam. Stattdessen waren die Magistrate auf den Einsatz von Personen der eigenen Familie, der eigenen Klientel oder der Freunde angewiesen. Zu ihrer Unterstützung diente in allen grundsätzlichen Fragen ein Rat, ein *consilium,* in dem befreundete Politiker oder – in den Provinzen und Kriegsschauplätzen – alle verfügbaren *Nobiles* konsultiert wurden. Dazu war eine beständige Rücksichtnahme auf die Empfehlungen des Senats als Gesamtkörperschaft sowie Gesandter, Beauftragter oder Kommissionen des Senats erforderlich.

Auf diese Weise wurde eine Isolierung oder Verselbständigung der Träger magistratischer *potestas* systematisch verhindert, eine kontinuierliche Machtausübung zudem durch erzwungene zweijährige Intervalle zwischen der Bekleidung der Magistraturen und durch die Erschwerung der Wiederbekleidung (Iteration) sowie durch das Verbot der gleichzeitigen Bündelung verschiedener Ämter (Kumulation) vereitelt.

An der Spitze der kontinuierlich besetzten Magistraturen stehen die Konsuln als Leiter der Exekutive, der Kriegführung ebenso wie der allgemeinen Staatsverwaltung. Sie waren die obersten Repräsentanten des Gesamtstaates. Die Prätoren fungierten, wie gesagt, sowohl als Gerichtsherrn, Heerführer und Statthalter. Während die Ädilen (es wurden ‚kurulische' von plebejischen unterschieden) Aufsichtsfunktionen über die bei den Tempeln lokalisierten Märkte und Handelskonzentrationen ausübten, die Marktpolizei leiteten, aber auch die großen Spiele und Feste auszurichten hatten, dienten die Quaestoren als spezielle Verwaltungsbeamte insbesondere im Finanzsektor, seit 267 v. Chr. jedoch auch als Flottenquaestoren.

Nicht kontinuierlich bekleidet wurden Diktatur und Censur. Bei der Diktatur handelt es sich um das unständige, aber reguläre Notstandsamt der römischen Republik schlechthin. In ihrer klassischen Form wurde auf sie insbesondere in den kritischen Phasen der großen militärischen Auseinandersetzungen zwischen den Samnitenkriegen und dem 2. Punischen Krieg zurückgegriffen, zuletzt 202 v. Chr. Als später Sulla und Caesar die Diktatur wiederaufnahmen, hatte deren staatsrechtliche Machtbasis mit dem alten Amt nur noch den Namen gemein. Ursprünglich wurde der Diktator nach Vorberatung im Senat von einem Konsul auf die Dauer eines halben Jahres ernannt, er selbst ernannte sich wiederum seinen wichtigsten Gehilfen, den Reiterführer *(magister equitum).*

Aufgabe der Censoren war es zunächst, die innere Gliederung, Musterung und Schätzung des gesamten Volkes vorzunehmen *(census),* eine Kompetenz, die angesichts der wachsenden Differenzierung der römischen Gesellschaft von immer größerer Bedeutung wurde. Durch ihre Rügen oder durch das Streichen aus der Senatorenliste griffen die Censoren zudem auch tief in die Zusammensetzung der Führungsschicht ein. Daneben fiel ihnen die Oberaufsicht über das gesamte Staatsvermögen zu, die Vergabe von Leistungen und Aufgaben im Finanz-und Steuerwesen, aber auch der staatlichen Bauten. Ein *Census* wurde in der Regel jedes fünfte Jahr durchgeführt.

Die Gesamtzahl der römischen Magistrate war stets außerordentlich klein, und sie wurde auch aus Prinzip stets niedrig gehalten. Um dies zu erreichen, griff der Senat zur Institution der sogenannten Promagistratur. Dabei handelte es sich anfangs um römische Magistrate, die ihre Amtsgewalt nach Abschluß ihrer regulären Amtszeit anstelle eines neuen Magistrats, zum Beispiel auf entlegenen Kriegsschauplätzen, weiterzuführen hatten. Die Prorogation, die Kommandoverlängerung, wurde vom römischen Senat beschlossen, der so über ein Instrument verfügte, um Persönlichkeiten seines Vertrauens an entscheidenden Positionen zu halten.

In ökonomischer Hinsicht hat sich die römische Nobilität immer als eine Grundbesitzeraristokratie verstanden, auch wenn diese Funktion dann im 1. Jahrhundert v. Chr. von nicht wenigen ihrer Mitglieder mehr gespielt als ausgeübt wurde. Nachdem die *lex Claudia de nave senatorum* des Jahres 218 v. Chr. die Senatoren praktisch von der Beteiligung an den Seetransportgeschäften und damit am Fernhandel ausgeschlossen hatte, wurde die Homogenität der Senatsaristokratie erst recht gewahrt. Die Ausweitung des Grundbesitzes der Senatoren in der Folgezeit war ebenso mit eine Folge dieses Gesetzes wie die Tatsache, daß die stärksten wirtschaftlichen Initiativen, vor allem Handels- und Geldgeschäfte großen Ausmaßes, in Zukunft von den Rittern wahrgenommen wurden.

Als Ritter wurden ursprünglich alle im römischen Heer als Reiter dienenden Römer bezeichnet. Auf Grund der timokratischen Heeres- und Abstimmungsordnung umfaßte diese Gruppe somit die Angehörigen der Nobilität und die übrigen Senatoren, aber auch alle jene nicht dem Senat angehörenden reicheren Bürger, die zur Kavallerie zählten. Die Differenzierung der römischen Gesellschaft führte dann zur Trennung von Senatoren einerseits, „Rittern" andererseits. Doch nicht alle „Ritter" waren Großhändler, Bankiers und Steuerpächter, sondern auch die Führungsschicht der italischen Landstädte, die ihr Vermögen zumeist im agrarischen Bereich erworben hatte, gehörte zu dieser sozialen Gruppe, deren wirtschaftliche Basis somit wesentlich uneinheitlicher war als jene der römischen Senatoren. Die *lex reddendorum equorum* von 129 v. Chr. zwang die Senatoren zur Abgabe ihrer Ritterpferde und trennte sie damit auch äußerlich von den Rittern. Zur Zeit der Gracchen wurde der sich nun ausbildende Ritter-„Stand" *(ordo equester)* dann bereits erstmals bewußt politisiert und in eine Frontstellung gegen die Senatoren gerückt.

Der nicht dem Senat angehörende freie römische Bürger konnte seinen politischen Willen lediglich im Rahmen der verschiedenen Arten von Volksversammlungen artikulieren. Dabei wurden drei verschiedene Kategorien unterschieden: die *comitia curiata,* die *comitia tributa* und die *comitia centuriata.* Bei den *comitia curiata* handelte es sich um das älteste Ordnungssystem, eine Aufgliederung des römischen Volkes nach den 30 Kurien, Geschlechter- und Familienverbänden, ein System, das für bestimmte sakrale Modalitäten beibehalten wurde.

Dieser einst völlig von den Patriziern beherrschten Versammlungsform waren im Ständekampf die Tribus-Versammlungen, die *comitia tributa*, entgegengestellt worden, ursprünglich nach Wohnbezirken gegliederte Versammlungen der Plebejer. Seit dem 3. Jahrhundert v. Chr. wurden dabei zuletzt 35 Tribus unterschieden; die Bürger der Stadt Rom waren jedoch lediglich in 4 dieser Tribus eingeschrieben. Aus organisatorischen Gründen war die Tribuszugehörigkeit für den römischen Bürger so wichtig, daß sie gleichsam zum Namensbestandteil geworden ist. Nach der gesamtstaatlichen Anerkennung der Beschlüsse der Volksversammlungen im Jahre 287 v. Chr. gewann gerade diese Versammlungskategorie auf Grund ihrer relativ einfachen Struktur rasch an Bedeutung. In den von den Volkstribunen geleiteten Tribusversammlungen sind nicht nur die niedrigeren Magistrate gewählt, sondern auch die Gesetze verabschiedet worden, wobei unter diesen *leges* nicht wenige ganz situationsbezogene Einzelmaßnahmen zu verstehen sind.

Die wichtigste Kategorie stellten indessen die nach militärischen Einheiten formierten Centurienversammlungen dar, die *comitia centuriata*, einstmals reine Heeresversammlungen und deshalb auch nach den Truppengattungen (Reiter, Schwerbewaffnete, Leichtbewaffnete, Spezialeinheiten, vermögenslose Bürger) untergliedert. Es wurde bereits darauf hingewiesen, daß die römische Praxis der Selbstbewaffnung und Selbstausrüstung aller Bürger für die militärischen Einsätze notwendig auch zu einer Differenzierung des politischen Stimmrechts führte, somit zu einer nach timokratischen Prinzipien aufgebauten Gesellschaftsgliederung, die in der Centurienversammlung ihren sichtbarsten Ausdruck fand.

In ihrer voll entwickelten Form konstituierte sich die Centurienversammlung seit dem Ende des 4. Jahrhunderts v. Chr. in den folgenden Einheiten, die zugleich Abstimmungskörperschaften waren:

Reiter	18 Centurien	
1. Klasse	80 „	(40 *iuniores*, 40 *seniores*)
2. Klasse	20 „	(10 „ , 10 „)
3. Klasse	20 „	(10 „ , 10 „)
4. Klasse	20 „	(10 „ , 10 „)
5. Klasse	30 „	(15 „ , 15 „)
Techniker	2 „	
Spielleute	2 „	
capite censi	1	

Auf die insgesamt 18 Centurien der Reiterei folgten somit insgesamt 170 Centurien der Fußsoldaten, die in fünf verschiedene Klassen aufgegliedert waren, und am Ende fünf Sondereinheiten. Dabei war das Volumen der einzelnen Klassen an Centurien uneinheitlich. Den 80 Centurien der 1. Klasse, ursprünglich identisch mit der Phalanx der Schwerbewaffneten, standen in der 2. bis 4. Klasse jeweils 20 und in der 5. Klasse 30 Centurien gegenüber. Dabei waren die Klassen in sich nochmals nach Jahrgängen aufgeteilt, wobei das 46. Lebensjahr als Zäsur der Dienstpflicht für die Zuteilung an die Centurien der *iuniores* (17–46jährige) und *seniores* (47–60jährige) maßgebend war.

Welche Vermögensgrenzen zunächst für die Zuteilung zu den einzelnen Klassen gültig waren, läßt sich nicht exakt angeben. Bekannt sind lediglich die bei Livius und Dionys von Halikarnaß überlieferten Werte für das 1. Jahrhundert v. Chr., wonach sich die Mindestvermögenssätze bei der 1.–5. Klasse auf jeweils 100000, 75000, 50000, 25000 und 11000 Sesterze beliefen.

Auf das Gros der 5 Klassen folgten dann noch 5 besondere Centurien, zunächst zwei in jeweils zwei Centurien aufgegliederte Spezialverbände, einmal die Kategorie der *fabri*, der Zimmerleute und Schmiede, pionierähnliche Formationen von Handwerkern mit besonderen Spezialkenntnissen, und schließlich zwei Centurien Horn- und Tubabläser, Spielleute, die den Signal- und Gefechtshornisten der Armeen des 19. Jahrhunderts entsprachen. Einer letzten Centurie wurden schließlich die Proletarier zugewiesen, die die Vermögensgrenze der 5. Klasse nicht erreichten und im Kriegsfalle als Burschen und Ordonanzen verwendet wurden.

Für die Einschätzung der Centurienordnung, insbesondere in politischer Hinsicht, ist nun entscheidend, daß die Centurien mit Einheiten von 100 Mann prinzipiell nichts zu tun hatten: Die 80 Centurien der 1. Klasse waren sicher wesentlich kleiner, die der übrigen Klassen zum Teil um ein Mehrfaches größer als diese Zahl, damit aber auch die politischen Gewichte ganz eindeutig verteilt. Denn in der Wahl- und Abstimmungspraxis verfügte jede Centurie jeweils über 1 Stimme. Die Centurien stimmten in der Reihenfolge der Klassen ab, und zwar nach dem Prinzip der einfachen Mehrheit. In der Regel fiel die Entscheidung bereits, wenn die Reitercenturien und die reicheren Bürger der 1. Klasse ihr Votum abgegeben hatten, die Masse der ärmeren Bevölkerung kam somit nur selten dazu, ihre Stimme überhaupt abzugeben.

Die von den Konsuln geleiteten Centurienversammlungen konnten lediglich über vorgelegte Anträge abstimmen, zwischen ordnungsgemäß vorgeschlagenen und überprüften Kandidaten wählen, Beschuldigte verurteilen oder freisprechen; ein Initiativrecht besaßen sie dagegen nicht. So beschränkt die Kompetenzen der Volksversammlungen indessen waren, sie bildeten keine bloße Akklamationsinstanz, vielmehr mußte die Nobilität das Gesamtvolk in einem kontinuierlichen Prozeß von der Richtigkeit ihrer Politik überzeugen. Dabei wurden naturgemäß die Gegensätze zwischen den politischen Gruppierungen innerhalb der Nobilität in die Volksversammlungen hineingetragen, erst dort fanden sie ihre weite Resonanz und erst dort wurde immer wieder auch über Macht und Einfluß der verschiedenen Gruppen entschieden.

Die Centurienordnung stand in engstem Zusammenhang mit der Entwicklung des römischen Heerwesens. In seinen Anfängen hatte Rom von den Etruskern die griechische Taktik des Kampfes der Phalanx, der geschlossenen Schlachtreihe, erlernt, und ohne Zweifel hat das römische Heer bis zu den Samnitenkriegen in dieser Taktik gekämpft. Die schwerbewaffnete Legion sollte, richtig eingesetzt, durch den Anprall ihres geschlossenen Angriffs jeden Widerstand niederkämpfen. Im Zuge der Kriege in Mittelitalien aber wurde das römische Heer nicht nur rein zahlenmäßig vermehrt, sondern zugleich mit einer neuen Taktik vertraut gemacht. Dabei wurde die Legion nach der Tiefe in drei Treffen gegliedert. Das erste Treffen bildeten die 10 Manipel (Verbände von 120–200 Mann Stärke) der *Hastati,* die ihren Namen noch nach der alten Stoßlanze, der *hasta,* führten. Das zweite Treffen formierten die 10 Manipel der *Principes,* das dritte die 10 der altgedienten *Triarier.* Im Gefecht nahmen die Manipel eine schachbrettartige Aufstellung ein; sie wurden um ein kleines Feldzeichen gruppiert. Das Gefecht selbst lief im allgemeinen so ab, daß zuerst die Wurfspeere geworfen wurden, denen die Manipel dann nachstürmten, so daß der Nahkampf mit dem kurzen römischen Schwert meist schon einsetzte, wenn der Gegner den Schock des Hagels der Wurfgeschosse noch nicht überwunden hatte.

Wenn die alte Legion als eine geschlossene Phalanx angegriffen hatte, so wurde der einzelne Legionär mitgerissen von dem Schwung der großen Masse, in die er eingeschmolzen war. Allein jene alte Formation konnte ihre volle Dynamik nur in der freien Ebene entfalten, sie forderte zudem geradezu zu Umgehungen heraus. Als archaisch-primitiver Verband war sie jedoch leicht zu kommandieren. Die in Manipeln kämpfende Legion dagegen konnte militärisch nur dann erfolgreich operieren, wenn alle Glieder aufeinander eingespielt waren, nur dann, wenn die Unterführer ständig auf der Hut blieben und von Fall zu Fall im Interesse des Ganzen ihre Anordnungen trafen. Dann jedoch konnte diese Taktik ein Höchstmaß von Wendigkeit mit je nach der Lage elastisch abgestimmter Wucht in sich vereinigen. In der Manipulartaktik vermochte die römische Legion sowohl auf unübersichtlichem Gelände zu operieren als auch wechselnde Schwerpunkte des Angriffs oder der Defensive zu schaffen. Daß sie möglich wurde bezeugt, daß die Staatsführung auf die römische Disziplin bauen konnte, daß sie des Einzelnen im Dienste des Ganzen absolut sicher war. Mit dieser Taktik sind die entscheidenden Feldzüge der Republik geführt worden.

2. Roms Expansion im Mittelmeerraum

In den langen und erbitterten Kriegen gegen die Samniten (343–290 v. Chr.) und Pyrrhus von Epirus (280–275 v. Chr.) hatte die Römische Republik die Beherrschung Süditaliens durchgesetzt und zugleich ihr Bündnissystem ausgebaut. Allein auch danach folgte keine längere Phase der Konsolidierung, die Expansion hielt vielmehr an, umspannte immer weitere Radien, führte zur Zerschlagung aller mediterranen Großmächte und mündete schließlich in die Errichtung jenes großen Imperiums, das den gesamten Mittelmeerraum umfaßte. Dieser dramatische Prozeß kann hier nicht in seinen Einzelheiten nachgezeichnet werden; es lassen sich einzig die wichtigsten Etappen skizzieren und die Hauptprobleme erörtern.

Karthago war seit langem zur führenden Handels- und Seemacht des westlichen Mittelmeers geworden. Es hatte große Teile des Zwischenhandels monopolisiert, doch das römische Bundesgenossensystem in Italien wurde dadurch nicht gefährdet. Die römisch-punischen Verträge (508/7, 348, 278 v.Chr.?) hatten im Gegenteil die wechselseitigen Beziehungen geordnet, und im Kampf gegen Pyrrhus hatten beide Mächte zudem eine gemeinsame Front gebildet, mochte es auch einige Reibungen zwischen den griechischen Verbündeten Roms in Süditalien und den karthagischen Handelsinteressen geben. Doch all dies wurde verdrängt, als die Mamertiner, Söldner, die sich Messanas bemächtigt hatten, römische Hilfe erbaten und damit die Gelegenheit zu einem römischen Unternehmen gegen das reiche Syrakus eröffneten, das leichte und große Beute versprach.

Selten hat eine zunächst begrenzte Operation zu einer ähnlichen Eskalation des Einsatzes und zu ähnlich weitreichenden Folgen geführt wie dieser Schritt: Aus dem beabsichtigten Vorstoß gegen Syrakus wurde ein großer Krieg gegen Karthago, der, insgesamt gesehen, nach mehreren wechselvollen Waffengängen erst 146 v. Chr. mit der Vernichtung des Gegners endete. Aus dem kleinen Landungsunternehmen entwickelte sich ein erbitterter Abnutzungskampf in größtem Ausmaß, der Rom zur Aufstellung von Flotten und zu risikoreichen Einsätzen zwang. Rom trat dabei zwar mit dem überraschend erzielten Sieg in der Seeschlacht von Mylae (260 v. Chr.) in die Reihe der großen Seemächte ein. Aber der Verlust von vier großen Geschwadern mit insgesamt rund 650 Kriegs- und Transportschiffen vor allem infolge der nautischen Inkompetenz der römischen Seeoffiziere, die Katastrophe einer Invasion in Nordafrika (256/255 v.Chr.), verlustreiche Belagerungen und Gebirgskämpfe in Sizilien gegen fähige karthagische Söldnerführer wie Hamilkar Barkas markieren die Stationen der römischen Rückschläge und Anspannungen. Doch diese wurden nach einer Erschöpfungsphase überwunden. In einer letzten freiwilligen Kraftanstrengung baute Rom im Jahre 242 v. Chr. eine neue römische Kriegsflotte, die dann schließlich ein Jahr später bei den Ägatischen Inseln den entscheidenden Erfolg errang.

Allein auch mit diesem Sieg, der zur Annexion Siziliens führte, gab sich Rom nicht zufrieden. Schon drei Jahre danach wurde der große Aufstand der karthagischen Söldner zu massivsten Pressionen ausgenützt, die Übergabe von Sardinien und Korsika erzwungen. 227 v. Chr. wurde hier wie auf Sizilien die römische Provinzialverwaltung eingeführt und damit der erste

Schritt zum Aufbau einer nicht mehr in das italische Bundesgenossensystem integrierten Reichsadministration getan.

Die römische Expansion kam nicht zum Stillstand. In Norditalien wurde der Kolonisationsprozeß intensiviert, die Kelten wurden erneut niedergeworfen, in den beiden Illyrischen Kriegen (229, 219 v. Chr.) erste römische Brückenköpfe jenseits der Adria gewonnen, im Ebrovertrag von 226 v. Chr., der die Ausweitung des karthagischen Einflusses in Spanien eindämmen sollte, und im Abschluß eines Bündnisses mit Sagunt wurde die Wahrung römischer Interessen auch auf der Pyrenäenhalbinsel demonstriert.

Der dann von Hannibal ausgelöste 2. Punische Krieg (218–201 v. Chr.) führte zunächst zur letalen Krise. Die Katastrophe in der Vernichtungsschlacht von Cannae (216 v. Chr.), der Abschluß des Bündnisses Hannibals mit Philipp V. von Makedonien (215 v. Chr.), die Mobilisierung ehemaliger römischer Verbündeter (Capua, Syrakus, Tarent) gegen die italische Bundesgenossenschaft, nicht zuletzt die jahrelangen erbitterten Feldzüge in Mittel- und Süditalien schienen Rom und das römische Bundesgenossensystem zu ruinieren. Doch nach römischen Gegenoffensiven in Spanien und Italien und einer neuen Invasion in Nordafrika konnte P. Cornelius Scipio schließlich bei Zama (202 v. Chr.) auch Hannibal schlagen und die Abtretung aller punischen Kolonialbesitzungen, die Auslieferung der karthagischen Kriegsflotte bis auf 10 Einheiten sowie die Leistung einer hohen Kriegsentschädigung, die Karthago über den Zeitraum eines halben Jahrhunderts hinweg schwer belasten mußte, durchsetzen.

Doch Roms Sieg war um einen hohen Preis erkauft. Auch wer hier keine metahistorischen Zusammenhänge sieht wie A. J. Toynbee in seinem großen Alterswerk „Hannibals Legacy" (1965), muß die durchgreifenden, später noch näher zu besprechenden Veränderungen im gesamten römischen Wirtschafts- und Gesellschaftssystem in Rechnung stellen, die dieser Krieg nach sich zog. Denn jene Generation, die den heroischen Kampf der klassischen römischen Republik so erfolgreich durchstand, stieß damit auch das Tor zu einer Entwicklung auf, welche die gesamte Struktur Roms verändern sollte.

Mochte sich Karthago auch noch so geflissentlich bemühen, die Friedensbedingungen zu erfüllen, die Streitigkeiten mit Roms Verbündeten in Nordafrika, dem numidischen König Massinissa, rissen nicht ab. Als Karthago endlich gegen diese Provokationen vorging, löste es den 3. Punischen Krieg (149–146 v. Chr.) aus, der mit der völligen Vernichtung der Stadt, der Versklavung ihrer Einwohner und der Gründung einer römischen Provinz Africa endete.

Der Wille, die Macht der Barkiden (Hamilkar Barkas, Hasdrubal, Hannibal) in Spanien aufzuhalten und dann niederzukämpfen, hatte Rom auch auf der Iberischen Halbinsel festgelegt. Mit der Übernahme der barkidischen Besitzungen und mit der Einrichtung von zwei neuen Provinzen

(*Hispania citerior* im Nordosten, *Hispania ulterior* im Süden) im Jahre 197 v. Chr. war es hier indessen nicht getan. Der fanatische Widerstand insbesondere der keltiberischen und lusitanischen Stämme, die teils einen erbitterten Guerillakrieg organisierten, ihre befestigten Höhensiedlungen bis aufs äußerste verteidigten, teils – so zum Beispiel unter der Führung des Viriatus – in massierten Vorstößen römische Heeresabteilungen vernichteten, zwang Rom zu jahrzehntelangen, äußerst verlustreichen militärischen Aktionen.

Der Stil der römischen Kriegsführung war hier besonders abstoßend (Terror, Verrat, Massaker an Entwaffneten, Täuschungen, Erpressung, Plünderung und Ausbeutung), das Versagen der Führung offensichtlich, der Widerwille der Truppen stark (151 v. Chr. versagten römische Wehrpflichtige, die für den spanischen Kriegsschauplatz bestimmt waren, den Dienst). Dennoch triumphierten am Ende auch hier Konsequenz und Ausdauer des römischen Einsatzes. Mit der Kapitulation der erbittert verteidigten Stadt Numantia (133 v. Chr.) kamen die Kämpfe, in denen große Teile des freien römischen Kleinbauerntums verblutet waren, zu einem vorläufigen Abschluß.

Wie schon der griechische Historiker Polybios (ca. 200–120? v. Chr.) sah, hat gerade der 2. Punische Krieg die vorher weithin isolierten politischen Kräftefelder des westlichen und östlichen Mittelmeers zusammengeschlossen. Seit seinem Bündnis mit Hannibal war Philipp V. von Makedonien zu Roms erstem großen Gegner in Griechenland geworden. Der Friedensschluß von Phoenike (205 v. Chr.) beendete den 1. Makedonischen Krieg, in dem Rom die Aetoler auf seine Seite gezogen hatte. Als dann Philipp V. gemeinsam mit dem seleukidischen Herrscher Antiochos III. die Außenbesitzungen des geschwächten Reiches der Ptolemäer zu annektieren begann, ließ sich Rom auf die Initiativen von Pergamon und Rhodos hin in die Wirren der hellenistischen Staaten verstricken. Eine Kette von Interventionen war die Folge.

Im 2. Makedonischen Krieg (200–197 v. Chr.) wurde Philipp V. geschlagen, Griechenland selbst jedoch nach der „Freiheitserklärung“ des T. Quinctius Flamininus (196 v. Chr.) wieder geräumt. Faktisch aber war das Land bereits jetzt zu einem römischen Protektorat geworden, Roms Engagement so stark, daß es auf eine Einmischung Antiochos' III. mit der Kriegserklärung antwortete. Der vornehmlich von L. Scipio und P. Scipio Africanus geleitete Feldzug (191–188 v. Chr.) endete mit der Niederwerfung der seleukidischen Monarchie. Eine berüchtigte Aktion des Manlius Volso gegen die kleinasiatischen Galater demonstrierte, zu welchen Akten der Grausamkeit und Habgier römische Heere fähig waren. Sie bereicherten sich in diesen Räumen skrupellos.

Gerade weil sich Rom nicht mit den Aufgaben einer kontinuierlichen und direkten Verwaltungsorganisation und Friedenssicherung im hellenistischen Osten belasten wollte, kam es zu einem tiefgreifenden, durch soziale Spannungen noch komplizierten Gärungs- und Zersetzungsprozeß im gesamten griechischen und hellenistischen Bereich, der durch wiederholte römische Eingriffe gekennzeichnet war. Nach dem 3. Makedonischen Krieg (171–168 v. Chr.) gegen Perseus wurde die makedonische Monarchie endgültig zerschlagen, wurden in Epirus an einem Tage nicht weniger als 70 Ortschaften zerstört und deren Bevölkerung versklavt, in Aetolien an die 500 Anhänger Makedoniens niedergemacht, rund 1000 Angehörige der Führungsschicht des Achaeischen Bundes als Geiseln nach Rom geschafft, darunter auch Polybios. Auf neue Unruhen in Makedonien und Achaia antwortete Rom dann mit der Schaffung der Provinz *Macedonia* (148 v. Chr.) und mit der Zerstörung Korinths (146 v. Chr.).

Längst erfaßte der römische Machtradius auch Ägypten und die Kyrenaika. Schon im Jahre 273 v. Chr. hatte Ptolemaios II. diplomatische Beziehungen mit Rom aufgenommen, aus denen sich ein offizielles Freundschaftsverhältnis entwickelte. Das labile Ptolemäerreich war am sogenannten Tag von Eleusis (168 v. Chr.), einer brutalen diplomatischen Pression Roms gegenüber dem seleukidischen König Antiochos IV., ohnehin nur durch einen römischen Machtspruch gerettet worden. Es erscheint deshalb nur konsequent, wenn hellenistische Monarchen beim Aussterben ihrer Dynastie an eine testamentarische Übertragung ihrer Länder an Rom dachten. Auf diese Weise entstand 129 v. Chr. aus dem pergamenischen Erbe die erste römische Provinz auf kleinasiatischem Boden, *Asia.*

Bei der Beurteilung der römischen Expansion fällt auf, daß die grundsätzlichen Probleme lange Zeit weniger intensiv erörtert wurden als die Fragen um „Schuld“ oder Verantwortung am Ausbruch einzelner Kriege. Anlässe und Ursachen des 2. Punischen Krieges aber hat schon Polybios unterschieden; isolierte moderne „Kriegsschuld“-Diskussionen konnten nur begrenzte Resultate zeitigen. Denn entscheidend ist nicht die Frage, ob die Römer in diesem oder jenem Falle nach juristischen oder moralischen Kriterien legitimiert waren, den einen oder den anderen Krieg zu eröffnen. Entscheidend ist vielmehr die Beurteilung der Kontinuität der römischen Expansion.

Noch jüngst wurde das „Gefühl ständiger Bedrohung“ als „Grunderlebnis“ der Römer der frühen Republik bezeichnet (W. Hoffmann) und auf die Konstante dieses psychischen Momentes hingewiesen. Gewiß lassen sich viele ernste Bedrohungen der Stadt durch benachbarte Stämme, wie Etrusker, Kelten, Samniten, oder später durch Pyrrhus und Hannibal nachweisen. Doch ist es ein sehr einseitiges Verständnis von „Sicherheit“, wenn die gesamte außenpolitische und militärische Aktivität der römischen Republik einzig mit dieser Zielvorstellung begründet wird. Selbst diese Sicht aber besagt, daß Rom das eigene Sicherheitsbedürfnis absolut setzte, gleichrangige Mächte, deren Interessen, Einflußzonen und Sicherheitsbedürfnisse prinzipiell nicht anerkannte und daß die Stadt im Zuge eines immer weiter gespannten, präventiven Ausschaltens aller, oft nur vermeintlichen oder potentiellen Gegner schließlich ein „Weltreich wider Willen" errichtet hätte.

Diese Konzeption eines „defensiven Imperialismus" kann sich zwar auf Th. Mommsens Wertungen berufen, sie ist gleichwohl schon im Ansatz verfehlt. Richtig ist allerdings, daß die Römer in vielen Fällen primär an der Zerschlagung von Machtkernen interessiert waren (Karthago, Makedonien, Syrien). Sie wurden zuerst zu Meistern der Destruktion. Auf die volle Integration der beherrschten Räume aber waren sie überhaupt nicht vorbereitet, und sie verfügten zunächst auch gar nicht über die Mittel, um die ihnen zugewachsenen administrativen und politischen Pflichten zu erfüllen.

Ebensowenig kann das bei Cicero so häufig wiederkehrende Argument verfangen, daß die Römer ihre großen Kriege insbesondere zur Verteidigung der Bundesgenossen geführt und darüber ihr Weltreich gewonnen hätten (de imperio Cn. Pompei, 14; de officiis 2, 26; de republica 3, 35). Die so oft beschworene *fides* wurde keineswegs altruistisch eingesetzt. Vor allem sind es erstaunliche Disproportionen und maßlose Überspannungen, wenn die Beachtung der *fides* gegenüber den Mamertinern zur Annexion Siziliens, jene gegenüber Sagunt zur Annexion Spaniens führte.

Demgegenüber verstand bereits Polybios die römische Expansion als einen konsequenten Machtbildungsprozeß. Auch wenn man wie Th. Mommsen feststellt, daß „die römische Politik nicht entworfen von einem einzigen gewaltigen Kopfe und traditionell auf die folgenden Geschlechter vererbt, sondern die Politik einer sehr tüchtigen, aber etwas beschränkten Ratsherrenversammlung (ist), die um Pläne in Cäsars oder Napoleons Sinn zu entwerfen der großartigen Kombination viel zu wenig und des richtigen Instinkts für die Erhaltung des eigenen Gemeinwesens viel zu viel gehabt hat" (Römische Geschichte. I^{9}. 1903, 782), muß man die aktivistische Grundhaltung und den Machtwillen der Römer in Rechnung stellen. Die Existenz ihrer Führungsschicht bestand nun einmal in der fortgesetzten Bewährung der *virtus,* im Streben nach *gloria* und *honos,* im ständigen Rivalisieren mit den Angehörigen der eigenen sozialen Gruppe um Ansehen, Autorität und Einfluß. Dazu traten in einer späteren Phase ganz gewiß auch materielle Motive, die das Nutzen aller Chancen zu Interventionen und zur Erweiterung des eigenen Herrschaftsbereiches verständlich machen.

Seit der Eröffnung des 1. Punischen Krieges ist immer wieder die Bereitschaft festzustellen, auch die größten Risiken einzugehen, um römische Interessen zu vertreten und zu verteidigen. Die Konsequenzen der Interventionen in den verschiedenen geographischen Räumen waren vielleicht nicht in jedem Falle von vornherein abzusehen, doch die römische Republik ist auf dem einmal eingeschlagenen Weg mit einzigartiger Folgerichtigkeit immer weiter gegangen. Wo einmal besetzte Gebiete wieder geräumt wurden, wie in Griechenland unter T. Quinctius Flamininus und in Kleinasien unter den Scipionen, stellte sich rasch heraus, daß sich dieser scheinbare Rückzug und die auf ihn folgende indirekte Beherrschung für die betreffenden Gebiete nicht weniger verhängnisvoll gestalteten als eine unmittelbare Einbeziehung in das *Imperium Romanum,* die sich dann zuletzt doch immer als unvermeidbar erwies.

Die Anwendung des modernen Begriffes „Imperialismus" auf den römischen Expansionsprozeß empfiehlt sich nicht. Dieser Begriff hat zu viele Implikationen, die den konkreten römischen Verhältnissen nicht gerecht werden. Aufgeladen durch Phänomene und Erfahrungen der Politik des 19. und 20. Jahrhunderts, verknüpft mit den Erscheinungen des modernen Kapitalismus und Kolonialismus, imprägniert häufig durch Elemente der marxistischen Theorie, weckt er anachronistische Assoziationen und verführt zu ahistorischen Vorstellungen. Denn für den Prozeß der römischen Expansion spielten anfangs Rohstoffsuche oder Sklavenjagd ebensowenig eine Rolle wie das Streben nach neuen Märkten oder Investitionsmöglichkeiten.

3. Krise und Untergang der Republik

Seit den Anfängen des 2. Jahrhunderts v. Chr. nimmt in Rom jenes allgemeine Krisenbewußtsein zu, das vor allem vom älteren Cato artikuliert wurde. Zunächst weithin von Einzelphänomenen ausgehend, wie Luxus, Entartung, Korruption, Sittenverfall, Frauenemanzipation, kontrastiert es die dekadente Gegenwart mit einer verklärten Vergangenheit. Die tiefgreifenden wirtschaftlichen, gesellschaftlichen und politischen Veränderungen werden lange Zeit nicht in ihrem vollen Ausmaß und in ihren Folgen erkannt; die Befangenheit in herkömmlichen Normen und Wertungen und das starre Festhalten an den alten Privilegien bewirken, daß es zur „Krise ohne Alternative" kommt.

Dabei überlagern sich Spannungen und Gegensätze: Optimatische Senatspolitiker verteidigen die Autorität der Korporation gegen die Popularen, Standesgenossen, die, gestützt auf die Volksversammlung, Reformmaßnahmen durchsetzen wollen; der Senat versucht die Inhaber der großen Militärkommandos, auf die er nicht mehr verzichten kann, in Schranken zu halten; die Okkupanten des Gemeindelandes stemmen sich gegen die Agrarreformen zugunsten der besitzlosen Freien, privilegierte römische Vollbürger gegen die Ansprüche der italischen Bundesgenossen, Sklavenbesitzer gegen revoltierende Sklaven. Zu all dem treten schwere Konflikte in den Provinzen und an den Grenzen.

Dennoch kommt es zu keiner Revolution. Die Umwandlung des noch immer von der Nobilität beherrschten Adelsstaates der späten Republik in den Principat, die spezifisch römische Form einer „verkappten Militärmonarchie" (M. Rostovtzeff), brachte am Ende weder eine gewaltsame Umstülpung der Eigentumsverhältnisse noch eine durchgehende Veränderung der sozialen Schichtung. Das Ziel der historischen Entwicklung war zudem lange Zeit nicht sichtbar.

Am folgenschwersten gestalteten sich zunächst die Entwicklungen im Bereich der Agrarwirtschaft, jenem Wirtschaftszweig, in dem schätzungsweise noch immer 90% der italischen Bevölkerung tätig waren. Durch die Zerstörungen des 2. Punischen Krieges und die Beanspruchungen während der Feldzüge des 2. Jahrhunderts v. Chr. kam es hier zu einer außerordentlichen Schwächung und Überforderung der freien Kleineigentümer, die noch immer den Kern des römischen Heeres bildeten. Der Übergang der Großgrundbesitzer zur Weide- und Villenwirtschaft drängte sie zudem ständig weiter zurück. Bei dem neuen Typus der Villenwirtschaft handelt es sich um eine spezialisierte, rational organisierte und marktorientierte Wirtschaftsform, um mittlere Betriebe, die jeweils mit 1–2 Dutzend Sklaven vor allem Oliven und Wein produzierten, in der Nähe der Städte aber auch Gemüse, Obst und andere Nahrungsmittel, die sich leicht absetzen ließen. Die Angehörigen der Führungsschicht besaßen zumeist mehrere solcher Villen; schon im 2. Jahrhundert v. Chr. war der Landbesitz einzelner Senatoren über Latium, Kampanien, das Sabinerland, Etrurien und Lukanien verstreut. Latifundien im eigentlichen Sinne des Wortes, Großgüter mit Hunderten von Sklaven, existierten dagegen zu dieser Zeit in Italien nicht.

Voraussetzungen für diese weitreichende Veränderung der Agrarstruktur waren das starke Anwachsen der Vermögen der großen Grundbesitzer, die ständige Verfügbarkeit von Sklaven und die rücksichtslose und einseitige Ausnutzung des Gemeindelandes, des *ager publicus.* Deshalb setzten hier auch die Reformen der Gracchen (133, 123/2 v. Chr.) an, denen bewußt geworden war, daß die bisherige Gesellschafts-, Heeres- und Wirtschaftsstruktur nur durch eine Forcierung der Siedlungspolitik und der Kolonisation gewahrt werden konnte. Durch sie wurde das Volkstribunat erneut zur wichtigsten Basis und zum Instrument der Opposition gegen die Senatsmehrheit.

Schon Tiberius Gracchus sah die enge Verflechtung zwischen Agrarstruktur und Heeresverfassung. Durch die ständige Überforderung der Schicht der kleinen und mittleren Bauern und deren Frauen, die in ihrer Abwesenheit Haus und Hof zu bestellen hatten –, deren Belastungen von den Historikern aber kaum je beachtet wurden –, war es erforderlich, die Rekrutierungsbasis zunächst durch die Herabsetzung des für die Aufnahme in die Legionen erforderlichen Mindestbesitzes ständig zu erweitern und sie zuletzt selbst auf die besitzlosen Proletarier, die *capite censi,* auszudehnen. Dieser Schritt ist mit dem Namen des Marius verbunden und Teil seiner umfassenden Heeresreform.

Doch damit stellte sich jetzt auch das Problem der Versorgung der Truppen in ganz neuem Ausmaß und in neuer Schärfe. Konnten die Legionäre

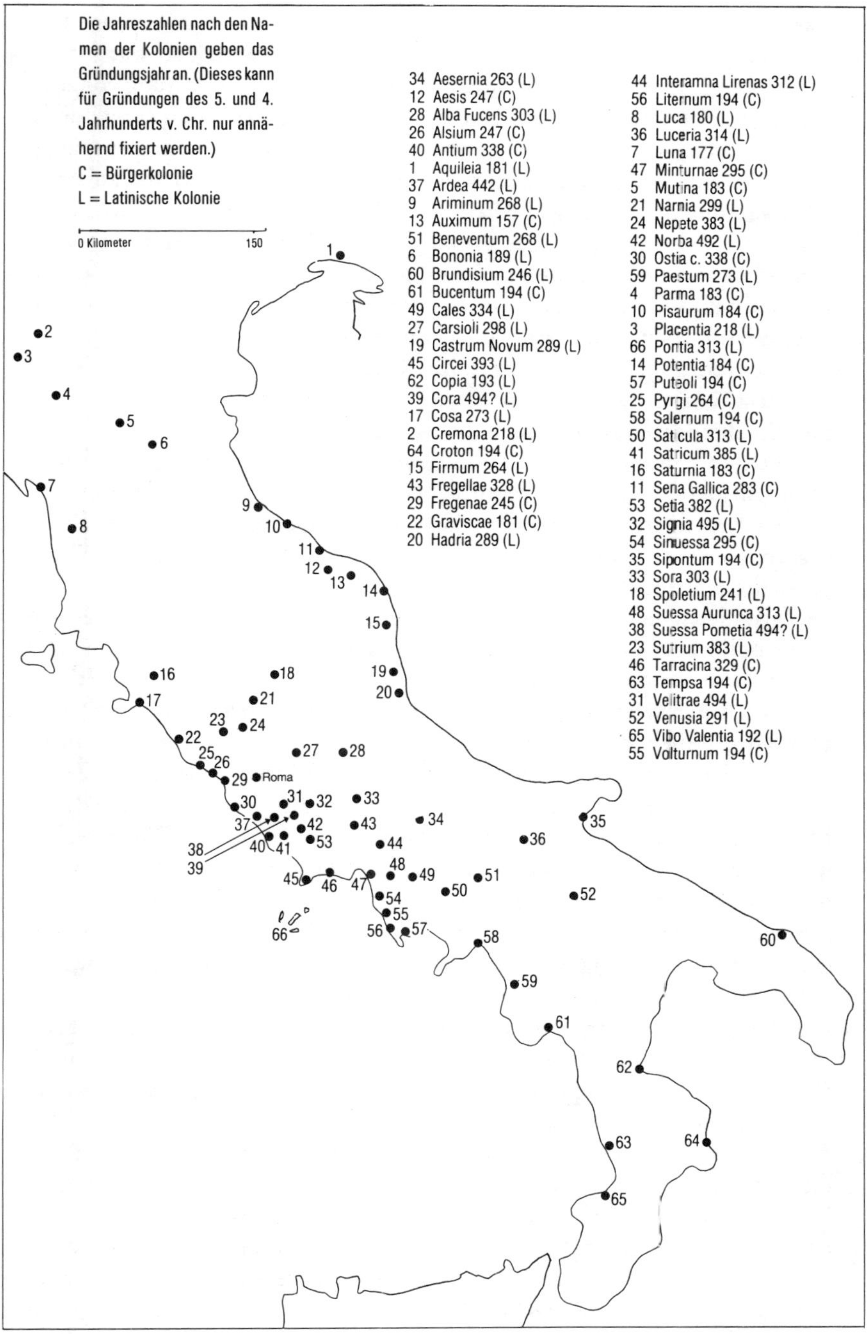

4. Italien im Jahre 133 v. Chr.

bisher, durch Sold und Beuteanteil entschädigt, immer wieder in ihre alte Existenz, in der Regel die des Kleinbauern, zurückkehren, so war fortan für die länger dienenden, besitzlosen Soldaten bei ihrer Entlassung von den Feldherrn eine solche Existenz erst zu schaffen. Auf diese Weise und durch diese Bindungen entstanden die großen „Heeresgefolgschaften" der späten Republik, kam es zur eigentlichen „Vermassung" der Klientel und zu einer Überlagerung der bisherigen Klientelverhältnisse. Für Marius, Sulla, Pompeius und Caesar gewann das Problem der Versorgung ihrer Heeresverbände höchste Priorität. Sie mußten diese Aufgabe entweder selbst lösen, wie Sulla und Caesar, oder wurden von Politikern abhängig, die sie zu lösen versprachen, wie Marius und Pompeius.

Gleichzeitig verschärfte sich das Bundesgenossenproblem. Zu den starken Belastungen durch die kontinuierliche römische Kriegsführung auch für die Bundesgenossen traten die Arroganz römischer Magistrate und gravierende Benachteiligungen durch die Reformen auf dem *ager publicus* sowie im Bereich des Militärstrafrechts. Nachdem Initiativen des konservativen Reformers M. Livius Drusus gescheitert waren, brachte der Bundesgenossenkrieg (91–88 v. Chr.) die große Krise. Die abgefallenen Italiker, speziell die Samniten und Marser, gaben sich eine eigene Kriegsverfassung und gründeten einen eigenen Staat. Damit hatte sich in Italien erstmals ein neuer politischer Gegenpol gegen Rom gebildet.

Die Krise konnte von der römischen Republik nur unter hohen Verlusten und durch weitgehende Zugeständnisse aufgefangen werden. Im Jahre 90 v. Chr. erhielten alle treu gebliebenen Italiker das volle römische Bürgerrecht, 89 v. Chr. auch diejenigen, welche die Waffen niederlegten. Zwar blieb die Frage der Zuweisung der Italiker in die Tribus der römischen Bürgerschaft umstritten und die praktische Ausübung des Bürgerrechts noch immer an die persönliche Anwesenheit in Rom gebunden, dennoch war jetzt der entscheidende Schritt zur politisch-rechtlichen Nivellierung des gesamten Staatsgebiets bis zum Po getan, ein Schritt, der zudem von einer Vereinheitlichung der italischen Munizipalverfassung begleitet war.

Es ist unverkennbar, daß zur Zeit der späten Republik wie einst in der Epoche des Ständekampfes die innenpolitischen Probleme dominierten. Dennoch waren sie eng mit den Entwicklungen in den Provinzen und Grenzräumen des Imperiums verflochten. Der Jugurthinische Krieg (111–105 v. Chr.), ein „numidischer Erbfolgekrieg" in Nordafrika, der die Korruption der römischen Aristokratie enthüllte, und die Kämpfe gegen die Kimbern und Teutonen (105–101 v. Chr.) führten Marius auf den Höhepunkt seiner Laufbahn. Der Krieg gegen Mithradates VI. von Pontus, der die römische Herrschaft in Kleinasien und Griechenland faktisch ausgelöscht hatte und im Jahre 88 v. Chr. Zehntausende von Römern und Italikern ermorden ließ, brachten Sulla nicht nur Ruhm sondern auch jenes militärische Potential, das er dann im Bürgerkrieg, im Kampf gegen die Anhänger des Marius und Cinna, in die Waagschale werfen konnte.

In den langjährigen Kämpfen in Spanien gegen die Kräfte des Sullagegners Sertorius (77–72 v.Chr.) und in seinen großen Heereskommandos gegen die Seeräuber (67 v.Chr.) wie zur Neuordnung des gesamten Ostens (66–62 v.Chr.) erwarb sich Pompeius das große Prestige des Feldherrn und Organisators wie Caesar in Gallien (58–50 v.Chr.). Daraus wird freilich auch ersichtlich, daß gerade Provinzen und Grenzräume die Dimensionen der innenpolitischen Auseinandersetzungen Roms vervielfachten. Umgekehrt rissen die Konflikte der späten römischen Republik den gesamten Mittelmeerraum in ihren Bann. Die Städte Spaniens wurden von ihnen ebenso tangiert wie der germanische Heerkönig Ariovist, Ägypten wie Athen. Für nicht wenige Verbündete Roms entschied die Parteinahme in den Bürgerkriegen über ihre Existenz.

Die gesellschaftliche Entwicklung der späten Republik wird durch eine fortschreitende Differenzierung aller sozialen Gruppen gekennzeichnet. Besonders augenfällig ist die Vermögenskonzentration innerhalb der römischen Führungsschicht. Die Tendenz zu „immer Weniger besitzen immer mehr" nahm durch die verschiedenen Bereicherungsmöglichkeiten gerade der führenden Politiker extreme Formen an. Der Zwang zu Luxus und imponierender Repräsentation führte auf der Seite der Erfolgreichen zu provozierender Materialisierung des Lebensstils, auf der anderen Seite ruinierten erfolglose politische Karrieren durch die Kosten der Spiele und Wahlbeeinflussungen selbst große Vermögen, wie vor allem die Catilinarische Verschwörung (63 v.Chr.) zeigte.

In wirtschaftlicher Hinsicht aber traten nun mehr und mehr die neuen sozialen Gruppen der Ritter und der Freigelassenen in den Vordergrund. Da die Ritter von den Staatsämtern, dem *cursus honorum* der Senatsaristokratie, ausgeschlossen waren, sahen sie sich ganz auf die Aktivität im ökonomischen Bereich verwiesen. Sie übernahmen einzeln oder auf dem Wege der Beteiligung an Gesellschaften jene Fern-, Großhandels- und Geldgeschäfte hohen Volumens, die Roms dominierende Rolle im gesamtmediterranen Wirtschaftsraum ermöglichten. Sie profitierten vor allem von der Intensivierung der Geldwirtschaft, die jetzt den Wirtschaftsstil bestimmte, sie übernahmen alle jene administrativen und wirtschaftlichen Aufgaben, welche die römische Republik mit ihrem nur rudimentären Verwaltungsapparat gar nicht zu bewältigen vermochte, Steuerpacht und Großbauten, Heeresversorgung wie Materialbeschaffung und Transporte. In den Reihen der Ritter und Freigelassenen konzentrierten sich deshalb auch die organisatorischen, wirtschaftlichen und finanziellen Spezialkenntnisse, die in systematischer Konsequenz erst unter dem Principat für die staatliche Administration genutzt wurden. Wenn gerade der Stand der Ritter von C. Gracchus erstmals ganz bewußt politisiert wurde, wenn die Ritter Richterfunktionen in den Prozessen gegen senatorische Provinzialstatthalter, die der Erpressung beschuldigt waren, übernahmen, so dokumentieren auch diese Fakten den tiefgreifenden Antagonismus der römischen Politik.

Während es in Rom selbst zu einer immer stärkeren Bevölkerungskonzentration kam, wuchs die Zahl der Arbeitsplätze nicht in gleicher Weise mit. Zwar boten die öffentlichen und privaten Großbauten, die gesteigerte Nachfrage nach Luxusgegenständen, Kunstwerken und Lebensraffinement sowie Dienstleistungen aller Art neue Beschäftigungsmöglichkeiten, dennoch verschlechterten sich die wirtschaftlichen Bedingungen der stadtrömischen Plebs zusehends. Der oft beklagte Übergang zum Versorgungsstaat, der in jenem Augenblick begann, als C. Gracchus 123 v. Chr. ein Gesetz einbrachte, das jedem berechtigten Proletarier den monatlichen Bezug von ca. 3/4 Zentner Weizen zu einem Vorzugspreis garantierte, und der schließlich zur unentgeltlichen Abgabe von Getreide an die ärmere Bevölkerung Roms führte, ist eben auch dadurch zu erklären, daß Rom niemals zum großen wirtschaftlichen Produktionszentrum geworden ist.

Die römische Republik wird in ihren Anfängen nicht durch einen Klassengegensatz zwischen Freien und Sklaven geprägt. Ein Bedarf an zusätzlichen Arbeitskräften, häufig als Voraussetzung für den Einsatz von Sklaven angenommen, bestand zunächst nicht. In den Kleinbetrieben der freien Grundbesitzer konnten die anfallenden Arbeiten unschwer durch die Mitglieder der *familia,* in den größeren des Patriziats durch die, zu entsprechenden Dienstleistungen verpflichteten Klienten bewältigt werden. Kriegsgefangene, die anfangs vermutlich noch getötet wurden, sind später in der Regel wohl ebenso weiterveräußert worden wie die in Schuldknechtschaft geratenen Bürger, die ‚*trans Tiberim*' verkauft wurden. Sklaven waren deshalb zur Zeit der frühen Republik nur in sehr geringer Zahl vorhanden; in der Form der „patriarchalischen" Sklaverei wurden sie völlig in die Familie integriert, sie ergänzten wohl die freie Arbeit, waren jedoch nicht das bestimmende Element der Produktionsverhältnisse. Auch im Ständekampf spielte die Gruppe der Sklaven keine relevante Rolle, ein Beweis mehr dafür, daß sie im Rahmen der gesellschaftlichen Gesamtstruktur nur von untergeordneter Bedeutung gewesen ist.

Diese Verhältnisse änderten sich jedoch seit dem 3. Jahrhundert v. Chr. zusehends. Vor allem die Rekonstruktionsphase der römischen Wirtschaft nach dem 2. Punischen Krieg, die Ausbreitung der Villenwirtschaft und die gleichzeitigen gesellschaftlichen Veränderungen führten zu einem sprunghaften Anstieg der Sklavenzahlen. Neue wirtschaftliche Organisationsformen isolierten in vielen landwirtschaftlichen und handwerklichen Bereichen den Sklaven von der Familie des Besitzers; in nicht wenigen Fällen nahm die Ausbeutung unerträgliche Formen an, die großen Sklavenerhebungen waren die Folge. Die Zehntausende von Sklaven, die in ihnen revoltierten, dokumentieren zugleich, welch beträchtliches Ausmaß die Sklavenarbeit jetzt innerhalb des römischen Wirtschaftsgefüges eingenommen hatte.

Die Gesamtzahl der Sklaven in Italien wuchs schließlich so sehr an, daß moderne Schätzungen für die Zeit des Augustus bei einer Gesamteinwohnerzahl von ca. 7,5 Millionen Personen mit insgesamt ca. 3 Millionen Sklaven rechnen (P. A. Brunt). Um das hohe Volumen der Sklavenarbeit kontinuierlich sichern zu können, reichte die schubartige Zufuhr von Kriegsgefangenen (z.B. 209 v.Chr. 30000 aus Tarent, 167 v.Chr. 150000 aus Epirus, 146 v.Chr. 50000 aus Karthago, um nur einige Beispiele zu nennen) bald nicht mehr aus, es bildeten sich regelrechte Sklavenmärkte, wie etwa in Delos, das über Einrichtungen verfügte, die einen täglichen Verkauf von ca. 10000 Sklaven möglich machten. Gleichzeitig nahm auch die Zahl der von den Sklavenbesitzern aufgezogenen Sklavenkinder zu. Gerade diese Kategorie von Sklaven *(vernae)* galt als besonders fügsam und zuverlässig.

Die Situation der Sklaven war alles andere als einheitlich. Während die in Bergwerken und Steinbrüchen eingesetzten Staatssklaven und der Großteil der in der Agrarwirtschaft tätigen Sklaven eine dumpfe, scharf überwachte Existenz führten, genossen schon die Hirtensklaven größere Freiheit; einzelne qualifizierte Kräfte erhielten Aufsichtsfunktionen, wie der *vilicus*, der Verwaltersklave, von dessen Fähigkeiten der Ertrag einer Villenwirtschaft weithin abhing. Noch günstiger waren die Bedingungen der Handwerks- und Haussklaven, die oft ausgesprochene Vertrauensstellungen innehatten und zu Komplizen ihrer Herren werden konnten. Arbeitsanreize vielfältiger Art und das Zugeständnis eines prekären, jederzeit widerrufbaren Eigenbesitzes, des *peculium*, sollten diese qualifizierten Sklaven zufriedenstellen. Von hier aus war der Schritt zur Freilassung nicht weit. Die Schicht der Freigelassenen aber zeichnete sich ähnlich wie jene der Ritter durch starke wirtschaftliche Aktivität aus, wobei diese häufig zu Lasten der freien Bürger ging. Denn ihren großen Einfluß verdankten die Freigelassenen zumeist auch dem Prestige und den Verbindungen ihrer früheren Herren.

Der Anteil der Sklaven wuchs im ökonomischen Bereich so stark an, daß der Ausbau und die Konsolidierung der neuen wirtschaftlichen Organisationsformen ohne die Institution der Sklaverei undenkbar waren. Während die Bedeutung des Klientelverhältnisses auch im Bereich der Arbeitsorganisation zurückging, gewann das ganz auf den Besitzer bezogene Abhängigkeitsverhältnis der Sklaverei immer größeres Gewicht. Im Unterschied zu allen Gruppen freier Arbeiter war hier in der Regel ein Zugriff des Staates, zum Beispiel durch Kriegsdienst, nicht möglich, die Institution der Sklaverei stärkte gerade die Position aller besitzenden Bürger und insbesondere jene der Führungsschicht.

Andererseits war die Kluft zwischen Sklaven und armen Freien nahezu unüberwindlich. Niemals war die Möglichkeit zur Materialisierung des römischen Bürgerrechts so groß wie in dieser Epoche. Denn nur der römische Vollbürger kam in den Genuß von Getreideverteilungen und Landzuweisungen, nur er hatte die Chance, durch den Eintritt in die Legionen auch zu einem kleinen Vermögen zu kommen, nur er konnte die Sporteln, die materiellen Leistungen, der Patrone beziehen. Wenn es schon unter den verschiedenen Gruppen der Sklaven keine Solidarität einer „Klasse" gab, so erst recht nicht zwischen Sklaven und armen Freien. Nur war es jetzt auch nichts Ungewöhnliches mehr, wenn Freigelassene und auch Sklaven in einzelnen Fällen über größere Mittel und größeren Einfluß verfügten als die armen Freien.

Die großen Sklavenkriege in Sizilien (1.: 136–132 v. Chr.; 2.: 104–100 v. Chr.) und Kleinasien (Aristonikosaufstand): 133–129 v. Chr.), eine beträchtliche Anzahl ungefähr gleichzeitiger, kleinerer Erhebungen in Süditalien und Griechenland und schließlich der Spartacus-Aufstand (73–71 v. Chr.) erschütterten den römischen Staat weithin. Doch es ist ein Trugschluß zu glauben, daß die römische Gesellschaftsstruktur durch die Niederwerfung dieser Aufstände endgültig stabilisiert war. In den großen Bürgerkriegen und innenpolitischen Auseinandersetzungen Roms wurden die Sklaven zum umworbenen Potential im Kampf gegen die Freien. Marius und Cinna, Clodius, die Caesargegner und S. Pompeius haben die Sklaven skrupellos für ihre Sache mobilisiert, während Sulla, Catilina, Caesar und Augustus den „Herrenstandpunkt" vertraten und die Priorität der gemeinsamen Interessen aller Sklavenhalter im allgemeinen nicht antasteten. Dennoch kam es auch hier zu bezeichnenden Widersprüchen: Sulla zögerte nicht, den 10000 Sklaven seiner proskribierten Gegner die Freiheit zu schenken und diese freigelassenen „*Cornelii*" als Stütze seiner Macht zu gebrauchen. Augustus dagegen stilisierte den Bürgerkrieg gegen Sextus Pompeius zum „Sklavenkrieg".

Doch das sozio-ökonomische System der späten Republik wurde nicht allein von unten, durch die Sklavenaufstände, in Frage gestellt, sondern gleichsam auch von oben, durch die Aufwiegelung der Sklaven zu machtpolitischen Zwecken, vor allem während der Bürgerkriege. Es ist richtig, daß erst der Principat solche Exzesse verhinderte und eine erneute Festigung der traditionellen Gesellschaftsstruktur erzielte, doch es wäre irrig, in Augustus lediglich einen Agenten oder ein „Organ der sklavenhalterischen Klasse" (Štaerman) zu sehen.

Das Wirken der Gracchen hatte die Gegensätze zwischen „Popularen" und „Optimaten" gesteigert. Allein beide Gruppen waren keine konstanten politischen Blöcke, etwa Parteien von Konservativen und Demokraten. In erster Linie handelt es sich, wie schon angedeutet, um einen Gegensatz der politischen Methodik, denn auch die Führer der Popularen waren in der Regel Aristokraten, die nicht selten von sehr starken persönlichen Ambitionen geleitet wurden. Das politische Gleichmaß aber war innerhalb der Führungsschicht schon seit dem älteren Scipio gesprengt, weder Sulla noch Pompeius oder Caesar waren auf die Dauer in seinem Rahmen zu halten.

Als besonders folgenschwer erwies sich die zunehmende Verhärtung der innenpolitischen Gegensätze und die seit den Gracchen zu beobachtende Radikalisierung der Politik. Der Appell an die Gewalt fand nur allzu starke

Resonanz, Straßenkämpfe, politischer Terror und Politisierung der Justiz vergifteten die Atmosphäre. Die Proskriptionen Sullas brachten eine vorher nie gekannte Systematisierung politischer Rache, die persönliche und materielle Ausmerzung der Gegner machte Schule. Freilich bot Sullas Diktatur (82–79 v. Chr.) auch die Chance einer letzten konsequenten Restauration des traditionellen Adelsstaates. Doch wie umfassend diese große Reorganisation der Republik mit ihrer Senatserweiterung auf 600 Angehörige, ihrer Neuordnung von Ämterlaufbahn, Provinzialverwaltung und Strafrechtspflege auch immer war, für eine langfristige Stabilisierung war es längst zu spät.

In den folgenden Jahren wurde zunächst Cn. Pompeius zur beherrschenden Figur. Allein der „Reichsfeldherr" scheiterte als Politiker, und mit dem 1. Triumvirat des Jahres 60 v. Chr., als sich Pompeius, Crassus und Caesar bereits anmaßten, daß „im Staat nichts geschehen solle, was einem der drei mißfalle" (Sueton, Div. Iul. 19, 2), begann bereits die Schlußphase des beschleunigten, dynamischen Prozesses der Krise der römischen Republik. Bald riß Caesar die Initiative an sich. Nach der Eroberung Galliens (58–51 v. Chr.) siegte er auch im Bürgerkrieg (49–45 v. Chr.). Die Anhänger des Pompeius und des Senats wurden in allen Reichsteilen geschlagen und zersprengt, der Diktator (zuletzt auf Lebenszeit!) entfachte eine stürmische Aktivität. Eine neue Erweiterung des Senats auf 900 Mitglieder, die Forcierung der Kolonisation und Urbanisierung in den Provinzen, großzügigste Verleihung des Bürgerrechts an seine Parteigänger, ausgedehnte Baumaßnahmen, Kalenderreform und viele andere Projekte mehr sind Zeugnisse dieses rastlosen Wirkens. Allein mochte Caesar auch noch so vielen politischen Gegnern seine *clementia* erweisen, insgesamt provozierte der Stil seiner Machtausübung, die ganz offene, nicht selten geradezu brutale Inanspruchnahme aller entscheidenden Kompetenzen, immer stärker die Gegenkräfte.

Die Jahre zwischen 60 und 44 v. Chr. stehen im Zeichen einer zunehmenden Polarisierung, denn die Errichtung der Diktatur Caesars war undenkbar ohne die Basis der großen Heeresklientel und ohne die Mobilisierung einer breiten Anhängerschaft in allen sozialen Schichten. Caesars Offizierskorps rekrutierte sich aus ganz Italien. Im Unterschied zu Pompeius, der sich insbesondere um Anhänger der alten Nobilität bemüht hatte, stellten sich Caesar viele soziale Aufsteiger, Mitglieder der erst seit kurzer Zeit im Senat befindlichen Familien, Ritter, Angehörige der italischen Municipalaristokratie, zur Verfügung. Hatten die optimatischen Führer der Senatsaristokratie dafür Sorge getragen, daß ihre Reihen geschlossen blieben – von den 61 Konsuln der Jahre zwischen 78 und 49 v. Chr. gehörten nur 7 nicht-konsularen Familien an –, so legte Caesar die alten Schranken nieder. Waren bisher die Zugehörigkeit zu den alten Familien und Patronage innerhalb der Optimaten Grundvoraussetzungen für eine politische Karriere gewesen, so wurde jetzt allein Caesars Gunst maßgebend.

Für Caesar waren stets persönliche und nicht institutionelle Bindungen entscheidend. Er hatte bereits seine Herrschaft in Gallien einzig auf Personen gegründet und sich diese Personen durch Freundschaft *(amicitia)* und Gunstbezeugungen *(beneficia)* verpflichtet. Mit der Loyalität dieser Personen stand und fiel seine Macht. Nicht anders liegen die Dinge im Bereich der römischen Innenpolitik. Gewiß griff er hier die Tradition der Popularen auf, gewiß profitierte er von der Sache und vom Prestige des Marius. Aber auch hier ging es Caesar nicht in erster Linie um abstrakte Programme, um Positionen oder Institutionen, um die Interessen geschlossener sozialer Gruppen, schon gar nicht um diejenigen einer Klasse, sondern wiederum um das Gewinnen und Ausschalten von Personen.

Darüber hatte er indessen auch seine Person verabsolutiert – und zugleich isoliert. Doch das hatte zur Folge, daß auch seine Gegner die politische und soziale Krise gleichsam personalisierten und daß sie sich der Illusion hingaben, es genüge, den „Tyrannen" – dazu hatten sie Caesar in einer sehr geschickten Weise abgestempelt – zu beseitigen, um die republikanische Ordnung wiederherzustellen. Während Caesar ganz gewiß die Bedeutung und die Stärke jener republikanischen Traditionen verkannte, die er offen mit Füßen trat und die seine Gegner doch gegen ihn mobilisieren konnten, überschätzten die „Heroen" der Republik, Brutus und Cassius, und deren Sympathisanten fraglos die Tragfähigkeit der Fundamente der Nobilitätsherrschaft, mit der sie sich identifizierten. Die Verschwörer warfen die Parolen Tyrannenmord und Freiheit aus. Doch der Tyrannenmord der Iden des März (15. März 44 v. Chr.) war kein Staatsstreich und keine Machtergreifung. Die Freiheit jedoch, die diese Gruppe forderte, war keineswegs eine gleichsam demokratische Freiheit für alle römischen oder alle Reichsbürger. Sondern diese *libertas* war Freiheit gemäß den Traditionen und Interessen der Senatsaristokratie, Freiheit für die herrschende Schicht, wieder in den gewohnten Formen des Adelsstaates Politik zu treiben.

Angesichts einer von Caesar systematisch verwöhnten und korrumpierten Plebs, angesichts seiner Heeresklientel und seiner zahlreichen Anhängerschaft konnten die Verschwörer mit ihren Perspektiven keine breite soziale und politische Basis in Rom und in Italien finden. Eine Identifizierung weiter Schichten mit der Tat gelang nicht. So großartig der moralische und politische Protest der Caesarmörder erscheinen mochte, er diente einer vergangenen Sache. Die Verschwörer mußten zudem schon bald selbst zu Maßnahmen greifen, welche den Normen und dem Geist der alten Republik widersprachen. Der zunächst durch Kompromisse verzögerte Bürgerkrieg brach schließlich doch aus, erfaßte in einem raschen Wechsel von Konstellationen das ganze Reich und führte zu einer unvorstellbaren Eskalation des Terrors und der Gewalt, die nicht zu enden schien (44–30 v. Chr.). In diesen mörderischen Kämpfen zwischen den Anhängern Caesars und den Protagonisten der alten Republik, die schließlich bei Philippi

(42 v. Chr.) vernichtet wurden, den Kräften Octavians und des Sextus Pompeius und schließlich Octavians und Antonius' ging die Republik zugrunde. Aus dem Paralysierungsprozeß dieser Bürgerkriege, aus einem Meer menschlichen Leids und persönlicher Katastrophen in allen Schichten der Reichsbevölkerung erwuchs schließlich eine neue, dauerhafte Ordnung, der Principat des Augustus.

IV. Imperium Romanum

1. Aufbau und Institutionalisierung des Principats

C. Octavius (geboren im Jahre 63 v. Chr.), Caesars Großneffe, der von dem Diktator testamentarisch zum Haupterben eingesetzt und außerdem adoptiert worden war, wurde von seinen Gegnern Octavian benannt, im Jahre 27 v. Chr. vom römischen Senat jedoch durch den Beinamen Augustus geehrt, einem Namen, der zugleich zur Bezeichnung einer historischen Epoche werden sollte. Der junge Mann, der nach Antonius' Worten alles seinem Namen verdankte, trat in einer revolutionären Situation Caesars Erbe an. Durch die Politisierung von Caesars Testament, rücksichtslosen Einsatz materieller Mittel, die Mobilisierung von Caesars Klientel, skrupellose Frontwechsel, aber auch eine konsequente Legalisierung seiner jeweiligen Position, die systematische Verbreiterung und dauerhafte Konsolidierung seiner politischen und militärischen Basis und durch die umfassende Ideologisierung seines persönlichen Machtstrebens setzte er sich in Italien und im ganzen *Imperium* durch.

Der Senator Cornelius Tacitus, der größte römische Historiker, hat diesen Machtbildungsprozeß aus dem Rückblick von eineinhalb Jahrhunderten so beschrieben:

„Nach Brutus' und Cassius' Fall gab es kein staatliches Heer mehr. (S.) Pompeius wurde bei Sizilien vernichtet, Lepidus verdrängt, Antonius erschlagen. Auch die Partei der Iulier hatte nur noch den einen Führer Caesar (= Octavian), der nun den Triumvirntitel ablegte, das Konsulat übernahm und sich mit den tribunizischen Vollmachten zum Schutze des Volkes begnügte. Die Soldaten gewann er durch Schenkungen, das Volk durch Getreidespenden, jedermann durch die erfreuliche Ruhe. Und nun hob er allgemach das Haupt. Er nahm die Befugnisse des Senats, der Beamten und der Gesetzgebung an sich. Einen Gegner fand er nicht. Die Tapfersten waren in den Schlachten gefallen oder durch die Proskriptionen (43 v. Chr.) beseitigt, und der Rest des Adels wurde um so reichlicher mit Geld und Ämtern bedacht, je williger er sich der Knechtschaft fügte. Wer so aus der Wendung der Dinge Vorteil gezogen hatte, dem war natürlich die sichere Gegenwart lieber als die gefährliche Vergangenheit. Auch die Provinzen sahen die neuen Verhältnisse nicht ungern. Das republikanische Regiment war ihnen durch die Streitigkeiten der Machthaber und die Habgier der Beamten verleidet worden. Die Gesetze hatten versagt: Gewalt, Parteieinfluß, ja direkte Bestechung hatten sie unwirksam gemacht." (Annalen I, 2. – Übersetzung von A. Horneffer).

Es wäre verfehlt, in Octavian lediglich das große, genial handelnde Individuum welthistorischen Ranges zu sehen, dessen Willen gleichsam in einem Akt eine neue politische Ordnung dekretiert hätte. Octavian-Augustus hat im Gegenteil in einem längeren, dialektischen Prozeß, in dem selbst das Jahr 27 v. Chr., das Jahr der langfristigen Legalisierung seiner Stellung, lediglich eine Etappe bildet, seine Alleinherrschaft Schritt für Schritt durchgesetzt, abgesichert und behauptet. So prekär seine Ausgangssituation war, die Erosion der republikanischen Verfassung war weit fortgeschritten; eine ganze Reihe von Elementen lagen bereit, deren er sich bedienen und die er dann in dem neuen, von ihm beherrschten System verbinden konnte. Dazu zählen die Heeresklientel, aber auch jene großen, außerordentlichen Kommandos, die mehrjährigen Imperien, die schon Pompeius und Caesar innegehabt hatten. Dazu zählt auch die Trennung von Magistratur und Kompetenz, die Aushöhlung des alten Annuitätsprinzips durch die Kompetenzverlängerung der *prorogatio* und durch die Iterationen der Magistraturen, dazu zählt schließlich die bereits bei Pompeius zu beobachtende Erscheinung, daß Provinzen nicht mehr persönlich, sondern durch Legaten verwaltet wurden.

Es ist paradox, daß der große Integrator zunächst nur immer neue Polarisierungen bewirkte, zuerst unter den Caesarianern selbst, dann gegen die Caesarmörder, schließlich gegen Antonius, der im Osten, gemeinsam mit Kleopatra VII. von Ägypten ein persönliches Regiment im hellenistischen Stile errichtet hatte. In rücksichtslosem Opportunismus hat Octavian dabei immer wieder die Fronten gewechselt. Der Senat war ihm gut genug, seine usurpierte Stellung zu legalisieren, Antonius gut genug, die Caesarmörder zu schlagen und wiederholt Unterstützung gegen Sextus Pompeius zu gewähren, doch wechselseitige Verpflichtungen, römisch gesprochen: *fides,* kannte Octavian gegenüber diesen Partnern nicht.

Die Konsequenz und die Erfolge von Octavians Machtbildung sind deshalb so überraschend, weil er selbst kein großer, faszinierender Feldherr vom Schlage eines Alexander oder Caesar war. Die Eigenart des augusteischen Principats zeigt sich wohl am deutlichsten beim Vergleich mit den Diktaturen Sullas und Caesars. Handelte es sich dort jeweils um eine kurzfristig durchgesetzte Systematik unter unverhülltem Einsatz der Gewalt, so hier um die Dialektik eines mittelfristigen politischen Prozesses unter sorgfältigster Stilisierung der Macht. Aufbau und Ausbau des augusteischen Principats waren nicht identisch mit der Maximierung von Kompetenzen. Augustus begnügte sich im Gegenteil demonstrativ mit wenigen, aber entscheidenden Positionen, einem *imperium proconsulare* vor allem, das ihm auch den Oberbefehl über den weitaus größten Teil des Heeres sicherte, einem *imperium consulare* für den Bereich der Stadt Rom (seit 19 v. Chr.) und den erweiterten Rechten des Volkstribunats (seit 23 v. Chr.). Selbst das *imperium proconsulare* wurde zeitlich befristet, die Jahre der *tribunicia potestas* wurden unterschieden, provozierende Regelungen für alle Zeit – wie Caesars *dictator perpetuo* – vermieden. Augustus brüstete sich damit, keine Magistratur im Widerspruch zur Sitte der Vorfahren übernommen zu haben und auch an Amtsgewalt, an *potestas,* nicht mehr besessen zu haben als diejenigen, die in der jeweiligen Magistratur seine Kollegen waren. Er konnte die Übertragung der Diktatur, des lebenslänglichen Konsulats und anderer Kompetenzen zurückweisen und sich auf seine alle überragende *auctoritas* berufen.

Von nicht zu unterschätzender Bedeutung für die Durchsetzung und Konsolidierung des neuen politischen Systems war die augusteische Ideologie. Sie diente von Anfang an der Begründung und Legitimierung der eigenen Ansprüche wie der Propaganda der eigenen Leistungen. Sie knüpfte damit an alte Traditionen der römischen Führungsschicht an, die schon immer gezwungen war, die Voraussetzungen des eigenen Sozialprestiges zur Schau zu stellen. Dichtung, Münzprägung, Architektur und Spiele waren schon seit langer Zeit von den führenden Adelsgeschlechtern dazu eingesetzt worden, um die Leistungen der jeweiligen *gens* im Bewußtsein aller Bürger lebendig zu erhalten. Neu an der augusteischen Praxis waren jedoch die Dimensionen des Instrumentariums, die Intensität der Beeinflussung, die Monopolisierung der öffentlichen Meinung sowie die schrittweise Identifizierung eines Mannes und seiner Familie mit der *maiestas rei publicae.* Aber die augusteische Ideologie hämmerte nicht nur Ansprüche und Leistungen ein, sie vermittelte gleichzeitig Integrationsformeln, sie half mit, das neue politische System zu festigen und zu sichern, sie stellte die vorgesehenen Nachfolger des Augustus heraus, und sie trug entscheidend dazu bei, daß die Familie des *princeps* und der Staat immer stärker verwuchsen.

Mit den Parolen der „Rache für Caesar" und der *pietas* gegenüber dem Adoptivvater war Octavian zunächst aufgetreten, dann hatte er seinen Kampf gegen Sextus Pompeius und Antonius unter gesamtitalische Vorzeichen gestellt, die Gegner systematisch diskreditiert, als sein Ziel die Verteidigung der italischen Traditionen und der bestehenden Sozialordnung propagiert. Die Wiedergewinnung und Sicherung des Friedens, die Wiederherstellung der staatlichen Ordnung *(res publica restituta)* und die Reinigung der Waffenehre waren zentrale Ideologeme der Epoche. Es wäre völlig falsch, alle Inhalte und Aussagen dieser Ideologie kategorisch als Lügen abzutun. Ihr Erfolg beruhte nicht zum geringsten darauf, daß sie auf den Hoffnungen und Wünschen breiter Schichten aufbaute und sie systematisch transformierte.

Wie immer man den Principat des Augustus staatsrechtlich und politisch definieren mag, ob als „verkappte Militärmonarchie" oder als „konstitutionelle Monokratie", Augustus war nach dem Scheitern der offenen Diktatur Caesars gezwungen, auf die Stärke der republikanischen Traditionen Rücksicht zu nehmen und die eigene Herrschaft behutsam zu stilisieren. Es ist bezeichnend, wieviel Mühe er in seinem Tatenbericht, den *res gestae,* darauf verwandte, die Kontinuität der traditionellen staatlichen Ordnung zu suggerieren, die Legalität seiner Stellung einzuhämmern und die Basis seiner Macht zu drapieren. Mögen die historischen Erfahrungen der Jahrzehnte des Bürgerkrieges und insbesondere die Lehren aus der Ermordung Caesars Augustus' Vorgehen verständlich machen, das neue politische System war durch die Widersprüche zwischen Fassade und Realität schwer belastet, und es dauerte lange Zeit, bis die Institutionalisierung des Principats soweit fortgeschritten war, daß die unverhüllte Ausübung der Macht in vollem Ausmaß möglich wurde.

Unter Tiberius (14–37 n. Chr.) traten die Phänomenologie und Eigenart des neuen Systems gerade deshalb zutage, weil dieser Claudier durch die alten aristokratischen Traditionen der Republik sehr viel tiefer geprägt war als Augustus. Der bewährte Troupier wurde in immer neue Peinlichkeiten verstrickt, da er kein Organ für die Finessen der augusteischen Stilisierung und Methodik besaß. Die weitere Familie des *princeps*, das *domus principis*, aber wurde durch die Ambitionen der Frauen ebenso zerrüttet wie durch die Profilierungssucht eines designierten Thronfolgers. Rivalitäten dieser Art wurden mehr und mehr zur Belastung des Systems. Gleichzeitig waren „Majestätsprozesse“ Indizien für den Zwang zur Heuchelei und Unaufrichtigkeit, der unumgänglich schien.

In dem unerfahrenen Gaius (= Caligula; 37–41 n. Chr.) wurde Rom dann mit einer absoluten Herrschaft im Stile der hellenistischen Monarchien konfrontiert. Alle jene Kompetenzen und Ehrenrechte, die Augustus und Tiberius innegehabt hatten, wurden hier schon von Anfang an en bloc übertragen, der Principat damit in geschlossener Form als Institution bestätigt. Über den Exzessen seiner Machtausübung und seiner Identifikation mit den verschiedensten Gottheiten ist gerade Gaius zum Prototyp des „Caesarenwahnsinns“ geworden.

Der danach von der Praetorianergarde auf den Thron gezerrte Claudius (41–54 n. Chr.), ein skurriler Antiquar und beflissener, wohlmeinender Reformer, konnte trotz guten Willens und der Berufung auf die Leistungen seiner Familie nie echte Autorität erringen. Die Reichsverwaltung geriet unter ihm in die Hände qualifizierter Freigelassener, von denen der *princeps* ebenso abhängig wurde wie von seinen Frauen. In Nero (54–68 n. Chr.) schien sich zunächst ein ‚goldenes Zeitalter‘ anzubahnen, solange sich der Jüngling von Seneca und dem Praetorianerpräfekten Burrus leiten ließ. Allein seine Emanzipation von der Mutter (Agrippina), die ihm zum Thron verholfen hatte, und von den Beratern des Anfangs mündete in eine schrankenlose und bizarre Gewaltherrschaft. In Nero wurden die phantastischen Möglichkeiten eines Autokraten ausgelebt, in seiner Freiheitserklärung für die Griechen, dem Projekt des Kanals von Korinth ebenso wie in der Christenverfolgung oder in den Exzessen der Spiele und Feste. Gerade dieser *princeps*, der sich selbst primär als Künstler verstehen wollte, hat die Vorstellungen der Mit- und Nachwelt besonders tief erregt, ob als Muttermörder und Tyrann, als satanisches Werkzeug apokalyptischer Dimensionen oder Antichrist, als Kitharoede, der sich angeblich durch das brennende Rom beim Gesang inspirieren ließ oder als Idol in der Welt der Spiele.

Vespasian (69–79 n. Chr.) führte nach einem chaotischen Bürgerkrieg das Haus der Flavier zum Principat, „eine Familie von dunkler Abstammung und ohne bedeutende Ahnen", wie Sueton (Div. Vesp. 1, 1) schreibt. In den Flaviern war ein Geschlecht des italischen Bürgertums durch die Macht der syrischen Truppen und der Donaulegionen über alle gesellschaftlichen Schranken hinweg an die Spitze des Staates gelangt. Aus der inschriftlich teilweise erhaltenen *lex de imperio Vespasiani,* der sogenannten Bestallungsurkunde des Kaisers Vespasian, geht hervor, daß der neue *princeps* ganz offen und gebündelt alle Rechte, Kompetenzen und Privilegien übernahm, die zuvor auch Augustus, Tiberius und Claudius innegehabt hatten. Diese massive Kumulierung war gerade deswegen so provozierend, weil sich Vespasian im übrigen demonstrativ auf das Vorbild des Augustus berief. Denn in Wirklichkeit unterscheidet sich gerade seine Principatsauffassung diametral von jener des bereits idealisierten Vorgängers. Während Augustus den Anschein aufrecht erhalten hatte, daß die alten republikanischen Normen zeitlich befristeter Kompetenz und kollegialer Bekleidung der Magistraturen auch ihn banden, nahm Vespasian zusammen mit seinem Sohn Titus (79–81 n. Chr.) Jahr für Jahr Konsulat, *tribunicia potestas* und *imperium proconsulare* für sich in Anspruch, 73/74 n. Chr. auch die Censur. Titus fungierte zudem nicht nur als Praetorianerpräfekt, sondern faktisch als Mitregent, und Vespasian hatte überdies ganz offen erklärt, daß ihm entweder seine Söhne im Principat nachfolgen würden oder überhaupt niemand.

Die massive Erhärtung der Kompetenzen des *princeps* war so schon von Vespasian eingeleitet worden, auf einen neuen Höhepunkt wurde sie dann von Domitian (81–96 n. Chr.), dessen jüngstem Sohn, gebracht. Der durch persönliche Leistungen zunächst nicht legitimierte jüngste Flavier griff erneut hellenistische Formen der Monarchie auf, um die eigene Stellung zu überhöhen und zu festigen. Ämterkumulation, seit 85 n. Chr. die Inanspruchnahme der Stellung eines *censor perpetuus,* Forderung oder Duldung gesteigerter Ehren (wie der Anrede *dominus et deus* in der engeren Umgebung, Triumphaltracht bei Anwesenheit im Senat, Begleitung von 24 Liktoren u. a.), höfische Preisdichtung und Forcierung des Kaiserkultes waren bezeichnende Elemente eines rücksichtslosen autokratischen Regiments, dessen Pathos eine entschiedene Opposition hervorrief. Für die Nachfolger Nerva (96–98 n. Chr.) und Trajan (98–117 n. Chr.) war es deshalb erforderlich, sich programmatisch von Domitians Formen zu distanzieren.

Das „Adoptivkaisertum" war die ideologische Antwort auf die neue Krise des Systems. An die Stelle reiner Willkürherrschaft eines Despoten, der lediglich durch seine Abstammung zum Principat gelangt war, sollte das Regiment des adoptierten „Besten" treten, an die Stelle von Terror und Exzessen eine humanitäre, dem Wohl des Staates, allen seinen Bürgern, insbesondere aber dem Senat verpflichtete Regierungsform, an die Stelle einer distanzierten, arrogant isolierten Autokratie ein Principat der Gerechtigkeit, der Mäßigung, dezidiert bürgerlicher Prägung *(civilitas)*. Tradition und Bedürfnis der Zeit sollten in ihm voll respektiert werden, der römische *princeps* sollte zugleich aber auch den Idealvorstellungen eines stoischen Königtums genügen. Der Herrscher als eine herakleische Gestalt, zugleich Vater und Wohltäter aller Menschen, – das waren Leitgedanken, die den römischen Principat auch im hellenistischen Osten neu fundieren konnten. Im Banne solcher Ideologeme wurde die Krise überwunden, nicht zuletzt aber deshalb, weil Trajan durch die Resultate einer expansionistischen Grenzpolitik (106 n. Chr. Annexion Dakiens und Arabiens, 114–117 n. Chr. Partherfeldzug) seine Legitimation als *optimus princeps* bewies. Der Soldat, der der Elite aus den Kolonien angehörte, stärkte die Autorität der Reichsspitze mehr als die meisten seiner Vorgänger. Das System des Principats war erneut stabilisiert.

Der intellektuell besonders aufgeschlossene Philhellene Hadrian (117–138 n. Chr.) hatte das Erbe überspannter militärischer Offensiven anzutreten. Über der Intensivierung von Grenzverteidigung, Administration, Sozialpolitik und Rechtsprechung wurde er zum ‚Wiederhersteller des Erdkreises', während er zugleich durch vielfältige kulturelle und religiöse Impulse den Reichtum der griechisch-römischen Kultur neu belebte. Die ambulante Regierungsweise des unermüdlichen Reisenden trug dazu bei, daß die Eigenart aller Glieder des Imperiums ihre volle Anerkennung fand; einzig das Judentum, das in dem großen Bar Kochba-Aufstand erneut revoltierte, schloß Hadrian aus seiner Synthese der antiken Zivilisation im *Imperium Romanum* aus.

Unter Antoninus Pius (138–161 n. Chr.), einer eirenischen, rechtschaffenen Natur, genoß das Reich die Friedensherrschaft eines Pedanten, der den Principat „unmerklich" machte (J. Burckhardt). Mit seiner gemäßigten Reform- und Sozialpolitik, der Verstärkung der Grenzverteidigung, korrekter Verwaltungsarbeit und Rechtsprechung sowie einem betont harmonischen Verhältnis zum Senat konnte er jene Krise aber auch nicht abwenden, die dann unter der Herrschaft des Philosophen Mark Aurel (161–180 n. Chr.) ausbrach. Während ein neuer Partherkrieg, unaufhörliche Einfälle germanischer Stämme an der ganzen Donaufront und bis nach Italien das *Imperium* erschütterten, während eine Pestepidemie, Aufstände, Währungsverfall und Wirtschaftskrise zu einer nahezu endlosen Kette von Katastrophen wurden, hielt der stoische *princeps* allen Belastungen stand. Dem von dem asketischen Rigorismus des Philosophen erfüllten M. Aurel waren die eng begrenzten Dimensionen menschlichen Handelns bewußt geworden. So bekannte er sich in seinen ‚Selbstbetrachtungen' zu Rom wie zum Kosmos, ohne jedoch die Möglichkeit zu haben, seine Vision einer Herrschaft, welche die Freiheit der Beherrschten respektieren sollte, auch zu verwirklichen.

Paradoxerweise kehrte gerade M. Aurel wieder zum rein dynastischen Nachfolgeprinzip zurück. Sein Sohn Commodus wurde schon 177 n.Chr. zum Mitregenten erhoben, und dessen Alleinregierung (180–192 n.Chr.) diskreditierte sich dann als eine geradezu pathologische und schrankenlose Autokratie. In den Exzessen einer animalischen Sinnlichkeit, der Apotheose des *princeps* als Gladiator, der Pervertierung der Herkulesidee ist die augusteische Form des Principats zugrundegerichtet worden.

2. Die Organisation eines Weltreichs – *Pax Augusta*

Nach seinem Sieg über Antonius und Kleopatra, nach dem großen, dreifachen Triumph des Jahres 29 v.Chr., nach dem demonstrativen Übergang zu „republikanischer" Herrschaftsform und nach der innenpolitischen Konsolidierung seiner Macht, legte Octavian am 13. Januar des Jahres 27 v.Chr. seine Sondergewalt im Senat nieder und gab Provinzen, Heere und Verwaltung in die Hände des römischen Senates und Volkes zurück. Als ihm daraufhin der römische Senat, zunächst auf die Dauer von 10 Jahren, die Verantwortung für die gefährdeten oder noch nicht völlig befriedeten Räume Spaniens, Galliens und Syriens – nach römischer Terminologie als *provincia* – übertrug, da begründete diese Entscheidung zugleich die eigenartige Verfassungs- und Verwaltungsstruktur des *Imperium Romanum* unter dem Principat. Die Absprache zwischen dem Senat und Octavian wurde sogleich durch Volksbeschluß zum Gesetz erhoben; sie erhielt damit ihre denkbar breiteste juristische und politische Absicherung.

Die Entscheidung legalisierte die dominierende Stellung Octavians, der seit dem 16. 1. 27 v.Chr. den Ehrennamen Augustus führte, im Staate endgültig. Faktisch übertrug sie zugleich den Oberbefehl über nahezu das gesamte römische Heer an den *princeps*. Sie war das offene Eingeständnis der alten Führungsschicht, daß sich diese nicht mehr imstande sah, die komplexen Probleme des *Imperiums* ohne Octavian-Augustus, ohne dessen Anhängerschaft, ohne dessen Truppen und nicht zuletzt ohne dessen immense materielle Mittel zu lösen. Seit diesem Augenblick trat der neue Verwaltungsapparat des *princeps* neben den alten der römischen Republik, indessen konnte dies nie zur echten Konkurrenz rivalisierender Gewalten führen, da sich einmal die Principatsverwaltung einseitig auf immer neue Bereiche ausdehnte, der „republikanische" Verwaltungsapparat andererseits dagegen immer stärker vom *princeps* beherrscht und durchdrungen wurde.

Die Lösung des Jahres 27 v.Chr. war aber auch in anderer Hinsicht ein Kompromiß. Denn auch Octavian war in seinen eigenen Möglichkeiten sowohl durch die Macht der römischen Tradition gebunden, die ihn an bestimmte Verfassungs- und Verwaltungsnormen band, als auch durch die begrenzte Zahl qualifizierter und loyaler Personen, die ihm für seine weitgespannten Aufgaben zur Verfügung standen. Dadurch erklären sich das Fortbestehen relativ großer Kompetenzbereiche der Senatsverwaltung ebenso wie die Zurückhaltung vor Eingriffen in die lokalen Verfassungsstrukturen auf der unteren Ebene. Insgesamt gesehen wurden jedoch die Erhärtung, Erweiterung und Verselbständigung der legal übertragenen Kompetenzen in dem neuen politischen System des Principats entscheidend.

Das Delegationsprinzip, das hier zugrunde lag und das fortan für große Teile der Reichsverwaltung bestimmend blieb, ist für die römische Republik von Anfang an konstitutiv gewesen. Es war schon früh üblich, staatliche Hoheitsaufgaben und Kompetenzen befristet zu delegieren; auch die Konzeption der römischen Magistratur fußt mit auf dieser Basis. Parallel zum Aufbau des *Imperiums* nahm die Delegation dann ein immer weiteres Ausmaß an: So wurden, wie dargelegt, Teile der Steuerverwaltung in den Provinzen und vielfältigste Wirtschaftsaufgaben an die Gesellschaften der *publicani* übertragen, übergreifende Imperien geschaffen, die offenkundig gegen die Normen des Kollegialitätsprinzips verstießen, unter Pompeius im Jahre 55 v. Chr. Provinzen auch schon durch Legaten, somit indirekt, verwaltet. Maßgebend blieb jedoch stets die zeitliche Befristung einer solchen Delegation, die niemals unbefristete Dauer beanspruchen konnte. Die Aufgabendelegation in jener maximalen Form, wie sie im Falle des Augustus vorlag, erzwang nun ihrerseits neue Delegationen. Doch wenn auch auf den unteren Ebenen des Systems die Personen wechselten, an welche der *princeps* seinerseits Aufgaben und Kompetenzen übertrug, so wurde die Befristung seiner eigenen Stellung durch immer neue Verlängerungen seines *Imperiums* schließlich aufgehoben und im Zuge des allgemeinen Institutionalisierungsprozesses des Principats dann auch unter den Nachfolgern nicht mehr beachtet.

Im Bereich der Administration des *princeps* und im Heerwesen wurde die Delegation auch titular ganz offen zum Ausdruck gebracht. Während die Statthalter der senatorischen Provinzen unter dem Principat stets den Titel *proconsul* führten, dies auch dann, wenn sie lediglich eine prätorische Provinz verwalteten und nur das Amt eines Prätors bekleidet hatten, lautete die Amtsbezeichnung für den Statthalter einer dem *princeps* unterstehenden Provinz *legatus Augusti pro praetore provinciae* ..., die des Befehlshabers einer Legion *legatus Augusti legionis* ... Provinzialstatthalter und Legionsbefehlshaber waren indessen lediglich einige der Spitzenstellungen, welche die Administration des *princeps* künftig aufwies. Zahlenmäßig weit mehr ins Gewicht fiel die unten (siehe S. 73 ff.) im einzelnen zu besprechende Heranziehung großer Gruppen von Senatoren, Rittern, Offizieren und Unteroffizieren, sowie von Freigelassenen und Sklaven des eigenen Haushalts im Rahmen der verschiedenen Bereiche der Verwaltung, der Rechtsprechung und des Heeres. Diese Gruppen unterstanden dem *princeps* unmittelbar.

Die Provinzialverwaltung war somit seit Augustus durch das Nebeneinander sogenannter kaiserlicher und senatorischer Provinzen gekennzeichnet. Zunächst waren lediglich wenige Großprovinzen – *Lusitania, Tarraconensis, Gallia, Syria, Cilicia, Cyprus* und *Aegyptus* – an den *princeps* gegeben worden, während der Senat die Aufsicht über eine weit größere Zahl von Provinzen behielt: *Asia* und *Africa,* die beide von ehemaligen Konsuln verwaltet wurden, *Sicilia, Sardinia, Baetica, Macedonia, Achaia, Dalmatia, Creta* und die *Cyrenaica, Bithynia* und *Pontus,* die sämtlich von ehemaligen Prätoren geleitet wurden. Neben diesen beiden Hauptkategorien gab es dann jedoch auch kleinere Verwaltungssprengel, die entweder Präfekten unterstanden, wie z. B. die Cottischen Alpen und die Seealpen, oder Prokuratoren, wie z. B. *Iudaea,* das im Jahre 6 n. Chr. in eine Prokuratur verwandelt wurde, die an Syrien angelehnt war. In diesen Gebieten dominierte der Einfluß des *princeps* ebenso wie in den teils in das *Imperium* integrierten, teils angelagerten Klientelkönigreichen, die im Laufe der weiteren Entwicklung schließlich häufig in den Provinzialstatus überführt wurden.

Im Rahmen der römischen Reichsverwaltung war der systematische Aufbau einer weitgefächerten, gesonderten Finanzverwaltung des *princeps* eine der wichtigsten Erscheinungen des Principats. Selbstverständlich ist es auch für Augustus nicht möglich gewesen, die bisherigen Verwaltungsprinzipien und -formen mit einem Schlage zu ändern. Nach wie vor wurden indirekte Steuern, Zölle und Hafengebühren weitgehend von Privatleuten eingezogen. Doch im Unterschied zu den Exzessen der späten Republik waren jetzt die Einhebesätze präzise vorgeschrieben, die Einziehung selbst wurde überwacht, die Steuerpachtgenossenschaften der *publicani* wurden allmählich ausgeschaltet, teilweise freilich erst im 2. Jahrhundert n. Chr. Prokuratoren des *princeps* übernahmen künftig in allen Provinzen die Oberaufsicht über die Finanzverwaltung der dem *princeps* zustehenden Gelder und Vermögenswerte. Sie hatten praktisch stets die Möglichkeit, über Mißstände in allen Fragen der Finanzverwaltung an den *princeps* unmittelbar zu berichten.

Die Verflechtung der Kompetenzen des Senats und des *princeps* zeigt sich noch eindrucksvoller in den zentralen Kassen der Reichsfinanzbehörden. Die traditionelle Staatskasse, das *aerarium Saturni,* blieb auch weiterhin in den Händen des Senats und wurde von 2 Prätoren geleitet. Praktisch lagen dort aber lediglich die Überschüsse aus den Abrechnungen der einzelnen Provinzen und die Gesamtabrechnungen selbst, während ein Großteil der verfügbaren Gelder des römischen Staates jetzt durch die neuen Kassen des *princeps* verwaltet wurde, die Augustus eingerichtet hatte. Von ihnen war die wichtigste das seit dem Jahre 6 n. Chr. bestehende *aerarium militare,* eine Versorgungskasse, welche die gesamte Versorgung des Militärs zu bestreiten hatte. Sie war von Augustus anfangs mit dem Geschenk einer Erstausstattung von 170 Millionen Sesterzen gegründet worden; spä-

1. Flavisches Amphitheater (Colosseum), Rom.

2. Straße eines Wohnviertels, Herculaneum.

3. Marmorstatue eines römischen Senators mit Toga und Ahnenbildern.

ter flossen in sie ganz bestimmte Steuern, wie die 5%ige Erbschaftssteuer, die *vicesima hereditatium,* und die 1%ige Warenumsatzsteuer, die *centesima rerum venalium.* Immer größere Bedeutung erhielt daneben aber der *fiscus (Caesaris),* die eigentliche Hauptkasse des *princeps,* mit sehr vielen Außenstellen für Steuergelder, Strafgebühren, dem Erlös eingezogener Vermögen und so fort. Streng davon getrennt blieb das *patrimonium,* das Privatvermögen des *princeps.*

Das Jahr 27 v. Chr. bildet somit auch in der römischen Verwaltungsgeschichte eine entscheidende Zäsur. Wichtiger als die zahlreichen neuen Modalitäten und die Kompetenzverlagerungen im einzelnen ist dabei die Tatsache, daß die Provinzen seit Augustus, in einer vorher nicht gekannten Intensität, systematisch als kontinuierlich verwaltete Einheiten des *Imperiums* administrativ organisiert wurden. Die Kohärenz des *Imperiums* war zuvor lediglich ein Anspruch, jetzt wurde sie Realität. Kontinuierliche Verantwortlichkeit und Kontrolle lösten in den meisten Bereichen der Administration die kurzfristig wechselnden Improvisationen ab. Die Effizienzsteigerung der Verwaltung war indessen nicht allein ein wirksames Mittel der Integration aller außeritalischen Gebiete in das *Imperium,* sondern zugleich der Weg, auf dem das neue politische System eine immer breitere Grundlage erhielt.

Schon unter Augustus wurde die Entwicklung, wie gesagt, durch einen kontinuierlichen Kompetenzzuwachs des princeps charakterisiert. Allein sie wurde nicht dadurch bestimmt, daß der *princeps* von sich aus immer neue Kompetenzen an sich gerissen hätte, sondern dadurch, daß ihm in konkreten Krisen oder angesichts der Unzulänglichkeit der senatorischen Verwaltung zusätzlich neue Aufgaben übertragen wurden. Zu welchen Konsequenzen und Belastungen solche Aufträge führen konnten, sei wenigstens an einem Beispiel erläutert: Im Jahre 22 v. Chr. wurde in einer gefährlichen Versorgungskrise die Verantwortung für die Kornversorgung Roms, die *cura annonae,* an Augustus delegiert. Durch die direkte Übernahme dieses neuralgischen und existentiellen Sektors der Administration wurde Augustus nicht nur gezwungen, den Kreis der Empfangsberechtigten der allmonatlichen kostenlosen Kornverteilung (320000 Personen) abzugrenzen und den Verteilungsvorgang durch eigene Präfekten, die *praefecti frumenti dandi,* überwachen zu lassen. Vielmehr wuchs ihm damit auch die Aufgabe zu, die kontinuierliche und ausreichende Getreideversorgung Roms zu garantieren. Sie wurde von Augustus der Leitung eines eigenen *praefectus annonae,* eines der höchsten ritterlichen Funktionäre seiner Administration überhaupt, unterstellt. Aber der Radius dieser Aufgabe reichte noch weiter. Er erzwang die Anlage großer Kornspeicher, den Ausbau der Umschlagshäfen, die Sicherung der Transportkapazitäten, die Erfassung des Getreides in den Überschußgebieten. Es ist so leicht einsichtig, daß die *annona* zu einem zentralen Bereich der Wirtschaftsverwaltung des Imperiums geworden ist.

Joseph Vogt hat einst den Nachweis geführt, daß die Vorstellung, die römische Herrschaft umfasse die gesamte Oikoumene, die gesamte bewohnte und bekannte Welt, auf griechische Konzeptionen des 2. Jahrhunderts v. Chr. zurückgeht, und er hat belegt, daß die Vorstellung einer römischen Weltherrschaft, so wie sie vor allem Cicero vielfältig artikulierte, durchaus dem römischen Selbstverständnis der späten Republik entsprach. Wie immer die römische Herrschaft legitimiert wurde, ob als Gabe der Götter für die peinlich genaue Respektierung ihres Willens, als Lohn überlegener römischer Moral, der sprichwörtlichen *mores maiorum* und der Römertugenden, oder als Folge der ausgewogenen Verfassung der römischen Republik, die Überzeugung der Rechtmäßigkeit dieser Herrschaft war tief gegründet und allgemein verbreitet. Die römische Vorstellung des gerechten Krieges *(bellum iustum)*, das heißt eines Krieges, der in rechtmäßiger Form erklärt worden war, eines Krieges, der entweder der eigenen Verteidigung, der Wahrung eigener Rechte, der eigenen Ehre oder der Unterstützung von Verbündeten dienen sollte, trug wesentlich dazu bei, daß keine Zweifel an der Legitimität der Ausdehnung römischer Herrschaft aufkamen. Es war kein Zynismus, wenn Cicero konstatierte: „Unser Volk hat sich schon durch die Verteidigungskriege für seine Verbündeten die ganze Welt angeeignet" (de re publica 3, 35).

Die Vorstellung einer römischen Weltherrschaft war indessen nicht nur ein Element der politischen Terminologie, sondern gleichzeitig ein Resultat historischer Erfahrung. Durch Pompeius, „den Großen", war die Alexanderideologie wiederbelebt worden, ein römisches Heer drang unter ihm bis in den Raum des Kaspischen Meeres vor. Caesar hatte dann im Westen die Grenzen der Oikoumene erreicht, die Tore nach Britannien und Germanien aufgestoßen. Die Zerschlagung des Dakerreiches unter Burebistas und die Niederwerfung des Parthischen Reiches schienen nur noch eine Frage der Zeit zu sein. Gewiß hatte es im Osten unter Crassus und unter Antonius Rückschläge gegeben, aber es bestand kein Zweifel daran, daß das Parthische Großreich einem römischen Angriff nicht standhalten konnte, wenn nur alle römischen Kräfte für diese Aufgabe zusammengefaßt würden.

Weitgesteckte Erwartungen und nüchterne Analysen traten unter Augustus in Widerspruch. Die augusteische Literatur enthält nicht wenige Anzeichen dafür, daß auch von Caesars Erben nach 30 v. Chr. weitgespannte militärische Operationen in caesarischen Dimensionen erwartet wurden. Boten solche Feldzüge zudem nicht die beste Gelegenheit, die durch die Bürgerkriege zerrissenen Legionen gegen einen gemeinsamen Gegner zu führen und sie dadurch erneut zusammenzuschweißen? Schon die Maßstäbe und Normen der alten Führungsschicht, erst recht die hohen Erwartungen, die an die Führer der großen Heeresgefolgschaften der späten Republik gestellt wurden, schienen weitere Expansionen geradezu zu erzwingen.

Tatsächlich haben spätere *principes* in vergleichbaren Situationen solchen militärischen und außenpolitischen Legitimationszwängen nachgegeben, insbesondere dann, wenn Zweifel an ihrer Eignung bestehen konnten, wenn ihre Thronfolge problematisch war oder wenn sie sich erst in Bürgerkriegen durchsetzen mußten. Die Annexion Britanniens unter Claudius (43 n. Chr.), die Aufbauschung der Niederwerfung des jüdischen Aufstandes durch Vespasian und Titus (70 n. Chr.), die Eröffnung einer neuen Offensive in Germanien durch Domitian (83 n. Chr.), die Zerschlagung des Dakerreichs und die Besetzung Arabiens durch Trajan (106 n. Chr.), auch die neuen Offensiven des Septimius Severus in Parthien und Britannien, können in solche Zusammenhänge gerückt werden.

Allein Augustus war kein Mann der großen, visionären Feldzugspläne im Stile Caesars. Er gab nach 30 v. Chr. der innenpolitischen Stabilisierung und der Konsolidierung des *Imperiums* den Vorrang. Er konnte damit nicht nur der Friedenssehnsucht des Mutterlandes entsprechen, sondern zugleich davon profitieren, daß die Aufrechterhaltung seiner Machtstellung durch weiterhin offene und noch ungelöste militärische und politische Aufgaben besser zu begründen war. Tatsächlich wurde im römischen Senat am 13. 1. 27 v. Chr. auf die noch nicht bewältigten Aufgaben hingewiesen. Gleichzeitig ließ Augustus die Erringung und Sicherung des Friedens unter Einsatz aller Mittel und in allen nur denkbaren Formen als seine entscheidende Leistung feiern. Der *princeps* war damit zum Garanten des Friedens geworden; die *pax Romana,* die durch die römische Republik in ihrem Machtbereich geschaffene Friedensordnung, wurde zur *pax Augusta,* jede Opposition gegen die neue Friedensherrschaft damit aber auch zugleich als Gefährdung des Friedens schlechthin abgestempelt.

Pax ist eine relativ späte römische Abstraktion, erst Caesar setzte sie als Element der politischen Terminologie ein. Sie wurde im Jahre 44 v. Chr. erstmals auf seiner Münzprägung dargestellt, doch gibt es Anzeichen dafür, daß er den Kult der *Pax* im *Imperium* einführen wollte. Octavian feierte sie dann schon im Jahre 36 v. Chr., nach der Niederwerfung des Sextus Pompeius, mit besonderer Emphase, erneut nach seiner Rückkehr aus dem Osten, als er erstmals 29 v. Chr. den Janustempel schließen ließ, als Symbol des im ganzen Reich zu Lande wie zur See errungenen Friedens.

Frieden und Eintracht wurden somit unter den Schutz der Göttin *Pax* gestellt, die häufig durch den Heroldstab, den *caduceus,* doch auch durch Ölzweig und Füllhorn ausgewiesen wurde. Gerade in den Anfängen taucht daneben jedoch auch immer wieder das Bild der verschlungenen Hände auf, um die neue Abstraktion zu symbolisieren. *Pax* hatte somit stets zwei Dimensionen: Im Innern war sie eng mit der Eintracht aller Bürger, der *concordia,* verbunden; nach außen blieb der errungene Friede immer an die Suprematie des römischen *Imperiums* gekettet.

Gemäß der alten römischen Vorstellung der *pax deum* rückte die Erringung und Sicherung des Friedens auch Augustus in den Bereich der Götter,

5. Das Imperium der Kaiserzeit

im griechischen Reichsteil verband sie ihn überdies mit der Alexanderideologie. Die Stiftung der *Ara Pacis Augustae* und die mannigfaltigen Variationen des Friedensgedankens bei Vergil, Tibull und Horaz dokumentieren die Macht der Vorstellung. Wenn der Festkalender von Cumae Augustus als Wächter des Römischen Reiches und des Friedens des Erdkreises feiert, als *custos imperii Romani pacisque orbis terrarum,* so bringt er zugleich *Imperium Romanum* und Friedensordnung in jene Verbindung, die sie nach römischem Selbstverständnis immer besaßen. Es ist deshalb auch kein Zufall, daß sich später selbst so verschiedene *principes* wie Nero und Vespasian diese Friedenskonzeption zu eigen machten.

Die in der historischen Situation des Jahres 30 v. Chr. angelegten Widersprüche und Spannungen zwischen Weltherrschaft und Friedensherrschaft durchzogen die gesamte Epoche des Principats, so lange, bis die grundlegenden außenpolitischen Veränderungen seit dem letzten Drittel des 2. Jahrhunderts n. Chr. die Lage durchgreifend umgestalteten und das *Imperium* in die Defensive drängten. Aber Ideologeme, Fiktionen und Illusionen hielten die Weltherrschaftsvorstellung aufrecht und brachten sie zur Deckung mit der *pax Augusta.* Gerade die Synthese der so konträren Elemente nahm der Principat für sich in Anspruch. Eine primär defensive und integrative Politik ist dabei nicht nur von quietistischen *principes* vom Schlage eines Antoninus Pius vertreten worden, sondern auch von erfahrenen Militärs mit Weitblick vom Range eines Tiberius und Hadrian.

Selbstverständlich war die *pax Augusta* identisch mit der Konservierung des neuen politischen Systems des Principats, mit der Wahrung der bestehenden Sozial- und Wirtschaftsstruktur, mit der Sicherung des römischen Primats. Aber sie war keineswegs nur das Produkt von Täuschung und Ausbeutung. Sie wurde in nahezu allen Gliedern des *Imperiums* jahrhundertelang deswegen akzeptiert und bejaht, weil sie eine effektive und stabile Rechtsordnung bot, weil sie über den lokalen und regionalen Interessengegensätzen und Partialkonflikten stand, sich mit den Alltagsquerelen nicht abgab, nicht zuletzt aber deswegen, weil sie nach der aristokratischen Willkür der republikanischen Provinzialverwaltung und nach den Exzessen der Bürgerkriege wie eine Erlösung wirken mußte. Die nüchterne Anerkennung der römischen Leistungen, der permanenten militärischen Sicherung, der hohen Verwaltungseffizienz, der korrekten Rechtsprechung und Steuerpolitik trugen zur Identifikation mit dieser Ordnung mehr bei als die panegyrische, kultische und ideologische Beeinflussung des Bewußtseins. Das Römische Reich als Ordnungsmacht war keine Erfindung von Ideologen, sondern eine Erfahrung des Alltags, die *pax Augusta* nicht nur eine propagandistische Formel, sondern weithin Realität.

3. Sozialstruktur, politisches System und ökonomische Entwicklung

a) Die Grundstruktur der römischen Gesellschaft

Seit dem Abschluß des römischen Ständekampfes wurde die römische Gesellschaft in zunehmendem Maße durch eine immer differenziertere Gliederung bestimmt, die sich in den verschiedenen Klassenstufen der Centurienordnung (siehe S. 37) manifestierte. In ihrem timokratisch strukturierten Schema verbanden sich militärische mit sozialen und politischen Normen. Doch entscheidend bleibt die Tatsache, daß diese Ordnung von der einen römischen *classis,* dem einen römischen Heeresverband der Bürgerphalanx, ausging, von einer immer stärker untergliederten Einheit und nicht von einer Dichotomie der Gesellschaft, von einem Antagonismus verschiedener Klassen. Natürlich gab es politische und gesellschaftliche Polarisierungen wie die besprochenen Gegensätze zwischen Patrizier und Plebeier, Patron und Klient, Optimat und Popular. Priorität besaß jedoch die Einheit der politisch-sozialen Formation aller freien Bürger und nicht der Antagonismus verschiedener Klassen nach moderner Definition. Während der römische *classis*-Begriff von der Geschlossenheit und Dominanz einer einheitlichen, obgleich differenzierten Grundstruktur ausgeht, werden die modernen Klassendefinitionen vom grundlegenden Antagonismus verschiedener Klassen geprägt.

Diese Grundkonzeption eines differenzierten, abgestuften Systems bestimmte in Rom die politisch-gesellschaftliche Ordnung im Innern des Staates ebenso wie die staatsrechtliche und machtpolitische Aufgliederung des gesamten Herrschaftsbereichs. Nivellierende Polarisierungen sind dagegen erst ein Merkmal der römischen Spätantike. Erst dort wurden die schematischen Abstraktionen von Römern und Barbaren, Christen und Heiden, *honestiores* und *humiliores* schlechthin beherrschend, mochten die Gegensätze auch schon früher angelegt sein. Für Republik und Principat ist dagegen innerhalb der bestimmenden Einheiten der *res publica* und des *Imperium Romanum* der Pluralismus der *ordines* und der Rechtsstufen, der kulturellen Glieder wie der wirtschaftlichen und politischen Zellen bestimmend. Es ist charakteristisch, daß auf dem Höhepunkt des römischen Principats, im 2. Jahrhundert n. Chr., nicht generelle Abstraktionen, sondern gerade die Vielfalt der Gottheiten und Wirkensmächte, der Tugenden und Werte, der Heere, Provinzen und Reichsglieder auf den Bildern der offiziellen Reichsmünzprägung, des wichtigsten Instruments und Bildträgers staatlicher Selbstdarstellung, erscheinen.

Im Zentrum des römischen Machtbereichs, im römisch-italischen Kern des *Imperium Romanum,* hatte die fortschreitende wirtschaftliche und gesellschaftliche Differenzierung zur Zeit der späten Republik zur zunehmenden Profilierung der *ordines* der Führungsschicht, des Senatoren- und Ritterstandes, geführt. Doch parallel dazu wuchsen auch die Bedeutung der Municipalaristokratie und der langfristig dienenden Heeresverbände, kam es zur „Vermassung der Klientelen", zum sozialen Absinken von *plebs urbana* und *plebs rustica* und zu den schon mittelfristig verhängnisvollen Konsequenzen des so rasch gestiegenen Anteils von Sklaven und Freigelassenen in vielen Sektoren der römischen Wirtschaft.

Angelagert an diesen Kernbereich waren weite Gebiete mit oft völlig heterogenen, durch alte regionale Traditionen geprägten sozialen Schichtungen und wirtschaftlichen Grundlagen. Zwar setzte sich die römisch-italische Sozialstruktur in gewissem Umfange, wenn auch oft nur in rudimentärer Form, in den intensiv romanisierten Gebieten Norditaliens, im Raum der Provence und in Südspanien durch, doch in anderen Teilbereichen des *Imperiums* blieben die alten Strukturen vorherrschend: Im Innern Galliens und in der Rheinzone spielte die Sklaverei ebenso eine völlig sekundäre Rolle wie in weiten Teilen des Donauraums. In den Städten Griechenlands, Kleinasiens und Syriens änderte sich der Gesellschaftsaufbau unter der römischen Herrschaft ebensowenig wie in den Stammesverbänden rückständiger zivilisatorischer Gebiete, in den Dorfgemeinschaften des arabisch-syrischen Grenzraums wie im Inneren Kleinasiens, in den in das Reich integrierten Priesterstaaten oder in den mit ihm verbundenen Klientelkönigreichen.

Augustus aber verfolgte nie das Ziel, diese vielfältigen sozialen Schichtungen umzustülpen oder sie zu nivellieren, er wollte sie aufrechterhalten, sie neu formieren und vor allem, sie im Rahmen seines politischen Systems funktionsfähig machen.

Die Vielfalt der Sozialstruktur des *Imperium Romanum* wird durch die Überlagerung gesellschaftlicher und personenrechtlicher Elemente noch weiter kompliziert. Denn die Stellung des Individuums in dieser Gesellschaft wurde nicht nur durch seinen Reichtum bestimmt, seine Zugehörigkeit zu alten Geschlechtern der Führungsschicht oder neuen Familien sozialer Aufsteiger, durch das Prestige großer Vorfahren oder durch die Tatsache, ein *homo novus* zu sein, ein Neuling, der kraft eigener Leistung und Qualifikation, aber auch durch die Förderung des *princeps* traditionelle gesellschaftliche Schranken überwunden hatte. Ebenso wichtig war die personenrechtliche Stellung des römischen Vollbürgers oder eines Angehörigen der Bundesgenossen mit Bürgerrecht, eines freien Provinzialen mit dem Bürgerrecht einer angesehenen oder weniger angesehenen Stadt oder gar mit latinischem Bürgerrecht, eines Freigelassenen oder eines Sklaven. Mochte ein Freigelassener der Hausverwaltung des *princeps* während des 1. Jahrhunderts n. Chr. zu noch so großem Reichtum, zu höchsten Kompetenzen in der staatlichen Administration und selbst zu entscheidendem Einfluß auf den *princeps* selbst gelangen, den Makel seiner personenrechtlichen Inferiorität konnte er damit nicht abstreifen. Umgekehrt genoß auch der ärmste und deklassierteste freie römische Bürger in Rom wie in den Provinzen noch immer beträchtliche juristische Privilegien. Seine Appellation an den *princeps* („*Caesarem appello* ...“) entzog ihn der üblichen provinzialen Rechtsprechung und sicherte ihm die Vorteile eines römischen Bürgergerichts oder doch der Rechtsaufsicht des *princeps.*

b) princeps, domus principis

In dem von Augustus begründeten System wurde der *princeps* schließlich zum alleinigen Befehlshaber des Heeres, zum direkten oder zumindest indirekten Leiter der Administration, zum führenden Staatsmann wie zu einem Machthaber, dem so große Kassen und ein so immenses Vermögen zur Verfügung standen, daß er damit staatliche Aufgaben übernehmen konnte. Nach dem Anhang des augusteischen Tatenberichts spendete Augustus der alten Staatskasse, dem römischen Volk und den Veteranen insgesamt 600 Millionen Denare, eine Summe, die immerhin größer ist als das Mindestvermögen aller römischen Senatoren zusammen. Die Aufwendungen, die *impensae,* die Augustus für Spiele, Hilfsmaßnahmen und Unterstützungen Einzelner aufbrachte, werden als schlechthin unzählbar bezeichnet. Wie die zahlreichen erhaltenen Petitionen, Anfragen und Ersuchen um Rechtshilfe, Gnadenakte oder Entschädigungen beweisen, wurde der *princeps* daneben aber auch die Quelle des Rechts, der Gunst und des sozialen Aufstiegs.

Das neue politische System war indessen nicht mit der Herrschaft eines einzelnen Mannes identisch, sondern mit demjenigen des *domus principis,* der Familie und der Dynastie des Herrschers, der Frauen, Kinder, Ratgeber, Verwalter und Vertrauten. Es gehörte zur Phänomenologie des neuen Systems, daß Livia, die Frau des Augustus, schließlich zur Genossin der Herrschaft ihres Sohnes Tiberius werden wollte, daß die ältere Agrippina, die Frau des Germanicus, in der Krise des Jahres 15 n. Chr. am Rhein die Aufgaben militärischer Führung an sich riß, daß selbst eine Freundin Livias, Urgulania, über die gesetzlichen Normen erhoben wurde, daß die staatliche Autorität fort und fort durch die Ambitionen und Rivalitäten der Damen des *domus principis* beeinträchtigt worden ist.

Doch nicht nur in den Anfängen des julisch-claudischen Hauses, auch später haben Frauengestalten wie Messalina, die jüngere Agrippina und Poppaea Sabina die Initiative in der Familie des *princeps* an sich gebracht und zumindest zeitweilig den Gang der Entwicklung in einer ähnlichen Weise bestimmt wie zu Beginn des 3. Jahrhunderts n. Chr. dann die sog. syrischen Kaiserinnen. Paradoxerweise war dieser Einfluß der Frauen im *domus principis* selbst in jener Epoche des Principats unverkennbar, in der er wenigstens nach der Ideologie überhaupt nicht hätte in Erscheinung treten können, in der Zeit des römischen Adoptivkaisertums. Der *optimus princeps* Trajan war eben nicht nur von alten Offizieren umgeben, seine Frau Plotina, seine Schwester Marciana, deren Tochter Matidia und Matidias Tochter Sabina bilden eine Frauengruppe, die einen vielleicht weniger spektakulären, faktisch jedoch nicht weniger bedeutsamen Einfluß ausübten als die Damen des 1. Jahrhunderts n. Chr. Auch Plotina und Sabina führten schließlich den Titel einer *Augusta,* der Gunst Plotinas hat die antike Überlieferung Hadrians Aufstieg zugeschrieben, niemals zuvor sind Frauen so häufig im Münzbild erschienen wie die Faustinen zur Zeit der Antoninen. Aber auch Titulaturen und Ideologeme beweisen die Kontinuität der Überhöhung der Frauen der *principes.* Die jeweilige Mutter der Dynastie wurde zur *mater patriae* erhoben, um von einzelnen noch weiter greifenden Ehrungen abzusehen.

Doch nicht nur im neuen Rang der Frauen und Kinder des *princeps,* auch in jenem seiner Helfer und Instrumente zeigt sich die veränderte soziale Wirklichkeit. Soweit es sich bei den Ratgebern des *princeps,* insbesondere bei den Mitgliedern seines engeren Rates, des *consilium,* um Angehörige der Führungsschicht handelte, war ein solcher Einfluß nach römischer Tradition keineswegs anstößig. Doch offensichtlich galten die alten Normen nicht mehr, so wenn der Ritter Sejan zum zweiten Mann im Staate aufstieg, so wenn Tacitus von Sallustius Crispus berichtet, daß er auf Grund seines persönlichen Einflusses an Macht viele Triumphatoren und Konsulare übertroffen habe, obwohl er selbst nicht einmal dem Senat angehörte. Am provozierendsten aber wurde der Einfluß der Freigelassenen des *princeps* empfunden. Man muß sich dabei klar machen, daß die römischen *principes* des 1. Jahrhunderts n. Chr. ihre Funktionen ohne die qualifizierten Mitarbeiter ihres privaten Haushaltes überhaupt nicht hätten ausüben können. Erst das Anwachsen des Personalbestandes in allen Sparten der Administration während des 2. Jahrhunderts n. Chr. ermöglichte hier die entscheidende Gewichtsverlagerung.

c) Der Senatorenstand

Die politisch wie sozial wichtigste Gruppe der Führungsschicht innerhalb des *Imperium Romanum* bildet noch immer der römische Senat. Die Funktionen der römischen Senatoren ergeben sich aus den erneut normierten Ämterlaufbahnen, ihrem sogenannten *cursus honorum.* Der junge Angehörige einer senatorischen Familie, der damit in der Regel selbst Anwärter auf eine senatorische Laufbahn war und das geforderte Mindestvermögen von 1 Million Sesterzen nachweisen konnte, begann seine Karriere im allgemeinen zwischen dem 18. und 20. Lebensjahr mit einem Posten des Vigintivirats, der Tätigkeit in einer der Kommissionen, die für die Münzprägung, die Straßenverwaltung oder für juristische Aufgaben zuständig waren. Es folgte die Verwendung als Militärtribun in einer Legion für die Dauer von ca. 2–3 Jahren und schließlich, meist im Alter von 25 Jahren, die Quaestur, jenes Amt, mit dem zugleich die Aufnahme in den Senat verbunden war.

Nach der Quaestur kam eine 2jährige Amtspause, dann konnten sich die ehemaligen Quaestoren entweder um das Volkstribunat oder um die Ädilität bewerben, eine Stufe der Ämterlaufbahn, die Angehörige der patrizischen Familien in der Regel nicht zu absolvieren brauchten. Im Alter von 30 Jahren konnte dann die Prätur erreicht werden. Unter dem Principat war der Bedarf an Prätoren und gewesenen Prätoren in Administration und Heer besonders groß, so daß sich die senatorischen Laufbahnen von dieser Position an entsprechend den Qualifikationen und Interessen der einzelnen Senatoren, aber auch entsprechend den Personalentscheidungen des *princeps* stark auffächerten. In der Regel bekleidete ein Senator nach der Prätur drei prätorische Ämter, in einzelnen Fällen aber auch doppelt so viele, ehe er schließlich das Konsulat erreichte – oder auch am Ende seiner Karriere angelangt war. Prätorier befehligten als Legat eine Legion, sie verwalteten als *legatus Augusti pro praetore* eine kleinere Provinz, wie zum Beispiel *Aquitania, Iudaea* oder *Cilicia,* sie hatten als Präfekten die Aufsicht über eine der zentralen Kassen, als *curator viarum* die Aufsicht über eine der großen italischen Staatsstraßen, sie standen als *iuridicus* einer Mittelinstanz der Rechtsprechung vor, sie leiteten die Getreideverteilung oder die öffentlichen Arbeiten.

Nur ein kleiner Kreis aller Senatoren, noch nicht einmal die Hälfte, stieß schließlich bis zum Konsulat vor, das ein Senator plebejischer Abstammung auch unter dem Principat in der Regel mit 43 Jahren, der Patrizier dagegen schon mit 33 Jahren erreichen konnte. Die Chancen waren deshalb so gering, weil im 2. Jahrhundert n. Chr. alljährlich nur etwa 8–10 Personen Konsul werden konnten. Wer dieses Amt erreicht hatte, gehörte zur Führungsspitze des *Imperiums* im engeren Sinne, denn danach konnte er Statthalter einer größeren Provinz, meist für den Zeitraum von etwa 3 Jahren werden, einer Provinz, in der oft 2–4 Legionen standen, so daß die Statthalterschaft stets auch mit einem wichtigen Militärkommando verbunden war. Daneben bekleideten die ehemaligen Konsuln auch Schlüsselstellungen der zivilen Administration, wie zum Beispiel den Posten des Stadtpräfekten, des Leiters der Wasserversorgung der Hauptstadt oder des Leiters der Tiberufer- und Abwasserkontrolle *(curator aquarum; curator alvei Tiberis et riparum et cloacarum urbis),* beides Ämter, die für neuralgische Sektoren der Verwaltung der Metropole Verantwortung trugen.

Obwohl die *principes* die Angehörigen der alten patrizischen Familien demonstrativ förderten und auch neue Patrizier ernannten, veränderte sich die Zusammensetzung der Korporation des Senats grundlegend. Aus dem Gremium der römisch-italischen Aristokratie wurde mehr und mehr eine Versammlung der Angehörigen der Führungsschicht des gesamten *Imperiums.* Zwar besagt eine neuere Analyse der Herkunft der römischen Senatoren, daß unter Antoninus Pius (138–161 n. Chr.) von denjenigen Senatoren, deren Herkunft bekannt ist, noch immer über 57% aus Italien stammen. (Von denjenigen aus den Provinzen kommen 23,9% aus den westlichen, 46,5% aus den östlichen, 26,8% aus den afrikanischen und nur 2,8% aus den dalmatinischen Provinzen.) Doch noch wichtiger ist die

Tatsache, daß auch der Anteil italischer Konsuln von rund 56% unter Antoninus Pius auf etwa 43% unter Mark Aurel zurückging.

Aus dem Überblick über die senatorische Laufbahn dürfte zugleich deutlich geworden sein, daß alle wesentlichen Positionen dieses *cursus* der direkten oder indirekten Einwirkung des *princeps* unterlagen. Vom 20. bis zum 50. Lebensjahr war der römische Senator immer wieder vom *placet* des *princeps* abhängig, und dies nicht nur in jenen Fällen, da der *princeps* einen Bewerber ausdrücklich als seinen Kandidaten vorschlug oder ihn, zum Beispiel in die Gruppe der Prätorier, in den Senat aufnehmen ließ, sondern auch in jenen Fällen, da es darum ging, wer welche Provinz wie lange zu verwalten hatte. Zwar bezogen die Statthalter der senatorischen Provinzen *Africa* und *Asia* die Spitzengehälter von 1 Million Sesterzen pro Jahr, doch langfristige Verwendung in angemessenen Führungspositionen und die damit verbundene hohe Besoldung auf Dauer konnte nur noch der Senator erhoffen, der seine Loyalität gegenüber dem *princeps* bewies.

Zum Sozialprestige des römischen Senators gehörte noch immer auch das wenigstens formale Engagement im religiösen Bereich. Wie aus vielen senatorischen Inschriften bekannt ist, war es für die Mitglieder des Senats üblich, eines der großen alten Priesterämter anzustreben, das heißt entweder *Augur* oder *Fetiale* (Angehöriger der für die völkerrechtlichen Beziehungen zuständigen Priesterschaft) oder *Pontifex* oder *XV-vir sacris faciundis* (die Hüter der sibyllinischen Bücher und Betreuer der nicht-römischen Kulte), wie Tacitus, oder *VII-vir epulonum* (das für die Ausrichtung der Göttermahlzeiten zuständige Kollegium) zu werden. Mit der persönlichen Glaubenshaltung des Betreffenden hatte die Bekleidung eines solchen Priesteramtes in vielen Fällen gewiß nur wenig zu tun, doch ein solches Amt war in jedem Falle eine wesentliche Komponente der gesellschaftlichen Stellung.

Grundbesitz blieb auch unter dem Principat die wesentliche wirtschaftliche Grundlage der Senatoren. Allgemein springt die große Differenzierung der Vermögen und Einkommen ins Auge. Die beiden größten Privatvermögen zur Zeit des Principats, dasjenige des Senators Cn. Cornelius Lentulus und jenes des Freigelassenen Narcissus, erreichten eine Höhe von 400 Millionen Sesterzen, das heißt, sie entsprachen in Wert und Kaufkraft rund 1,5 Millionen Tonnen Weizen. Nach R. Duncan-Jones entsprach dagegen der Wert der größten Privatvermögen Englands um 1700 lediglich etwa 20–40000 Tonnen Weizen.

Von den römischen Senatoren des Principats kennen wir die Vermögensverhältnisse des jüngeren Plinius am besten. Sein Gesamtvermögen läßt sich auf ca. 20 Millionen Sesterzen schätzen, er wird damit an 21ster Stelle der großen Vermögen jener Epoche eingereiht. Davon belief sich der Landbesitz auf nicht weniger als 17 Millionen Sesterzen. Auch wenn die im Falle des Plinius bekannte Vermögensstruktur nicht verallgemeinert werden kann – sein Besitz hatte sich nach drei Ehen beträchtlich vermehrt –, so geben seine Vermögensverhältnisse doch wichtige konkrete Hinweise auf die wirtschaftliche Basis, die Einkünfte und die Ausgaben der senatorischen Schicht.

Der jüngere Plinius besaß drei Villen mit größerem Areal in der Gegend des Comer Sees, ein Stadthaus auf dem Esquilin, ein Landhaus 17 Meilen von Rom entfernt beim Vicus Laurentium und wahrscheinlich noch zwei weitere Villen bei Tifernum Tiberinum. Auf diesem Besitz beschäftigte Plinius insgesamt 400 Sklaven, in seinem Testament traf er Verfügungen zugunsten von 100 Freigelassenen. Wir wissen aus Plinius' Briefwechsel, daß dieser ziemlich einflußreiche Mann, der mit Trajan befreundet war, so wie vor ihm viele führende Politiker der späten Republik eine große Zahl von Erbschaften und Legaten erhielt, die sein Vermögen weiter anwachsen ließen. Andererseits wurden von einem Aristokraten seines Zuschnitts auch beträchtliche Stiftungen erwartet, die er zu leisten hatte, wenn er sein Sozialprestige wahren wollte. Freilich hat sich der jüngere Plinius hierbei durch eine besonders große Freigiebigkeit ausgezeichnet: So stiftete er rund 1,8 Millionen Sesterzen für seine Freigelassenen, 500000 für eine private Stiftung in Como, aus der immerhin 175 Kinder unterstützt werden konnten, 200000 für die Errichtung und die laufenden Kosten einer Bibliothek in Como, des weiteren gab er beträchtliche Summen für Tempel und private Schenkungen aus.

Mochten durch solche Leistungen die sozialen Gegensätze auch teilweise überbrückt werden, die Gesamttendenz der Vermögenskumulierung änderte sich dadurch nicht. Um mit Ramsay MacMullen zu sprechen: „Beginnend ungefähr mit der Geburt Ciceros (d.h. um 100 v.Chr.) läßt sich die Tendenz der sozioökonomischen Entwicklung des Imperiums über fünf Jahrhunderte hinweg in drei Worten verdichten: weniger haben mehr." (Roman Social Relations 50 B.C. to A.D. 284. 1974, 38) Dies ist in der Tat die entscheidende Entwicklung im Bereiche der römischen Führungsschicht unter dem Principat, von allen inneren Differenzierungen und Verlagerungen einmal abgesehen. Diese Tendenz erklärt aber auch in hohem Maße die Hinnahme, ja die innere Bejahung des Principats durch die Führungsschicht, denn der Principat erst garantierte und sicherte diese Entwicklung. Diese Tendenz erklärt aber auch die Entpolitisierung einer Gesellschaft, deren System keine organisierte politische Opposition kannte, einer Gesellschaft, in der gerade die neu aufsteigenden sozialen Gruppen aus den Provinzen, die von der Anerkennung des Leistungsprinzips profitierten, das System selbst nicht verändern, sondern es funktionsfähig erhalten und stabilisieren wollten.

d) Der Ritterstand

Auch der Ritterstand wurde unter dem Principat bewußt neu formiert. Gegenüber der relativ homogenen Großgrundbesitzer- und Dienstadelsschicht der 600 Senatoren war seine Zusammensetzung wesentlich vielfältiger, seine Interessenlage breit gespannt. Der zahlenmäßige Umfang des Ritterstandes ist in der neueren Forschung sehr umstritten. Die Schätzungen bewegen sich für die Zeit des Augustus zwischen 10000 und 20000 Rittern im gesamten *Imperium*, wobei noch mit einer beträchtlichen Zunahme der Gesamtzahl in den folgenden Jahrzehnten gerechnet wird. Doch noch wichtiger sind zwei andere Zahlen. So ist aus der systematischen Auswertung der Inschriften bekannt, daß es um die Mitte des 2. Jahrhunderts n. Chr. insgesamt rund 550 ritterliche Offiziersstellen gab und daß gleichzeitig etwa 110 Prokuratorenstellen, Leitungsposten in den verschiedenen Sparten der Zivil-, Finanz- und Steuerverwaltung, ebenfalls von Rittern besetzt waren. Daraus ergeben sich zwei bedeutsame Folgerungen: 1. Von den über 20000 römischen Rittern war stets nur ein Bruchteil langfristig in der Reichsverwaltung tätig. 2. Der Anteil der Ritter in der Administration des *Imperiums* war um ein Mehrfaches größer als derjenige der Senatoren.

Die Ernennung zum Ritter erfolgte in jedem Falle individuell durch den *princeps*. Voraussetzungen waren die Zugehörigkeit zu einer Familie, die seit mindestens zwei Generationen freie Geburt nachweisen konnte sowie ein Mindestvermögen von 400000 Sesterzen. Die Söhne von Rittern rückten zwar nicht automatisch in den Stand des Vaters ein, doch war dies meistens der Fall. Die Verklammerung des Ritterstandes mit dem Senatorenstand blieb eng. Nicht wenige Angehörige ritterlicher Familien sind unter dem Principat in den Senat aufgestiegen. Andererseits gab es sehr enge Beziehungen zum Stand der Dekurionen, zur Municipalaristokratie. Nicht selten gehörten römische Ritter als die angesehensten Mitglieder und Patrone in den Provinzen den Stadträten an, in denen sie dann Seite an Seite mit den Dekurionen fungierten.

Die ritterlichen Laufbahnen des Reichsdienstes setzten meist mit einem längeren Offiziersdienst ein, der im Gegensatz zu den Senatoren vor allem auch Kommandeurstellen bei den römischen Hilfstruppenteilen umfaßte und somit auch in kleineren Garnisonen und Grenzkastellen abzuleisten war. Daran schloß sich dann die zivile Laufbahn als *procurator* an. Der junge Ritter konnte sich in einer Fülle von Leitungsposten der Finanz-, Zoll-, Steuer- und der allgemeinen Verwaltung profilieren. Er konnte zum Beispiel die Verwaltung im Ressort der Erbschaftssteuer mehrerer Provinzen leiten, die gesamte Steuerverwaltung in einer Provinz oder Spitzenfunktionen bei den Kassen der Principatsverwaltung übernehmen. Ähnlich den modernen Besoldungsstufen waren auch die Posten der ritterlichen Laufbahnen verschiedenen Gehaltsgruppen von je 60 000, 100 000, 200 000, gegen Ende des 2. Jahrhunderts n. Chr. für die Spitzenpositionen sogar 300000 Sesterzen zugeordnet. Diese Einkommensstufen wurden titular geführt: der einzelne Ritter gehörte zuerst zu den *sexagenarii*, er stieg dann zu den *centenarii*, *ducenarii* oder *trecenarii* auf.

Darüber hinaus waren die Ritter, wie die Senatoren, durch Statussymbole und demonstrative äußerliche Ehrenrechte abgehoben. Eine Gruppe von ihnen wurde vom *princeps* noch immer mit dem Staatspferd, dem *equus publicus,* ausgezeichnet; unter Augustus sollen sich an der alljährlichen Reiterparade des 15. Juli noch immer 5000 Ritter beteiligt haben. Daneben waren die Ritter durch den schmalen Purpurstreifen an der Tunica, einen goldenen Ring, eine spezielle Paradeuniform und durch Ehrensitze im Theater privilegiert.

Gerade bei den Rittern bestimmte das Vertrauen des *princeps* in besonderer Weise den Verlauf und die Dimensionen einer Karriere. Jeder ritterliche *cursus* konnte selbstverständlich im Gestrüpp der Verwaltungsstränge enden, er konnte aber auch, bei entsprechender Bewährung, insbesondere im engeren Rahmen der Hausverwaltung des *princeps,* bis zu Spitzenpositionen führen, die Kompetenzen, Macht, Autorität und Einfluß auch der höchsten senatorischen Ämter bei weitem übertrafen. Dazu zählen vor allem die stets von Rittern besetzten Posten des *praefectus classis,* eines Flottenbefehlshabers, des *praefectus vigilum,* des Befehlshabers der Sicherheitspolizei in Rom, des *praefectus annonae,* des verantwortlichen Leiters der gesamten Lebensmittelbeschaffung und Versorgung der Hauptstadt, des *praefectus Aegypti,* dessen Stellung geradezu als die eines Vizekönigs von Ägypten bezeichnet worden ist, und schließlich des *praefectus praetorio,* des Gardepräfekten. Namen wie die des Sejan und Burrus markieren jene Schlüsselstellungen, die Ritter in dieser Position einnahmen.

Dabei ist insbesondere die Laufbahn des Burrus charakteristisch für die Art und Weise, wie es zu einem solchen Aufstieg kam. Aus einer Inschrift, welche die Einwohner von Vasio (Vaison-la-Romaine in der Provence) Burrus als ihrem Patron gewidmet haben (CIL. XII 5842), geht hervor, daß Burrus nach seinem Militärtribunat nacheinander im Haushalt der Livia, des Tiberius und des Claudius Dienste als *procurator* tat, bis er dann schließlich in die Stelle des Praetorianerpräfekten aufrückte und damit in eine Position, in welcher er zunächst faktisch, neben Agrippina und Seneca, die Regentschaft für Nero führte. Obwohl Burrus seiner Standeszugehörigkeit nach nur Ritter war, war er damit einer der beiden einflußreichsten Männer des Staates geworden, eine Tatsache, die auch dadurch bestätigt wird, daß ihm damals die höchstmögliche gesellschaftliche Rangauszeichnung überhaupt, nämlich die *ornamenta consularia,* verliehen wurden, eine Auszeichnung, welche Burrus in die konsulare Spitzenstufe der Gesellschaft eingliederte, obwohl er weder eine senatorische Laufbahn absolviert noch das Konsulat bekleidet hatte.

Im Ritterstand kam die soziale Mobilität innerhalb des *Imperiums* stets besonders deutlich zum Ausdruck. Von Augustus an wurden sowohl qualifizierte Freigelassene, die in der besonderen Gunst der *principes* standen, in den Ritterstand erhoben als auch jüngere Aristokraten aus den Provinzen, die Truppenkontingente befehligten. Arminius ist zur bekanntesten

Erscheinung dieser Gruppe geworden. Insbesondere im militärischen Bereich gab es zudem eine realistische Chance, nach längerer Bewährung als Centurio schließlich auch in den Ritterstand aufzusteigen. Doch so vielfältig die Karrieren der römischen Ritter im Heer und in der Reichsverwaltung waren, insgesamt gesehen stellt die Gruppe der Ritter im Reichsdienst lediglich einen Bruchteil des ganzen Standes dar. Die überwiegende Mehrzahl der Ritter bestand aus mittleren und großen Grundbesitzern, erfolgreichen Geschäftsleuten der mannigfaltigsten Sparten, Bankiers, Fernhändlern, Männern, die auf die verschiedenartigste Weise zu ihrem oft beträchtlichen Vermögen gekommen waren. In ihren Reihen vor allem waren die Kenntnisse und Erfahrungen wirtschaftlicher Organisation konzentriert, und so ist es nicht ohne Konsequenz, daß gerade dieser Stand während des großen inneren Formierungsprozesses des Principats in systematischer Weise in das neue politische System integriert wurde. Im übrigen haben auch die Ritter kleinere Priesterämter wie das eines *haruspex* (die für Leberschau und Vorzeichendeutung zuständige Priesterschaft) oder *lupercus* (ursprünglich die Priesterschaft der „Wolfsabwehrer", später für Tieropfer und Reinigungszeremonien zuständig) bekleidet.

e) Die Municipalaristokratie

Eine besonders wichtige, zugleich aber auch besonders uneinheitliche soziale Gruppe bildete der Dekurionen-Stand, der *ordo decurionum*, der Stand der Stadträte, die Municipalaristokratie. Hier ist zu betonen, daß die soziale Qualität dieser Gruppe lokal verankert war und daß deshalb auch – je nach Größe, Bedeutung, wirtschaftlicher Funktion der betreffenden Stadt – Vermögen, Berufszugehörigkeit, Rang und Einfluß der Mitglieder der Stadträte beträchtlich differierten. Diese Uneinheitlichkeit geht schon allein daraus hervor, daß die Mindestvermögenssätze der Mitglieder dieses *ordo* weit auseinandergingen. So war für die Stadträte von Comum (Como) eine Censusqualifikation von 100000 Sesterzen, also der vierte Teil des ritterlichen Mindestvermögens, erforderlich. Eine ähnliche Mindestvermögenshöhe dürfte auch für andere italische Städte gegolten haben. Doch daneben ist bekannt, daß in kleineren nordafrikanischen Städten schon 20000 Sesterzen ausreichten, um Mitglied des Stadtrates zu werden.

Die Unterschiede rühren daher, daß es gerade für die kleineren Städte außerordentlich schwierig war, die Richtzahl von 100 Dekurionen überhaupt zusammenzubringen. Andererseits hing die Existenz jeder Stadt von der Leistungsfähigkeit ihres Stadtrates ab. Denn *Decurio* zu sein, war eine sehr zwiespältige Ehre. Wohl konnte man diesen Rang nur erreichen, wenn man schon von Geburt an freier Bürger war, keinem unehrenhaften Gewerbe nachging, einen guten Leumund genoß, etwa 25–30 Jahre alt war und über das erwähnte, von Stadt zu Stadt verschieden bemessene, Mindestvermögen verfügte. Doch mit dem Rang waren immer höher ansteigende Belastungen verbunden, welche die Dekurionen jedoch offensichtlich lange Zeit freiwillig auf sich nahmen, so lange, bis sie oft genug ihre Familienvermögen im Dienste ihrer Stadt beträchtlich reduzieren mußten. Denn die Dekurionen hatten nicht nur die städtischen Ämter eines Ädils (Leiter der Polizei und der öffentlichen Ordnung) oder eines Duumvirs (Bürgermeister) oder eines Quaestors (Kassenverwalter) jeweils für die Dauer eines Jahres ehrenhalber zu übernehmen. Schon beim Eintritt in den Stadtrat wurde von ihnen die Leistung einer *summa honoraria* in Höhe von einigen Tausend Sesterzen erwartet; danach hatten sie fort und fort weitere öffentliche Leistungen nach dem alten Prinzip der öffentlichen Zwangsauflagen (der Leitourgien oder *munera*) zu erbringen: Die Übernahme ganzer Bauten oder wenigstens von Teilen der Bäder, Amphitheater, Tempel, die Ausschmückung der Marktplätze und städtischen Zentren wurden von ihnen ebenso erwartet wie die Ausrichtung von Spielen, die Finanzierung festlicher Mahlzeiten, die Bereitstellung von Öl für die Bäder und so fort. Selbstverwaltung, städtische Administration, Rechtsprechung, Lebensmittelversorgung, Kulte, Baumaßnahmen, Gesandtschaften lagen auf ihren Schultern, und dazu kamen noch Dutzende von immer neuen Sonderleistungen, wie zum Beispiel die Übernahme von Anteilen an Geschenken und Ehrengaben für den *princeps,* die Angehörigen seines Hauses und andere einflußreiche Personen. Für diese zum Teil beträchtlichen Leistungen, die in größeren Städten oft die Höhe von Zehntausenden von Sesterzen erreichten, wurden die Dekurionen durch demonstrative Vorrechte ausgezeichnet: Ehrensitze bei Spielen und im Theater, freie und bevorzugte Wasserzufuhr, öffentliche Speisungen und anderes, schließlich auch durch rechtliche Privilegierung.

Zahlreiche neuere Analysen der Sozialstruktur des römischen Principats gehen von der Grundkonzeption aus, daß die bisher beschriebenen Stände, Senatorenstand, Ritterstand und Dekurionenstand, gemeinsam die Oberschicht des *Imperiums* gebildet hätten. Von einer „Drei-Einheit", einem „sozialen Kontinuum" ist dabei die Rede; mit Nachdruck wird auf die Tatsache hingewiesen, daß diese drei sozialen Gruppen in der antiken Literatur ausdrücklich als *ordo* und damit als rechtlich eindeutig abgegrenzte soziale Gruppe bestimmt werden. So mannigfach die Querverbindungen zwischen den drei Gruppen sind, bei einer solchen Betrachtungsweise werden entscheidende Unterschiede übersehen: Für Senatoren- und Ritterstand bleibt stets Rom der entscheidende Bezugspunkt, sodann wirkt der *princeps* bei der Strukturierung dieser ordines, sei es direkt, sei es indirekt, mit, während dies für den *ordo decurionum* nicht zutrifft. Der Senator ist stets römischer Senator, der Ritter römischer Ritter, beider Karrieren werden entscheidend von der Zustimmung oder Förderung der jeweiligen *principes* bestimmt. Der Angehörige des *ordo decurionum* dagegen verdankt seinen sozialen Rang lokalen Maßstäben, Bindungen und Voraussetzungen, Kooptation oder Wahl. Es ist ein Trugschluß, den Dekurio einer

a.

b.

c.

d.

4. Römische Porträts: a. Caesar – b. „Brutus" – c. Markian (?) d. Trajan.

5. Haruspices bei der Prüfung der Eingeweide eines Opfertiers, Rom.

6. Trajan bei der Verteilung von Alimenta, Trajansbogen, Benevent.

kleinen nordafrikanischen Stadt, der mit Mühe und Not sein Vermögen von 20000 Sesterzen zusammenbrachte und der damit in Rom zu den ärmeren Bürgern oder allenfalls zum unteren Mittelstand gehört hätte, zur Oberschicht des römischen Reiches zu zählen. Es ist wohl richtiger, zwischen einer imperialen Führungsschicht und einer lokalen zu unterscheiden, einer imperialen, der die wichtigsten Mitglieder des *domus principis*, des Senatoren- und Ritterstandes, führende Militärs, aber auch im 1. Jahrhundert n. Chr. wenige, besonders einflußreiche Freigelassene zuzurechnen sind, und der lokalen der Municipalaristokratie, der auf Grund ihres Wohnsitzes oder ihrer Herkunft auch vereinzelte Mitglieder der imperialen Führungsschicht angehören konnten.

f) Die freien Bürger – Das römische Heer

Die in allen ideologisch bestimmten Äußerungen des Principats immer wieder greifbaren offiziellen Verneigungen vor dem *populus Romanus* dürfen nicht darüber hinwegtäuschen, daß die Gemeinde der freien Bürger Roms Opfer eines systematischen Entpolitisierungsprozesses geworden war. Die Centurienversammlungen als die wichtigsten politischen Lebenszellen der *plebs*, die noch in den Tagen Caesars die lebendige Bühne intensivster politischer Artikulation gebildet hatten, verkümmerten während des Principats zu Akklamationsgremien. Praktisch konnten sie lediglich noch Kandidaten für die Magistraturen, die in einem sehr komplizierten Auswahlverfahren, der *destinatio*, designiert waren, bestätigen; seit Nerva (96–98 n. Chr.) ruhte auch die Kompetenz der Volksversammlungen in der Gesetzgebung. Das abgegriffene Wort des *panem et circenses* bezeichnet in prägnantester Form jene Gewohnheitsrechte, die mehr und mehr das Denken der immer noch privilegierten *plebs urbana* erfüllten. Getreide- und Geldverteilungen wurden noch inmitten großer Krisen durchgeführt, so erhielt unter Mark Aurel jeder freie Bürger Roms insgesamt 850 Denare. Gab es zu Beginn des 1. Jahrhunderts v. Chr. in Rom an insgesamt 57 Tagen im Jahr Spiele der verschiedensten Art, so führt der Kalender des Jahres 354 n. Chr. schließlich 177 Spieltage auf.

Der Mangel an Produktionsstätten und Arbeitsplätzen in der Hauptstadt wurde auch unter dem Principat nicht beseitigt, im Gegensatz zu allen modernen staatlichen Verwaltungen wurde auch weiterhin mit einem Minimum von Subalternpersonal in der Administration gearbeitet. Umso größer war deshalb die Bedeutung des römischen Heeres. In den rund 30 Legionen dienten ungefähr 150000 freie römische Bürger, in der Hauptsache Angehörige der *plebs rustica*. Der Sold des einfachen Legionärs belief sich im 1. Jahrhundert n. Chr. auf 900 Sesterzen im Jahr; bei seiner Entlassung konnte der Legionär außerdem mit weiteren 12000 Sesterzen rechnen. Dazu kamen noch die zunächst nur selten, später jedoch in immer dichterer Folge gewährten außerordentlichen materiellen Belohnungen, die Donative. Zwar starben nach modernen Schätzungen rund 50% aller römischen Soldaten bereits während ihrer Dienstzeit, doch wer überlebte, gehörte als Veteran schon zur privilegierten Einwohnerschicht der Städte. Veteranen und Söhne von Veteranen erhielten allmählich denselben sozialen Rang wie die Dekurionen. In den Strafarten zum Beispiel wurden sie von den übrigen römischen Bürgern getrennt, zu schimpflichen Todesarten wie zum Kampf gegen wilde Tiere in der Arena konnten sie nicht verurteilt werden.

Während im Arbeitsleben der Hauptstadt nur für wenige, besonders qualifizierte römische Bürger ein sozialer Aufstieg möglich war, bot die römische Legion mit ihrer Fülle von Mannschafts- und Unteroffiziersgraden dagegen ein geregeltes Avancement mit Dutzenden von Beförderungsmöglichkeiten. Die wichtigste Gruppe in ihrer Hierarchie bildeten dabei die Centurionen, die ihrer Herkunft und ihrem Werdegang nach modernen Berufsunteroffizieren, der Stellung nach jedoch den Kompaniechefs der modernen Armeen entsprechen. Ihre Dienstzeit als *Centurio* betrug in der Regel etwa 20 Jahre, entsprechend differenziert war ihr Rang. Im Alter von ungefähr 50 Jahren konnte ein *Centurio* schließlich *primus pilus,* das heißt Chef der 1. Centurie einer Legion, werden, damit zugleich dienstältester und ranghöchster *Centurio* aller 60 Centurionen dieser Legion. Der Primipilar konnte schon nach einem Dienstjahr mit 600000 Sesterzen aus dem Heeresdienst ausscheiden oder aber weiterhin militärische Spitzenpositionen übernehmen.

Die Primipilare hatten damit nicht nur den Census des Ritterstandes erreicht, ihr spezifisches Prestige als Angehörige einer relativ kleinen Gruppe der aktiven militärischen Führungsschicht mit langer Truppendiensterfahrung war sogar noch größer als das eines einfachen *eques Romanus.* Diese Tatsache erklärt es auch, daß in der Laufbahn der Centurionen nicht nur ehemalige Unteroffiziere der Legionen und der Garde dienten, sondern in einzelnen Fällen selbst Angehörige des Ritterstandes.

Der Dienst im Heer, erst recht in den seit 23 n. Chr. in Rom konzentrierten Formationen der Praetorianergarde – deren Angehörige nur 16 Jahre zu dienen hatten, während der Legionär in der Regel 20 Jahre, gelegentlich noch länger unter den Waffen stand, und die dabei einen dreimal so hohen Sold bezogen wie die in den Legionen dienenden Bürger – blieb stets ein, auch in seinen materiellen Auswirkungen, kaum zu überschätzendes Vorrecht der freien Vollbürger. Wurde die *plebs* allmählich zum passiven Herrschaftssubstrat, so profilierten sich die Praetorianergarde und die an der Peripherie des Imperiums konzentrierten Heeresverbände mehr und mehr als die entscheidenden Machtfaktoren. In diesen Verbänden war gleichsam auch der politische Wille des römischen Volkes in militarisierter Form konzentriert. Von Augustus an waren daher alle *principes* bemüht, sich mit allen nur denkbaren Mitteln, materiellen wie ideellen, der Ergebenheit dieser Verbände zu versichern und rivalisierende Einflüsse, wie die des Senates, zurückzudrängen. Es war auch ein Politikum ersten Ranges, daß schließlich nur noch der *princeps* berechtigt war, Triumphe abzuhalten sowie imperatorische Akklamationen und Siegerbeinamen entgegenzunehmen. Die Monopolisierung des militärischen Oberbefehls in seiner Hand blieb die entscheidende Grundlage des gesamten politischen Systems; die höchsten militärischen Ehrungen bildeten den Kern der Principatsideologie.

Der größte Teil der freien Bevölkerung Roms hat sein Leben mit handwerklicher Arbeit, durch Dienstleistungen oder Kleinhandel gefristet. Die Grabinschriften dokumentieren das Selbstverständnis und das Arbeitsethos dieser kleinen Leute. So meint beispielsweise Lucius Nerusius Mithres, ein stadtrömischer Händler in Ziegenwolle, von sich: „Ich handelte mit volkstümlichen Waren, meine seltene Ehrlichkeit wurde immer und überall gelobt. Mein Leben war glücklich, ich habe mir ein Grabmal aus Marmor erbaut, habe sorglos gelebt, meine Steuern immer bezahlt, war in allen Verträgen ehrlich, gegen alle, soweit ich konnte, gerecht, half oft einem Bittsteller ..." (ILS. 7542) Doch daneben gab es in Rom alle Spielarten von Schmarotzern, es gab den Typus des armen Klienten, der sich alle nur denkbaren Erniedrigungen selbst durch die Sklaven seines Patrons gefallen lassen mußte, um zu seinen geringen Geldspenden, den *sportulae*, zu kommen; es gab die Diebe und Gesindel aller Art. Für einen senatorischen Historiker wie Tacitus war es daher naheliegend, die stadtrömische *plebs*, die er oft genug mit dem Pöbel gleichsetzte, insgesamt zu diskreditieren. Unzuverlässigkeit, Falschheit, Mangel an Urteilsvermögen, Vergnügungssucht, vor allem jedoch Treulosigkeit warf er ihr vor.

Hatte die römische Republik in ihrem systematischen Kolonisationsprozeß eine wirksame sozialpolitische Maßnahme zur konsequenten Regeneration ihrer Gesellschaft durchgeführt, so traten unter dem Principat der Ausbau des Spendenwesens, die Alimentationsstiftungen in Italien und der Dienst im Heer an jene Stelle. Doch die sozialen Leistungen des *Imperiums* blieben gerade für die freie Bevölkerung ungenügend und ineffektiv. Wenn Alte, Witwen, Arbeitsunfähige, Kranke, Kinder und Waisen nicht innerhalb ihrer Familien versorgt wurden, fielen sie häufig genug dem Elend anheim. Es gehört mit zu den entscheidenden profanen Voraussetzungen für den Sieg des Christentums – wie schon Edward Gibbon gesehen hat –, daß die christlichen Gemeinden in diese Bresche traten. Die christliche Kirche hat nicht zuletzt auch deshalb gesiegt, weil sie ein effektives Sozialinstitut wurde.

Der freie Bürger der Stadt Rom war dann aber auch der Leidtragende, als die Hauptstadt des *Imperiums* unter dem Principat zur Weltstadt, zum „griechischen Rom" wurde, wie sie Juvenal in einer seiner Satiren plastisch beschrieben hat:

> „Nun zu den Griechen! Von Sikyons Höh'n kam der, von Amydon
> jener; Samos verließ man, Tralles und Alabanda,
> und sie strebten zum Esquilin und zum Viminalis:

Seelenfreunde zuerst bei Großen, zuletzt ihre Herren!
Schnell auffassend ihr Geist, zum Verzweifeln die Keckheit, ein Mundwerk
immer parat und brausender noch als das des Isaeus.
Sag, wofür hältst du so einen Neuling? Alle Berufe
bringt er in seiner Person dir ins Haus, du brauchst nur zu wünschen:
Sprachlehrer, Rhetor, Maler, Masseur, Geometer, Seiltänzer,
Wahrsager, Magier, Arzt – ein hungriges Griechlein kann alles."
(Juvenal, Satiren III, 69ff. – Übertragung O. Weinreich)

Die Gesamtbevölkerung Roms wird in den ersten beiden Jahrhunderten n. Chr. auf ca. 800000–1 Million Einwohner geschätzt, doch sind diese Zahlen umstritten. Augustus zerlegte den Gesamtbereich der Stadt in 265 Stadtbezirke, die *vici,* überschaubare Einheiten, in denen sich das Gemeinschaftsgefühl der Bewohner stärker entwickeln und nachbarschaftliche Beziehungen konkreter auswirken konnten. Zu neuen Zellen des sozialen Lebens entwickelten sich daneben in Rom wie in den Provinzen die *collegia.* Bei ihnen handelt es sich ursprünglich um Berufsverbände bestimmter Handwerkergruppen, zum Beispiel der Zimmerleute, Vereinigungen, die in den Städten der Provinzen oft zugleich als Feuerwehren fungierten, oder um Kultverbände und Begräbnisvereine, um alles andere jedenfalls als um Vorformen der Gewerkschaften, denn Arbeitskämpfe haben diese vereinsrechtlich privilegierten Gruppen nicht geführt.

Die üblich gewordene Aufgliederung der Unterschichten der römischen Gesellschaft in die städtische und ländliche plebs, die *plebs urbana* und die *plebs rustica,* wobei beide Teile jeweils wiederum in *ingenui* (Freigeborene), *liberti* (Freigelassene) und Sklaven untergliedert werden, wird der Lebenswirklichkeit kaum gerecht, wenn sie schematisch angewandt wird. Gewiß gab es in Rom selbst seit der Zeit der Gracchen ein Auseinanderklaffen elementarer Interessen, da für die stadtrömische *plebs* Versorgungsgesetze, für die ländliche Siedlungsgesetze Vorrang hatten. Doch die vielen freien Bewohner der zahlreichen Kleinstädte unterschieden sich in Lebensformen und Arbeitsweise oft nur wenig von der benachbarten freien Landbevölkerung. Alle wesentlichen Erscheinungsformen der antiken Zivilisation waren jedoch an die Stadt gebunden. Bei der *plebs rustica* haben sich die sozialen Bedingungen unter dem Principat lange Zeit nur wenig verändert. Die Bedeutung des freien Kleinbauerntums war zwar zugunsten der Villenwirtschaft und der sich nun ausbildenden exterritorialen Latifundien (selbständiger Großbetriebe, deren privilegierte Besitzer nicht mehr in die Städte und Gemeinden integriert waren) zurückgegangen, dennoch blieb es in großen Teilen Italiens ebenso bestehen wie vor allem auch im Donauraum. Allerdings war der Zwang zur Einrichtung der *alimentatio* ein Alarmzeichen dafür, daß es bereits privater und staatlicher Eingriffe und Hilfsmaßnahmen bedurfte, um die Existenz der Kinder freier Bauern und Landarbeiter zu sichern.

g) Die Freigelassenen

Für die Freigelassenen gilt Ähnliches wie für die Ritter. Auch sie sind vereinzelt und eben immer nur als Einzelpersonen zu größtem Einfluß gelangt, doch nach den Höhepunkten ihrer Macht unter Claudius und Nero geht ihre Bedeutung in den Spitzenstellungen der Reichsadministration zurück. Als Gesamtheit sind sie korporativ gleichfalls niemals zu einem geschlossenen politischen Machtfaktor geworden. Gerade bei dieser Gruppe ist es besonders wichtig, ihre soziale und wirtschaftliche Stellung exakt zu erfassen. Natürlich zählten zu ihr Männer vom Typus eines Pallas oder Trimalchio, die in der Literatur so oft erwähnt werden. (Pallas, unter Claudius ‚Finanzminister', ein Mann, der es sich leisten konnte, großmütig auf eine ihm vom Senat angebotene Ehrengabe in Höhe von 15 Millionen Sesterzen zu verzichten, ein Mann, der sogar die *ornamenta* eines Prätors erhielt; Trimalchio, den Petron in seinem satirischen Roman unsterblich gemacht hat, der Typus des in Besitz und Reichtum schwelgenden Emporkömmlings par excellence.) Doch in beiden Fällen handelte es sich um provozierende, für die gesamte Gruppe keineswegs repräsentative Ausnahmeerscheinungen. Für die Gruppe tatsächlich repräsentativ sind die Zehntausende qualifizierter Handwerker, zuverlässiger Bediensteter und unermüdlicher Ladenbesitzer, die oft genug auch ihre ehemaligen freien Herren zu unterstützen hatten.

Auch für sie sind die Inschriften als Beleg ihrer Mentalität und ihrer Qualifikationen wichtig, so wenn es zum Beispiel von einem freigelassenen Silberschmied heißt: „Er sagte in seinem Leben niemandem ein böses Wort und tat nichts ohne Willen seines Herrn, hatte immer viel Gold und Silber bei sich und davon niemals etwas für sich begehrt. Er übertraf alle in der Kunst der Silberarbeit." (ILS. 7695) Oder wenn ein freigelassener Lehrer von sich sagt: „Ich habe gelebt, solange ich konnte, ohne Prozeß, Zank und Streit und ohne Schulden. Gegen meine Freunde war ich immer ehrlich, an Vermögen arm, an Geist sehr reich." (ILS. 8436) Aus den Kreisen solcher Männer sind schließlich auch jene erfolgreichen und vermögenden Freigelassenen hervorgegangen, die sich dann häufig für ihre Wohngemeinden stark engagiert haben, für die Städte, in denen sie ihren Reichtum erwarben, oder auch für ihre Heimatorte, jene Freigelassenen, die gelegentlich viele Tausende von Sesterzen stifteten, mit den Dekurionen rivalisierten und manchmal auch mit den *ornamenta decurionalia* ausgezeichnet wurden. Sie haben sich insbesondere in den städtischen Formen des Kaiserkultes engagiert, im Rahmen der Korporation der *Augustales,* in der oft drei Freigelassene und drei Freie nebeneinander als *Seviri* gemeinsam fungierten und somit für die Pflege eines Kultes verantwortlich waren. Dieser stellte zugleich demonstrativ die politische Loyalität der betreffenden Stadtgemeinde unter Beweis.

Der Anteil der Freigelassenen an der Gesamtbevölkerung und gleichzeitig auch der Anteil jener freien römischen Bürger, die einst freigelassen worden waren, nahmen unter dem Principat beträchtlich zu. Wenn die Schätzung von Peter Brunt richtig ist, daß es in Italien zur Zeit des Augustus bei einer Gesamtbevölkerung von ca. 7,5 Millionen Einwohnern nicht weniger als etwa 3 Millionen Sklaven gab, so bedeutet dies gleichzeitig, daß diese 3 Millionen Sklaven zu einem erheblichen Teil potentielle Freigelassene waren, mit anderen Worten, daß Generation um Generation Zehntausende neuer Freigelassener die Gesamtrelation zwischen freigeborenen Bürgern, Freigelassenen und Sklaven veränderten. Diesen Automatismus des Weges vom Sklaven über den Freigelassenen zum freien Bürger kannten die griechischen Städte nicht.

Wenn neuere Hypothesen bestätigt werden, daß ein städtischer Sklave in der Regel damit rechnen konnte, im Alter zwischen 30 und 40 Jahren freigelassen zu werden, so trat damit allerdings häufig zunächst nur eine primär personenrechtliche Modifikation seiner Existenz ein, denn auch für den neuen Freigelassenen blieben zahlreiche materielle und moralische Bindungen an die Familie des bisherigen Herrn bestehen, während umgekehrt die Unterhaltsverpflichtung des bisherigen Herrn gegenüber dem älteren Sklaven entfiel. Es muß mit Nachdruck darauf hingewiesen werden, daß nicht jeder Freigelassene den nicht selten sehr begrenzten wirtschaftlichen Wirkungsrahmen seines ehemaligen Herrn überschritt und daß nicht jedem der Sprung oder der konsequente Aufstieg vom ehemaligen Sklaven zum reichen Kaufmann, Händler, Kunsthandwerker oder Spezialisten gelang. Dennoch waren die Freigelassenen die wirtschaftliche und soziale Aufsteigerschicht schlechthin. Denn im Gegensatz zu den Angehörigen der Oberschicht und den freigeborenen Bürgern lag für sie der einzige Weg zu sozialem Aufstieg in ihrer beruflichen Qualifikation, in Fachkenntnissen, Fleiß, Geschicklichkeit, Anpassung und Zuverlässigkeit. Eine ausgesprochene Sondergruppe stellen in ihrem Rahmen, wie bereits gesagt, die Freigelassenen der *familia Caesaris* dar, jene Frauen und Männer, die in der Haushaltsverwaltung der *principes* tätig waren. In einzelnen Fällen müssen sie während des 1. Jahrhunderts n. Chr. zur aktiven Führungsschicht des *Imperiums* gerechnet werden, gelegentlich sind sie selbst in den Ritterstand aufgestiegen.

h) Die Sklaven

Der Anteil der Sklaven an der Gesamtbevölkerung des *Imperium Romanum* kann für die Epoche des Principats nicht exakt bestimmt werden, die Verhältnisse in den einzelnen Reichsteilen waren sehr verschieden. Während durch eine Angabe des älteren Plinius bekannt ist, daß die höchste Sklavenzahl, über die ein einzelner Herr (ein reicher Freigelassener!) verfügte, nach seiner Kenntnis 4116 Sklaven betrug, und während aus den Briefen des jüngeren Plinius hervorgeht, daß es offensichtlich nichts Außergewöhnliches war, wenn ein Großgrundbesitzer und Herr mehrerer Güter seines Zuschnitts insgesamt über einige Hundert Sklaven verfügte, beläuft sich die höchste, bisher bekannte Sklavenzahl in einer Hand für Noricum nach den Feststellungen von G. Alföldy auf 6. Wenn Galen, der große Arzt des 2. Jahrhunderts n. Chr. für Pergamon berichtet, daß dort von den rund 120000 Einwohnern insgesamt lediglich 40000 freie Bürger waren, so daß man zu einem Gesamtanteil der Unfreien an der Bevölkerung von etwa einem Drittel gelangt, so kann eine solche Relation nicht verallgemeinert werden. Insgesamt gesehen dürfte der Anteil der Sklaven an der Gesamtbevölkerung seit Augustus allmählich zurückgegangen sein, obgleich er für geraume Zeit gewiß beträchtlich blieb. Die Institution prinzipiell erschien nie fragwürdig, darüber können auch einzelne rhetorische und philosophische Texte nicht hinwegtäuschen; auch das Christentum hat sie nicht generell in Frage gestellt. In wirtschaftlicher Hinsicht behielt der Sklavenstand jene Rolle, die ihm seit der späten Republik zugefallen war; lediglich im Bereich der Landwirtschaft ging seine Bedeutung in einzelnen Gebieten, vor allem in Nordafrika, auf Kosten der freien Kleinpacht, des Kolonats, zurück.

Wie Augustus, so haben auch die auf ihn folgenden *principes* das System der Sklaverei systematisch abgesichert und funktionsfähig erhalten. Auf Grund der Inhumanität der Arbeitsbedingungen, der Ausbeutung und Exzesse mancher Sklavenhalter kam es auch unter dem Principat noch zu einzelnen punktuellen Sklavenerhebungen, insgesamt gesehen jedoch nicht mehr zu Aufständen in den Dimensionen der sizilischen Sklavenkriege. Stattdessen haben sich Sklaven in größerer Zahl in den neuen Bürgerkriegen und in primär nationalen Aufständen beteiligt.

Relativ häufig war dagegen die Flucht einzelner Sklaven. Die Selbsthilfe der Besitzer erwies sich dabei in der Regel als unzureichend, obwohl zum Teil Belohnungen in der Höhe bis zu 500 Sesterzen für Denunziationen ausgesetzt waren und obwohl es schließlich sogar berufsmäßige Sklavenfänger, die *fugitivarii*, gab. Da sich sowohl die Großgrundbesitzer gegen Nachforschungen auf ihren Gütern wehrten als auch die Magistrate und Statthalter zögerten, bei solchen Wiederbeschaffungsaktionen eine besondere Aktivität zu entwickeln, mußte sich seit der Mitte des 2. Jahrhunderts immer häufiger die Zentralverwaltung dieser Probleme annehmen. Besonders aus der Regierung Mark Aurels sind mehrere einschlägige Erlasse bekannt, mit denen die Statthalter und Magistrate zum Einsatz der Militärposten und zur Unterstützung jener Sklavenbesitzer gezwungen wurden, denen ein Sklave entlaufen war. Den wiederergriffenen Sklaven drohten die schärfsten Repressalien: Prügel, Fesselung, Einweisung in das *ergastulum*, das Sklavengefängnis, Brandmarkung und Kreuzigung. Das frühe Christentum hat die Sklavenflucht im allgemeinen nicht gebilligt. Wie aus dem Brief des Paulus an Philemon hervorgeht, wurde das Recht des Sklavenbesitzers prinzipiell anerkannt.

Zu den mancherlei persönlichen Gründen, die im Einzelfalle einen Sklaven zur Flucht veranlaßt haben mögen, trat als objektive Bedingung der Mangel an Arbeitskräften in der Landwirtschaft hinzu. Nicht zuletzt deshalb, weil so viele Sklaven eine echte Chance witterten, auf den großen Gütern mit ihrem ungedeckten Arbeitskräftebedarf unterzutauchen, weil sie damit rechnen konnten, daß ein beträchtlicher Teil der Großgrundbesitzer sie nicht ausliefern würde, wagten sie die Flucht. Die Erscheinung ist damit zugleich auch ein Indiz für die sich anbahnende Krise der Agrarwirtschaft in einzelnen Gebieten.

Die *principes* suchten das System der Sklaverei indessen nicht nur durch repressive Aktionen oder durch prophylaktische Schutzmaßnahmen zu befestigen, sondern parallel dazu auch durch eine Beschneidung der Exzesse. Wahrscheinlich schon unter Tiberius wurde der *praefectus urbi* zu einer Beschwerdeinstanz für schikanierte Sklaven, die hier wenigstens den Verkauf an einen anderen Herrn erwirken konnten. Mehr und mehr bürgerte sich daneben der Brauch ein, daß mißhandelte Sklaven zu den Statuen der *principes* flohen und in deren Schutz ihre Beschwerden vorbrachten. Wie Reskripte des Antoninus Pius belegen, ist von Seiten der Zentralverwaltung das Recht der Sklavenbesitzer nur dann, etwa durch Androhung des Verkaufs der Sklaven, beschnitten worden, wenn die Sklavenhalter durch offenkundige Grausamkeit oder durch unzureichende Ernährung der Sklaven das ganze System in Frage stellten.

i) Die Integrationspolitik des Principats

Für jede Gesamteinschätzung der Zusammenhänge zwischen der Sozialstruktur, der ökonomischen Entwicklung und dem politischen System des *Imperium Romanum* unter dem Principat sind es fundamentale Tatsachen, daß von den ca. 60–80 Millionen Einwohnern dieses Reiches zu Beginn des 1. Jahrhunderts n. Chr. lediglich etwa 5 Millionen freie römische Vollbürger waren, daß nach modernen Schätzungen $^{9}/_{10}$ der Gesamtbevölkerung nicht in Städten lebten, die politische Herrschaft Roms jedoch gleichwohl primär in den über 1000 städtischen Siedlungen des *Imperiums* verankert war. Eine römische Gesellschaftspolitik etwa der Art, daß das römisch-italische Modell der Sozialstruktur systematisch auf das gesamte *Imperium* ausgedehnt würde, konnte es somit allen Voraussetzungen nach nicht geben.

Die Kontinuität der bestehenden sozialen Schichtung überwog so nicht nur im römisch-italischen Kernbereich, wo dies gegenüber der Situation der späten Republik offenkundig ist, von Augustus darüber hinaus auch noch demonstrativ propagiert wurde, sondern ebenso in den Provinzen. Andererseits wurden alle sozialen Gruppen in Italien wie in den Provinzen von dem neuen politischen System erfaßt und ihm zugeordnet: Funktionen, soziale Mobilität, sozialer Status, aber auch die materielle Basis der einzelnen Reichsbewohner wurden in zunehmendem Maße direkt oder indirekt von den *principes* bestimmt oder doch zumindest entscheidend beeinflußt.

Das zentrale Problem der Herrschaftsorganisation lag nach den traditionellen römischen Kriterien in der Verklammerung der freien Nicht-Römer, insbesondere deren Oberschichten, auf die sich die römische Herrschaft in der Regel stützte, mit dem politischen System Roms. Um dieses Ziel zu erreichen, wurden drei Wege eingeschlagen, die im folgenden noch näher zu besprechen sind: 1. Die Fortsetzung einer konsequenten, aber behutsamen Bürgerrechtspolitik, 2. Die Organisation von Auxiliarformationen des römischen Heeres, die zugleich ein wesentliches Element der Romanisierung darstellten, 3. Die Stärkung und der Ausbau der Städte als der wichtigsten sozialen und politischen Zellen des *Imperiums.*

Die eingesetzten Mittel erwiesen sich lange Zeit als erfolgreich, doch sie führten auch dazu, daß jene Relationen, die im Augenblick der Gründung des Principats bestanden, nicht konstant blieben. Auf der einen Seite verlor das römische Bürgerrecht immer mehr an Bedeutung, je größer die Zahl der rechtlich Privilegierten geworden war. Durch die *Constitutio Antoniniana* des Jahres 212/213 n.Chr. wurde es faktisch auf nahezu alle freigeborenen Reichsbewohner ausgedehnt, damit aber auch in seiner Qualität völlig deformiert. Auf der andern Seite vollzogen sich der Aufstieg der Angehörigen der Führungsschicht aus den Provinzen in die alten römischen Stände und in die Führungspositionen des *Imperiums* letztenendes auch zu Lasten ihrer Heimatstädte. Denn da die Blütezeit des *Imperiums* in den ersten beiden Jahrhunderten n.Chr. in den Provinzen zu einem beträchtlichen Teil von den sozialen Oberschichten der Städte finanziert wurde, war schließlich das ganze System gefährdet, wenn sich deren Mitglieder ihren Belastungen entzogen oder wenn sie überfordert wurden. Gerade dies aber trat in der zweiten Hälfte des 2. Jahrhunderts n.Chr. ein. Daraus folgt jedoch auch, daß der soziale Status umso größere Bedeutung gewann, je mehr der bürgerrechtliche an Bedeutung verlor.

Für die Einschätzung der römischen Bürgerrechtspolitik ist es wichtig zu berücksichtigen, daß dabei nach römischen Kriterien die Kategorie der konkreten Rechtsgemeinschaft dominierend war, nicht diejenige einer abstrakten Staatsangehörigkeit nach modernem Verständnis. Es war sodann ein elementarer Grundsatz der römischen Bürgerrechtskonzeption, daß ein Fremder wohl zusätzlich das römische Bürgerrecht erwerben konnte, ohne das eigene zu verlieren, eine entsprechende Kompatibilität in umgekehrter Richtung jedoch nicht gestattet wurde. Bei der Verleihung des römischen Bürgerrechts, oder seiner Vorstufe, des latinischen, ist zwischen kollektiven und individuellen Verleihungen zu unterscheiden. Die ersteren waren zunächst sehr selten; sie erfolgten unter Caesar offensichtlich auch zu dem Zweck, damit die Rekrutierungsbasis zu erweitern, später vor allem dann, wenn die Anpassung einer Landschaft an römische Normen weit fortgeschritten war. So ist zum Beispiel die Zuerkennung des latinischen Rechts an die Bewohner Spaniens durch Vespasian einzuordnen.

Einzelverleihungen sind bereits aus der Epoche des 2. Punischen Krieges sicher bezeugt, waren jedoch lange Zeit außerordentlich selten und setzten voraus, daß sich der damit Ausgezeichnete für die Sache der römischen Bürgerschaft, später auch einer Partei der römischen Bürgerkriege, persönlich exponiert hatte, wie jener Seleukos von Rhosos, dem ein Edikt Octavians im Jahre 41 v. Chr. Bürgerrecht und Steuerfreiheit gewährte. Unter dem Principat traten dann folgenschwere Veränderungen ein. Ging zuerst die Identität des römischen Bürgerrechts mit römisch-italischer Herkunft der Bürger verloren, so bald auch die Verwurzelung in der lateinischen Zivilisation, die lange Zeit *condicio sine qua non* jeder Bürgerrechtsverleihung an Fremde geblieben war. Gleichzeitig wurde die Verflechtung von Bürgerrecht und Bürgerpflicht in wesentlichen Bereichen aufgelöst, denn die in der republikanischen Epoche zentrale Bürgerpflicht, viele Jahre in den Legionen Wehrdienst zu leisten, wurde dank des stehenden Heeres des Principats nicht mehr in Anspruch genommen. An Fremde wurde das römische Bürgerrecht jetzt immer häufiger als Anerkennung aktiver Loyalität gegenüber dem *Imperium Romanum* verliehen.

Offensichtlich waren schon Claudius und Nero mit individuellen Bürgerrechtsverleihungen auch im griechischen Osten verhältnismäßig großzügig. Nach einer gewiß polemisch zugespitzten Formulierung in Senecas Satire ‚Apokolokyntosis' (der „Verkürbissung" des göttlichen Claudius) hätte Claudius beschlossen, alle Griechen, Spanier, Britannier in der Toga zu sehen, das heißt, sie zu römischen Bürgern zu machen. Jedenfalls wurde die Gefahr einer allzu liberalen Bürgerrechtspolitik schon früh erkannt und kritisiert. Doch das Problem war deshalb so komplex, weil der beständige Zuwachs neuer römischer Bürger nicht nur durch die Anlage von Bürgerstädten und durch kollektive oder individuelle Bürgerrechtsverleihungen erfolgte, sondern in weit größerem Ausmaß durch die kontinuierliche Freilassung der Sklaven römischer Bürger. Eine restriktive Bürgerrechtspolitik gegenüber freien Fremden, insbesondere gegenüber den Angehörigen der Führungsschicht in den Provinzen, mußte absurd und anachronistisch erscheinen, wenn gleichzeitig Jahr für Jahr Tausende von Sklaven freigelassen wurden, deren Nachkommen in verhältnismäßig kurzer Zeit zu vollberechtigten römischen Bürgern aufstiegen. Diese Zusammenhänge hat bereits Augustus sehr klar gesehen, die sich schon unter ihm abzeichnende Gesamtentwicklung jedoch nur kurzfristig verzögern können.

Ein zweiter Weg der Verklammerung der römischen Herrschaft mit den Provinzen war mit der Neuorganisation der regulären Hilfstruppenteile des römischen Heeres beschritten worden. In ihren Infanterie- und Kavallerieeinheiten von jeweils rund 500 oder 1000 Mann, den Kohorten und Alen, die zumeist mit dem Namen jenes Stammes bezeichnet wurden, aus welchen die Formation ursprünglich einmal aufgestellt worden war, dien-

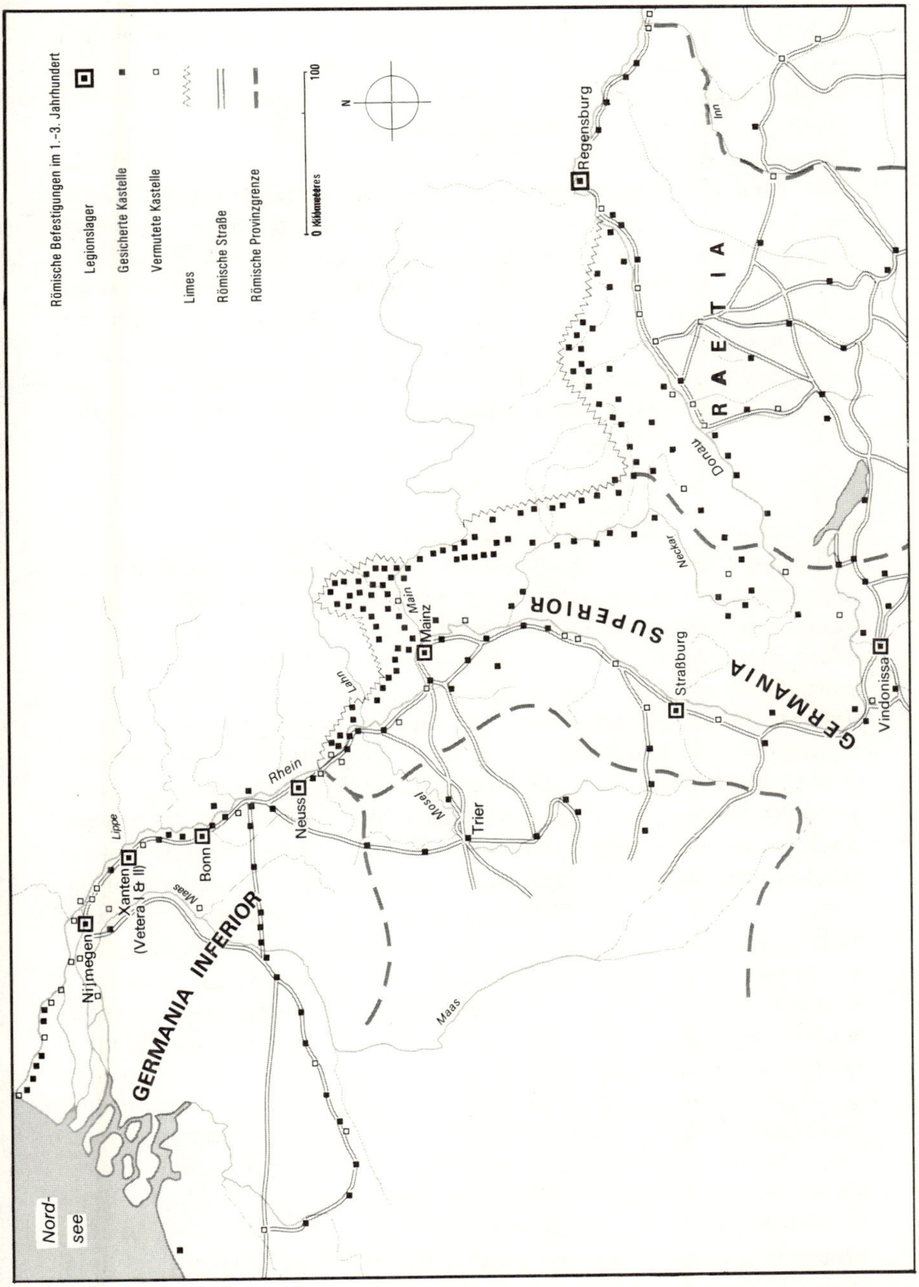

6. Die römische Grenze gegen Germanien

ten freie Bewohner der Provinzen. Diese Einheiten stellten häufig die Besatzungen der Grenzkastelle am Limes, daneben waren sie jedoch teilweise auch zusammen mit den Legionen in den großen Lagern garnisoniert. Wie die sogenannten Militärdiplome bezeugen, wurde den Angehörigen der Auxiliarformationen und ihren Kindern und Nachkommen nach der Ableistung von 25 Dienstjahren mit ehrenvollem Abschied das volle römische Bürgerrecht verliehen. Zugleich erfolgte die Legalisierung der Ehe mit der Frau, die der Betreffende zum Zeitpunkt der Bürgerrechtsverleihung hatte, oder bei Ledigen mit jener, die er sich später nahm, „für die Einzelnen jeweils nur Eine", wie die stereotype Formel lautet. Auf diese Weise wurde das militärische Potential der Provinzen für das *Imperium* erschlossen und ihm dienstbar gemacht, die alte Praxis der Römischen Republik gegenüber ihren Bundesgenossen somit fortgesetzt und auf breiterer Basis wie in neuen Formen systematisiert. Die Gesamtzahl der so gewonnenen Soldaten erreichte jene der Legionäre, das heißt der freien römischen Bürger.

k) Die Städte des Imperiums – Die Provinzialen

Mit dem relativ kleinen Personenkreis, der die zentrale Administration des *Imperium Romanum* verkörperte, und mit den bescheidenen Stäben, die den Statthaltern der Provinzen zur Verfügung standen, ließen sich die komplexen Aufgaben der Verwaltung und Rechtsprechung, die der römischen Republik und dem Principat als Folge der Bildung des *Imperiums* zugefallen waren, nicht lösen. Da die systematische Organisation einer Territorialherrschaft mit jenem Instrumentarium nicht verwirklicht werden konnte, mußte sich das *Imperium* auf die vorhandenen gesellschaftlichen und politischen Zellen der Städte stützen, die allein in der Lage waren, mit ihren Selbstverwaltungskörperschaften alle staatlichen Aufgaben auch im Interesse des politischen Gesamtverbandes und des römischen Herrschaftssystems wahrzunehmen. Seiner Grundstruktur nach war das *Imperium Romanum* somit ein von Rom beherrschter Verband von über tausend Städten, „ein Konglomerat von Städten" (A. H. M. Jones). In ihm waren nur in bestimmten, binnenländisch geprägten Zonen Räume mit Stammesstrukturen *(civitates)* oder Dörfern oder Einzel- und Streusiedlungen eingelagert, wobei die letzteren jedoch verwaltungsmäßig meist Städten zugeschlagen, attribuiert, wurden. Dabei ist wesentlich, daß der antike Stadtstaat auch unter römischer Herrschaft neben dem eigentlichen städtischen Siedlungszentrum stets ein oft beträchtliches Hinterland umfaßte. Es ist ferner wesentlich, daß Rom in den Ostprovinzen bereits ein dichtes Netz von Städten vorfand, das schon unter der Herrschaft hellenistischer Könige häufig genug mit übergeordneten Interessen einer weitflächigen Monarchie verflochten worden war. Im Westen dagegen traf Rom neben phoenikischen und griechischen Städtegründungen wenigstens in den keltisch überformten Gebieten der Spätlatènezivilisation die stadtähnlichen Siedlungen der *oppida* an. Wo die römische Herrschaft hingegen nicht auf solchen Zellen aufbauen konnte, wie zum Beispiel im „freien Germanien", ist sie häufig genug gescheitert.

Die Mehrzahl der Städte des *Imperiums* hatte eine Gesamteinwohnerschaft von etwa 10000 bis 15000 Bewohnern aufzuweisen, doch auch kleinere Städte mit oft nur wenigen tausend Einwohnern begegnen häufig. Dagegen wies das *Imperium* nur wenige Großstädte mit mehreren Hunderttausend Einwohnern auf: Neben Rom sind hier vor allem Alexandria, Antiochia und Karthago zu nennen. Die Häufung städtischer Siedlungen war dabei regional sehr verschieden. Den Konzentrationen, meist in Küstennähe oder an den großen Flüssen, in Griechenland, den Randsäumen Kleinasiens und Syrien-Palästinas, Italiens, Siziliens, Nordafrikas, Südgalliens und Spaniens stehen die großen Gebiete im Inneren Spaniens, Galliens, des Alpenraums, Britanniens, der Donau-Balkanlandschaften, des kleinasiatischen Hochlands wie der syrisch-arabischen und afrikanischen Randzonen gegenüber, in denen städtische Siedlungen fast völlig fehlten.

So wie die personenrechtliche Differenzierung innerhalb des *Imperium Romanum* zunächst bestehen blieb, so wurde auch die rechtliche Differenzierung der städtischen Siedlungseinheiten, die sich im Laufe des republikanischen Expansions- und Kolonisationsprozesses ergeben hatte, unter dem Principat systematisiert und erweitert. Besonders privilegiert waren dabei die Städte römischer Bürger im engeren Sinne, die Kategorien der Kolonien und der Municipien römischen Rechts, die sich einander faktisch mehr und mehr annäherten. Nach einer vorläufigen Statistik von Fr. Vittinghoff wies das *Imperium Romanum* über 600 Städte beider Gruppen auf. Davon lagen etwa 160 in Spanien, in Nordafrika etwa 200, in Dalmatien ungefähr 50, im ganzen Donauraum von Raetien bis nach Moesien und Dakien hingegen lediglich etwa 60. Auffallend gering ist die Zahl römischer Kolonien und Municipien in den britannischen, germanisch-gallischen (mit Ausnahme der Narbonensis) und in allen östlichen Provinzen. Im Osten war das Netz ehemals freier Stadtstaaten (Poleis) oder königlicher Gründungen der hellenistischen Epoche jedoch bereits so engmaschig, daß von römischer Seite aus nur vereinzelte Kolonien eingefügt wurden, Siedlungsstruktur und Stadtverfassungen im allgemeinen jedoch nicht wesentlich verändert worden sind.

Kolonien waren ursprünglich stets Siedlungskolonien römischer Bürger mit römisch normierter Stadtverfassung gewesen. Unter dem Principat, beginnend wohl mit Claudius, wurde es daneben üblich, den Status der Kolonie auch titular zu verleihen, eine Praxis, die sich dann insbesondere unter und nach Hadrian weithin verbreitet hat. Im Falle der Municipien aber wurde in der Regel eine bereits bestehende städtische Siedlung, in welcher eine größere Zahl römischer Bürger ansässig war, mit dem römischen Stadtrecht ausgezeichnet, das zugleich die Selbstverwaltungsautonomie garantierte und in Gestalt einer eigenen *lex* festlegte. Den Bürgern der

Municipien und ihren Organen, Stadtrat und Volksversammlung, wurden damit die lokale Verwaltung und Rechtsprechung, insbesondere die gesamte niedere Gerichtsbarkeit, übertragen; sie waren indessen gleichzeitig auch zu Militärdienst und aktiver politischer Loyalität gegenüber Rom ebenso verpflichtet wie zur Übernahme von Leistungen im Interesse des staatlichen Gesamtverbandes. In den Provinzen bot jedoch die Zuerkennung des sogenannten *ius Italicum* noch besondere Privilegien, weil Siedlungseinheiten dieser Rechtsstellung wahrscheinlich über die Immunität, die Abgabenfreiheit des Bodens von staatlichen Steuern, die Freiheit von jeder Art der Beaufsichtigung durch den zuständigen Statthalter und schließlich auch noch über die Befreiung von allen Einquartierungen sowie über bestimmte eigentumsrechtliche Vorrechte der Bürger verfügten.

Eine Stufe unterhalb dieser *coloniae et municipia civium Romanorum* befanden sich die Kolonien und Municipien latinischen Rechts. Ursprünglich eine historisch begründete Qualität, die in ihrem alten Sinne nach dem Abschluß des Bundesgenossenkrieges im Jahre 89 v. Chr. obsolet geworden war, wurde sie seit dieser Zeit als spezielle stadtrechtliche Privilegierung verliehen. Unter Hadrian kam es innerhalb dieser Kategorie zu einer bemerkenswerten Differenzierung. Damals wurde das sogenannte *Latium maius* eingeführt, eine gehobene Form des latinischen Stadtrechts, bei der nicht allein die Magistrate der Stadt, sondern alle Mitglieder des Stadtrates automatisch das volle römische Bürgerrecht erhielten.

Als letzte, zahlenmäßig aber größte Kategorie städtischer Siedlungen sind schließlich noch die verschieden eingestuften Gruppen von Städten fremden Rechts zu nennen, die abgabenpflichtigen, die freien und die verbündeten Städte, die *civitates stipendiariae, liberae* bzw. *foederatae.* Ihr verschiedener Status war zumeist eine Folge jener historischen und politischen Konstellation, in welcher diese Städte in Beziehung zu Rom traten. Am häufigsten war dabei die Gruppe der *civitates stipendiariae* vertreten, städtische Immunität dagegen ausgesprochen selten.

Nicht alle Bewohner der einzelnen Städte wiesen dieselbe personenrechtliche Qualität auf. Neben den privilegierten Inhabern des römischen, beziehungsweise latinischen Bürgerrechts standen freie Einwohner und zugezogene Fremde, die *incolae,* selbstverständlich auch hier Freigelassene und Sklaven, andererseits jedoch gelegentlich auch römische Ritter, seltener Senatoren, die in der Stadt beheimatet blieben. Die städtischen Verfassungen waren, wie bereits gesagt, in den Kategorien der latinischen und römischen Kolonien und Municipien durch eine römische *lex* begründet worden, welche dann die abgestuften Rechte der einzelnen personenrechtlichen Gruppen festlegte, sowie die Kompetenzen, Verantwortung und die Privilegien der Magistrate fixierte. Daneben wurden durch sie die Modalitäten von Rechtsprechung, Steuer- und Kassenverwaltung, Pachtregelungen, Wahlen, Kult und Spielen oft erstaunlich präzise bestimmt. Die *leges* für die caesarische Kolonie Urso in Spanien (ILS. 6087) und für die domitianischen Municipien latinischen Rechts Salpensa (ILS. 6088) und Malaca (ILS. 6089) sind die bekanntesten Zeugnisse solcher Stadtverfassungen.

An die Traditionen der Republik anknüpfend, haben Caesar und Augustus das Tor zu einer systematischen Urbanisierungspolitik in imperialem Rahmen weit aufgestoßen. Während caesarische Kolonien vor allem in Spanien, in der Narbonensis, in Griechenland, in Africa und im Nordwesten Kleinasiens angelegt wurden, sind augusteische Kolonien und Municipien in weitaus größerer Gesamtzahl in Spanien, Nordafrika, Sizilien, Dalmatien, aber auch in Griechenland, Galatien und Pisidien konzentriert. Nach diesem machtvollen Einsatz verlief der Urbanisierungsprozeß dann in den einzelnen Reichsteilen alles andere als einheitlich. Glich die Municipalisierung im Donauraum, dort besonders forciert unter Trajan, aber auch in Africa bis in das 3. Jahrhundert n. Chr. einem kontinuierlichen Prozeß, so waren die Möglichkeiten in den spanischen Provinzen offensichtlich schon im 1. Jahrhundert n. Chr. erschöpft. Dort lassen sich nach den Flaviern keine Neuanlagen von Kolonien und keine neuen Municipien feststellen, obgleich sowohl Trajan als auch Hadrian aus der *Baetica* stammten. Aufs Ganze gesehen überwiegt unter dem Principat ohnehin die schrittweise rechtliche Höherstufung städtischer Siedlungszellen, während die Neuanlage von echten Siedlungskolonien ausklang.

Die römische Politik gegenüber den Städten des *Imperiums* war darauf ausgerichtet, diese funktionsfähig zu erhalten und vor allem die Position der Stadträte zu festigen. Solange es irgend ging, enthielten sich Statthalter und Zentralverwaltung aller direkten Eingriffe in die städtischen Belange. Doch seit dem Anfang des 2. Jahrhunderts n. Chr. mehrten sich die Fälle, in denen sich Beauftragte des *princeps* als Legaten in besonderer Mission wie der jüngere Plinius in Bithynien (um 111 n. Chr.) oder als spezielle Kommissare, als *curatores rei publicae*, verfahrener finanzieller oder anderer Probleme der Städte annahmen, die diese teilweise aus eigener Kraft nicht mehr lösen konnten. Ein Antwortschreiben Trajans auf eine in solchem Zusammenhang gestellte Anfrage des Plinius' zeigt, daß sich die Zentralinstanzen des *Imperiums* mit diesen Problemen möglichst wenig belasten wollten und die Mobilisierung der eigenen Kräfte der Provinz empfahlen:

„Was mit dem angefangenen Theater in Nicaea geschehen soll, wirst Du an Ort und Stelle am besten überlegen und entscheiden. Ich werde mich mit der Meldung begnügen, für welche Ansicht Du dich entschlossen hast. Dann aber wirst Du dafür sorgen, die Bauten von den Privatleuten zu fordern, wenn das Theater, dessentwegen sie versprochen wurden, fertig ist. Die griechischen Leutchen haben eine Schwäche für Gymnasien, deshalb ist Nicaea vielleicht mit zuviel Mut an seinen Bau herangegangen. Es muß sich aber mit dem begnügen, was an die Stelle des alten gesetzt werden kann. Was der Gemeinde Claudiopolis zu raten ist, wegen des Bades, das sie, wie Du schreibst, an ungeeigneter Stelle begonnen hat, entscheide Du! An Architekten kann es dir nicht fehlen. Jede Provinz hat erfahrene und begabte Leute. Glaube nur nicht, es sei einfacher, solche von Rom zu schicken, wo sie doch gewöhnlich aus Griechenland sogar zu uns kommen." (Plin. ep. 10, 40 – Übersetzung N. Wilsing)

Wenn Aelius Aristides im Jahre 156 n. Chr. davon sprach, daß die Städte nur noch darin wetteiferten, „als die schönste und anmutigste zu gelten, überall Gymnasien, Springbrunnen, Vorhallen, Tempel, Werkstätten, Schulen ..." (Eis Romen, 97) zu schaffen, so ist damit zugleich die Richtung angezeigt, aus der die Schwierigkeiten zum Teil erwuchsen. Das Rivalisieren um immer größere und prachtvollere öffentliche Bauten wie die steigenden Ansprüche an öffentliche Leistungen mußten vor allem in den Zeiten, als sie mit außerordentlichen Anforderungen der Reichsverwaltung infolge von Kriegen oder Notlagen zusammentrafen, die finanziellen Möglichkeiten der Städte überfordern und zu schweren Krisen führen. Die zunehmende Übertragung von Zwangsleistungen an die begüterten Bürger und parallel dazu die Umwandlung des *ordo decurionum* in einen Zwangsverband, andererseits der Mißbrauch mit den *immunitates*, den Befreiungen von der Pflicht, Leistungen für die Stadt zu übernehmen, wie sie besonders privilegierten Gruppen, zum Beispiel hohen Beamten, aber auch dem im Seetransport für die staatliche Getreideversorgung tätigen Personenkreis zuerkannt wurden, führten schließlich zum Niedergang der städtischen Autonomie.

Vor allem in den Städten des hellenistischen Ostens wurde Rom immer wieder mit tiefgreifenden sozialen und politischen Konflikten konfrontiert. Dabei ging es keineswegs primär um Auseinandersetzungen zwischen Römern und Nicht-Römern oder zwischen Sklavenhaltern und Sklaven, auch nicht lediglich um die Gegensätze zwischen Reich und Arm oder Stadt und Land, sondern besonders häufig um die Konflikte zwischen eingesessenen Vollbürgern und unterprivilegierten Gruppen einstmals zugewanderter freier Fremder oder Angehörigen bestimmter sozialer Schichten, wie den um ihre Gleichberechtigung kämpfenden Leinewebern in der kilikischen Hauptstadt Tarsos. Dazu traten alte ethnische Rivalitäten, wie diejenigen zwischen den Griechen und Juden Alexandrias, die die römische Administration jahrzehntelang in Atem hielten. Auch der Kreis der „Provinzialen" war somit alles andere als homogen.

l) Ökonomische Strukturen und Entwicklungen

Ähnlich wie im Bereich des Städtewesens, so kannte das *Imperium Romanum* unter dem Principat auch im ökonomischen Sektor keine Vereinheitlichung im Sinne eines modernen, systematisch koordinierten Großwirtschaftsraums, der in der Regel durch eine kontinuierliche wirtschaftliche Interdependenz der einzelnen Teilräume charakterisiert wird. Es gab keine konsequente staatliche Wirtschaftspolitik, nicht einmal eine verbindliche Abstimmung der Produktion der Teilräume. Das *Imperium* bestand vielmehr aus einer ganzen Reihe sehr heterogener Wirtschaftslandschaften, die weithin an ihren traditionellen Produktionsweisen und Produktionszielen festhielten und nur sehr locker miteinander verbunden waren. Die konstanten Einfuhren großer Mengen sizilischen Getreides, afrikanischen Öls, spanischer Fischsauce *(garum)* in Rom sind die Ausnahmen, welche die Regel bestätigen. Ebensowenig dürfen die oft erstaunlichen Dimensionen des Fernhandels in Luxusgütern (Seide, Glas, Kunst- und Schmuckgegenstände, Delikatessen) über die elementare Tatsache hinwegtäuschen, daß in allen wesentlichen Produkten des täglichen Bedarfs die agrarische und handwerkliche Produktion für den lokalen Markt und damit auch der lokale Handel bei weitem überwogen.

Die Einwirkung des *Imperium Romanum* auf den ökonomischen Bereich erfolgte in anderer Weise. Die gefestigte politische Formation schuf Rahmenbedingungen, von denen die wirtschaftliche Entwicklung nachhaltig betroffen wurde. Das *Imperium* garantierte Sicherheit, insbesondere Verkehrssicherheit, in weitem Umfang, es garantierte die bestehenden Besitzverhältnisse und auch die ökonomisch grundlegende Institution der Sklaverei, es schuf durch den Ausbau der Häfen und Kanäle wie durch die Anlage der großen Fernstraßen eine Infrastruktur, von der auch Wirtschaft und Handel profitierten, es gab vielfältige Impulse zu einer regen Bautätigkeit in allen Provinzen, es schuf ein Währungssystem, das auch die im griechischen Osten noch lange effektiven lokalen Prägungen umschloß und mit einer relativ stabilen Reichswährung koordinierte, es begnügte sich mit verhältnismäßig bescheidenen Steuer- und Zollsätzen, welche die wirtschaftliche Entwicklung in den Provinzen nicht behinderten, es stimulierte endlich neue Märkte in den Grenzzonen und schuf dort Areale einer Heeresverwaltungswirtschaft, die für nicht wenige Landschaften erstmals eine systematische Nutzung von Bodenschätzen und Produktionsmöglichkeiten bedeutete.

Gerade die wirtschaftlichen Folgen der Dislokation des gesamten römischen Heeres mit seinen Hilfstruppen an der Peripherie des *Imperiums* sind kaum zu überschätzen. Wenn in zahlreichen nordafrikanischen und arabischen Grenzabschnitten die Bodenbewässerung in römischer Zeit eine Qualität aufwies, die sie zum Teil erst wieder in der Gegenwart erreicht, so war dies ebenso eine Folge römischer Grenzsicherungspolitik wie die Verlagerung von Produktionsstätten an die neu entstandenen Märkte. Diese Verlagerung war eine unmittelbare Folge des aus technischen Gründen nur wenig effizienten Landtransports. M. I. Finley hat zu Recht darauf hingewiesen, daß nach den Angaben des Höchstpreisedikts Diokletians von 301 n. Chr. „die Verschiffung von Getreide von einem Ende des Mittelmeers zum anderen weniger kosten würde (wenn man von den Risiken absieht) als der Transport über eine Strecke von 120 km auf Wagen über Land" (Die antike Wirtschaft. 1977, 150). Die Konsequenz war, daß sich ein Landtransport von Massengütern in der Regel von selbst verbot, der Massentransport vielmehr ganz auf den Radius des See- und Flußverkehrs beschränkt blieb. Die römischen Handelsschiffe, die meist Kurse in Küstennähe bevorzugten, konnten – wie die Resultate der Unterwasserarchäologie zeigen – immerhin über 3000 Amphoren fassen.

Neue Märkte in peripherer Lage hatten deshalb auch im allgemeinen das Heranrücken der Produktionsstätten an die neuen Absatzgebiete zur Folge. Die Unternehmer des Raums von Arezzo konnten beispielsweise auf die Dauer nicht mit den großen Töpfereien Galliens (La Graufesenque, Lezoux) und der Rheinzone, die für die Versorgung des gallisch-germanischen Raums weitaus bessere Standortbedingungen besaßen, konkurrieren. Schon daraus ergibt sich auch, daß die wirtschaftliche Entwicklung des *Imperiums* nicht mit wirtschaftlicher Ausbeutung zugunsten Roms und Italiens gleichgesetzt werden kann; sie vollzog sich ganz im Gegenteil in vielen Bereichen eindeutig zu Lasten Italiens.

Es ist hier nicht möglich, die Entwicklung der einzelnen Wirtschaftslandschaften des *Imperiums* systematisch zu analysieren, so daß die folgende Skizze der wesentlichen Phänomene überwiegend auf Italien und den römischen Westen konzentriert bleiben muß. Auch unter dem Principat dominiert dabei die Agrarwirtschaft. Wie stark auch die Beharrungskraft der in ihrer Gesamtheit nicht zu unterschätzenden Zahl freier Kleinproduzenten auf der einen Seite und die intensive Bewirtschaftungsform der in der späten Republik neu organisierten mittelgroßen Villenbetriebe auf der anderen Seite waren, insgesamt gesehen haben sich die Schwierigkeiten im landwirtschaftlichen Bereich erneut vergrößert.

In seinem um 50 n. Chr. verfaßten Werk „Über die Landwirtschaft" weist Columella die zeitgenössischen Klagen über die Unfruchtbarkeit der Felder, die Ungunst des Klimas und die Erschöpfung des Bodens zurück. Er kritisiert statt dessen die Tatsache, daß die Landwirtschaft „den allerschlechtesten Sklaven ausgeliefert" wurde, praktische Kenntnisse und ökonomische Kompetenz der Gutsbesitzer aber zurückgingen. „Und so ist es dazu gekommen, daß wir heute in ‚diesem Latium und dem Lande des Saturnus', wo die Götter selbst ihre Abkömmlinge die Fruchtbarkeit der Felder gelehrt haben, öffentliche Verdingungen veranstalten, um die Zufuhr von Getreide aus den überseeischen Provinzen sicherzustellen, damit wir nicht unter Hungersnot zu leiden haben, und die Weinlesen von den Kykladen und aus den Baetischen und Gallischen Ländern einbringen." (Praefatio, 20)

Dabei wurde auch der Zusammenhang zwischen Produktivität und Besitzverhältnissen schon früh erkannt: „Die Alten meinten, man müsse besonders beim Landbesitz Maß einhalten, denn sie waren der Ansicht, es sei besser, weniger zu säen und besser zu pflügen ... Um die Wahrheit zu sagen, haben die Latifundien Italien ruiniert und werden wahrlich schon bald auch die Provinzen zum Ruin bringen. Sechs Landherren waren im Besitz der einen Hälfte der Provinz Afrika, zu der Zeit, als Kaiser Nero sie alle beseitigen ließ." (Plinius d.Ä., Naturalis historia 18, 35 – Übersetzungen W. Arend)

Die Ausbreitung des Großgrundbesitzes in Italien unter dem Principat hat viele Ursachen. Zunächst war Grundbesitz schon immer die sicherste Vermögensanlage gewesen; unter den stabilen Verhältnissen des Principats konnte mit einer jährlichen Rente von etwa 5–6% gerechnet werden, bei Weinbergen wird der jährliche Gewinn sogar auf etwa 7–10% veranschlagt. Einerseits haben die Angehörigen der alten Führungsschicht ihre zum Teil sehr hohen Besoldungen im Dienste des *princeps* bevorzugt wieder in italischen Grund und Boden angelegt, andererseits wurden seit Trajan auch die aus den Provinzen stammenden Senatoren gezwungen, mindestens ein Drittel ihres Vermögens in italischem Grundbesitz zu binden. Dazu trat eine ganz bewußt hergestellte Verflechtung von Grundbesitz und Kapitalmarkt. Schon Theodor Mommsen hat auf die weitreichenden Folgen der Tatsache hingewiesen, daß „die verzinsliche Anlage von Geldern in Rom und Italien nur bis zu einer gewissen Quote des von dem Gläubiger in italischem Grundbesitz angelegten Kapitals verstattet ward" (Boden- und Geldwirtschaft der römischen Kaiserzeit. Wiederabdruck in: Römische Geschichte. 7. 1976, 358).

In Italien überwog unter dem Principat der Großgrundbesitz in privater Hand. Der *princeps* selbst verfügte zwar im Umkreis von Rom, in der Erholungslandschaft von Baiae und an anderen anziehenden Orten Italiens über eine ganze Reihe von oft sehr luxuriösen Villen inmitten bedeutender Areale. Indessen lag die Masse des Domänenbesitzes in den Provinzen, mit bemerkenswerten Konzentrationen im Fayûm, im Raum südwestlich von Karthago sowie in den Flußtälern und im Innern Kleinasiens. Hervorzuheben ist in diesem Zusammenhang auch die Tendenz, möglichst viele Ziegeleien, Bergwerke und Marmorbrüche in der Hand des *princeps* zu vereinigen.

Auch die italische Führungsschicht strebte erfolgreich danach, in den Provinzen große Landgüter zu besitzen. Es ist für diese Entwicklung symptomatisch, daß die Senatoren unter Claudius die Erlaubnis erhielten, Sizilien und die Narbonensis ohne besondere Beurlaubung aufzusuchen, um dort ihre Güter zu inspizieren. Die systematische archäologische Erforschung der römischen Villen in den Provinzen steht in vielen Landschaften erst in den Anfängen, die Besitzerfrage ist nicht immer geklärt. Doch sind es wesentliche Erkenntnisse für die Ausbreitung der großen Villenbetriebe, daß die gallo-römische Villa von Montmaurin (Haute-Garonne) offensichtlich viele Hunderte von ha umfaßte, während im Somme-Becken durch Luftaufnahmen Dutzende von Villen im Abstand von oft nur wenigen Kilometern entdeckt wurden.

Eine ähnliche regionale Differenzierung der Grundbesitzgrößen ist durch die Alimentarurkunden der trajanischen Zeit auch für Italien dokumentiert. In Norditalien war danach der Großgrundbesitz wesentlich weiter verbreitet als etwa im Raume von Benevent, wo mittlerer und kleinerer Besitz noch immer eine größere Rolle spielten. Großgrundbesitz war im Italien des Principats indessen nicht mit einheitlicher, geschlossener Bewirtschaftung identisch. Sehr häufig kam es vielmehr zur Aufteilung des Gesamtareals in Einzelkomplexe, die dann jeweils an einen Geschäftsführer *(actor)* übertragen wurden. Nach Columella war jedoch die Vergabe von Land an freie Pächter meist rentabler als diejenige an unfreie Verwalter. Die Entwicklung führte dazu, daß der Begriff *colonus,* ursprünglich die lateinische Bezeichnung für den Landwirt schlechthin, identisch wurde mit dem nun vorherrschenden Typus des selbst wirtschaftenden Kleinpächters, neben dem es freilich immer noch auch freie Landarbeiter gab, die vor allem in der Erntezeit eingesetzt wurden. Theodor Mommsen hat die damit eingetretenen Veränderungen einst auf den Nenner gebracht, daß damit an die Stelle des ursprünglichen Kleinbesitzes jetzt die Kleinwirtschaft trat, und er hat die Ansicht vertreten, daß diese „Kleinpachtwirtschaft" insgesamt wesentlich humanere Züge trug als die perfekte Rationalisierung einer Villenwirtschaft mit Sklaven im Sinne Catos. Es bleibt freilich festzuhalten, daß diese Form der Bewirtschaftung in Italien auch unter dem Principat in beträchtlichem Umfange weiterging.

Die neue Wirtschaftsform des Kolonats tritt dagegen besonders markant in ihrer kolonialen Vergröberung auf den Besitzungen des *princeps* in Nordafrika entgegen. Die großen Gebiete, welche sich dort in seinem Besitz befanden, werden als *tractus* bezeichnet, das einzelne Gut als *saltus.* An der Spitze eines *tractus* stand ein *procurator* der Principatsverwaltung, die Güter aber wurden jeweils an einen *conductor* verpachtet, an einen verantwortlichen Unternehmer, der die einzelnen Landlose der Güter seinerseits wieder an Kolonen vergab. Die Abgaben und Leistungen der Kolonen orientierten sich wohl in der Regel an den Bestimmungen der *lex Manciana.* Danach betrug die Pachthöhe ein Drittel der Getreide- und Olivenernte, ferner waren jährlich dreimal je drei Tage Fronarbeit im Bereiche des *saltus* zu leisten.

Auch im Bereich des Handwerks überwog unter dem Principat ganz offensichtlich die Kleinproduktion, die häufig mit Produzentenhandel gekoppelt war. Die Kombination von eigener Herstellung und Verkauf galt, wie im Mittelmeerraum noch heute oft zu beobachten, für den Bäcker wie für den Silberschmied, den Halftermacher wie für den Korbflechter oder Schuster. Der Schritt zur Massenproduktion in riesigen Werkstätten mit Hunderten von Arbeitern und weitestgehender Arbeitsteilung wurde nicht getan. Es blieb bei dezentralisierter Produktion in überschaubaren Größenordnungen, selbst in den bekannten Töpfereien von Arezzo sind höchstens bis zu 60 Sklaven in einer Werkstatt beschäftigt worden, auch in Gallien blieben Kleinbetriebe, hier mit freien Arbeitern, vorherrschend. Die „Atomisierung" der Produktion (R. MacMullen) war zu einem beträchtlichen Teil durch die oft sehr enge Spezialisierung der Handwerker und Produzentenhändler bedingt. Die Verbindung kleiner Werkstätten mit zur Straße geöffneten Verkaufsläden darf dabei als typisch gelten. Solche *tabernae* wurden häufig von Sklaven und von Freigelassenen betrieben, die nicht allein den Beruf ihres einstigen Herrn und Patrons ausübten, sondern oft genug auch dessen Betrieb weiterführten. Ansätze zur Produktion in größeren Kapazitäten gab es dagegen nur in verhältnismäßig wenigen Sektoren, bei Keramik zum Beispiel, Öllämpchen, Glaswaren und Ziegeln.

In allen Städten des *Imperiums* haben sich die Gewerbetreibenden zu Vereinigungen zusammengeschlossen, die einheimischen Handwerkergenossenschaften mögen dabei gelegentlich noch auf vorrömische Wurzeln zurückgehen. Dasselbe galt für das Fluß- und Seetransportgewerbe, wo die *corpora* der Binnenschiffer, der *nautae,* und der Reeder, der *navicularii,* die regelmäßige Aufrechterhaltung der Transportleistungen garantierten. Das hohe Sozialprestige der Rhone- und Saôneschiffer, die sich zugleich auch im Öl- und Weinhandel betätigten, geht etwa aus der Tatsache hervor, daß für diese *nautae Rhodanici et Ararici* im Amphitheater von Nîmes 40 Ehrensitze reserviert waren.

Hatten römische *negotiatores* noch zur Zeit Caesars in Gallien große Bank- und Darlehensgeschäfte abgewickelt, so reduzierte die Intensivierung der römischen Provinzialadministration dieses Betätigungsfeld. Unter dem Principat wurde der Begriff der *negotiatores* dann mit jenem der Kaufleute im engeren Sinne, der *mercatores* fast synonym verwendet, obwohl ihre Geschäfte meist größeren Umfang hatten, sie häufig an zentralen Orten über Lager verfügten, aus denen die Versorgung mehrerer Läden erfolgte, und sie Wert darauf legten, sich von den kleinen Ladenbesitzern und Handwerkern zu unterscheiden. Zu ihrem Kreis gehören auch jene Groß- und Fernhändler, deren Inschriften mit Berufsangaben oft weitgespannte, kontinuierliche Handelsverbindungen innerhalb des *Imperiums* belegen. So sind Kölner Bürger zum Beispiel als Dakienhändler und als transalpine Händler bezeugt, ein Trierer Bürger als Britannienhändler, ein Syrer rühmt sich, daß sich seine Handelsaktivität von Aquitanien bis nach Lugdunum erstreckte.

Schon die Zeitgenossen waren von den Dimensionen beeindruckt, die der Fernhandel angenommen hatte. So heißt es in der 14. Satire Juvenals „Sieh die Häfen und die von großen Kielen erfüllte See! Fast sind schon mehr Menschen dort als auf dem Lande. Wohin auch immer die Hoffnung auf Gewinn ruft, kommen ganze Geschwader, sie durchziehen nicht nur den Archipel und die afrikanischen Gewässer, sondern lassen auch Gibraltar weit hinter sich und hören die in der Flut versinkende Sonne zischen." (287ff.) Prosaischer, doch historisch wichtiger sind einige Angaben des älteren Plinius in der *naturalis historia.* Dort berichtet er etwa bei der Erwähnung des Handelsverkehrs in Dioskurias auf der Krim (Sebastopol), daß dort auch noch von den Römern Geschäfte getätigt werden unter Mitwirkung von 130 Dolmetschern (VI, 5). An anderer Stelle schreibt er über den Indienhandel: „Die Kaufleute haben einen kürzeren Weg gefunden (von Ägypten über Arabien nach Indien) und die Gewinnsucht hat uns Indien näher gebracht. Denn alle Jahre fährt man dorthin unter militärischer Bedeckung, denn Seeräuber waren dort stets gefährlich. Es lohnt sich, den ganzen Weg von Ägypten aus darzulegen, da jetzt zum ersten Mal sichere Kenntnis vorliegt. Es lohnt sich, denn Indien empfängt Jahr für Jahr mindestens 55 Millionen Sesterzen aus unserem Reich und schickt dafür Waren zurück, die bei uns für das Hundertfache verkauft werden." (VI, 101) Neben diesen literarischen Bekundungen verfügen wir aber auch aus ganz Mittel-, Nord- und Osteuropa über einen reichen archäologischen Niederschlag, der uns in Metallwaren, Keramik, Gläsern, Weinfässern den römischen Export in seiner ganzen Streuweite erahnen läßt.

V. Lebensformen

1. Berufe und Existenz

Auch das Leben der Römer wurde in erster Linie durch Arbeit, Dienst, soziale Funktion und Verpflichtungen bestimmt. Für die Einschätzung der beruflichen Tätigkeit in der Epoche der späten Republik (und ebenso des Principats) bildet eine klassische Stelle Ciceros die verläßliche Grundlage:

„... noch ein Wort über die verschiedenen Fertigkeiten und Erwerbszweige. Zu der Frage, welche von ihnen dem freien Manne angemessen sind, welche dagegen als schmutzig zu bezeichnen sind, gilt als herkömmlich etwa folgendes: Erstens werden alle diejenigen Gewerbe als verpönt angesehen, die, wie das der Zöllner *(publicanus)* und Wucherer, nur darauf hinauslaufen, sich bei den Mitmenschen verhaßt zu machen. Als unedel und unsauber gilt ferner der Erwerb aller ungelernten Tagelöhner, bei denen die Dienstleistungen, nicht die Fertigkeiten bezahlt werden. Was sie als Lohn bekommen, ist ein Handgeld für ihren Knechtdienst. Zu den schmutzigen Gewerben rechnet man auch die Zwischenhändler, die, was sie vom Großhändler kaufen, sofort wieder verkaufen. Sie würden gar nichts verdienen, wenn sie sich nicht ganz auf Lügnerei verlegten. Es gibt wahrhaftig nichts Schändlicheres als Unsolidheit. Alle Handwerker fallen auch unter diese unsaubere Zunft, was kann schon eine Werkstatt Edles an sich haben? Am allerwenigsten kann man sich einverstanden erklären mit Berufen, die nur sinnlichen Genüssen dienen: ‚Fischhändler, Fleischer, Köche, Hühnermäster, Fischer', wie Terenz sagt. Meinetwegen nehme man noch dazu die Quacksalber, Tänzer und das ganze leichtgeschürzte Schauspiel.

Diejenigen Berufszweige aber, die eine tiefere Vorbildung verlangen und höheren Nutzen anstreben, wie die Heilkunde, die Baukunst, der Unterricht in den edlen Wissenschaften, sind anständig für jeden, dessen Stand sie zukommen. Der Kleinhandel aber ist zu den unsauberen Geschäften zu rechnen, während der kapitalkräftige Großhandel, der die Verbrauchsgüter aus aller Welt heranschafft und sie ehrlich den Massen zugute kommen läßt, nicht ganz zu tadeln ist. Man wird ihn mit vollem Recht sogar loben können, wenn er sein Schäfchen im Trockenen hat und zufrieden mit dem, was er erwarb – wie das nicht selten der Fall ist –, sich, wie oft von hoher See in den Hafen, so von da unmittelbar auf seine ländlichen Besitzungen zurückzieht. Von allen Erwerbsarten ist die Landwirtschaft die beste, die ergiebigste und angenehmste, die des freien Mannes würdigste." (Cicero, De officiis I, 150f. – Übertragung W. Arend)

Aus Ciceros Urteil sprechen die Vorurteile und Attitüden nicht nur des philosophierenden Gebildeten, sondern ebenso der alten römischen Führungsschicht. Elementarer und nüchterner sind da die Ratschläge zur Berufswahl, die rund eineinhalb Jahrhunderte später Martial gab:

„Welchem Lehrer du deinen Sohn vertrauen sollst,
forschst und fragst du besorgt schon lange, Lupus.
Die Grammatiker und Rhetoren meide
alle, mahn ich, und daß er nichts zu tun hat
mit des Cicero Büchern oder Maros (= Vergils).
Dem (Advokaten) Tutilius laß er seinen Ruhm nur!
Macht er Verse, enterbe du den Dichter!
Will er Künste erlernen, die gewinnreich,
laß ihn Zither und Flöte spielen lernen.
Hat der Jung einen harten Schädel, mach ihn
zum Ausrufer (= Auktionsleiter, *praeco*) und sonst zum Architekten!"
(Martial, Epigr. V, 56 – Übertragung R. Helm)

Wie immer sich das Leben in Rom selbst gestalten sollte, für die Führungsschicht war der gebildete Gutsherr die ideale Form der Existenz, auch wenn sich diese längst von dem ‚einfachen Leben' Catos weit entfernt hatte. Ein Brief des jüngeren Plinius läßt das „Landleben" des geistig regen Aristokraten ahnen:

„Du fragst, wie ich auf meinem Landgut im Toskanischen zur Sommerzeit den Tag einteile. Ich wache auf, wann ich mag, meist um sechs Uhr, oft früher, selten später. Die Fensterläden bleiben vorläufig geschlossen. ... Ich durchdenke, was ich etwa gerade in Arbeit habe, und denke darüber nach wie einer, der Wort für Wort niederschreibt und daran verbessert; bald weniger, bald mehr, je nachdem der Gegenstand schwer oder leichter zu behandeln ist und die Worte sich im Gedächtnis festhalten lassen. Dann rufe ich meinen Schnellschreiber, das Tageslicht erhält Einlaß, und nun spreche ich ihm vor, was ich entworfen habe. Er geht, wird wieder zurückgerufen und wieder entlassen. Um zehn oder elf Uhr – eine peinlich bestimmte Zeit halte ich da nicht ein – begebe ich mich je nach der Witterungslage in den Blumengarten oder zur gedeckten Wandelhalle, um den Schlußteil auszusinnen und zu diktieren. Dann fahre ich aus. Doch auch im Wagen beschäftige ich mich nicht anders als im Gehen oder Liegen; die geistige Arbeit kann fortdauern, weil sie durch die Abwechslung belebt wird. Ich schlafe wieder ein wenig, dann gehe ich spazieren. Hierauf lese ich eine griechische oder lateinische Rede, und zwar laut und mit scharfer Betonung, nicht sowohl um die Stimme zu üben als aus Rücksicht für den Magen; aber auch die Stimme wird dadurch gekräftigt. Abermals ein Gang an die Luft, dann Salbung, Gymnastik, Bad. Bei Tische lasse ich, wenn ich nur mit meiner Frau oder einigen wenigen Freunden beisammen bin, ein Buch vorlesen. Nach der Mahlzeit gibt's ein Lustspiel oder es tritt ein Lautenschläger auf. Zum Schluß ein Gang ins Freie gemeinsam mit meinen Leuten, unter denen auch Gebildete sind. In dieser Weise wird unter allerlei Gesprächen der Abend zugebracht, und so geht auch der längste Tag mir schnell vorüber.

Bisweilen erfährt diese Tagesordnung eine kleine Änderung. Wenn ich nämlich lange im Bett war oder im Freien, benutze ich nach Schlaf und Lesen nicht erst den Wagen, sondern reite: das raubt weniger Zeit und geht geschwinder. Dazwischen kommen Bekannte aus benachbarten Ortschaften zu Besuch und nehmen einen Teil des Tages für sich in Anspruch, und wenn ich manchmal von der Arbeit ermüdet bin, empfinde ich das als willkommene Störung. Mitunter gehe ich auch auf die Jagd, doch nie ohne Schreibtafel, um jedenfalls etwas nach Hause zu bringen, wenn ich schon nichts erbeuten sollte. Auch den Bauern meines Gutes widme ich einige Zeit, freilich nicht genug, wie sie meinen; Du wirst daher verstehen, daß ich von ihren bäuerischen Klagen gern zu meinen schriftstellerischen Arbeiten und zu den Berufsgeschäften der Stadt zurückkehre. Lebe wohl." (Plinius, Ep. 9, 36 – Übersetzung M. Schuster)

In Rom selbst aber zwangen die „Berufsgeschäfte der Stadt" dann freilich auch einer so eirenischen Natur wie dem jüngeren Plinius ihre Hektik, gesellschaftliche und politische Verpflichtungen größten Ausmaßes, auf, insbesondere dann, wenn der Senator noch Ambitionen hatte oder sein Sozialprestige aktiv bestätigen wollte. Die frühen Morgenstunden waren in Rom stets Aufwartungen und Besuchen aller Art vorbehalten. Als Amtsbewerber, Gratulant, Interessenvertreter oder Vertrauter des *princeps* hatte der Aristokrat ebenso von Haus zu Haus zu eilen wie der arme Klient zu antichambrieren. Im besten Falle konnte er selbst Besuche entgegennehmen und sich die unverbindlichen Phrasen der eigenen Klienten anhören, die er dafür noch unterstützte.

Der Principat reduzierte Kompetenzen und Bedeutung der alten sozialen Zellen Roms, der Familie und der Klientel, indem er insbesondere die Rechte des *pater familias* und jene des *patronus* beschnitt. Dennoch ist es charakteristisch für die Beharrungskraft dieser Institutionen, daß sie noch immer weithin das gesellschaftliche Leben Roms bestimmten. Selbst in ihrer entpolitisierten Gestalt hielt sich die Klientel als faktisch unentbehrliche gesellschaftliche Basis der Aristokratie. Dabei war das Verhältnis weitgehend materialisiert. Für jede Aufwartung hatte der Klient Anspruch auf sein „Körbchen" mit Lebensmitteln, die *sportula,* dazu noch regelmäßig auf kleinere Geschenke. Es gab Ansätze, die Leistungen des Patrons durch Bargeldzahlungen zu normieren; in trajanischer Zeit betrug der Satz zum Beispiel $6\,^1/_4$ Sesterze pro Tag. Für die Klienten war diese Summe deshalb so unbefriedigend, weil sie ihre Aufwartung in der Toga, dem teuren „Staatsrock" zu machen hatten und überdies dem Patron häufig genug stundenlang bei dessen Verpflichtungen und Besuchen als Rahmenfiguren, Begleiter und Statisten zu folgen hatten.

Insbesondere die Gedichte des Martial, der diese Form der Existenz lange genug zu praktizieren hatte, sind voll von Klagen über die Zumutungen eines solchen Verhältnisses. Da stellt der Klient nach seinem morgendlichen Fußmarsch von zwei Meilen fest, daß sein Patron bereits ausgegangen ist, sich verleugnen läßt oder ganz offen ihn nicht zu empfangen geruht, da soll er den auf Erbschaften oder amouröse Abenteuer erpichten Patron bei dessen Besuchen von zehn Witwen geleiten, da lamentiert er darüber, daß nach einer vorübergehenden Rückkehr zur Naturaliensportel Patron und Klient verschiedene Essen erhalten. Je älter der Klient wurde, desto drückender empfand er seine Last.

Schlugen die morgendlichen Verpflichtungen freier Bürger und Freigelassener reich wie arm in ihren Bann, so schieden sich für den Rest des

Tages die Betätigungsfelder. Einem kritischen Beobachter wie dem Arzt Galen mochte es auffallen, daß eine so große Zahl von römischen Bürgern den Gerichtsverhandlungen zuhörte, die auf dem Forum in aller Öffentlichkeit stattfanden, daß noch mehr Leute bei den Wagenrennen und Spielen zu finden waren, daß viele ihren Liebschaften huldigten, sich an Würfelspielen beteiligten oder in den monumentalen Bäderkomplexen ihre Zeit verbrachten, um dann abends an ausgedehnten Gastmählern teilzunehmen. So zutreffend solche Beobachtungen waren, so wenig erfassen die pauschalen moralischen Wertungen des Lebens der Weltstadt die Realität von Beruf und Arbeit.

Würde man ausschließlich Autoren wie Martial, Juvenal und Petron Glauben schenken und deren effektvolle Bilder verallgemeinern, so hätten in Rom nur Kuppler, Erbschleicher, Zechbrüder, falsche Freunde und Schmarotzer, Liebhaber und Verführer, Claqueure, Höflinge und Denunzianten ihr Auskommen gefunden, nicht dagegen derjenige, der „brav und arm und grad in Rede sowie in Gesinnung" war. Gerade der Fall Martials ist ein *exemplum* für die Einseitigkeit der Perspektiven der antiken Literatur: Über die Existenz des Erbschleichers und Klienten erfahren wir von ihm unvergleichlich mehr als über die ganze Masse der arbeitenden Bevölkerung, die Handwerker und Ladenbesitzer, die nun einmal uninteressant waren und deren Leben nie in die Schlagzeilen geriet. Doch wie gering, „unedel und unsauber" deren Beruf von blasierten Aristokraten eingeschätzt werden mochte, der reiche Großbäcker Marcus Vergilius Eurysaces trumpfte voll Stolz mit einem eindrucksvollen, heute noch erhaltenen Grabdenkmal in der Form eines monumentalen Backofens (vor der Porta Maggiore) auf und ließ daran auch die wichtigsten Szenen des Produktionsprozesses im Backgewerbe darstellen.

Die Existenz der aktiv in ihren Berufen und in ihrer Arbeit wie in ihren sozialen Verpflichtungen aufgehenden Menschen des antiken Rom findet für uns ihren Niederschlag vor allem in den archäologischen und epigraphischen Denkmälern mannigfaltigster Art, in Reliefs und Grabdenkmälern, Gemälden wie Gerät und Werkzeugen, Inschriften wie juristischen Texten, nur in Ausnahmefällen, die nie verallgemeinert werden sollten, dagegen in Belletristik, Schauspiel und Dichtung. Der Arbeitstag des Römers war angesichts der unzureichenden künstlichen Beleuchtungsmöglichkeiten diktiert vom Sonnenlicht und von den hohen Mittagstemperaturen des Sommers, die dazu führten, daß sich alle wichtigen Verpflichtungen an den Vormittagen zusammendrängten und daß eine längere Mittagspause mit Siesta unumgänglich wurde. Wer immer es sich leisten konnte, begnügte sich auch mit den durchschnittlich 6–7 Arbeitsstunden des Vormittags. Doch selbstverständlich wurden die Läden aller Verkaufswerkstätten nach der Mittagspause wieder geöffnet und dann auch bis zum Einbruch der Dämmerung offen gehalten.

In diesen Morgenstunden vor allem begannen für die Angehörigen der

Führungsschicht die Senatssitzungen und die Gerichtsverhandlungen, an denen sie teilnahmen, um die Interessen ihres Standes, beziehungsweise ihrer Klienten zu vertreten, begann die Tätigkeit der Kommissionen und Priesterkollegien, denen sie angehörten, begannen private und kommerzielle Besprechungen und Beratungen. Mochte auch noch so vieles an dieser Tätigkeit, von jener der Magistrate und Richter wie der im Wirtschaftsleben besonders engagierten Persönlichkeiten abgesehen, wie Seneca und Plinius schreiben, weithin nur gesellschaftlicher und geschäftlicher Leerlauf sein, – es kam darauf an, mitzuwirken, informiert zu sein, die eigenen Interessen wie die der Freunde und Klienten zu wahren, um von den Standesgenossen respektiert zu werden. Wer sich zurückzog und sich selbst ausschloß, mußte stark genug sein, um auch seinerseits ohne die Unterstützung anderer leben zu können.

Die römischen Handwerker und Krämer aber verlegten, wenn immer es anging, ihre Tätigkeit auch auf die Straße. Da die Gassen und Straßen Roms auffallend eng waren, selbst große Ausfallstraßen wie die *Via Appia*, die *Via Latina* und die *Via Ostiensis* wiesen lediglich eine Breite von ca. 4,80–6,50 m auf, war seit einer Anordnung Caesars der Fahrzeugverkehr tagsüber bis auf wenige Ausnahmen untersagt. Er war damit in die Nachtstunden verlegt, die somit an den Hauptdurchgangsstraßen alles andere als Ruhe schenkten. In dem engen Gewühl der Gäßchen und Sträßchen drängten und schoben sich Passanten, Käufer und Spaziergänger zwischen Verkäufern aller Art, bis Domitian hier Abhilfe schuf:

„Dreist schon hatte der Krämer die Stadt sich völlig genommen;
wo eine Schwelle sonst ist, war keine Schwelle zu sehn.
Doch auf deinen Befehl, Germanicus (= Domitian), wuchsen die Gäßchen,
und was eben noch Pfad, wurde zur Straße gemacht.
Und kein Pfosten ist mehr noch behängt mit Krügen an Ketten;
auch der Prätor muß nicht mitten im Kote mehr gehn.
Nicht zuckt blindlings hinfort im Gedränge das Messer des Bartschers
oder besetzt den Weg völlig ein räuchiger Herd.
Kneipwirt, Koch und Barbier und Fleischer hat jetzt seine Schwelle;
jetzt ist es Rom, was noch jüngst nichts als ein Laden nur war."

(Martial, Epigr. VII, 61 – Übertragung R. Helm)

2. Die Stellung der Frau in Familie und Gesellschaft

Wenn auch die römische Frau jeden Standes in der Regel völlig in ihrem Haushalt aufging, war ihre Stellung in Familie und Gesellschaft dennoch von Anfang an im allgemeinen ungleich freier und besser als zum Beispiel in Griechenland. Sie lebte im Hauptraum des Hauses, nahm an den Gastmählern ebenso teil wie an den Schauspielen; im Familienhaushalt selbst hatte sie die respektierte Stellung der Herrin inne, die persönlich, wenn immer möglich, keine grobe Arbeit leistete, vor allem Haus und Kinder betreute und spann. Spinnen und Weben galt bis in die augusteische Zeit als traditionelle Hauptbeschäftigung der Römerin; der Webstuhl wurde zum Symbol fraulichen Fleißes. Die Floskel der Grabinschriften „Sie war von artiger Rede und von edlem Gang, besorgt' ihr Haus und spann" spricht sehr genau die Erwartungen des römischen Mannes aus.

Die für das Familienleben rechtlich gewiß konstitutive *patria potestas* des Mannes (oder seines Vaters) nahm in der Realität des Alltags kaum die Form der heroischen Szenen der Sage an, in denen der Vater, aus welchen Gründen und Motiven auch immer, erwachsene Kinder tötete. Sie zeigte sich auch nur selten in Exzessen bewußter Terrorisierung von Frau, Kindern und anderen Angehörigen der *familia,* sondern zumeist und in erster Linie in der Verfügungsgewalt über das Vermögen, wenn es sich um eine sog. Manus-Ehe (siehe unten) handelte. Sie zeigte sich aber auch in der für jede Mutter entsetzlichsten Form, in der Entscheidungsgewalt des *pater familias* über die Aussetzung jener neugeborenen Kinder, die der Vater nicht aufziehen konnte oder nicht aufziehen wollte, sei es, weil sie Bastarde oder Mädchen, sei es, weil sie debil oder einfach nicht zu ernähren waren. Die inhumane Aussetzung von Neugeborenen auf öffentlichen Dunghaufen, die damit dem Tode oder günstigstenfalls der Sklaverei verfielen, war in der ganzen römischen Welt bis zum Jahre 374 n. Chr. legal und in der absoluten Gültigkeit der *patria potestas* begründet.

Die römischen Mädchen galten bereits mit 12 Jahren als volljährig (die Jungen mit 14); sie wurden in der Regel schon zwischen dem 13. und 17. Lebensjahr verheiratet. Ausgesprochene Liebesheiraten bildeten dabei lange Zeit die Ausnahme, vielmehr waren gerade bei Kindern der Führungsschicht „politische" Ehen und Ehen, die primär auf Grund gesellschaftlicher oder materieller Interessen geschlossen wurden, die Regel. Die Fälle, in denen aus solchen Verbindungen tiefste menschliche Beziehungen erwuchsen, wie zum Beispiel in der Ehe zwischen Pompeius und Caesars Tochter Julia, sollten nicht verallgemeinert werden.

Zunächst dominierte im römischen Bereich die Form der sog. Manus-Ehe, bei welcher die Frau aus der *patria potestas* ihres eigenen *pater familias* ausschied und unter die neue ihres Mannes beziehungsweise dessen *pater familias* geriet. Auf diese Weise brachte sie ihr gesamtes Vermögen in die neue *familia* ein; sie selbst konnte darüber nicht mehr verfügen. Da diese juristische Form der Ehe materiell nicht nur die Frau benachteiligte, sondern bei ihrem Tod auch deren bisherige Familie und Verwandtschaft, die vom Erbgang ausgeschlossen war, setzte sich seit der Epoche der späten Republik mehr und mehr die Form der manus-freien Ehe durch. Dabei trat die Frau nicht mehr unter die volle *patria potestas* ihres Mannes bzw. dessen *pater familias;* auf der Grundlage eines vor Zeugen abgeschlossenen Ehevertrages blieb sie vielmehr im Besitz ihres eigenen Vermögens. Zugleich war diese neue juristische Form der Ehe, die bald allgemein üblich wurde, auch relativ leicht, nämlich schon durch die Willenserklärung eines Partners, wieder zu scheiden. Damit waren freilich die alten patriarchalischen Formen der römischen Familie erschüttert. Martials Beurteilung der Ehe mit einer reicheren Frau wird so verständlich:

„Warum ich nicht eine reichere Frau mir wünsche zu nehmen,
fragt ihr? Frau meiner Frau werden, das möchte ich nicht.
Unter dem Manne, mein Priscus, muß immer stehen die Gattin.
Sonst stehn Mann und Frau nie in der Ehe sich gleich."
(Martial, Epigr. VIII, 12 – Übertragung R. Helm)

Neben der rechtlich fixierten Ehe, dem *matrimonium* im engeren Sinne, existierte in ständig zunehmendem Maße die rechtlich nicht verankerte Form des Zusammenlebens, der *concubinatus*, und dies in allen sozialen Schichten. Das römische Frauenideal blieb jedoch die unbescholtene Ehefrau und Mutter, die dann, wenn sie drei Kinder geboren hatte, durch eine besondere Stola ausgezeichnet wurde und als *femina stolata* hohes Ansehen genoß. Das höchste Frauenideal war schließlich die *univira*, jene Frau, welche in ihrem ganzen Leben „nur eines Mannes Frau und Geliebte" wurde, wie die Inschriften rühmen. In der Realität ist diese Lebensform freilich immer seltener erreicht worden. Mochte es auch übertrieben sein, wenn sich Martial darüber ereiferte, daß in Rom keine Frau „nein" sagte, so war die Promiskuität doch vorherrschend, gerade in der Führungsschicht der bunte Wechsel von Ehen und Scheidungen üblich.

Mochte Tacitus' Frauenideal noch ganz evident durch Reinheit *(pudicitia)*, adlige Abstammung *(nobilitas)*, Fruchtbarkeit *(fertilitas)*, Reichtum *(opes)*, aber auch Schönheit *(forma)* geprägt sein, mochte er sich die Frau in erster Linie als Erzieherin der Kinder und als konsequente Gefährtin des Mannes in guten wie erst recht in schlimmen Zeiten wünschen, die sich von allen direkten Eingriffen in die Politik zurückzuhalten hatte, mochte ihn schaudern vor weiblicher Laszivität und Herrschsucht, Ehrgeiz und Zügellosigkeit – die Affären und Exzesse, die er mitzuteilen hatte, und das Bild, das auch andere Autoren aus der Epoche des Principats vermitteln, sind eindeutig genug. In den reichen Familien Roms, in denen die so jung verheiratete Frau einen großen Haushalt mit einer Fülle von personellen und ökonomischen Problemen zu leiten hatte, wurde nicht selten schon ihr Geschäftsführer, „der *procurator* mit den gekräuselten Locken" zum Vertrauten und Liebhaber. Die Teilnahme an Gastmählern und Schauspielen vermittelte eine Vielzahl von Begegnungen und Verlockungen. Seit den Tagen von Augustus' Tochter Julia – und Ovid – rebellierte gerade die jeunesse dorée Roms immer wieder gegen die puritanischen Erneuerungen altrömischer Lebensformen und lebte sich in ungebundener Weise aus. *Principes* wie Caligula, Nero und Otho setzten sich an die Spitze solcher Strömungen, doch die Flavier und die Antonine dämpften dann wieder solche Eruptionen und versuchten in immer neuen Anläufen wenigstens äußerlich die alten Normen zu restaurieren und die Promiskuität zu unterbinden.

3. Erziehung

Auch kritische Traditionalisten wie Tacitus idealisierten die alten Erziehungsgrundsätze, die einst die Mütter befolgt hatten:

„Denn ehedem wurde jedem der Sohn, von einer keuschen Mutter geboren, nicht in der Kammer einer gekauften Amme, sondern im Schoß und am Busen der Mutter aufgezogen, deren vorzüglichstes Lob es war, das Haus zu hüten und den Kindern zur Verfügung zu stehen. Ausgewählt wurde aber eine ältere Verwandte, deren erprobten und bewährten Sitten der ganze Nachwuchs derselben Familie anvertraut werden konnte; vor ihr scheute man sich zu sagen, was häßlich zu sagen, und zu tun, was nicht schön zu tun schien. Und nicht nur die Beschäftigungen und Tätigkeiten, sondern auch die Erholung und das Spiel der Kinder leitete sie mit einer gewissen Unberührbarkeit und in ehrfürchtiger Zurückhaltung. So hat Cornelia der Erziehung der Gracchen, Aurelia der Caesars, so Atia der des Augustus vorgestanden, wie wir vernehmen, und Kinder aufgezogen, denen höchster Rang zukam. Diese Ordnung und Strenge zielte darauf ab, daß lauter, unberührt und durch keine Verkehrtheit verbogen eines jeden Natur sogleich mit ganzem Herzen die edlen Fertigkeiten an sich risse, und, ob sie sich nun zum Kriegswesen oder zur Rechtswissenschaft oder zum Studium der Redekunst neigte, das vollständig einsog.

Jetzt dagegen wird der eben geborene Säugling irgendeiner griechischen Magd übergeben, der einer oder der andere aus der Masse der Sklaven beigefügt wird, meist der wertloseste und für keinen ernsthaften Dienst brauchbare. Mit deren Geschichten und irrigen Vorstellungen saugen sich sogleich die zarten und unberührten Gemüter voll; und keiner im ganzen Haus legt Gewicht darauf, was er vor dem noch stammelnden jungen Herrn spricht oder tut. Ja, die Eltern selber gewöhnen die Kleinen nicht an Redlichkeit und Bescheidenheit, sondern an loses Wesen und Geschwätzigkeit, wodurch allmählich Unverschämtheit und Mißachtung und Geringschätzung von Eigenem und Fremdem sich einschleichen. Die eigentümlichen und besonderen Laster dieser Stadt hier werden, scheint mir, schon im Mutterleib empfangen: die Begeisterung für Schauspieler und die Leidenschaft für Gladiatoren und Rosse. Wenn damit der Geist beschäftigt und von ihnen besessen ist, wieviel Raum läßt er dann noch für gute Fertigkeiten übrig? Wie wenige kannst du doch finden, die daheim etwas anderes reden! Was für andere Gespräche der jungen Leute fangen wir denn auf, wenn wir einmal den Hörsaal betreten? Auch die Lehrer führen mit ihren Hörern keine anderen Gespräche häufiger; sammeln sie doch Schüler nicht durch die Strenge der Lehre und Erprobung der Begabung, sondern das Werben mit Begrüßungen und die Verlockungen der Schmeichelei." (Tacitus, Dialogus de oratoribus, c. 28f. – Übertragung K. Büchner)

Wenn unter dem Principat die Kindererziehung im Leben der römischen Frau eine immer geringere Rolle spielte, so liegt dies freilich auch daran, daß einerseits die durchschnittliche Kinderzahl gerade bei den reicheren Familien stark abnahm, andererseits die Kindersterblichkeit selbst in diesen Schichten außergewöhnlich groß war. Medizinische Ignoranz und der

Mangel auch an primitivsten antiseptischen Maßnahmen erklären dies ebenso wie der Wandel in der allgemeinen Mentalität. Auch darin bestand jedoch zwischen dem Leben in Rom und demjenigen in den Kolonien und Municipien der Provinzen, mit ihrem einfacheren und härteren Zuschnitt in der Lebensführung, ein fundamentaler Unterschied.

Andererseits wird die römische Frau im Berufsleben nur selten faßbar. Auch wenn es gewiß mehr Fischfrauen *(piscatrix)* und Gemüsehändlerinnen *(negotiatrix leguminaria)*, Modistinnen *(vestifica)*, Händlerinnen in Woll- und Seidenstoffen *(lanipenda, sericaria)* gegeben haben dürfte als die Frequenz der Inschriften mit Berufsangaben ahnen läßt, vorherrschend blieben hier stets die typischen Frauenberufe der Amme *(nutrix)* und Hebamme *(obstetrix)* einerseits, der Schneiderin *(sarcinatrix)* und Friseuse *(tonstrix)* andererseits, Funktionen, die in vielen großen Häusern von Sklavinnen und Freigelassenen wahrgenommen wurden. Anspruchsvollere Frauenberufe wie die der Ärztin *(medica)* und der Erzieherin *(paedagoga)*, der Schreiberin *(amanuensis)* und der Stenographin *(notaria)* oder der Sekretärin *(libraria)* erscheinen dagegen wesentlich seltener.

Wie oben schon dargelegt wurde, war die Erziehung der Kinder in der Epoche des Principats weithin an Ammen und Sklaven, danach an ein im Prinzip dreiphasiges Schulsystem delegiert. Meist vom siebten Lebensjahr an besuchten Mädchen wie Knaben gemeinsam die Elementarschulen *(ludi litterarii)*, private Institutionen, in welchen die Kinder gegen ein geringes Entgelt auf oft sehr stupide Weise, unter fortwährendem Gebrüll und Prügeln des Schulmeisters, in Lesen, Schreiben und Rechnen unterrichtet wurden. Während diese Phase noch von einem Großteil der Kinder durchlaufen wurde, traten längst nicht mehr alle in die nächste ein, in welcher der *Grammaticus* den Kern der Bildung vermittelte. Standen hier anfangs lediglich griechische Sprache und Literatur im Mittelpunkt des Lehrprogramms, so wurde dies seit der augusteischen Epoche durch die lateinischen Klassiker ergänzt: Besonders häufig sind dabei Ennius, Terenz und Vergil gelesen worden.

Die letzte Phase spielte sich dann in den Rhetorenschulen ab, welche die für alle staatlichen und politischen Laufbahnen wie für die juristische Tätigkeit erforderlichen Kenntnisse vermitteln sollten. Auch hier war die Bildung zweisprachig, die Nachahmung *(imitatio)* der großen griechischen und lateinischen Redner wurde angestrebt, formale Ausbildung überwog. Während die Schüler in den „*Controversiae*" an oft fingierten historischen Themen und mitunter reichlich konstruierten Rechtsfällen die Kunst der Dialektik erlernen mußten, stand in den „*Suasoriae*" jene der Argumentation im Vordergrund. Tacitus hat die Methode dieser „Schule der Unverschämtheit" (Cicero) so gebrandmarkt: „So kommt es, daß Belohnung für Tyrannenmord, Strafwahl von Mädchen, denen man Gewalt angetan hat, Abwehrmittel gegen die Pest, Inzest von Müttern, oder was sonst täglich in der Schule vorgetragen wird, auf dem Forum selten oder nie, mit ungeheuerlichen Worten ausgeführt werden ..." (Tacitus, Dialogus de oratoribus, c. 35 – Übertragung K. Büchner). Für die jungen Herren der Führungsschicht wurde es danach seit der späten Republik üblich, eine Bildungsreise nach Athen, Kleinasien, Rhodos oder zu anderen geistigen Mittelpunkten des hellenistischen Ostens anzuschließen, eine Reise, welche dann in der Regel auch tiefere Beziehungen zur griechischen Philosophie ermöglichte.

Ein umfassendes staatliches Schulsystem gab es somit nicht. Erst unter dem Principat wurden in einzelnen Städten Lehrer offiziell besoldet. Der jüngere Plinius bemühte sich beispielsweise, in Comum eine Art von Elternrat zu gründen, der die Organisation einer eigenen Schule in die Hand nahm. Wie groß die Zahl der Analphabeten im *Imperium Romanum* gewesen ist, läßt sich nicht ausmachen, gewiß war auch hier die Lage in den einzelnen Reichsteilen sehr verschieden. Allzu optimistische Annahmen dürften indessen kaum angebracht sein.

4. Wohnungen

Ungeachtet der lokalen und landschaftlichen Vielfalt der Häuser und Wohnungen im Gesamtbereich des *Imperium Romanum* lassen sich, wenigstens für den römisch-italischen Kernraum, zwei charakteristische Typen von Wohneinheiten bestimmen: das zumeist mit dem sog. Atriumhaus identische Einzelhaus *(domus)* und die Komplexe der Mietwohnungen in den hohen Mietshäusern der *Insulae.* Nach den Regionenverzeichnissen standen in Rom im 4. Jahrhundert n. Chr. 1797 villenähnlichen Hauskomplexen der Reichen 46602 *insulae* mit jeweils zahlreichen Wohneinheiten der ärmeren Bevölkerung gegenüber. (Außerdem werden 254 Mühlen, 190 Getreidespeicher, 8 Brücken, 8 große Plätze, 11 Foren, 36 Triumphbogen, 1152 Brunnen, 28 öffentliche Bibliotheken, 2 Zirkusse, 2 Amphitheater, 3 Theater, 11 große Thermenanlagen sowie 856 kleinere, private Badeanstalten aufgeführt.) In Pompeji konnte ein *domus* ein Areal von 800 bis 900 m^2 einnehmen, die Grundflächen der *insulae* waren natürlich wesentlich bescheidener. Nach erhaltenen Katasterfragmenten der severischen Epoche beliefen sie sich in Rom lediglich auf rund 300–400 m^2. Andererseits waren *insulae* mit bis zu fünf oder sechs Stockwerken keine Seltenheit; die Existenz dreistöckiger Häuser ist für Rom bereits für das Ende des 3. Jahrhunderts v. Chr. literarisch bezeugt.

Die Stadtvillen vom Typus des Atriumhauses sind insbesondere aus den Vesuvstädten Pompeji und Herculaneum, aber auch aus Rom selbst verhältnismäßig gut bekannt. Sie stellen das typische Stadthaus des Großbürgertums und der reicheren Bevölkerungsschicht dar und werden in der Regel durch zwei Elemente geprägt, um die sich die verschiedenen Räume gruppierten, einmal durch die zentrale, oben offene Halle des Atriums und zweitens durch den Peristyltrakt, eine im rückwärtigen Teil des Hauses gelegene, von Säulengängen (Peristyl) eingefaßte Gartenanlage mit Springbrunnen, um die zumeist der Speiseraum *(triclinium)*, die Schlafzimmer, aber auch die Küche und in einzelnen Fällen ein kleines Privatbad lagen. Der Peristyltrakt trug somit einen wesentlich intimeren Charakter als der dem Hauseingang nahe Atriumsteil.

Ursprünglich war das Atrium funktional der Kern des Hauses. In ihm stand der Herd, in ihm arbeiteten die Frauen, in ihm wurde zunächst auch gegessen. Der Ausbau des hinter dem Atriumteil gelegenen alten Hausgartens zum Peristyltrakt und die damit eintretende Akzentverlagerung stellt dagegen erst eine spätere Entwicklungsstufe dar, die insbesondere in Pompeji noch sehr genau zu beobachten ist, wo Atrien zum Teil eine Fläche von 12 × 17 m erreichten, jedoch lediglich Repräsentationszwecken dienten. Sklaven und Dienstpersonal lebten bei Hauseinheiten dieser Art meist im Obergeschoß.

Während das *domus* nach außen abgeschlossen war und durch seine oft nur wenig ausgestaltete Fassade einen sehr schlichten Gesamteindruck hervorrief, war das Atrium von Licht durchflutet, der Peristyltrakt durch Kunstwerke und gärtnerische Elemente aller Art zu einem ausgesprochen angenehmen Lebensraum gestaltet. Die Wohnräume waren daneben durch bunte und eindrucksvolle Wandmalerei ausgeschmückt (siehe S. 163), seit dem 2. Jahrhundert n. Chr. nahm dann auch die Verbreitung von Bodenmosaiken rasch zu.

In den meisten Städten des *Imperiums* waren Wasserzufuhr und Kanalisation, wenn man die gegebenen technischen Möglichkeiten der Epoche berücksichtigt, geradezu vorbildlich gelöst. In Rom führten 14 monumentale Aquaedukte aus den Apenninen reines Quellwasser in die Stadt, nach modernen Schätzungen täglich rund 1 Milliarde Liter. 247 Wasserspeicher, *castella*, dienten der Regulierung des Bedarfs. Bogen mit rund 5 m Durchmesser dokumentieren noch heute die monumentalen Ausmaße der *Cloaca maxima*, jener gewaltigen Abwasseranlage, die schon in der Zeit der frühen Republik vom Forum bis zum Fuß des Aventins, wo sie in den Tiber mündete, geführt wurde.

Da der Wasserbedarf der *domus* für Küche, Teiche und Thermen außerordentlich groß war, wurden diese Hauseinheiten auch durch Bleiröhren an das städtische Wasserverteilungssystem angeschlossen. In den Blöcken der Mietswohnungen gab es dagegen einen solchen Komfort nicht; sie besaßen in der Regel weder eine eigene Wasserleitung noch separate Latrinen. Hoch entwickelt war in den *domus* auch das Heizungssystem. Unter den Fußböden und mit Hilfe von Hohlziegeln in den Wänden funktionierte die mit Warmluft zentral betriebene sog. Hypokaustheizung.

Die Masse der städtischen Bevölkerung Roms und Italiens lebte jedoch in den tristen Mietwohnungseinheiten der *insulae*, die insbesondere durch die Ausgrabungen und Rekonstruktionen von Ostia genauer bekannt wurden. In den Mietshausblöcken von Ostia war das Erdgeschoß sehr häufig

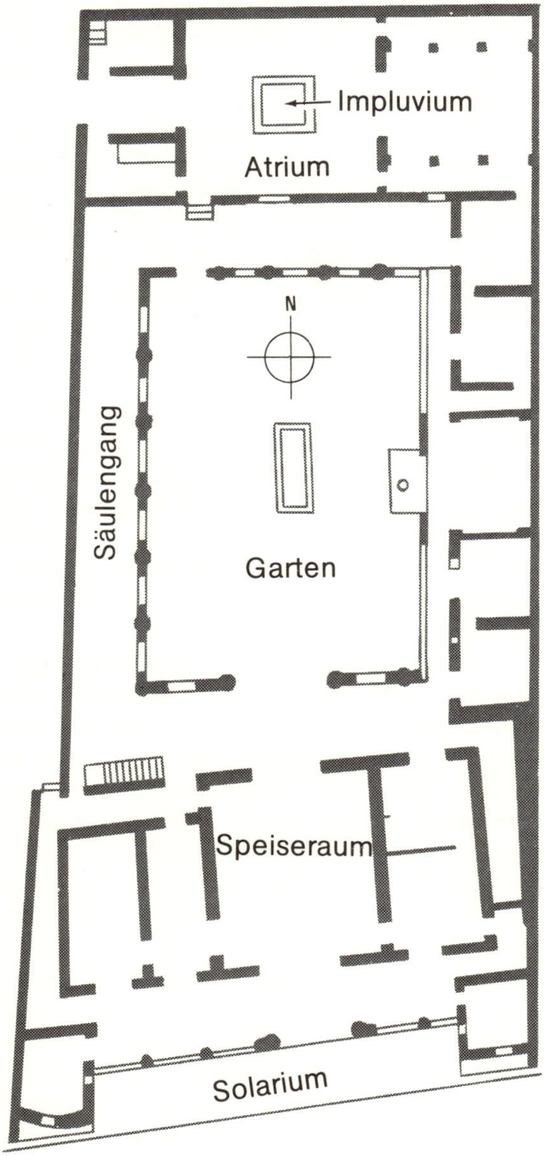

7. Atrium-Haus mit Mosaik, Herculaneum

von besonders hohen Ladenräumen *(Tabernae)* besetzt, an die sich dann Werkstatt- und Lagerräume anschlossen. Lagen in den ersten und zweiten Geschossen noch Wohneinheiten von jeweils drei bis fünf Räumen bescheidener Fläche, so wurden die Wohnzellen in den höheren Stockwerken immer winziger und finsterer. Die Gesamthöhe der Wohnblocks wurde unter Trajan auf rund 18 m begrenzt; das Leben in ihnen war nicht nur kümmerlich, sondern wegen der häufigen Brände auch gefährlich. Es war wohl überhaupt nur deshalb auszuhalten, weil die ärmere Bevölkerung dank der günstigen klimatischen Bedingungen einen Großteil ihres Lebens auf den Straßen und Plätzen oder bei den Spielen zubrachte.

5. Kleidung

Das charakteristische Kleidungsstück der römischen Männer war die Toga, ein halbkreisförmig geschnittenes, großes weißes Wolltuch, dessen Stoffmenge unter dem Principat noch zunahm und schließlich immer unförmiger und unbequemer wurde. Das Anlegen der Toga erlaubte und erforderte, insbesondere gemäß den vielen modischen Veränderungen des 2. und 3. Jahrhunderts n. Chr., ein ziemlich kompliziertes Faltenlegen und eine reiche Drapierung. Es ist daher verständlich, daß der alte, offizielle „Staatsrock“, die männliche „Nationaltracht“ schlechthin, im Laufe der Zeit mehr und mehr durch bequemere Bekleidungsstücke verdrängt wurde. So kam unter den Severern die Dalmatica in Mode, ein Obergewand mit weiten, langen Ärmeln, das oft aus Seide oder Halbseide bestand; großer Beliebtheit erfreute sich auch die *paenula,* ein einfaches, trichterförmiges, ärmelloses Gewand, das auch als Mantel dienen konnte, wenn es aus Wolle bestand. Die traditionelle Unterkleidung, die auch nachts nicht abgelegt wurde, aber war die Tunica, ein aus zwei Teilen zusammengenähtes, hemdähnliches Kleidungsstück mit kurzen Ärmeln.

Kopfbedeckungen waren bei den Römern im allgemeinen nicht üblich, lediglich bei Gebeten und Opferhandlungen wurde die Toga über den Hinterkopf gezogen, eine Sitte, die aus dem Porträttypus „*capite velato*“, einem demonstrativen Ausdruck der Frömmigkeit des Dargestellten, bekannt ist. – Als Fußbekleidung diente insbesondere für Bauern und Soldaten ein strapazierfähiger, fester Lederschuh, meist mit genagelten Sohlen, die *caliga,* deren Oberleder in Streifen aufgeschnitten war. Der normale, geschlossene Schuh der Römer aber war der *calceus,* der vorne weiches Oberleder aufwies und mit seinem gamaschenähnlichen Schaft über den Fußknöchel reichte. Der *calceus* der Patrizier und Senatoren wurde anfangs durch rote, später durch schwarze Farbe hervorgehoben.

Die römische Frauentracht blieb lange Zeit sehr einfach. Über einer sehr langen Tunica wurde ursprünglich die bis zu den Fußknöcheln reichende, in der Taille gegürtete Stola getragen, später das weite Obergewand der

Palla. Ledersandalen oder -schuhe, Schleier und Hauben, vor allem jedoch, je nach Vermögenslage, einfacherer oder wertvollerer Schmuck (Ohrgehänge, Armreifen, oft kostbare Fibeln, Fingerringe, Juwelen und Perlen) konnten diese Tracht ergänzen. Toga und durchsichtige Stoffe aus Kos kennzeichneten die Prostituierten. Eine rasch wechselnde Mode der Frisur, die sich häufig an den Damen des *domus principis* orientierte, setzte weitere Akzente.

Die Männer waren zunächst auf ziemlich grausame Weise glatt rasiert, eine Tortur, die nicht zuletzt darauf zurückzuführen ist, daß das Gesicht vor der Rasur lediglich mit Wasser eingerieben wurde. Erst Hadrian führte dann den Vollbart ein, vor allem seit den Severern wechselten üppige mit kürzeren Bärten. Für den Mann war jedenfalls die Haar- und Bartpflege beim *tonsor* unumgänglich; der Barbierladen, die *tonstrina,* schon hier eine Stätte des Nachrichtenaustausches und gesellschaftlichen Verkehrs auf breitester Grundlage. Auch für die Römerin begann jeder Tag mit zum Teil raffinierter Morgentoilette, meist hinter verschlossener Tür; dabei spielte die Friseuse *(ornatrix)* die wichtigste Rolle. Es versteht sich von selbst, daß diese Funktionen in allen reicheren Häusern von Sklaven und Sklavinnen ausgeübt wurden.

Obwohl die Kleidung der Römer im Alltag oft nur sehr geringe Unterschiede zwischen Sklaven, Freigelassenen und freien Bürgern aufwies, war sie dennoch keine reine Privatangelegenheit, sondern insbesondere im Bereich der Führungsschicht, ganz anders als in Griechenland, von Anfang an durch bestimmte „Statussymbole" differenziert. Gegenüber allen plebejischen Togaträgern, mochten sie noch so reich sein, hoben sich zuerst die Patrizier durch den Purpurstreifen an der Tunica, den *latus clavus,* den knappen, ebenfalls purpurverzierten Reitermantel *(trabea),* den speziellen Patrizierschuh *(calceus),* den Goldring *(anulus aureus),* das Staatspferd *(equus publicus)* sowie durch silberne Schmuckscheiben am Pferd *(phalerae)* ab. Parallel zur Umwandlung der römischen Aristokratie vom patrizischen Geburtsadel zum senatorischen Amtsadel der Nobilität wurden diese „Statussymbole" dann auf alle Senatoren ausgedehnt, mit Ausnahme des auffallenden Patrizierschuhs, der auch weiterhin lediglich den Angehörigen der patrizischen Geschlechter vorbehalten blieb.

Mit der Ausgliederung der Senatoren aus der Gruppe der Ritter im 2. Jahrhundert v. Chr. begann dann eine neue Verschiebung der „Statussymbole" in der Kleidung, die schließlich – wie oben bereits erwähnt wurde – unter dem Principat dahin führte, daß die Senatoren durch den breiten Purpurstreifen an der Tunica, die Ritter durch einen schmalen *(angustus clavus)* gekennzeichnet waren. Wichtiger als diese und andere Einzelheiten ist indessen die Tatsache, daß sich die gesellschaftliche Differenzierung in solchen Abzeichen und Symbolen niederschlug, und daß der römische Staat konsequent gegen jede Usurpation von „Statussymbolen" einschritt, insbesondere seit dem 3. Jahrhundert n. Chr., als Kleidung, Abzeichen und Symbole im Rahmen einer streng formierten Gesellschaft noch weit größere Bedeutung gewannen.

6. Ernährung und Mahlzeiten

Der Tag der Römer wurde im allgemeinen durch drei Hauptmahlzeiten, sofern diese einen solchen Namen überhaupt verdienen, unterteilt. Das unmittelbar nach dem Aufstehen zumeist nur beiläufig eingenommene Frühstück *(ientaculum)* bestand in der Regel lediglich aus Brot und Käse, das etwas ausführlichere, aber immer noch sehr bescheidene Mittagsmahl *(prandium)* aus Brot oder kaltem Fleisch, Obst, ein wenig Wein, während die eigentliche Hauptmahlzeit *(cena)* in den späten Nachmittagstunden oder am Abend eingenommen wurde. Auch sie war zunächst, wie das römische Essen überhaupt, sehr einfach. Das Hauptnahrungsmittel der Römer stellte anfangs die *puls* dar, ein Dinkelmehlteig, zu dem Gemüse, Zwiebeln, Knoblauch, Käse und Obst gegessen wurden, nur sehr selten dagegen Fleisch. Dann trat zur *puls* das gebackene Brot; Bäckereien sind in Rom seit dem 2. Jahrhundert v. Chr. literarisch nachgewiesen.

Um die gleiche Zeit begann jedoch auch jener oft geschilderte Tafelluxus der Reichen, den nach einem Bericht des Aulus Gellius schon Varro kritisiert hat:

„Ich aber will mich darauf beschränken, nur ungefähr, soweit ich mich noch erinnere, folgende Arten und Namen von Eßwaren und die vor allen andern sich auszeichnenden Heimatstätten von Leckereien anzuführen, welche bodenlose Genußgier aufgespürt hat und welche Varro mit unverhaltenem Tadel durchgeht. Es sind folgende: der Pfau *(pavus)* aus Samos, die Haselhühner *(attagena)* aus Phrygien, die Kraniche *(grues)* aus Medien, das Böcklein *(haedus)* aus Ambracia, der Thunfisch *(pelamis)* aus Chalkedon (in Bithynien), die Bricken (Neunaugen, Lampreten, *murena*) aus Tartesia (in Spanien), die Schellfische (Lachse, *aselli*) aus Pessinuntium (in Phrygien), die Austern *(ostrea)* von Tarent, die Kammuscheln *(pectunculus)* von Chios, der Schwertfisch *(helops)* von Rhodos, die Meerbrechen (Papageifische, *scari)* aus Kilikien, die Nüsse *(nuces)* von Thasos, die Datteln *(palma)* aus Ägypten, die Eicheln (Kastanien, *glans*) aus Iberien. Solche Gier eines Gaumens, der überall, weit aus fremden Ländern herbeigeholte, seltene Leckereien aufsucht, und solches Aufspüren von Näschereien wird man um so mehr verabscheuungswürdig finden, wenn man einiger Verse des Euripides eingedenk ist, deren sich Chrysippus sehr oft bediente, daß gewisse Gaumenreizmittel nur erfunden seien, nicht aus Notwendigkeit für den Lebensbedarf, sondern nur zur sinnlichen Überreizung, die alles leicht Zubereitete verschmäht, und aus übertriebener Üppigkeit in der Genußsucht." (Aulus Gellius, Noctes Atticae VI, 16, 4ff. – Übersetzung F. Weiss)

Seit dem 1. Jahrhundert v. Chr. nahm so der Tafelluxus der Führungsschicht immer raffiniertere Formen an. Dennoch muß auch festgehalten werden, daß sich die abendlichen Hauptmahlzeiten der römischen Bürger im allgemeinen in Grenzen hielten. In der Regel bestanden sie aus drei Gängen. Der erste *(gustum)* umfaßte eine Reihe von kleineren Vorspeisen zur Wahl, Eiergerichte, Gemüse, Salat, Salzfisch, Muscheln oder die beliebten Haselmäuse. Dazu wurde *mulsum* getrunken, mit Honig vermischter Wein, oder ein mostähnliches Getränk. Der Hauptgang *(mensae primae)* bestand dann aus gebratenem oder gekochtem Fleisch oder Geflügel, wozu es Wein gab, der üblicherweise mit Wasser vermischt wurde. Der dritte Gang endlich *(mensae secundae)* hatte ursprünglich ebenfalls gewürzte und gesalzene Gerichte umfaßt, oder Muscheln und Schnecken, später jedoch zumeist lediglich Obst und Süßigkeiten. Damit setzte dann auch ein oft ausgedehntes Weingelage ein. Besonders beliebt waren dabei der Caecuber aus dem Raume Gaeta und der Falerner aus Campanien. Zum Essen selbst standen lediglich Messer und Löffel zur Verfügung, keine Gabeln. Da man außerdem beim Gastmahl lag, wurde mit den Fingern gegessen, so daß häufiges Waschen der Hände erforderlich wurde.

In Rom selbst besaßen jedoch viele ärmere Familien, die in den *insulae* wohnten, überhaupt keine eigene Küche; sie konnten zum Teil lediglich auf kleinen Herden oder Kohlebecken vor dem Haus kochen, oder sie holten sich ihr warmes Essen aus einer der zahlreichen Garküchen, den *popinae.* Es steht indessen fest, daß sich die römische Kochkunst in den reicheren Familien immer weiter verfeinerte. Ein unter dem Namen des Marcus Gavius Apicius, eines berühmten Feinschmeckers aus dem Anfang des 1. Jahrhunderts n. Chr., überliefertes Kochbuch, das in der uns heute vorliegenden Form jedoch wahrscheinlich erst vom Ende des 4. Jahrhunderts n. Chr. stammt, hat einige Rezepte überliefert.

Vor allem für Großbürgertum und Führungsschicht, aber auch für jeden, der es sich leisten konnte – in besonders protziger Form meist für Neureiche und Freigelassene (wie in der berühmten „*cena Trimalchionis*" des Petron mit ihren insgesamt 62 verschiedenen Speisen und Getränken) – und schließlich für jeden Klienten, der sich eine Einladung verschaffen konnte, waren die großen abendlichen Gastmähler der Mittelpunkt des gesellschaftlichen Lebens. Sie waren mehr als gemeinsame Mahlzeiten und Gelage, und worauf es dabei ankam, das hat Varro nach dem Bericht des Gellius so beurteilt: „Ferner das Gastmahl selbst", heißt es weiter, „muß aus vier Sachen bestehen, denn dann erst wird es in allen Stücken ein vollkommenes sein, wenn (nur) liebe Leutchen versammelt sind, ferner Bedacht genommen ist auf einen passenden Platz, eine gut gewählte Zeit und ein ausgewähltes Mahl. Ferner soll man sich, sagt er, weder schwatzhafte, noch stumme Gäste einladen, weil sich ein Breitmacher mit seiner Beredtheit wohl für öffentliche, wie für Privatverhandlungen eigne, ein fortwährendes Stillschweigen sich aber nicht mit der Tafelfreude vertrage, sondern mehr in die Schlafkammer gehöre. Die Reden also, die man während der Tafelzeit führen soll, müssen seiner Meinung nach nicht verdrießliche oder verwickelte Beziehungen berühren, sondern angenehm und anlockend sein und unter Scherz und Munterkeit nur Nützlichkeitsrücksichten anstreben, so daß dadurch nur eine höhere Verfeinerung unseres Geschmacks und größere Erheiterung unseres Geistes erzielt wird."

„Dieses Ziel aber", versichert er, „kann wahrlich nur dann erreicht werden, wenn man sich über solche Dinge unterhält, die auf den (ganz) gewöhnlichen Lebensverkehr Bezug haben, woran zu denken oder mit denen sich zu beschäftigen man sonst vor Gericht, oder im Drange der Geschäfte keine Zeit übrig behält. Der Wirt des Gastmahls aber muß nicht sowohl üppige Pracht und Aufwand zu entfalten, als vielmehr den Vorwurf schmutzigen Geizes zu vermeiden suchen, und sollen bei dem Mahle nicht alle Arten von Vorträgen gestattet sein, sondern vorzüglich nur solche, die nützlich und ergötzlich sind (und es brauchen die Speisen selbst nicht gerade ausgesucht zu sein, sondern vor allem gesund und schmackhaft)" (Aulus Gellius, Noctes Atticae XIII, 11, 3ff. – Übersetzung Fr. Weiss).

7. Die Spiele

Panem – et circenses! Die Spiele der verschiedensten Art nahmen innerhalb der römischen Zivilisation einen immer bedeutsameren Platz ein; sie wurden schließlich mit ihr sinnfälligster Ausdruck. Überwog bei ihnen ursprünglich stets der religiöse Bezug, der auch später noch vor allem in den Eröffnungszeremonien mit ihrer feierlichen Götterprozession gewahrt wurde, so dominierte zur Zeit der späten Republik und während des Principats eindeutig der politische Zusammenhang. Dienten sie anfangs dazu, den Göttern für ihre Hilfe zu danken, so feierten sie später, insbesondere seit Sulla und Caesar, die großen militärischen Erfolge, Gedenktage und Leistungen der *principes* und ihres Hauses. Ihre riesigen Aufwendungen waren der Preis für die Ambitionen und das Prestige der Politiker, Feldherrn und schließlich der *principes,* deren augenfälliger Tribut an das römische Volk. Bestanden die Spiele zunächst lediglich aus Theateraufführungen und vor allem aus Wagenrennen, so traten bald Tierhetzen, die Fechterspiele der Gladiatoren, immer ausgesuchtere Wettkämpfe und prachtvolle Inszenierungen, auch zur See, hinzu. Die Häufung der Effekte, die Steigerung der Emotionen, der Einsatz aller technischen Möglichkeiten bestimmten die weitere Entwicklung. Dabei wurde jedoch die Substanz immer inhumaner.

Vor allem unter dem Principat waren die Spiele lange Zeit die einzigen vitalen Massenversammlungen der römischen Bevölkerung. Bei ihnen artikulierte sich die öffentliche Meinung hemmungslos, sie boten eine direkte, stundenlange Gemeinschaft mit dem *princeps* und dessen Familie wie mit den führenden Geschlechtern der Stadt. Das Verhältnis der maßgebenden Politiker und der *principes* zu diesen Veranstaltungen war immer zwiespältig. Einerseits bestand hier die Möglichkeit, durch das Eingehen auf die öffentliche Meinung neue Sympathien zu gewinnen, andererseits wurden sie nicht selten auch gegen ihren Willen gezwungen, die Wünsche der Masse zu erfüllen, zumindest die Helden der Stunde zu begnadigen und freizulassen.

Dies geschah nicht immer so aus Überzeugung wie in der rührenden Geschichte von Androclus und dem Löwen. (Der Sklave Androclus war seinem Herrn entlaufen und deswegen zum Tode durch wilde Tiere – *ad bestias* – verurteilt worden. Allein der Löwe, auf den er in der Arena stieß, erkannte in Androclus jenen Mann wieder, der ihm einst einen Dorn aus der Pranke gezogen hatte und verschonte ihn. Die Zuschauer, die über die Vorgeschichte informiert wurden, forderten daraufhin stürmisch die Freilassung des Androclus samt seinem Löwen, die Claudius auch gewährte.)

Unter dem Principat waren die Spiele, wie schon gesagt, der Preis und der Ausdruck der politischen Neutralisierung der Affekte der römischen Bevölkerung. Daß diese Feststellung nicht nur das Resultat moderner Analysen ist, sondern bereits den Zeitgenossen bewußt war, geht aus dem oft zitierten Wort des berühmten Pantomimen Pylades an Augustus hervor: „Es ist dein Vorteil, Caesar, daß das Volk sich mit uns beschäftigt." Und das Volk beschäftigte sich immer häufiger und immer intensiver mit den Spielen aller Art. Fanden unter Augustus an insgesamt 65 Tagen Spiele der verschiedensten Gattungen statt, so in der Mitte des 4. Jahrhunderts n. Chr. an 10 Tagen Fechterspiele, an 64 Tagen Wagenrennen, Tierhetzen und andere Wettkämpfe im Circus, an 102 Tagen Spiele im Theater, die sich freilich nur geringerer Beliebtheit erfreuten.

Schon sehr früh gab es im Tal zwischen Aventin und Palatin Pferde- und Pferdewagenrennen, für die unter Caesar und Augustus dann der monumentale *Circus maximus* ausgebaut wurde, eine Anlage, die nach ihren späteren Erweiterungen schließlich etwa 150–180000 Zuschauer aufnehmen konnte. Sie bildete fortan den prachtvollen Rahmen für die relativ seltenen Pferderennen, die oft mit akrobatischen Vorführungen verbunden waren, für athletische Wettkämpfe, vor allem aber für die besonders beliebten Pferdewagenrennen. Diese Rennen wurden dabei nicht nur mit zwei Pferden vor den kleinen Wagen, den *bigae,* ausgetragen, sondern in der Regel mit vier Pferden, doch wurde die Zahl der Pferde immer weiter erhöht. Nero versuchte sich in Olympia mit einem Zehnergespann. Zu fahren waren sieben Runden mit einer Gesamtdistanz von 8,4 km; jedes Rennen dauerte meist ungefähr eine Viertelstunde. An einem Renntag fanden dabei durchschnittlich 24 verschiedene Rennen statt.

Die Rennen waren eine Sache von „Parteien" *(factiones),* die durch verschiedene Farben unterschieden wurden (die Weißen, Roten, Grünen und Blauen, wobei die Grünen und Blauen unter dem frühen Principat die führende Rolle spielten). Die *factiones* verfügten über große Mittel, eigene Ställe, Materialschuppen, Trainingszentren, kurz über einen eigenen Apparat; ihre Anhängerschaft verfestigte sich und identifizierte sich völlig mit den Repräsentanten ihrer Farbe und deren Pferden. Diese *factiones* waren gewiß die größten und lebendigsten Massenorganisationen der römischen Bevölkerung in der Epoche des Principats, obwohl sie im Rom der ersten beiden Jahrhunderte n. Chr. niemals jene politische Bedeutung gewannen wie die ähnlich strukturierten Zirkusparteien des spätantiken Konstantinopel. Die letzten Wagenrennen des antiken Rom veranstaltete im Jahre 549 n. Chr. der Ostgotenkönig Totila.

Zum Mittelpunkt der Gladiatorenkämpfe und der Tierhetzen wurde unter dem Principat das Flavische Amphitheater mit seinen vier Stockwerken, 80 großen Bogen, einer Höhe von über 48 m und einer Kapazität von rund 45 000 Zuschauern. Auf dem Areal, auf dem sich einst die Gigantomanie Neros mit dem Bau des „Goldenen Hauses" voll entfaltet hatte, erhoben sich jetzt die Großbauten, die dem ganzen römischen Volke dienten. Das Flavische Amphitheater war Teil eines großen politischen Bauprogramms:

„Hier, wo der Sonnenkoloß zu den Sternen so nahe emporblickt
und in der Mitte des Wegs hoch das Gerüst sich erhebt,
strahlte vordem der verhaßte Palast des grausamen Herrschers;
Und auf dem Raume der Stadt gab's nur ein einziges Haus.
Hier, wo die wuchtige Masse des herrlichen Amphitheaters
aufstrebt voll Majestät, hatte einst Nero den See.
Hier, wo wir jetzt die rasch erstandenen Bäder bewundern,
hatte ein prächtiger Park Armen entrissen ihr Heim.
Wo die Claudische Halle weithin ihre Schatten verbreitet,
dort erst schloß der Palast mit seinem äußersten Teil.
Rom ist sich wiedergeschenkt, und, Caesar, in deiner Regierung
dient zum Entzücken des Volks, was nur dem Herrscher gedient."
(Martial, Buch der Schauspiele, 2 – Übertragung R. Helm)

Gerade in seinem ‚Buch der Schauspiele', dem ersten seiner großen Epigrammsammlung, wurde Martial nicht müde, das Flavische Amphitheater zu rühmen. Er verglich es schon im ersten Gedicht mit den Weltwundern und kam zu dem Resultat:

„Jegliche Leistung verschwindet vor Caesars Amphitheater.
Ein Werk feiert allein künftig statt aller der Ruhm."
(Übertragung R. Helm)

Er schilderte den Zustrom aus aller Welt: Selbst Thraker, Sarmaten, Ägypter, sabäische Araber, Kilikier, Sugambrer und Äthiopier strömten in Rom zusammen, um an den großen Spielen teilzunehmen. Martial berichtet von den aufsehenerregenden Ereignissen, die die Zuschauer im Flavischen Amphitheater faszinierten: den Kämpfen zwischen Nashorn und Stier, Tiger und Löwen, Stier und Elefant, zwischen zwei Gazellen. Er berichtet von jener trächtigen Sau, die noch im Todeskampf ein Junges warf, von der Gazelle, die scheinbar flehend vor der Loge des *princeps* stehenblieb, von dem Gladiator Carpophorus, einem Helden der Arena, der nacheinander einen Bären, einen Löwen und einen Panther erlegte. Er berichtet von den grausamen, unerbittlichen Zweikämpfen der Gladiatoren und von den farbigen, prunkvollen Wasserschauspielen und Seegefechten, die Domitian gab.

Die erste überlieferte Tierhetze fand in Rom bereits im Jahr 186 v. Chr. unter M. Fulvius Nobilior statt. Die Veranstaltungen wurden anfangs häufig im *Circus maximus* abgehalten. Seltene und exotische Tiere sind dabei nicht nur vorgeführt worden, man ließ sie gegeneinander in den verschiedensten Paarungen kämpfen, häufig jedoch auch gegen Menschen. Neben ausgesuchten italischen Tieren (Rehen, Hirschen, Ebern, Bären und Stieren) wurden schon seit dem 2. Jahrhundert v. Chr. auch Löwen und Panther, Leoparden und Strauße gezeigt, zur Zeit der späten Republik dann Ansprüche und Erwartungen immer höher geschraubt. Aemilius Scaurus ließ 58 v. Chr. Krokodil und Nilpferd, Pompeius 55 v. Chr. das Rhinozeros, seltene afrikanische Affen und gallische Luchse, Caesar 47 v. Chr. die Giraffe präsentieren. Gleichzeitig nahmen die Zahlen der kämpfenden Tiere, Dauer und Formen der Massaker ein immer größeres Ausmaß an. In den Spielen des Pompeius' und Caesars wurden bereits Hunderte von Löwen erlegt, in den insgesamt 26 Hetzen, die Augustus gab, etwa 3500 afrikanische Tiere getötet, bei den Spielen Trajans im Jahre 107 n. Chr. insgesamt rund 11000 Stück Wild abgeschlachtet. Ihren bizarren Höhepunkt erreichten die Tierhetzen unter dem krankhaften Commodus, der an einem Tag fünf Nilpferde mit eigener Hand tötete, an anderen dann auch noch 2 Elefanten, mehrere Nashörner und eine Giraffe. – In wesentlich bescheidenerem Umfang sind solche *venationes* auch in vielen kleineren Städten des *Imperiums* gegeben worden.

Die Gladiatorenspiele hatten einst sehr bescheiden begonnen. Im Jahre 264 v. Chr. ließen die Söhne des D. Iunius Brutus Pera auf dem römischen Ochsenmarkt im Zusammenhang mit dem Begräbnis ihres Vaters drei Gladiatorenpaare gegeneinander fechten. Gemäß einer vor allem in Etrurien und Kampanien verbreiteten Sitte handelte es sich zunächst stets um Spiele zu Ehren eines Verstorbenen, dem nach den alten Vorstellungen das vergossene Blut zugutekommen sollte. Der christliche Rhetor Tertullian hat später Zusammenhänge und Entwicklung so beschrieben:

„Was den Verstorbenen geopfert wurde, das sah man als einen Totendienst an ... Totenspende *(munus)* wird es genannt von dem Dienst ... Einen Dienst aber glaubten die Alten durch diese Spiele den Toten zu erweisen, nachdem sie den Charakter derselben gemildert hatten durch eine gelindere Art von Grausamkeit. Früher kaufte und opferte man bei den Leichenbegängnissen Gefangene oder böse Sklaven, weil man glaubte, die Geister der Toten durch Menschenblut zu versöhnen. Späterhin zog man es vor, diese Ruchlosigkeit zu einer Ergötzlichkeit zu gestalten. Und so wurden Leute, die man beschafft hatte, bloß um zu lernen, wie man sich müsse totschlagen lassen, in dem Gebrauch der Waffen unterrichtet, so gut wie es damals ging, und dann alsbald am festgesetzten Tage der Totenopfer bei den Grabhügeln

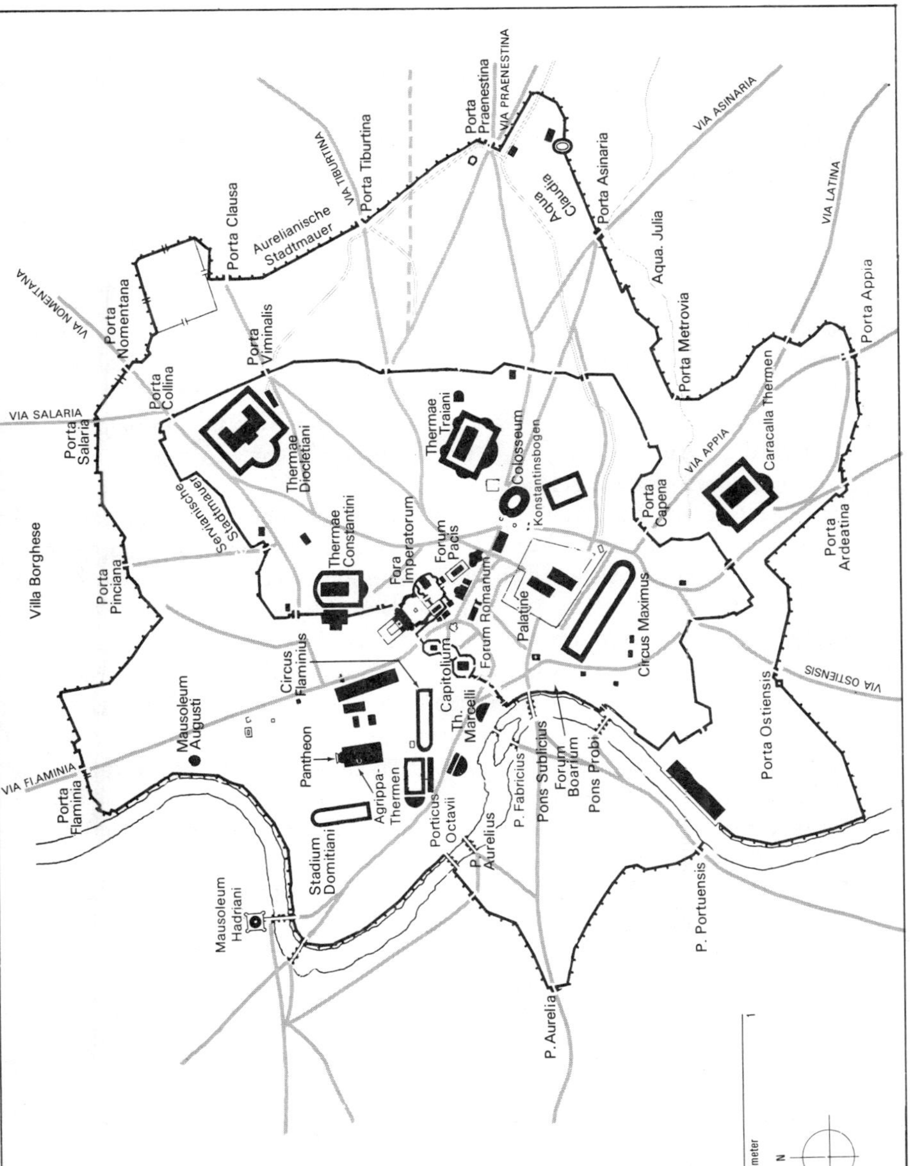

8. Das kaiserzeitliche Rom

verwendet. So tröstete man sich über den Tod durch Morde." (Tertullian, Über die Schauspiele, 12 – Übersetzung K. Kellner)

Auch hier erweiterten sich die Zahl der Teilnehmer und die Dauer der Kämpfe ständig, der religiöse Zusammenhang ging verloren; die Kämpfe wurden schließlich zur Unterhaltung in ihrer brutalsten Form, zur Apotheose von Sadismus und Perversion. Im Jahre 174 v. Chr. ließ der Philhellene T. Quinctius Flamininus bei den Spielen zu Ehren seines Vaters bereits 74 Gladiatoren auftreten. 105 v. Chr. gaben erstmals römische Konsuln in staatlichem Auftrag Gladiatorenspiele, Caesar ließ als Ädil im Jahre 65 v. Chr. schon 320 Paare kämpfen, Titus anläßlich der Eröffnung des *Amphitheatrum Flavium* im Jahre 80 n. Chr. bereits viele Tausende, Trajan zwischen 106 und 114 n. Chr. angeblich rund 23 000 Mann. Und trotz aller Bemühungen des Christentums gingen die Gladiatorenkämpfe in Rom bis zum Ende des 4. Jahrhunderts n. Chr. weiter.

Als Gladiatoren fochten nicht nur Sklaven und Kriegsgefangene, sondern häufig Verbrecher, die auf Grund der verschiedensten Vergehen in die Arena verurteilt waren, bekanntlich auch sehr viele Christen, andererseits jedoch selbst freie Bürger, gescheiterte Existenzen und schließlich einzelne Mitglieder der Führungsschicht, welche die exzessiven Erregungen einer solchen Form der Existenz der Monotonie ihres Daseins vorzogen. Die freiwilligen Gladiatoren legten einen Eid darauf ab, sich „mit Ruten hauen, mit Feuer brennen und mit Eisen töten zu lassen".

Das Gladiatorenwesen war umfassend organisiert. Spezielle Unternehmer (der *lanista*) unterhielten Gladiatorenfamilien, sorgten für Nachschub, ließen die Männer ausbilden, verpachteten und verkauften sie wieder. Sie übernahmen vor allem in den kleineren Städten des *Imperiums* im Auftrag der Magistrate die Ausrichtung der Spiele. Training und Ausbildung der Gladiatoren erfolgten in besonderen Schulen, von denen diejenige in Capua durch den Ausbruch des Spartacus weithin berühmt wurde. Unter dem Principat gab es in Rom selbst, wo die Haltung von Gladiatoren nun vom *princeps* monopolisiert wurde – nach Neros Tod wechselten hier 2000 Gladiatoren den Herrn –, drei Gladiatorenschulen, deren größte *(Ludus magnus)* in der Gegend der Via Labicana teilweise wieder ausgegraben worden ist. Die Schulen verfügten nicht nur über einen ausgedehnten technischen Apparat und über erfahrene Fechtmeister, sondern ebenso über gute Masseure und qualifizierte Ärzte.

Je nach Bewaffnung und Kampfweise wurden verschiedene Gladiatorengattungen unterschieden, wobei diese Kategorien zum Teil von typisch „nationalen" Bewaffnungsarten ehemaliger Kriegsgefangener ausgingen. Die „Samniten" etwa waren mit mächtigen, viereckigen Schilden, kurzen Schwertern, Beinschienen und Gesichtshelmen mit hohem Kamm und Federbusch ausgestattet, die „Thraker" mit kleinen Rundschilden und gebogenen Schwertern, die „Retiarier" mit Dreizack, Netz und Dolch, die

„Secutoren“ mit Schild, Schwert und Visierhelm. Daneben gab es die „Andabatae“, Panzerreiter, die mit geschlossenen Gesichtshelmen kämpften, und die „Essedarier“, die auf den typischen britannischen Streitwagen fochten. Schon die Skizzierung dieser Gattungen dürfte verständlich machen, daß die Meisterung der spezifischen Waffen ein großes Maß an Geschicklichkeit verlangte. Nur Spezialisten konnten Technik und Qualität der Hiebe und der Abwehr beurteilen, doch wer jahrelang die besten Fechter kämpfen sah, wurde leicht zum Kenner.

Die Gladiatorenkämpfe selbst, die sich oft tagelang hinzogen, wurden in der Regel durch Scheinfechter *(paegniarii)* eröffnet und durch Vorkämpfer *(lusorii)*, die lediglich mit hölzernen Waffen aufeinander losgingen. Erst danach kämpften die Gladiatoren in den verschiedensten Zusammenstellungen. Sie kämpften unter oft frenetischer Anfeuerung und inmitten einer wahren Massenhysterie. Sie kämpften so lange, bis einer der Partner getötet oder zumindest schwer verletzt war, so daß er aufgeben mußte. Dann forderte die Menge durch Tücherschwenken oder erhobene Daumen die Begnadigung, oder, nicht selten, durch gesenkte Daumen den Tod. Die Entscheidung darüber fällte jedoch stets der Präsident des Spiels, der Magistrat, der es veranstaltete, oder der *princeps.* Er beschenkte auch die Sieger mit goldenen Schalen, Kronen und Goldstücken, außerdem erhielt der Sieger einen Palmzweig.

Die Masse der Zuschauer wurde in einen wahren Blutrausch versetzt. Seneca berichtet, zu welchen Szenen es selbst in der „ruhigeren“ Zeit der Mittagspause kam, wenn die großen Schaukämpfe lediglich überbrückt werden sollten und nur noch ein Teil der Besucher anwesend war:

„Durch Zufall geriet ich in eine Mittagsvorstellung. Ich erwartete harmlose Spiele, allerlei Scherze, kurz, eine Erheiterung, die die Menschen nach dem Anblick von Menschenblut wieder beruhigt – das Gegenteil trat ein. Alle vorigen Kämpfe waren dagegen sanfte Barmherzigkeit: kein bißchen Scherz, der reine Menschenmord! Nichts, womit sich die Kämpfer schützen können. Jedem Hieb am ganzen Körper ausgesetzt, führen sie selbst keinen vergeblich. Das liebt die Masse mehr als die paarweisen, kunstgerechten, sonst immer verlangten Gladiatorenkämpfe. Warum auch nicht? Kein Helm, kein Schild fängt den Schwertstreich auf. Wozu noch Schutz? Wozu Fechtkunst? All das verzögert ja nur den Tod. Morgens wirft man den Löwen und Bären Menschen vor, mittags den Zuschauern. Die Mörder wünscht man weiteren Mördern vorgeworfen zu sehen, den Sieger spart man auf für neues Gemetzel: das Ende der Kämpfer ist immer der Tod. Feuer und Schwert regieren. So geht's dort zu, bis die Arena ‚leer‘ ist. ‚Aber er hat doch einen Raub begangen, einen Menschen umgebracht.‘ Gut und schön: ist er ein Mörder, so hat er sein Schicksal verdient. Aber – Unseliger! – was gibt dir das Recht, dabei zuzuschauen? ‚Töte, schlag zu, verbrenne ihn! Warum stürzt er sich so angstvoll gegen das Schwert? Warum haut er auf den anderen so zaghaft ein? Warum stirbt er so ungern? Man schlage sie, bis sie sich gegenseitig verwunden! Brust an Brust, und nackt die Brust – so sollen sie beide den Schwertstößen des Gegners sich bieten!‘ Aber es ist doch Pause! ‚So soll man derweile den Menschen die Kehle durchschneiden, damit wenigstens etwas geschieht!" (Seneca, Briefe an Lucilius 7, 3ff. – Übersetzung E. Glaser-Gerhard)

Auch die Massierung der Kämpfe stumpfte schließlich ab. So gingen schon Caesar und Augustus dazu über, ‚Naumachien' zu veranstalten, die den Einsatz großer Gladiatorentruppen in Seeschlachten boten, welche in der Regel historisch drapiert waren, zum Beispiel den Kampf griechischer gegen persische Schiffe zeigten. Das *non plus ultra* in dieser Beziehung bescherte die Naumachie des Claudius im Jahre 52 n. Chr. auf dem Fucinersee, als zwei Flotten mit jeweils 19000 Mann gegeneinander fochten. Auch Domitian präsentierte Spiele dieser Art.

Amphitheater für Gladiatorenkämpfe und Tierhetzen gab es in der ganzen römischen Welt. Das älteste (80 v. Chr.) stammt aus Pompeji; es bot nach mehreren Erweiterungen zuletzt 20000 Sitzplätze, mehr, als die Stadt wohl überhaupt Einwohner hatte. Über 70 solcher Theater sind aus allen Teilen des *Imperiums* bekannt, diejenigen von Verona, Pola, Korinth, Pergamon, Antiochia, Berytos, Alexandria, Lambaesis, Caesarea in Mauretanien, Arles, Nîmes und Trier zählen zu den berühmtesten. Anfangs wurden hölzerne Provisorien auch von Privatleuten errichtet, mitunter mit katastrophalen Folgen, wie unter Tiberius in Fidenae, wo ein solcher Bau zusammenbrach und angeblich 50000 Menschen unter sich begrub. Die Ausbreitung der Gladiatorenspiele auch in den Provinzen und der Zwang der Magistrate, auf die Wünsche der Massen Rücksicht zu nehmen, führte schließlich dazu, daß diese *munera* kaum mehr zu finanzieren waren. So legte ein besonderes *Senatusconsultum* 177/8 n. Chr. die Bezahlung der Gladiatoren fest, die dazu in fünf Rangklassen eingeteilt wurden, welche für ein Auftreten gestaffelt zwischen 1000 und 15000 Sesterzen erhalten sollten.

Mit Wagenrennen, Tierhetzen und Gladiatorenkämpfen konnten die Theateraufführungen nicht konkurrieren. Ihre Resonanz war wesentlich bescheidener. Von den drei römischen Theatern faßte das des Balbus ca. 6–7000, jenes des Pompeius ca. 12000, das des Marcellus etwa 10000 Besucher, alle drei zusammen somit noch nicht einmal die Hälfte der Plätze des *Amphitheatrum Flavium.* Die wichtigsten Gattungen, die dort zur Aufführung gelangten, waren die Atellane und der Mimus. Die Atellane, ursprünglich eine kampanische Komödiengattung mit den feststehenden Typen des Alten *(Pappus)*, des Buckligen *(Dossennus)*, des Fressers *(Bucco)* und des Dummkopfs *(Maccus)* wurzelte anfangs ganz im ländlichen und handwerklichen Milieu, nahm dann jedoch auch andere Themenkreise auf. Der Mimus dagegen war eine burleske Posse ohne feststehende Typenmasken, die von zahlreichen operettenhaften Gesangseinlagen überwuchert wurde, in ihrer Possenreisserei, den Götterpersiflagen, Gaunerstücken, deftigen Liebes- und Ehebruchsszenen Unterhaltung in plattester Form bot.

Auch im Theater wurde die Pracht der Inszenierungen wichtiger als die künstlerische Substanz. Die Komödien- und Tragödiendichter schrieben neue Stücke schließlich nur noch für die Rezitation, die mehr und mehr zu einer grassierenden Krankheit auswuchs. Denn Vorlesungen in kleinem oder größerem Kreis waren längst modisch geworden. In anspruchsvollem Ton und mit großem „künstlerischem“ Gestus wurde alles und jedes rezitiert: Geschichtswerke und Erzählungen, Dichtungen und Schauspiele, Reden und angebliche Kunstprosa jeder Art, und dies alles stundenlang. In einem der einschlägigen Sektoren erlebte der Principat freilich noch immer große künstlerische Leistungen, bei den Pantomimen. Sie waren einst, wie noch der ältere Pylades unter Augustus, Sänger und Tänzer in einer Person, in der Epoche Domitians und Trajans dagegen nur noch Tänzer und Schauspieler, die einzig durch die stumme Sprache ihrer Bewegungen die vielfältigsten Effekte erzielen konnten.

8. Bäder

Ähnlich wichtige Zentren des sozialen Lebens wie der *Circus maximus* und das Amphitheater, und dies in permanenter Weise, sind in Rom jene großen monumentalen Thermenanlagen geworden, die in rascher Folge von Agrippa bis Konstantin errichtet wurden. Die architektonischen Überreste der Caracalla- und der Diokletiansthermen, auf Flächen von 11 bzw. 13 ha, mit ihren verwirrenden Agglomerationen von Räumen und Plätzen beeindrucken noch heute jeden Besucher Roms. Sie bildeten jeweils nicht nur ein differenziertes System von allen nur denkbaren Arten von Kalt-, Warm-, Heiß-, Dampf-, Wasser-, Luft- und Sonnenbädern, sondern zugleich ein Zentrum der Freizeitgestaltung und der Kommunikation, von Trainings- und Spiel-, Gymnastik- und Massageplätzen, Spazierwegen, Gartenanlagen und Parkflächen, selbst Bibliotheken und Museen. Die relativ geringen Eintrittsgebühren und die Kosten für das Öl zur Körperpflege hielten indessen einen Großteil der Bevölkerung von allzu häufiger Benutzung ab. Es ist daneben symptomatisch, daß auch die Anzahl der kleineren Badeanstalten *(balnea)* in der Hauptstadt von rund 170 unter Augustus auf über 900 am Ende der Spätantike anstieg.

9. Lebenshaltung

Ein wiederholt eingekritzelter Vers läßt uns die Mentalität der einfachen Bürger Roms unter dem Principat ahnen:

> „Bäder, Weine und Liebe richten unsere Körper zugrunde,
> doch nur Bäder, Weine und Liebe machen das Leben aus.“
> *(Balnea, vina, Venus corrumpunt corpora nostra,*
> *At vitam faciunt balnea, vina, Venus)*

Es ist eine etwas andere Lebensphilosophie, die uns aus diesem Vers entgegentritt, als jene der Elogien der römischen Nobilität mit ihrem Streben nach *virtus, honos* und *gloria,* aber auch nach Reichtum, großer Familie und beständiger Mehrung des Sozialprestiges. Natürlich gab es auch unter dem Principat Tausende von ehrgeizigen, aufstiegsbesessenen, in jeder Hinsicht und mit allen Mitteln aktivistischen Römern. Vor allem die sozialen Aufsteiger aus den Landstädten und Kolonien, die Elite aus den Provinzen, aber auch viele Freigelassene und Provinziale zählen zu diesem Kreis. Und es gab daneben offensichtlich, doch in immer kleinerer Zahl, innerhalb der Führungsschicht die Hüter der Tradition, die sich demonstrativ an die alten Normen und an den alten Lebensstil hielten.

Doch wichtiger sind andere Entwicklungen. Die neue Struktur der politischen Macht führte zur „Apolitie der Besten" (Jacob Burckhardt), das Schicksal der an exponierter Stelle stehenden Funktionäre und Würdenträger, schließlich der Reichen insgesamt, die – wenigstens in einigen Regierungen – durch die Anzeige eines einzigen Denunzianten oder durch die persönliche Mißgunst des *princeps* von heute auf morgen ihr gesamtes Hab' und Gut verlieren konnten, und nicht zuletzt die seit dem 2. Jahrhundert n. Chr. immer weiter ansteigende Belastung der reicheren Bürger führte zur Verbindlichkeit eines neuen Lebensideals:

„Was das Leben erfreulich macht für einen,
mein geliebtester Freund Martial, ist dieses:
ein Vermögen, ererbt, nicht schwer erworben,
ein ergiebiges Feld, ein Herd, der fortbrennt,
kein Prozeß, zum Besuch kein Zwang, Gemütsruh,
Kräfte, wie es sich ziemt, gesunder Körper,
Einfalt, aber gescheit, und gleiche Freunde,
stets bequeme Gesellschaft, kunstlos Tafeln,
eine Nacht, nicht berauscht, doch frei von Sorgen,
nie verödet das Lager, trotzdem züchtig,
Schlaf, der einem die Zeit des Dunkels abkürzt,
nur sein wollen, was grad man ist, nichts andres,
und das Ende nicht fürchten und nicht wünschen."
(Martial, Epigr. X, 47 – Übertragung R. Helm)

Das griechische Ideal des Maßhaltens in allen Dingen setzte sich mehr und mehr durch. Über den vitalen Exzessen ungebändigter Kraft bei einzelnen *principes,* wie Caligula, Nero, Commodus, Caracalla, sollte nicht vergessen werden, daß in großen Teilen der Bevölkerung während der Friedensären des Principats ganz bewußt der bescheidene Genuß des kleinen Glücks ersehnt wurde. Hektik und Gigantomanie der Metropole lösten hier verständliche Gegenkräfte und Reaktionen aus.

10. Bestattung und Totengedenken

Soweit die Analysen der Inschriften allgemeine Rückschlüsse zulassen, war die Lebenserwartung der Römer relativ gering. Gewiß sind die Werte aus Ostia nicht in jeder Hinsicht repräsentativ, doch es ist auf jeden Fall bemerkenswert, daß dort über 80% aller bekannten Grabinschriften von Menschen unter 30 Jahren stammen. Diese Tatsache und die außerordentlich hohe Kindersterblichkeit brachten es mit sich, daß jede römische Familie allezeit, und nicht nur während der großen Kriege und Bürgerkriege, mit dem Tod konfrontiert war, daß sie im Angesicht eines nahen Todes lebte. Daraus resultierte nicht allein die Philosophie des „*Carpe diem*", sondern auch die Sorge um eine angemessene Bestattung und die Sorge um das eigene Grab. Dominierten auch anfangs noch für große Teile der ärmeren Bevölkerung Roms Massengräber wie jene schachtähnlichen Anlagen, die auf dem Esquilin entdeckt wurden, so entstanden später gerade für die Angehörigen dieser Bevölkerungsgruppe die *collegia funeraticia*, vereinsartige Zusammenschlüsse, deren Mitglieder sich durch kleine Monatsbeiträge ein eigenes Grab in einer der großen Gemeinschaftsanlagen, den Columbarien (‚Taubenschlägen') für Brandbestattung oder den Katakomben für Körperbestattung, sicherten.

Wer immer es sich leisten konnte, ließ sich einen Grabstein mit voller Namensangabe setzen, wobei diese Grabinschriften häufig genug alle wesentlichen Angaben über die Ämter oder Dienstgrade enthielten, die der Verstorbene innehatte oder, besonders bei Freigelassenen, über ihre beruflichen Qualifikationen und Erfolge. Ob Körperbestattung oder Verbrennung bevorzugt wurden, die lange Zeit nebeneinander bestanden, bis seit dem 2. Jahrhundert n. Chr. dann die Körperbestattung zu dominieren begann, – die Römer versuchten die Erinnerung an jeden einzelnen Verstorbenen in seiner Individualität auch in künstlerisch anspruchsvollsten Formen festzuhalten und zu bewahren. Grabreliefs, Urnenschmuck, seit dem Principat dann in zunehmendem Maße auch die Sarkophagplastik entfalteten die Welt des Mythos oder, seltener, des Berufes um den Toten. Goethe, der über die römischen Grabdenkmäler auf italischem und deutschem Boden besonders intensiv reflektiert hat, beschrieb sie so:

„Sarkophagen und Urnen verzierte der Heide mit Leben:
Faunen tanzen umher, mit der Bacchantinnen Chor
Machen sie bunte Reihe; der ziegengefußete Pausback
Zwingt den heiteren Ton wild aus dem schmetternden Horn.
Cymbeln, Trommeln erklingen; wir sehen und hören den Marmor.
Flatternde Vögel! wie schmeckt herrlich dem Schnabel die Frucht!
Euch verscheuchet kein Lärm, noch weniger scheucht er den Amor,
Der in dem bunten Gewühl erst sich der Fackel erfreut.
So überwältiget Fülle den Tod; und die Asche da drinnen
Scheint, im stillen Bezirk, noch sich des Lebens zu freun."

(Venetianische Epigramme, Nr. 1 ‚Sarkophage')

Aber auch in Inschriften und Grabgedichten, nicht nur durch die langen Titel- und Karrierereihen, haben die Römer ihre Toten geehrt, und vielleicht berühren diese oft ganz einfachen und direkten Äußerungen den modernen Menschen noch tiefer als die imposanten Gestaltungen des Grabluxus, die in einzelnen Fällen nach dem Ausweis von Kostenabrechnungen einen Jahresgehalt verschlangen. Wie vieles von den Grabinschriften und -gedichten formelhaft und durch die traditionellen Bilder geprägt sein mag, die menschlichen Schicksale, die sie widerspiegeln und die pessimistischen wie materialistischen, aber auch die naiv-hoffnungsvollen wie die gläubigen Erwartungen, die sie bekunden, bleiben Dokumente menschlicher Erfahrung:

„Hier ist ewige Wohnung,
hier ist Ende der Mühe,
hier ist etwas Gedenken."

„Freunde, die ihr es lest, ich mahn' euch, mischet den Wein mir,
trinket ihn auch, weit weg, bekränzt mit Blumen die Schläfen,
schönen Frauen versaget dann nicht die Wonne der Liebe:
Was noch bleibt nach dem Tod, verzehren Feuer und Erde."

„Er, der die friedlichen Wellen des Sees überschreitend gebändigt,
er, der die schlummernde Saat im Boden vermag zu erwecken,
er, der die Kraft besaß die Todesbande zu lösen,
nach dem Dunkel der Nacht am dritten Tag nach dem Tode,
lebend den Bruder dem Licht und der Schwester Martha zu schenken,
weckt auch des Damasus Leib – ich glaub' an das ewige Leben."

(Grabinschriften aus Lamasba – Numidien – und Rom, Carmina Latina Epigraphica, 225, 856 – Grabinschrift des Papstes Damasus – Inscriptiones Latinae Christianae Veteres, 969 – Übertragung H. Geist)

VI. Römisches Recht

Der Begriff des „Römischen Rechts“ erweckt im allgemeinen zunächst Vorstellungen von Abstraktionen, einer umfassenden Rechtssystematik, wie sie sich im 12-Tafel-Recht, im *edictum perpetuum* unter Hadrian und in den berühmten Kodifikationen der Spätantike, dem *Codex Theodosianus* und dem *Codex Iustinianus* manifestierte, nicht zuletzt aber von der Ausbreitung römischer Rechtsnormen über den gesamten Mittelmeerraum und schließlich von deren Nachwirkung bis in die Neuzeit. So zutreffend diese Assoziationen sind, sie erfassen die Eigenart des Römischen Rechts und seiner Erscheinungsformen doch nur zum Teil. Gerade die moderne wissenschaftliche Erforschung des Römischen Rechts hat daneben andere Tatsachen und Aspekte in den Vordergrund gerückt: die Dialektik zwischen einmal getroffenen Fallentscheidungen und fixierten Rechtsformularen einerseits und der Berücksichtigung neuer Gegebenheiten andererseits, kurzum den evolutionären Charakter eines Rechtssystems, das sich genetisch aus sehr verschiedenen Schichten und Elementen gebildet hatte, in seiner Blütezeit aber weder in bloßer Systematik erstarrte noch zum Objekt rabulistischer Artistik oder unpräziser Rhetorik werden konnte. Die enge Verflechtung von Recht, Gesellschaft und Politik durchzieht und bestimmt alle Phasen der römischen Geschichte. Nach der so lange Zeit vorherrschenden systematischen Betrachtung des Römischen Rechts dominiert in der Gegenwart das historische Verständnis.

Das 451/50 v. Chr. fixierte Zwölftafelrecht ist noch für Livius „die Quelle des gesamten öffentlichen und privaten Rechts“ der Römer gewesen (Livius 3, 34, 6). In der erstmaligen verbindlichen Aufzeichnung der gültigen, oder damals im Wege eines Kompromisses neu fixierten Einzelbestimmungen eines geordneten Verfahrensganges zur Sicherung des Rechts samt der inhaltlichen Fixierung der Normen des Straf- und Privatrechts begann eine neue Epoche der Rechtsprechung. Eine mit außerordentlichen Vollmachten ausgestattete Zehnmännerkommission, die *decemviri legibus scribundis,* schuf mitten in der Epoche der Ständekämpfe die fortan Jahrhunderte hindurch gültige Grundlage des Rechts aller römischen Bürger, das *ius civile* schlechthin.

Die Forderung nach Aufzeichnung des gültigen Rechts ist ein Ruf, der aus vielen Ständekämpfen des Altertums bekannt ist und dessen Berechtigung ersichtlich wird, wenn die römischen Rechtsverhältnisse vor der Mitte des 5. Jahrhunderts v. Chr. berücksichtigt werden. Denn ungeachtet der hohen Bedeutung der rein privatrechtlichen Sphäre war in einer Vielzahl von Fällen das Sakralrecht tangiert, über dem die *pontifices* wachten.

Ihr Kollegium allein verfügte außerdem über die gültigen Entscheidungen und Formeln, die das Recht konstituierten; sie allein berieten und gutachteten. Der Vorwurf der Standesjustiz lag nahe, das Mißtrauen gegen ihre unkontrollierbare Tätigkeit war nicht zu beschwichtigen. Es war deshalb ein Politikum ersten Ranges, als die Plebejer die Rechtsaufzeichnung durchsetzten.

Einige Sätze des 12-Tafel-Rechtes dürften besser als viele Worte in seine Welt einführen. So lautet eine Bestimmung der 8. Tafel, die vor allem strafrechtliche Bestimmungen enthielt: „Wenn jemand einem anderen ein Glied verstümmelt, soll der Täter das Gleiche erleiden, wenn er sich nicht mit dem Verletzten gütlich einigt." Für Rom ist das hier begegnende Prinzip der Talion, der Gleichvergeltung, zu einer festen Norm geworden: Brandstifter sollten auch selbst durch Feuer getötet werden; diejenigen, die ihre Mitbürger ins Verderben stürzten, weil sie falsches Zeugnis gegen sie ablegten, sollten selbst in einen Abgrund gestürzt werden. Dabei ist zu bedenken, daß in allen diesen Fällen das Gerichtsverfahren ein Privatklageverfahren war. Selbst der Mordprozeß bestand aus einem Verfahren, das die Grundsätze privater Rechtsverfolgung und privater Vergeltung regeln sollte. Es verfolgte und strafte somit zunächst nicht der römische Staat, sondern es verfolgten die Verwandten, die Agnaten. Die richterliche Funktion des Staates bestand daher zuerst einzig darin, die private Rechtsverfolgung zu überwachen.

Für die Epoche des Zwölftafelrechts ist daneben das Rechtsinstitut des *nexum,* der „Fesselung", charakteristisch, bei dem sich der Schuldner seinem Gläubiger soweit auslieferte, daß er der Schuldknechtschaft verfiel, wenn er seine Schuld innerhalb der gesetzten Frist nicht einlösen konnte. Das Institut blieb solange in Kraft, bis die *lex Poetelia Papiria de nexis* des Jahres 326 v. Chr., eines der wichtigsten Gesetze des römischen Ständekampfes, diese Form der Schuldknechtschaft unterband.

So sehr das Zwölftafelrecht die Position der Plebejer gestärkt hatte, seine Interpretation und die Überwachung der verbindlichen Rechtsformulare blieben eine Domäne der *pontifices,* das heißt der Patrizier. Daneben wurden, wie aus dem erwähnten Falle des *nexum* hervorgeht, Privat- und Prozeßrecht auch durch Gesetze *(leges)* weiterentwickelt, welche die Volksversammlung auf Antrag der Konsuln oder eines Volkstribuns beschloß. Aus dem Zeitraum zwischen Zwölftafelrecht und dem Untergang der Römischen Republik sind rund 30 solcher Gesetze, die Recht setzten oder weiterentwickelten, wenigstens dem Namen und der Thematik nach bekannt. Erfaßt wurden von ihnen insbesondere die Bereiche des Prozeßrechts, der Sachbeschädigungen, des Erb- und Schenkungs-, Vormundschafts- und Bürgerschaftsrechts. Seit der Epoche der Gracchen wurden dann vor allem auch der Amtsmißbrauch der Promagistrate in den Provinzen durch die Repetundengesetze, wurden die Probleme der Siedlungspolitik durch verschiedene Agrargesetze juristisch fixiert. Der Kampf um einzelne Gesetze wurde somit erneut zum Gegenstand leidenschaftlicher politischer Auseinandersetzungen.

Aber auch durch das Amtsrecht *(ius honorarium)* der für die Rechtsprechung zuständigen Magistrate, insbesondere der Prätoren und Statthalter, wurde das römische Recht weiterentwickelt. Die römischen Jurisdiktionsmagistrate veröffentlichten bei Beginn ihrer Amtstätigkeit Grundsätze und Formulare ihrer Rechtsprechung in der Form eines Edikts, das zwar theoretisch von jedem Amtsinhaber persönlich verändert und ausgestaltet werden konnte, faktisch jedoch in seinem Grundstock identisch blieb. Erst unter Hadrian wurde diese Kodifikation des honorarischen Rechts dann von dem großen Juristen Salvius Iulianus abschließend redigiert, diese Redaktion des sog. *edictum perpetuum* dann auch noch durch einen Senatsbeschluß sanktioniert. Fortan konnte es lediglich noch vom *princeps* verändert werden; die Amtsrechtgestaltung der Prätoren hatte damit ihren Abschluß gefunden. Schließlich wirkten auch noch die Rechtswissenschaft und die mannigfaltigen juristischen Initiativen und Entscheidungen der *principes* auf die römische Rechtsentwicklung ein, die somit aus sehr verschiedenen Rechtsschichten bestand, die erst in der Spätantike zusammengefaßt wurden, ihre verschiedenartige historische Provenienz indessen nie verleugnen konnten.

Die Konzentration großer Massen verarmter Bürger in Rom führte in der Zeit nach den Punischen Kriegen offensichtlich zu einem Anwachsen der Kriminalität, insbesondere der Gewaltverbrechen, auf welche die römischen Behörden mit einer teilweise brutalen, auch auf Abschreckung zielenden Verschärfung der Polizeijustiz antworteten. Neben dem *praetor urbanus* waren vor allem die *tresviri capitales* für die Polizeigewalt und die Exekution der Strafen zuständig. Dabei galt die Todesstrafe nicht nur bei eindeutigen Gewaltverbrechen, Brandstiftung, Giftmischerei und Diebstahl, sondern selbst bei der bloßen Waffenführung in verbrecherischer Absicht sowie bei Besitz, Kauf und Verkauf von Gift. Entscheidend war die Tatsache, ob der Verbrecher auf frischer Tat überführt oder geständig war, dann erfolgte die Bestrafung ohne Prozeß. Bestritt der Beschuldigte dagegen die Tat, so kam es zu einem Prozeß vor dem *praetor* oder einem von diesem eingesetzten Verhandlungsleiter, falls es sich um einen angesehenen Bürger handelte. Andernfalls entschied der Triumvir, der mit dem Vorgang befaßt war, in jedem Falle jedoch beriet über die Schuldfrage der Beirat *(consilium)* des betreffenden Magistrats oder des jeweiligen Beauftragten.

In diesem *consilium* begegnet eine ebenso politische wie juristische Institution, die gerade für die exponierten Magistrate, Statthalter, Heerführer und Gerichtsherrn Roms bis in die Zeit des Principats, schließlich auch noch für den *princeps* selbst, charakteristisch werden sollte. Das Anhören und die Mitwirkung eines Beirats wurden eine selbstverständliche Norm; noch unter dem Principat war es nicht nur eine Stilfrage, ob ein *princeps* allein Urteile fällte oder ob er sich auf den Rat und die juristische Sachkompetenz eines *consiliums* stützte. Fachjuristen aber kam in solchen Konsilien naturgemäß eine immer größere Bedeutung zu.

Die öffentliche Strafgerichtsbarkeit wurde in Rom zunächst in sehr verschiedenartigen Formen, die sich in der Regel ganz nach der spezifischen Eigenart des betreffenden Falles richteten, abgewickelt. Politische Strafprozesse, in welchen dem angeklagten Bürger die Todesstrafe drohte, sind anfangs im Rahmen der Centuriatskomitien durchgeführt worden. In der Zeit der späteren Republik wurden dann außerordentliche Gerichtshöfe *(quaestiones extraordinariae)* üblich, wenn es sich um Amtsanmaßungen oder Pflichtverletzungen von Magistraten, Massenverbrechen oder um Verschwörungen gegen den Bestand der staatlichen Ordnung handelte. In allen diesen Fällen konnten Konsuln oder Prätoren mit der Durchführung der Untersuchungen und der Verhandlung beauftragt werden.

Eine stärkere Systematisierung der Strafverfahren erfolgte erst mit der Einführung ständiger Gerichtshöfe, der *quaestiones perpetuae,* die ihrerseits eine Ausweitung des für das jeweilige *consilium* erforderlichen Personenkreises auch auf die Ritter notwendig machten. Die *lex Sempronia iudiciaria,* ein Reformgesetz des Volkstribuns C. Gracchus aus dem Jahre 122 v. Chr., schuf diese Voraussetzung, doch erst unter der Diktatur Sullas kam es hier zu einer umfassenden Neuregelung, zur Einsetzung von *quaestiones* für die verschiedensten Verbrechenskategorien. Es gab künftig jeweils einen besonderen Gerichtshof für Hochverrat *(maiestas),* Hinterziehung von Staatseigentum *(peculatus),* Bestechung bei den Wahlen *(ambitus),* Erpressung in den Provinzen *(repetundae),* Mord und Giftmord *(de sicariis et veneficis),* Testaments- und Münzfälschung *(de falsis),* schwere Injurien bis zum Hausfriedensbruch *(de iniuriis).* Weitere quaestiones, so diejenigen für Gewaltverbrechen *(de vi)* und Ehebruch *(de adulteriis)* traten dann in der Folgezeit hinzu.

Wie erwähnt wurde, kannte das römische Recht keine staatlichen Strafverfolgungsbehörden in der Art der modernen Staatsanwaltschaften; Prozesse wurden durch private Anzeigen initiiert. Dabei hatte jetzt, anders als zur Zeit des Zwölftafelrechts, nicht allein der unmittelbar Geschädigte oder dessen Verwandte, sondern in nahezu allen wesentlichen Fällen jeder unbescholtene Bürger das Recht, Anzeige zu erstatten *(nominis delatio)* und damit Anklage zu erheben. Er wurde durch einen solchen Akt zur Prozeßpartei, der allerdings auch die Beweislast für ihre Anschuldigung oblag. Materielle Anreize (bei einem Todesurteil hatte der *delator* Anspruch auf einen bestimmten Teil des Vermögens des Angeklagten) korrumpierten diese Institution bald vollständig; ihre größten Exzesse liegen in der Zeit des frühen Principats. Die Möglichkeit von Verleumdungsklagen gegen falsche Anschuldigungen *(calumnia)* beseitigte den Mißbrauch der Delatoren nicht.

Für den Prozeßablauf vor den *quaestiones* war es wesentlich, ob der zuständige Gerichtsmagistrat die Anklage überhaupt annahm, worüber er in der Regel nach Beratung mit Mitgliedern seines *consilium* als erstes zu entscheiden hatte. Auch im Verfahren selbst lagen die wichtigsten Kompetenzen bei der Geschworenenbank. Sie wurde für jedes einzelne Verfahren aus oft mehreren Dutzend Mitgliedern, in einzelnen Fällen bis zu 75, aus der betreffenden Geschworenen- oder Richterliste durch das Los gebildet. Dabei hatten die Prozeßparteien das Recht, einzelne Personen abzulehnen, denn naturgemäß entschied schon die Zusammensetzung der Geschworenenbank nicht selten über den Ausgang des Verfahrens. Während der Verhandlung selbst konnten die Geschworenen indessen nur zuhören, der Gerichtsmagistrat überwachte lediglich den ordnungsgemäßen Ablauf. Ankläger und Angeklagter bzw. deren Anwälte beherrschten dagegen mit ihren Zeugen und Gegenzeugen, mit oft sehr polemischem Verhör und Kreuzverhör die Szene. Der Angeklagte war dabei in einer besonders starken Position, ihm standen nicht nur mehrere Anwälte zu, sondern auch das Anderthalbfache der Gesamtredezeit der Anklage. Die Geschworenenbank entschied dann in geheimer Abstimmung über Schuldig oder Nicht-schuldig. Im Falle eines Schuldspruchs wurde die gesetzlich vorgeschriebene Strafe durch den Gerichtsmagistrat vollstreckt, lediglich zur genauen Festlegung von Geldstrafen trat das *consilium* gegebenenfalls noch einmal zusammen. Da das römische Strafrecht zur Zeit der Republik Freiheitsstrafen nicht vorsah, war die Todesstrafe relativ häufig. Sie wurde indessen in der Regel nur an Sklaven und bei Angehörigen der Unterschicht vollzogen, den übrigen Bürgern wurde dagegen sehr häufig eine Flucht ins Exil ermöglicht.

Gewährten die römischen *quaestiones* in der Regel auch eine intensive und ausgewogene Behandlung aller Strafrechtsfälle, so waren die Verfahren doch aufwendig, zeitraubend und langwierig. Da es nicht selten auch zur Wiederholung von Verfahren kam, wurden die Prozesse immer wieder verschleppt. (Unter Septimius Severus waren allein über 3000 Verfahren vor dem Gerichtshof *de adulteriis* noch nicht entschieden.) Die unbestreitbare Schwerfälligkeit der ordentlichen Gerichtsbarkeit führte deshalb unter dem Principat dazu, daß die sogenannte außerordentliche Strafjustiz, die *cognitio extra ordinem,* mehr und mehr an Bedeutung gewann, während die Geschworenengerichtshöfe zwar noch für das 2. Jahrhundert n. Chr. bezeugt sind, faktisch jedoch ganz in den Hintergrund traten.

Seit Sullas Neuordnung der Gerichtsbarkeit lag die zivilrechtliche Jurisdiktion in den Händen des Stadt- bzw. des Fremdenprätors. Auch in diesem Bereich leitete und überwachte der Gerichtsmagistrat lediglich die Durchführung der Verfahren, auch hier wurden die Urteile von Geschworenen gefällt. In Ausnahmefällen, insbesondere bei Privatsachen hoher Werte wie Erbschaften wurde die große Geschworenenbank des Gerichtshofs der *centumviri* tätig, in der Regel fanden Zivilprozesse dagegen seit der späten Republik entweder vor Einzelgeschworenen *(sub uno iu-*

dice) oder vor kleinen Kommissionen, den Schiedsmännern *(arbitri)* oder Wiederbeschaffern *(recuperatores),* statt. Das Verfahren gliederte sich dabei in zwei Teile. Vor dem Gerichtsmagistrat *(in iure)* wurde lediglich, anfangs in streng formalisierter Weise, über die Zulassung der Klage entschieden und der oder die verantwortlichen Geschworenen benannt. Der Rechtsstreit selbst ist dann vor diesen *(apud iudicem)* ausgetragen worden. Er war inhaltlich durch das Abschlußdekret des Gerichtsmagistrats genau festgelegt, durch die Prozeßformel aber auch gebunden. Erst allmählich setzte sich eine elastischere, inhaltlich nicht präjudizierte Verhandlungsform durch, insbesondere in jenen Fällen, für welche die alten Formulare nicht griffen, so zum Beispiel in den formlos abgeschlossenen Arbeits-, Werk-, Miet- und Kaufverträgen.

Augustus hielt sich im Bereich der Rechtsprechung zunächst zurück, obwohl ihm entsprechende Kompetenzen auf Grund seines *imperium proconsulare* für den Bereich des Heeres und der Provinzen (wie die Edikte von Kyrene belegen, dabei nicht nur für die sogenannten kaiserlichen Provinzen), auf Grund seiner konsularischen Gewalt aber auch für den Bereich der Stadt Rom zustanden. Doch mochten sich auch einzelne *principes* im Sektor der Rechtsprechung große Zurückhaltung auferlegen, durch die Appellationen gegen die Entscheidungen anderer Gerichte und durch vielfältiges Ersuchen um Rechtshilfe wurden sie, wie früher die Volkstribunen, immer tiefer in die Rechtsprechung verstrickt. Andererseits weiteten juristisch interessierte *principes* wie Claudius den Radius des sogenannten Kaisergerichts immer weiter aus. Faktisch konnte der *princeps* schließlich jeden Rechtsstreit vor das Kaisergericht ziehen und in letzter Instanz entscheiden. Dessen besondere Merkmale lagen darin, daß der *princeps* weder an eine Verfahrensordnung noch an einen Gerichtsort gebunden war, zudem völlige Freiheit in der Zusammensetzung seines *consiliums* besaß. Freie Hand hatte er auch bei der Definition von Delikten, der Wahl der Strafart und in der Festsetzung des Strafmaßes. Die Entscheidungen des Kaisergerichts *(decreta)* gewannen rasch denselben Rang und dieselbe Verbindlichkeit wie Gesetze.

Die juristischen Kompetenzen des *princeps* erschöpften sich indessen nicht in der *extraordinaria cognitio* des kaiserlichen Strafgerichtshofes. Kraft seiner tribunicischen Gewalt konnte der *princeps* Gesetze verabschieden lassen, wie zum Beispiel die verschiedenen *leges Iuliae* unter Augustus; seit 19 v. Chr. hatten auch die Edikte des *princeps* Gesetzeskraft. Neben den *decreta* gewannen sodann die Weisungen des *princeps* an die Magistrate und an seine Legaten, die *mandata,* ebenso juristische Verbindlichkeit wie seine Entscheidungen bei Petitionen und Einzelanfragen in der Gestalt der Reskripte oder *epistulae.* Am deutlichsten trat die Rechtsschöpfung des *princeps* freilich in den *Constitutiones* zu Tage, den rechtlich bindenden Vorschriften, die aus der *lex de imperio* abgeleitet wurden. Auf allen diesen Wegen wickelte sich die Jurisdiktion des *princeps* in immer größerem Ausmaß ab; Probleme der Rechtsprechung füllten schließlich den Hauptteil des Alltags verantwortungsbewußter *principes* aus.

In Rom selbst wurde der Stadtpräfekt *(praefectus urbi)*, ein vom *princeps* ernannter Konsular, zum Leiter der Polizeigerichtsbarkeit. Auch diese Form der *cognitio extra ordinem* zeichnete sich durch eine straffere und zugleich elastische Verhandlungsführung aus: Der Stadtpräfekt war nicht an die Kompetenzschranken der *quaestiones* gebunden, gemeinsam mit einem aus Senatoren bestehenden *consilium* konnte er jeden Verstoß gegen öffentliche Sicherheit und Ordnung innerhalb kurzer Frist ahnden. War schon hier eine indirekte Einwirkung des *princeps* gegeben, so traf dies in noch weit höherem Maße für das sogenannte Senatsgericht zu. Der Senat der späten Republik hat sich ursprünglich allein mit Hochverratsprozessen befaßt, unter Augustus wurden dann jedoch auch Majestätsverbrechen, seit dem Jahre 4 v. Chr. auch Repetundendelikte vor dem Senat verhandelt. Allein dieses Senatsgericht war kein „Pairsgericht". Unter Augustus wurden auch Ritter, wie Cornelius Gallus, oder Klientelfürsten, wie Antiochos II. von Kommagene, vor dem Senat angeklagt. Die Erweiterung der juristischen Kompetenzen des Senats lag im übrigen durchaus im Interesse des neuen politischen Systems: Sie ließ die römische Aristokratie wenigstens teilweise den Verlust ihrer früheren politischen Privilegien vergessen, beschäftigte sie und band sie zugleich an die neue Ordnung.

Es wäre eine völlige Verkennung der Realität, wollte man im Senatsgericht einen unabhängigen senatorischen Gerichtshof erblicken. In Wirklichkeit war der Einfluß des *princeps* im Senatsgericht nicht weniger dominierend als in den normalen Senatssitzungen. Der *princeps* konnte nicht nur den Prozeßvorsitz übernehmen, als *primus inter pares* konnte er jederzeit in die Verhandlung selbst eingreifen, sie notfalls durch Intercession auch abbrechen lassen. Andererseits konnte er vor dem Senat Klage erheben, die Klagen Anderer unterstützen oder unterbinden. Vor allem aber bemühte sich der Senat so geflissentlich, den Interessen und Vorstellungen des *princeps* gerecht zu werden, daß ein „Zuviel" hier näher lag als ein „Zuwenig". Im Bereich der Gesetzgebung liegen die Dinge ähnlich. Schon zur Zeit der späten Republik hatten die Senatsbeschlüsse faktisch Gesetzeskraft erlangt. Während die Volksversammlung nach Claudius zur Gesetzgebung nicht mehr herangezogen wurde, sind neue Gesetze in immer weiterem Umfang in der Form von Senatsbeschlüssen verkündet worden. Sie betrafen das Erbrecht wie das Vermächtnisrecht, das Schuldrecht wie das Personenrecht. Doch auch hier wie bei der Definition neuer Straftatbestände waren die *Senatusconsulta* stets mittelbar Ausfluß des Willens der *principes*.

Das römische Verständnis von Recht und Rechtswissenschaft hat der Jurist Ulpian in berühmten Sätzen so definiert: „Gerechtigkeit ist der standhafte und unwandelbare Wille, jedem das ihm Gebührende *(suum cuique)* zukommen zu lassen. Die Gebote des Rechts sind diese: ehrenhaft leben, den Mitmenschen nicht verletzen, jedem das ihm Gebührende gewähren. Rechtswissenschaft ist die Kenntnis der göttlichen und menschlichen Dinge, die Wissenschaft von dem, was Recht und Unrecht ist.“ (Ulpian, Rechtsregeln, 1 – Digesten 1, 1, 10 – Übertragung E. Scharr)

Das Recht genoß in der römischen Gesellschaft höchstes Ansehen. Die republikanische Führungsschicht widmete sich ihm ähnlich intensiv, wie es die *principes* taten. Anklage und Verteidigung in den großen Prozessen der republikanischen Zeit boten ebenso einen Weg, persönliches Prestige zu erlangen und zu vermehren, wie die Erstattung wissenschaftlicher Rechtsgutachten und die Mitwirkung im *consilium* des *princeps* unter dem Principat.

Das römische Recht steht von seinen Anfängen an in Wechselbeziehungen zu fremden Rechten. Schon für das Zwölftafelrecht sind Verbindungen zum griechischen Recht wahrscheinlich, später dürften vornehmlich im Bereich des Steuer- und Wirtschaftsrechts hellenistische Anregungen aufgenommen worden sein. Das Bewußtsein der Spannungen, die sich aus der Überschneidung mit fremdem Recht ergaben, umfaßte auch die private Sphäre. Die römische Vorstellung des Völkerrechts erhielt damit eine breite privatrechtliche Basis, die seit 242 v. Chr. der Obhut eines eigenen Gerichtsmagistrats, des *praetor peregrinus*, übertragen wurde. Da über dessen Tätigkeit jedoch nur wenig bekannt ist, läßt sich das Ausmaß fremder Impulse auf das römische Recht nur schwer abschätzen. Aufs Ganze gesehen blieben indessen offensichtlich die genuin römischen Vorstellungen und Rechtstraditionen vorherrschend.

Die Eigenart des Römischen Rechts, eines Rechts, das immer wieder neue Erkenntnisse und Erfahrungen aufnahm, läßt sich nicht auf wenige Leitbegriffe und Abstraktionen reduzieren. In seinen Anfängen spiegelt es jedoch offensichtlich jene Werte wider, die auch in der römischen Politik und Gesellschaft normativ waren oder in gewiß oft provozierender Weise von Rom beansprucht wurden. Allen voran steht hier der Begriff der *fides*, die Anerkennung wechselseitiger Bindungen in weitestem Umfang. Aus ihm läßt sich einerseits die volle juristische Anerkennung des Wortes als rechtlich bindendem Ausdruck, neben der Schrift, ableiten wie andererseits die auffallend starke Rechtskraft aller Gelöbnisse und Versprechungen oder Willenserklärungen, schließlich jedoch auch die Behinderung der absoluten, einseitigen Durchsetzung unbilliger Ansprüche dank der Konzeption der *bona fides*.

Die römische Rechtsgesinnung ist wohl nie prägnanter formuliert worden als in dem zur Zeit Ciceros bereits sprichwörtlich gebrauchten, jedoch wesentlich älteren Wort, welches das exzessive Überspannen juristischer Titel und Formeln diskreditierte, nämlich in dem „das äußerste Recht ist das äußerste Unrecht“ *(summum ius summa iniuria)*. Die für die Wahrung und Weiterentwicklung des Römischen Rechts zuständigen Magistrate und *principes* haben ihre Aufgaben im allgemeinen durchaus effektiv bewältigt

– und dennoch gerade im Bereich des Privatrechts auch mit einer auffallenden Zurückhaltung. Nach den eindrucksvollen Darlegungen des großen Rechtshistorikers Fritz Schulz entsprach es gerade dort den römischen Auffassungen, „so wenig als möglich Recht“ und „so wenig als möglich Gemeinschaft“ zu setzen.

Modernem Empfinden völlig fremd sind die unbestreitbaren Verstöße gegen das Prinzip der Rechtsgleichheit. Sie werden nur dann verständlich, wenn berücksichtigt wird, daß das römische Gesellschaftsdenken nicht von einem demokratisch geprägten Modell gleicher Rechte und Pflichten ausging, sondern von der Vorstellung einer in sich gegliederten Gesellschaft, die zunächst den reicheren Bürgern deshalb Privilegien bis herab zu den Statussymbolen einräumte, weil sie ihnen auch entsprechend größere Pflichten und Leistungen für die Gesamtheit abverlangte. Daraus folgt, daß die Strafe für die Verletzung eines Sklaven geringer war als für die Verletzung eines Freien; daraus folgt, daß, wie erwähnt, die an sich fällige Todesstrafe an angesehenen freien Bürgern nur sehr selten vollstreckt wurde; daraus folgt, daß in vielen großen Prozeßreden das Gesamtbild der Persönlichkeit eines Angeklagten auch deshalb so besonders eingehend geschildert wurde, weil man seinen gesellschaftlichen Ort fixieren wollte; daraus folgt endlich, daß es in Ansätzen wohl immer eine unterschiedliche Behandlung vor Gericht und im Strafvollzug zwischen den privilegierten Angehörigen der Führungsschicht *(honestiores)* und den Angehörigen der übrigen Bevölkerungsgruppen *(humiliores)* gegeben hat, eine Trennung, die sich unter dem Principat noch erheblich vertiefte und die dann auch systematisiert wurde.

Die römische Rechtswissenschaft kann sich von dem Priesterkollegium der *pontifices* herleiten. Seit die Formelsammlung der *pontifices* im 3. Jahrhundert v. Chr. veröffentlicht worden war, wandte sich eine größere Zahl von Angehörigen der Führungsschicht der Jurisprudenz zu. Die unentgeltliche Erstattung von Rechtsgutachten für Gerichtsmagistrate und Prozeßparteien stand im Mittelpunkt ihrer Tätigkeit. Auch in die *consilia* konnten sie ihre Spezialkenntnisse einbringen. Daneben bemühten sich die Experten der Republik vornehmlich um die Ausarbeitung von Vertragsformularen und um die Edition entsprechender Sammlungen, wie zum Beispiel das Werk des Manius Manilius (Konsul 149 v. Chr.) „Geschäftsbedingungen für den Verkauf verkäuflicher Gegenstände“ *(venalium vendendorum leges)* bezeugt.

Obwohl griechisches Denken auch die römische Rechtswissenschaft beeinflußte, blieb diese doch „in ihrer Gesamtentwicklung etwas spezifisch Römisches und darf wohl als die bedeutendste Leistung römischen Geistes und als der wichtigste Beitrag Roms zur Entwicklung der europäischen Kultur angesehen werden“. (W. Kunkel, Römische Rechtsgeschichte. Köln 1972^6, 94) Ihren klassischen Höhepunkt erreichte die römische Jurisprudenz freilich erst im 2. Jahrhundert n. Chr., nicht zuletzt deswegen, weil die *principes* an ihr das denkbar größte Interesse bekundeten. Schon Augustus hat einer kleineren Anzahl besonders qualifizierter Juristen aus dem Senatorenstand das Privileg verliehen, auf Grund seiner eigenen *auctoritas* Rechtsgutachten zu erstatten – oder nach einer weitergehenden Interpretation der Stelle, ihnen gleichsam ein Gutachterprivileg im Rahmen der öffentlichen Gutachtertätigkeit vor Gericht *(ius publice respondendi)* zuerkannt. Damit war die entscheidende juristische Gutachtertätigkeit auf einen relativ kleinen Kreis besonders befähigter, sozial hochstehender Experten beschränkt. Daß gerade diese Juristengruppe von denkbar größter Bedeutung für die weitere Rechtsentwicklung wurde, ist evident. Aber auch im *consilium principis* und innerhalb des vielgliedrigen Verwaltungsapparates des Principats wurde juristische Kompetenz geschätzt; Juristen standen eine Fülle von Positionen offen, im ritterlichen Sektor bis hinauf zum *praefectus praetorio.*

Aus der langen Reihe berühmter römischer Juristen seien hier nur wenige große Gestalten erwähnt: Noch dem 1. Jahrhundert v. Chr. gehört Q. Mucius Scaevola (Konsul 95 v. Chr.) an, dessen Handbuch über das *ius civile* lange Zeit kanonische Gültigkeit besaß. Servius Sulpicius Rufus (Konsul 51 v. Chr.), ein Freund Ciceros, soll die dialektische Methode in die Rechtswissenschaft eingeführt haben. Aus der augusteischen Epoche sind dann insbesondere M. Antistius Labeo, ein entschiedener Gegner des Principats, sowie C. Ateius Capito bekannt geworden, beide wurden zu Begründern von eigenen Rechtsschulen stilisiert. Unter Hadrian traten schließlich P. Iuventius Celsus (2. Konsulat 129 n. Chr.) und P. Salvius Iulianus (Konsul 148 n. Chr.) hervor. Celsus' Hauptwerk sind 39 Bücher *digesta* (geordnete Rechtsentscheidungen). Auf ihn gehen außerdem nicht wenige berühmte Definitionen und epigrammatische Zuspitzungen zurück, so auch die bekannte Formel „Für unmögliche Leistungen gibt es keine rechtswirksame Verpflichtung" (*impossibilium nulla obligatio* – Digesten 50, 17, 185). Salvius Iulianus wurde nicht allein durch die schon erwähnte Redaktion des *edictum perpetuum* berühmt, sondern ebenso durch seine sehr umfangreiche literarische Produktion, aus der wiederum 90 Bücher Digesten hervorragen.

Auch in der Jurisprudenz entsprach die Resonanz der einzelnen Autoren nicht immer ihrem intellektuellen Format. Sextus Pomponius und Gaius waren zwar keine herausragenden Juristen, ihre Kommentarwerke, vor allem Gaius' Elementarlehrbuch, die 4 Bücher *institutiones,* hatten indessen eine weitreichende Nachwirkung und hielten die Namen der sonst kaum bekannten Verfasser lebendig. Im 3. Jahrhundert n. Chr. erlebte die römische Jurisprudenz dann noch einmal eine „spätklassische" Nachblüte. Obwohl die großen Juristen nun nicht mehr wie früher aus dem Senatorenstand kamen, sondern als Männer aus den Provinzen, vor allem des Ostens, häufig genug die ritterliche Laufbahn eingeschlagen hatten, gewannen sie in der Spitzenposition des *praefectus praetorio,* dessen juristische Kompetenzen immer weiter angewachsen waren, größten Einfluß auf die Herrscher des severischen Hauses und auf die folgenden Soldatenkaiser. Aemilius Papinianus ist wohl die bekannteste Gestalt dieser Gruppe: Der Praetorianerpräfekt des Jahrzehnts zwischen 203 und 213 n. Chr. trat nicht nur durch seine großen Sammelwerke *(quaestiones, responsa)* hervor, sondern auch durch seine exponierte Kritik der Ermordung Getas, die ihm selbst den Tod brachte. Auch Iulius Paulus und Domitius Ulpianus, Angehörige der nächsten Generation, stiegen zum *praefectus praetorio* auf; der Literatur der Kommentare und der Sammlungen haben auch sie ihren Tribut gezollt. Der Schüler Ulpians, Herennius Modestinus, der zwischen 226 und 244 n. Chr. als *praefectus vigilum* amtierte, beschließt dann die Reihe der bekannteren Autoren dieser Epoche.

Das Römische Recht hat sich im Zuge der römischen Bürgerrechtspolitik und des römischen Kolonisationsprozesses, im Rahmen der Romanisierung allgemein, aber auch auf Grund der in weiten Gebieten doch wohl schwächeren und engeren bodenständigen Rechtstraditionen in den westlichen Provinzen des *Imperiums* zügiger und nachhaltiger ausgebreitet als im hellenistischen Osten. Andererseits wurde das Römische Recht innerhalb des römischen Machtbereichs nicht gewaltsam oktroyiert. Es ist vielmehr bezeichnend, daß alle personalrechtlichen Bindungen an nicht-römische Rechtsgemeinschaften anerkannt und daß bestehende Stadtrechte innerhalb des *Imperiums* in der Regel nicht angetastet wurden. Ludwig Mitteis hat in einer bahnbrechenden Untersuchung „Reichsrecht und Volksrecht in den östlichen Provinzen des römischen Kaiserreichs" (1891) zudem den Nachweis geführt, daß gerade im Ostteil des *Imperiums* die „Volksrechte" der hellenistischen Welt noch bis in die spätere Kaiserzeit gültig waren, während sich das vor allem durch die Statthaltergerichte und römischen Rechtsschulen (Berytos) vermittelte Römische Recht, das „Reichsrecht", nur langsam durchsetzte. Erst nach dem großen bürgerrechtlichen Nivellierungsakt der *Constitutio Antoniniana* (212/3 n. Chr.) änderte sich die Konstellation grundlegend.

Die Rechtsentwicklung der Spätantike wird durch einen bezeichnenden Antagonismus geprägt. Während einerseits der Bereich der Rechtsprechung im Rahmen des spätantiken Zwangsstaates immer stärker zentralisiert und immer engmaschiger geregelt wurde, während juristische Probleme Kaiser und Verwaltung immer mehr absorbierten, während die Kaiser große Anstrengungen unternehmen ließen, um die kaum mehr überschaubaren Schichten und Elemente der Rechtsprechung zu ordnen, bis diese schließlich in den großen Kodifikationen Theodosius' II. und Justinians aufgefangen waren, wurde gleichzeitig die römische Rechtswissenschaft in ihrem Kern, der Gutachtertätigkeit, gerade durch die Flut kaiserlicher Entscheidungen, vor allem der Reskripte, faktisch vernichtet. In der Epoche der „Zitiergesetze", die die Autoritäten der Rechtswissenschaft klassifizierten, der Zeit der Konstitutionensammlungen und Rechtskodifikationen, aber auch des „Vulgarismus", der Verflachung des Römischen Rechts und seiner Rückbildung auf elementare Formen und Inhalte, mußte diese einst so lebendige Disziplin verkümmern. Dennoch bestimmten die fundamentalen Normen des Römischen Rechts noch immer auch die Rechtsprechung in den Germanenreichen der westlichen Reichshälfte ebenso wie diejenige in Byzanz.

Um 1100 kam es dann in Bologna zur Bildung eines neuen Juristenstandes, welcher das *Corpus Iuris* in den Mittelpunkt der Rechtslehre stellte, seit dem 15. Jahrhundert aber vor allem in Deutschland zu einer so umfassenden Rezeption Römischen Rechts, daß dieses bis zur Entstehung der modernen Zivilgesetzbücher kanonische Gültigkeit behielt. „Die heutige Zivilrechtswissenschaft, das Kernstück aller Jurisprudenz, ruht in den Ländern des europäischen Kontinents und in den von dort aus besiedelten Gebieten anderer Erdteile auf der gemeinsamen römischen Grundlage." (Max Kaser, Das römische Privatrecht. München 1971. I^2, 1)

VII. Literatur, Künste, Wissenschaften und Technik, Religion

Der Gesamtbereich der Kultur nahm im öffentlichen Leben Roms lange Zeit nur eine untergeordnete Stellung ein. Es war den Römern auch durchaus bewußt, daß ihnen in Künsten und Wissenschaften andere Völker überlegen waren, so wie dies Vergil in frühaugusteischer Zeit in den berühmten Versen der Äneis formuliert hat:

> „... andere werden wohl mit weicher'm Schmelze
> ein atmend Kunstgebild aus Erz gestalten,
> dem Marmor lebenswarme Züge geben
> und besser reden vor Gericht und Volk,
> mit ihrem Stab des Himmels Bahnen zeichnen
> und künden, wie an ihm die Sterne zieh'n;
> Du bist ein Römer, dies sei dein Beruf:
> die Welt regiere, denn du bist ihr Herr,
> dem Frieden gib Gesittung und Gesetze,
> begnad'ge, die sich dir gehorsam fügen,
> und brich in Kriegen der Rebellen Trutz."
> (Vergil, Aeneis 6, 847ff. – Übertragung E. Norden)

Doch mögen auch die eigenen Leistungen der Römer im kulturellen Bereich bei weitem nicht an die Kreativität der Griechen heranreichen, ihre Werke sind nicht nur Kopien griechischer Vorbilder, sondern von durchaus eigenständigem Rang und zudem deswegen von so außergewöhnlicher Bedeutung, weil Europa die Antike lange Zeit fast ausschließlich nur in ihrer römischen Form kennengelernt hat.

1. Die Anfänge der römischen Literatur

Von den Anfängen geistiger Artikulation sind nur wenige Bruchstücke überliefert und nur wenige gesicherte Tatsachen bekannt. Offensichtlich ist die frühe Fixierung verbindlicher Formeln im religiösen wie im juristischen Bereich, wahrscheinlich aber auch in anderen Sektoren des Lebens und des Brauchtums. Kultische Texte wurden unverändert wiederholt, auch wenn ihr Sinn weithin nicht mehr verstanden wurde, die Verbindlichkeit juristischer Satzungen ist bereits erwähnt worden. Für die Geschlossenheit der frühen römischen Ordnung von Gesellschaft und Religion erscheint es bezeichnend, daß das *Collegium* der *pontifices* sowohl die kultischen als auch die juristischen Formeln wahrte, den Staatskalender wie die Jahrbücher *(annales)* führte, somit auch den Ablauf des öffentlichen Geschehens in Gegenwart und Vergangenheit ordnete.

Doch neben diesem streng normativen Zug, der wohl auch die Gattung der frühen Leichenreden der Aristokratie beherrscht haben mag, begegnet ein kraftvoller anderer. In Ernteliedern und Spottversen, Improvisationen bei Festen aller Art sowie in den volkstümlichen Possen der sogenannten *fabula Atellana,* die später eine lange Nachblüte finden sollte, entfaltete sich eine oft zügellose, ungebrochene Vitalität des Gefühls und der Stimmung in extremen Manifestationen. Mögen dabei zum Teil Übernahmen fremder Anregungen vorliegen (die Posse stammt aus dem oskischen Atella, die Spottverse aus dem faliskischen Fescennia), mögen sich, in einer im einzelnen nicht mehr zu klärenden Weise, auch altitalische mit etruskischen Impulsen überlagert haben, die entscheidenden Anregungen vermittelten später die Griechen.

Die römische Literatur im engeren Sinne beginnt bezeichnenderweise mit der Produktion eines ehemaligen griechischen Kriegsgefangenen aus Tarent, der im Jahre 240 v. Chr. erstmals lateinische Übertragungen einer griechischen Tragödie und einer griechischen Komödie während der *ludi Romani* auf die römische Bühne brachte. Dieser Livius Andronicus eröffnete den weiten Bereich der Übertragungsliteratur, der im Mittelpunkt der römischen „Vorklassik“ (ca. 240–102 v. Chr.) steht; er übertrug die Odyssee in das alte italische Versmaß des Saturniers, dichtete dann aber auch neue Kultlieder für staatliche Kultakte. Wenn seit ihm für lange Zeit die Übersetzungen und Nachdichtungen griechischer Tragödien und Komödien das Feld beherrschten, so nicht zuletzt deshalb, weil die religiös gebundenen Spiele der *ludi scaenici* einen kontinuierlichen Bedarf an immer neuen Stücken geweckt hatten. Neben der religiösen Bindung dieser frühen Theaterdichtung ist ihre gesellschaftliche evident. Die Autoren wurden von führenden Mitgliedern der Aristokratie protegiert, sie rühmten oft genug in ihren Stücken die Taten der *gens* ihrer Gönner, wurden freilich auch nicht selten in die Rivalitäten und innenpolitischen Auseinandersetzungen ihrer Patrone verstrickt.

In diesem Rahmen entstanden die Werke des Naevius (†202 v. Chr.) und Ennius (ca. 239–169 v. Chr.), eine Generation später des Caecilius, Pacuvius und L. Accius, vor allem jedoch des Plautus und Terenz. Beide haben, in völlig verschiedenem, sehr persönlichem Stil, die hellenistische Komödie in Rom heimisch gemacht, Plautus in großartiger, mitreißender Vitalität, Terenz in kunstvoller, stilisierter Form, Plautus oft ungezwungen, laut und derb, Terenz feinsinnig und reflektierend. Gerade in ihrer Gegensätzlichkeit zeigen diese beiden Autoren die Weite des Spektrums an, die jene Übertragungsliteratur mit ihrem oft ganz unbekümmerten Zusammenfügen verschiedenster Werkteile der griechischen Vorlagen durchlief.

Gleichzeitig wurde die römische Bildung in zunehmendem Maße zweisprachig. Die Übernahme griechischer Literaturgattungen, Versmaße, aber auch Inhalte, nicht zuletzt der griechischen Mythologie, erfolgte zunächst völlig bedenkenlos. Doch aus Kopie und Übertragung erwuchsen die geistige Auseinandersetzung mit den Vorbildern, das Wetteifern mit den griechischen Vorgängern, das Bewußtwerden eigener Art und eigener Werte, die Profilierung und Artikulation des Römischen vor dem unentbehrlichen Hintergrund der griechischen Kultur. Zugleich gewann auch die lateinische Sprache eine immer differenziertere und subtilere Aussagekraft. Die oft monolithisch wirkende Strenge und Gebundenheit des Anfangs wich elastischeren Ausdrucksformen, die freilich häufig einen lapidaren Grundzug beibehielten. Die politische Suprematie Roms führte dazu, daß der dialektische Prozeß zwischen Römern und Griechen zu einer wechselseitigen Begegnung wurde: Griechen schrieben in griechischer Sprache die römische Geschichte (Polybios, Dionys von Halikarnaß, Appian, Cassius Dio), vermittelten die griechische Philosophie (Poseidonios, Epiktet, Plutarch), beschrieben den römischen Erdkreis (Strabo) wie die Denkmäler Griechenlands (Pausanias), feierten Rom in Poesie und Preisrede (Melinno – Dio Chrysostomus, Aelius Aristides).

2. Römische Geschichtsschreibung

Aus der Entwicklung der römischen Kultur, insbesondere der Literatur und der Künste, ist das Griechische nicht wegzudenken. Es ist ein bezeichnendes Symptom für die Ausgangssituation, daß selbst die römische Geschichtsschreibung in griechischer Sprache einsetzt (Q. Fabius Pictor), eine Tatsache, die den leidenschaftlichen Protest des *Cato Censorius* hervorrief, der mit seinen 7 Büchern *Origines* die Anfänge Roms, aber auch die der andern italischen Städte und die geschichtliche Entwicklung bis in seine Gegenwart in eindrucksvoller lateinischer Prosa beschrieb.

Für die Geschichtsschreibung der Römischen Republik sind weithin ihre annalistische Form und die Stadtgebundenheit ihrer Perspektiven typisch. Erwachsen aus den Jahreschroniken der *pontifices* behielt sie den Jahresrhythmus der Beamtenwechsel und der politischen Zäsuren als Gliederungsprinzip des Geschehens selbst dann noch bei, als die engräumigen Sommerfeldzüge im nahen italischen Bereich längst verblaßt waren und neue Dimensionen langfristiger Politik und Kriegführung die Jahresringe zu Fesseln jeder Darstellung werden ließen. Dabei blieb die Stadt Rom stets das Zentrum des geschichtlichen Denkens. Auf sie wurde alle Geschichte bezogen; auch die nicht-römischen Historiker des Principats projizierten bezeichnenderweise in ihren Dispositionsschemata die Geschichte der fremden Staaten und Völker auf Rom. Mochten sich die militärischen, wirtschaftlichen und administrativen Schwerpunkte der Entwicklung in die Provinzen und in die Grenzräume des *Imperium Romanum* verlagern, für die römischen Historiker war es undenkbar, die Perspektiven zu wechseln. Sie nicht zuletzt haben dem Mythos „Rom" den Boden bereitet.

Der unmittelbare gesellschaftliche Nutzen war, insbesondere für die römische Führungsschicht, ein entscheidendes Kriterium der Einschätzung aller kulturellen Aktivitäten. Geschichtsschreibung wurde für sie eine bevorzugte Form politischen Wirkens. Auch unter dem Einfluß rhetorischer Gestaltung blieb diese ein Instrument politischer Beeinflussung und politischer Pädagogik. Es ist für Rom charakteristisch, daß es den Typus des Senators als Historikers kennt (Fabius Pictor, Cato, Sallust, Asinius Pollio, Tacitus – um nur die wichtigsten Namen der langen Reihe zu nennen).

Moralische Wertungen prägen die römische Geschichtsschreibung: sie ist nie frei von einem censorischen Grundzug, sie ehrt und ächtet, formt und bewahrt die kollektive Moral, in erster Linie und lange Zeit nahezu ausschließlich die von der Führungsschicht bestimmte, ins Allgemeine erhobene Moral der *res publica.* Noch Tacitus sieht es als „vorzügliche Aufgabe" seines Geschichtswerkes an, „daß Tugenden nicht verschwiegen werden und daß schlechtes Reden und Handeln sich fürchten solle vor der Nachwelt und der Schande" (Tacitus, Annalen 3, 65). Neben der Rhetorik, insbesondere den Staats- und Leichenreden, schärfte gerade die Geschichtsschreibung immer wieder die idealisierten Sitten der Vorfahren ein, diagnostizierte sie Krisensymptome und vermittelte sie auch schließlich jenen eigentümlichen pessimistischen Grundton römischen Geschichtsverständnisses, der in so vielen Phasen der römischen Geschichte durchbrach: Im Abfall von den alten Göttern, in der Preisgabe der alten Religion, der alten Sitten und Werte wurden häufig genug die tieferen Ursachen eines Niedergangsprozesses gesehen, in welchen Historiker der verschiedensten Epochen, Cato wie Sallust, Livius wie Tacitus, ihre jeweilige Gegenwart eingeordnet haben.

Aber Geschichte war auch ein Mittel der Legitimation. Bis zu den Exzessen annalistischer Verzerrungen der Leistungen einzelner Adelsgeschlechter wurde in den „Taten der Vorfahren" der Führungsanspruch der Aristokratie begründet und historisch untermauert. Die *res gestae divi Augusti,* der große Taten- und Leistungsbericht des ersten *princeps,* sind, unter anderem, auch eine Legitimation des neuen politischen *status.* Vor allem jedoch legitimierte die römische Geschichte die römische Herrschaft insgesamt und grundsätzlich, bei Cicero ebenso wie bei dem kritischen Analytiker der Phänomenologie des Principats, bei Tacitus.

Die römische Geschichtsschreibung ist daneben Quelle und Ausdruck eines konsequenten Personalisierungsprozesses. War bei Cato noch das Kollektiv des römischen Volkes in seiner Gesamtheit historisches Subjekt, so ging die spätere Annalistik von den beherrschenden Zellen der Adelsgeschlechter aus. Sie gab primär claudische, valerische oder licinische Geschichte. In der Epoche der späten Republik erreichte die Individualisierung dann in den zeitgeschichtlichen Werken *(Historiae)* führender Politiker, in Memoiren, Biographien und den Feldzugsberichten der großen Heerführer einen ersten Höhepunkt. Dominierte in jener teilweise chaotischen Situation noch der Pluralismus der Stimmen und Individuen, so konzentrierte sich das Interesse der Autoren in der Folgezeit nahezu ausschließlich auf die *principes.* (Die wohl bedeutsamste römische Biographie überhaupt, die zugleich in einer sehr persönlichen Weise jene Gattung sprengte, Tacitus' *Agricola,* ist eine der großen Ausnahmen.)

Mit Suetons Sammlung der Kaiserviten von Caesar bis Domitian setzt sich indessen endgültig eine historiographische Struktur durch, die das Feld bis in die Spätantike beherrschen sollte und darüber hinaus von denkbar größter Nachwirkung auf die Geschichtsschreibung des Mittelalters geworden ist. Alte biographische Normen des Hellenismus wurden jetzt auf die Darstellung der Person des *princeps* in oft schablonenhafter Weise übertragen, auch pikante Details seines Privatlebens ausgebreitet, und auf solche Weise wurde zweifellos ein großes Publikum befriedigt. Die „Kaisergeschichte" erlebte ihren ersten Triumph, und sie erlebte ihn auch deshalb, weil die in den Augen der Bewohner des *Imperium Romanum* nahezu grenzenlose Allmacht dieses Individuums auch zum Schicksal für jeden Einzelnen werden konnte. Mochten daneben Sammlungen der Viten von Philosophen oder Heiligen entstehen, die Kaiserbiographie behauptete ihren Rang.

Die Zugehörigkeit zu einer historischen Formation von so ungewöhnlich langer Dauer, eines scheinbar so organischen Wachstums und zuletzt so weitgespannter Dimensionen, die alle wesentlichen Teile der bekannten Welt zu umfassen schien, erweiterte und vertiefte zugleich die Erfahrungen menschlicher Existenz. Die römische Geschichtsschreibung erarbeitete dieses historische Bewußtsein und vermittelte es weiten Schichten. Sie zeigte die Abhängigkeit nicht nur ihrer eigenen Inhalte und Wertungen, sondern des ganzen Lebens von dem jeweiligen politischen System, dessen Opfer sie zum Teil selbst geworden ist. Die politische Ächtung inopportuner Werke und das Verstummen kritischer Autoren sind ein Preis, den gerade die römische Historiographie im Principat zu zahlen hatte.

3. Römische Dichtung

Die Periodisierung der römischen Literaturgeschichte deckt sich nicht mit jener der allgemeinen politischen Entwicklung. Lucilius (†102 v. Chr.) wird einerseits noch der Vorklassik zugerechnet, und doch begegnet in seinen Satiren bereits jener entschiedene subjektive Grundzug, der auch die folgende Entwicklung der römischen Dichtung prägen sollte:

> „Nein, Staatspächter Asiens werden, Weidegelder einkassier'n,
> Statt Lucil zu sein, das will ich nicht um alles Geld der Welt".
> (Lucilius, Fragment 330 – Übertragung O. Weinreich)

Die römische Dichtung erreicht einen ersten Höhepunkt mit Lukrez (†55 v.Chr.) und Catull. Lukrez' großes Lehrgedicht *de rerum natura* vermittelte die epikureische Philosophie mit dem Ziel, durch die Einsicht in die Gesetze der Natur den Menschen von aller Angst zu befreien, ihm seine Grenzen zu weisen und ihn doch als Wissenden und Verstehenden unabhängig zu machen. Wie hier rationale Emanzipation in dichterischer Form gelehrt wurde, war beispiellos. Beispiellos in römischen Augen war auch die offene Artikulation extremer Gefühle bei Catull. Liebe und Haß, Trauer und Freude brachen sich hier in der konzentriertesten Form der Distichen ebenso ihre Bahn wie in den artifiziellen Großkompositionen, die in gleicher Weise an hellenistischen Vorbildern orientiert waren wie manche Kleinform, welche der Dichterkreis der sogenannten Neoteriker vor und neben Catull gestaltete. Niemals zuvor und niemals nachher sind in der lateinischen Sprache Höhen und Tiefen einer Liebe so verdichtet worden wie in Catulls berühmtem „*Odi et amo* ...":

„O, ich hasse und liebe! Weshalb ich es tue, du fragst's wohl.
Weiß nicht! Doch daß es geschieht, fühl ich – unendlich gequält".
(Catull, c. 85 – Übertragung O. Weinreich)

In augusteischer Zeit erreichte die römische Dichtung dann ihren eigentlichen Höhepunkt. Jetzt gelangte sie in den verschiedensten Gattungen zu formaler Vollendung, erzielte eine imponierende Präzision des Ausdrucks, die Harmonie zwischen Verselementen und dichterischem Rhythmus, eine reiche Musikalität der Sprache, kurz die vollkommene Kongruenz von Form und Inhalt. Die Dichtungen der augusteischen Epoche sind in der Regel konzentriert und durchgefeilt, in ihrem Umfang meist knapp, unter Anspannung großer geistiger Energien nicht mit leichter Hand hingeworfen, sieht man von Ovid ab, sondern mit viel Mühe gestaltet.

Vor allem Vergil und Horaz haben, gerade weil sie stets auch Distanz und Takt zu wahren wußten – der eine in dem großartigen Lehrgedicht über die Landwirtschaft, den *Georgica,* und in dem berühmtesten lateinischen Epos, der *Äneis,* der andere vor allem in den Römeroden und im Saekularlied –, mit jene Atmosphäre geschaffen, in der sich das politische System des Augustus stabilisierte. Dennoch waren beide primär weder Propagandafunktionäre noch „Hofpoeten", erst bei dem um eine Generation jüngeren Ovid brach aus sehr persönlichen Interessen die Übersteigerung der demonstrativen Verehrung des *princeps* hervor.

In der Äneis, dem römischen Epos schlechthin, sind Mythos und Geschichte noch einmal in souveräner Weise verwoben wie jener Abschnitt aus der berühmten „Schildbeschreibung" des 8. Buches zeigen mag, der die Entscheidungsschlacht von Actium (31 v.Chr.) schildert:

„Gegen die Mitte gewahrt das Aug erzfunkelnde Flotten,
Actiums Schlacht: am Riff der umbrandeten, steilen Leucate
Fuhren die Schlachtreihn auf, von Gold erstrahlte die Meerflut.

Hier hält Caesar August und führt die Römer ins Treffen,
Mit ihm Väter und Volk, die Penaten und großen Götter.
Steht auf dem Achterdeck, ihm flammt von heiterer Stirne
Zwillingslicht; der Stern des Vaters blinkt ihm zu Häupten.
Drüben mit günstigem Wind und gewogenen Göttern Agrippa
Führt die Geschwader heran; des Tapferen Stirne verherrlicht,
Von Schiffsschnäbeln durchblitzt, des Seesiegs prangende Krone.
Dort Antonius führt, mit dem scheckigen Heer der Barbaren
Siegreich kehrend vom Strand der morgenländischen Meere,
Ganz Aegypten, die Kraft des Orients bis zu den fernsten
Bactern, gefolgt – o Schmach – von dir, aegyptische Gattin.
Und nun schießen sie beidseitig vor, vom Schlage der Ruder
Schäumt und vom schneidenden Stoß der Dreizackschnäbel die Salzflut.
Seewärts geht's: du meinst, im Meer versprengte Cycladen
Schwimmen zu sehn, Bergriesen im Kampf mit anderen Bergen,
So dräut Volk dem Volk vom Bord der hohen Verdecke.
Brennendes Werg fliegt auf, rings hagelt Eisen, es rötet
Die neptunische Flur das nievernommene Blutbad.
Mit ihrem Sistrum ruft die Königin Völker zur Schlacht auf,
Blickt nicht um, sieht nicht die Zwillingsnattern im Rücken.
Greulich Göttergemeng zusamt dem Kläffer Anubis
Zückt auf dich, Neptun, dich Venus, dich, o Minerva,
Waffen; inmitten der Schlacht sah man des wütenden Mavors
Eisern Bild; herab vom Himmel schreiten die Diren,
Wandelt zerfetzten Gewands und freudiger Mienen die Zwietracht,
Hinter ihr drein Bellona, bewehrt mit blutiger Geißel. –
Sieht's und spannt seinen Bogen der actische Phoebus Apollo
Hoch in Lüften, da schrickt und flieht Aegypter und Inder,
Flüchtet Arabien, kehrt Sabaeas Horde den Nacken.
Sie, die Königin selbst, scheint schon die Segel zu breiten
Im erbetenen Wind, das Tauwerk mählich zu lockern.
Mitten im Mord und schon vom eigenen Tode gezeichnet,
Läßt sie des Feuers Gott mit Wind und Wellen davonfliehn.
Doch gegenüber der Nil, der trauernde, riesigen Leibes,
Tut sein langes Gewand weit auf und ruft die Geschlagenen
Heim in den bläulichen Schoß und der Mündungen bergende Zuflucht.
Caesar August zieht ein im Triumph dreifältigen Sieges,
Weiht den italischen Göttern in Rom ein ewig Gelübde:
Über die Stadt verteilt, dreihundert heilige Tempel."

(Vergil, Aeneis 8, 676ff. – Übertragung R. A. Schröder)

Auch die Dichtung dieser Epoche geht, gleichsam auf einer neuen, höheren Ebene, von einer eigenständigen Auseinandersetzung mit griechischen Vorbildern aus. Doch dazu trat nun die Besinnung auf die römisch-italische Tradition, nach den tiefen Erschütterungen der Bürgerkriege ein neues Selbstgefühl, das Bewußtsein vom hohen Rang der eigenen Leistung:

„Also schuf ich ein Mal dauernder noch als Erz,
Majestätischer als der Pyramiden Bau,

Das kein Regen zernagt, rasenden Nordes Wut
Nicht zu stürzen vermag, noch der Jahrhunderte

Unabsehbare Reihn oder der Zeiten Flucht.
Nein, ich sterbe nicht ganz, über das Grab hinaus
Bleibt mein edleres Ich; und in der Nachwelt noch
Wächst mein Name, so lang, als mit der schweigenden

Jungfrau zum Kapitol wandelt der Pontifex.
Wo der Aufidus wild braust und, an Quellen arm,
Einst ob ländlichem Volk Daunus geherrscht, von dort –
Also sagt man dereinst – schwang er sich auf vom Staub,

Er, der erste, der Roms Sange äolischer
Lyra Klänge verliehn. Nimm den erhabenen Preis,
Den mein Wirken verdient, winde, Melpomene,
Huldreich mir um das Haupt delphischen Lorbeerzweig!"
(Horaz, Oden III, 30 – Übertragung H. Färber)

Horaz, der Sohn eines Freigelassenen, hatte ursprünglich auf Seiten der Gegner Octavians gefochten, war aber dann doch stolz darauf, die Gunst des Maecenas zu besitzen, dem er die Sicherung seiner Existenz verdankte. Er hat immer wieder sein eigenes Erleben dichterisch gestaltet, seine Passion kontrolliert und seine Unabhängigkeit gewahrt, auch gegenüber Maecenas, Agrippa und Augustus. So eng hier noch einmal die wechselseitigen Beziehungen zwischen Dichtung, Gesellschaft und Politik wurden, so setzten doch bereits gleichzeitig starke Bestrebungen ein, die eigene Existenz und das eigene Werk daraus zu lösen. Der Zug zur „Apolitie" bestimmte im Grunde schon die augusteische Elegie. Der römische Ritter Tibull gab sich in seinen empfindungsreichen, gelegentlich schwermütig-träumerischen Liebeselegien ganz seiner Liebe zu Delia und Nemesis und deren Enttäuschungen hin. Der Klient des Maecenas Properz, ein stolzer, trotziger Umbrer, drückte, oft dunkel und gelehrt, dann wieder in leidenschaftlichen Ausbrüchen seine Liebe zu Cynthia aus. Ovid schließlich, der es zunächst in jeder Hinsicht am leichtesten hatte, später jedoch nach Tomi (Constanza) verbannt wurde, ein frivoler Causeur, spielerischer Liebhaber und Geliebter, stellte vollends Liebe und Erotik in den Mittelpunkt menschlichen Lebens. Sein provozierendes *„militat omnis amans ..."* zum Beispiel führte den oft verkrampften und pathetischen Ruhm der römischen *virtus* ad absurdum:

„Im Kriegsdienst ist jeder Liebende und Cupido hat sein eigenes Lager,
Atticus, glaube mir, ein Soldat ist jeder Liebende.
Das Lebensalter, das für den Krieg geschickt ist, steht auch der Venus an.
Etwas Häßliches ist ein greiser Soldat, etwas Häßliches Greisenliebe.
Die Jahre, die die Führer bei einem tapferen Soldaten wünschen,
wünscht das hübsche Mädchen auch bei dem verbündeten Manne.
Beide durchwachen die Nacht, beide ruhen auf dem Boden:
dieser bewacht die Tür der Herrin, jener des Feldherrn.

Dienst des Soldaten ist der lange Marsch. Schick das Mädchen fort,
unbegrenzt wird ein wackerer Liebhaber folgen.
Er wird in die sich entgegenstellenden Berge und die vom Regen verdoppelten
Flüsse steigen, er wird den gehäuften Schnee zertreten
und im Begriff das Meer zu befahren, wird er nicht den geschwellten Südwind vorschützen
und nicht ein passendes Sternbild für das Fegen der Gewässer suchen.
Wer außer dem Soldaten oder dem Liebhaber wird die Kälte der Nacht
und den mit dichtem Regen gemischten Schnee ertragen? ..."

(Ovid, Amores 1, 9, 1ff. – Übertragung K. Büchner)

Gerade Ovid wurde ein Opfer des neuen Systems und konnte auch durch noch so beflissene Anpassung und durch die „unanstößigen" Großdichtungen der *Fasti,* des Festkalenders, und der Metamorphosen, mythologischer Verwandlungssagen, sein Schicksal nicht mehr wenden.

4. Höhepunkte lateinischer Prosa

Die römische Prosa war demgegenüber schon zuvor von Cicero, dem hervorragenden Redner und sehr produktiven Schriftsteller, auf ihren Gipfel geführt worden. Sind sein ausgedehnter Briefwechsel und seine großen Gerichts- und Staatsreden eine unvergleichliche Quelle für den Erforscher der Krise der späten Republik, so vermitteln seine rhetorischen Schriften *(De oratore, Brutus, Orator)* die theoretische Grundlage der römischen Redekunst. Die späteren politischen und philosophischen Arbeiten (u.a. *De re publica, De officiis, De legibus*) stellen den Versuch dar, wesentliche Elemente der griechischen Philosophie in Rom heimisch zu machen und die Ideologie der römischen Führungsschicht zu erneuern. Wenn auch Ciceros Originalität nicht überschätzt werden darf, wenn seine politische Linie auf weiten Strecken geradezu naiv oder utopisch anmutet, bis er schließlich in dem konsequenten Kampf gegen Antonius eine sehr eindrucksvolle Haltung beweist, so sind doch seine Verdienste um die Entwicklung der lateinischen Sprache und um die Erweiterung der geistigen Grundlagen Roms evident.

Die augusteische Epoche zeigt sich in den verschiedensten Bereichen der Literatur als Zeit des Sammelns und Sichtens, als bewußte Ordnung und Bemächtigung der Tradition zum Zweck der Orientierung und der Vergewisserung. Die erste große lateinische Weltgeschichte des romanisierten Kelten aus der Narbonensis, Pompeius Trogus, gehört ebenso in diesen Zusammenhang wie Livius' Geschichtswerk „Seit Gründung der Stadt", Varros einst umfangreiches Schrifttum über die Altertümer, die lateinische Sprache und Literatur und die Landwirtschaft, Agrippas Weltkarte samt ihrem wichtigen Kommentar, Vitruvs berühmte Schrift *de architectura,* eine weitgespannte Sammlung technischen Wissens, die noch jahrhundertelang als Handbuch von praktischem Nutzen blieb. Auch großangelegte Werke in griechischer Sprache, wie Strabos „Geographie“ und Diodors „Historische Bibliothek“, folgten dieser Tendenz.

Zugleich verkörpern die Autoren der augusteischen Epoche – Vergil, Horaz, Tibull, Properz, Ovid in der Dichtung, Livius in der Prosa – jenen Kern der lateinischen und der humanistischen Tradition, der für die europäische Literatur und das europäische Geistesleben bis in die Neuzeit grundlegend geblieben ist. Weder der Rigorismus der Klöster noch das Pathos der Humanisten oder der Schulalltag der Gymnasien vermochten diese geistigen Potenzen zu verdecken, ohne die das lateinische Mittelalter Europas ebenso undenkbar ist wie die Humanismen in aller Welt.

5. Die Literatur der nachaugusteischen Zeit

In der tiberisch-claudischen Zeit wurde die lateinische Geschichtsschreibung immer stärker rhetorisiert. Dies gilt für die weit verbreitete Geschichte Alexanders d. Gr. des Curtius Rufus ebenso wie für die berühmte *exempla*-Sammlung des Valerius Maximus, der für den rhetorischen und auch moralischen Bedarf große Beispiele römischer und auch fremder Geschichte nach Sachgruppen geordnet vorlegte, oder für die *Historia Romana* des Velleius Paterculus, die gerade in ihrem zeitgeschichtlichen Teil, der Schilderung der römischen Feldzüge in Germanien, bedeutsam ist.

Die Epoche Neros eröffnet in der sog. Silbernen Latinität eine zweite Blütezeit der lateinischen Literatur. Nun konnten die maßgebenden Autoren bereits an römische Vorbilder anknüpfen, die Epiker Lucan und Silius Italicus an Vergil, der Satiriker Persius an Horaz, oder aber in pointiert individueller Haltung ganz neue Bereiche erschließen wie Seneca und Petron. Lucans *Pharsalia* schildern und werten erneut in epischer Form Geschichte, den Bürgerkrieg zwischen Caesar und Pompeius. Für die politischen und geistigen Spannungen der Zeit ist dieses große Epos sehr aufschlußreich. Hatte Lucan zunächst als Opfer der neronischen Ideologie die größten Hoffnungen auf diesen neuen Principat gesetzt, so wurde er von der Realität immer stärker abgestoßen. Catos Moral und Tragik triumphierten bei ihm deshalb über den Sieger Caesar. Der folgenden Nachblüte des Epos in flavischer Zeit fehlt dieser existentielle Zug, wie schon die Thematik zeigt: Silius Italicus' (Konsul 69) *Punica*, die epische Schilderung des 2. Punischen Krieges, boten lediglich ein antiquarisches Historiengemälde, Statius' (†ca. 96) *Thebais*, die Schilderung des Zuges der Sieben gegen Theben und des Kampfes um die Stadt, und *Achilleis*, die Geschichte Achills bis zum Aufbruch nach Troja, sowie Valerius Flaccus' *Argonautica*, eine Apollonios Rhodios folgende Schilderung der Argonautenfahrt, literarisch wohl das beste Stück dieser Gruppe, hatten sich ganz dem Mythos zugewandt.

Die 6 Satiren des schon mit 28 Jahren verstorbenen Persius, in ihrer oft preziösen und kunstvollen Form wohl mit das schwierigste Latein überhaupt, dokumentieren erneut Haltungen, Ansprüche und Wertungen, die bereits Horaz ausgesprochen hatte, so wenn die 2. Satire abschließt:

> „O ihr Seelen, zur Erde gekrümmt und dem Himmel entfremdet!
> Sagt, was frommt's denn, Menschengebräuche in Tempel zu tragen
> und, was Göttern lieb, nach sündigem Fleisch zu ermessen?
> Dies Fleisch ist's, das Zimt auflöst in verdorbenem Öl, das
> weiße, calabrische Woll aufkocht mit verfälschendem Purpur.
> Dies treibt uns, aus der Muschel die Perle zu schaben und Adern
> glühender Roherzmasse vom schlackigen Staube zu scheiden.
> Sünde begeht das Fleisch, ja Sünd' – und genießt noch des Fehlers.
> Sagt, Pontifices: Was wirkt Gold im Tempel? Gewiß nicht
> mehr als das, was Bräute der Venus weihn: ihre Puppen!
> Gäben wir Göttern doch, was selbst Triefauge Messala,
> Sproß des großen Corvin, aus mächtiger Schüssel nicht gäbe:
> Recht und Gesetz, in der Seele geborgen, und heilige Einkehr
> unsres Gemüts, ein Herz, durchglüht von Adel und Würde!
> Bringe ich dies in den Tempel, genügt – eine Ähre als Opfer."
> (Persius, Sat. II 61 ff. – Übertragung O. Weinreich)

Der jüngere Seneca (4 v.–65 n. Chr.) ist eine der umstrittensten literarischen und politischen Gestalten der neronischen Epoche. Als Erzieher und Berater Neros wurde der gebildete Literat an führender Stelle in die Problematik der Macht verstrickt. Sein Fürstenspiegel *de clementia* entwikkelte eine idealistische Form der Principatsideologie, während seine sarkastische Satire *Apokolokyntosis* („die Verkürbissung") gleichzeitig den divinisierten Claudius schmähte. Der Mann, der als einer der Regenten des *Imperiums* immensen Reichtum ansammelte, kehrte 62 n. Chr. der aktiven Politik den Rücken und wurde 65 n. Chr. im Zusammenhang mit der Pisonischen Verschwörung zum Freitod getrieben. Auch er war nicht in der Lage, im politischen Alltag die hohen Maßstäbe seiner philosophisch begründeten Moral zu realisieren. Er hatte nicht nur die Stirn, die Ermordung der Kaisermutter Agrippina vor dem Senat zu verteidigen, er hat auch andere Exzesse Neros gedeckt.

Mit seinen belehrenden Dialogen und Briefen war Seneca in erster Linie ein wichtiger römischer Vermittler der Philosophie der Stoa. Es ist für ihn wie für römische Kriterien bezeichnend, daß im Mittelpunkt seiner philosophischen Schriften die Fragen der Ethik stehen. Mit großem Pathos und rhetorisch sorgfältiger Stilisierung versuchte er zur inneren Unabhängigkeit des Individuums hinzuführen, nicht zuletzt die Bedeutung des Todes für die menschliche Existenz zu relativieren. Die rigorose rationale Arbeit an der eigenen Person wurde dabei von einem bemerkenswerten kosmopolitischen Zug begleitet und von einer ausgesprochen humanen Grundhaltung getragen, die zum Beispiel auch zur vollen Anerkennung der Sklaven als Menschen führte.

Daneben sind unter dem Namen Senecas auch 9 Tragödien nach klassischen mythologischen Stoffen überliefert, ausgesprochene Lesedramen, sowie eine *praetexta* Octavia, die in erregender Weise das Schicksal der unglücklichen Claudiustochter und Frau Neros behandelte. – Senecas moralischer Grundtenor war schon für die Kirchenväter akzeptabel. So wurde er zu einem jener lateinischen Autoren, die bis in die Neuzeit die denkbar größte Nachwirkung erzielten, zu einer der stärksten geistigen Potenzen Roms.

C. Petronius Arbiter (†66 n. Chr.), ein Mann, der sich in einer senatorischen Laufbahn bis zum Konsulat bewährt hatte, der eine umfassende Bildung mit höchstem Lebensraffinement in Luxus und Reichtum, mit scharfer Beobachtungsgabe und kühler Illusionslosigkeit verband, schrieb ein Werk der Unterhaltungsliteratur, das seinesgleichen sucht. Sein satirischer Roman *Satiricon,* ein bunter Abenteuer-, Schelmen- und Gesellschaftsroman, stellte ganz neue Schichten, die Welt der reichen Freigelassenen, der Sklaven und der gesellschaftlichen Schmarotzer in den Mittelpunkt der Erzählung. Zahlreiche Einlagen, wie das berühmte „Gastmahl des Trimalchio", aber auch rhetorische und epische Elemente, derb-dreiste erotische Szenen und Ausbrüche einer überschäumenden Vitalität werden von einer parodistischen Grundstimmung getragen, die verschiedensten Sprachschichten in einem großen Rahmen gemeistert.

Die Literatur der flavischen Epoche (69–96 n. Chr.) weist so wenig eine einheitliche Linie auf wie die *principes* selbst. Neben der bereits erwähnten Nachblüte des Epos stehen nüchterne, große Sammelwerke ebenso wie die Anfänge einer „höfischen", panegyrisch gestimmten Dichtung. Die große *Naturalis historia* des älteren Plinius sucht als enzyklopädische Fleißleistung ihresgleichen, wiewohl sie großenteils aus Exzerpten der älteren Spezialliteratur besteht. Sie umfaßt eine Erdbeschreibung wie die Beschreibung des Menschen, der Tiere, Pflanzen, Heilmittel, Mineralien, selbst der Künste, speichert das Wissen einer ganzen Epoche. Ähnlich umfassend angelegt ist die große *institutio oratoria* Quintilians, ein Werk, das mitten im Niedergang der großen öffentlichen Redekunst Roms noch einmal in systematischer Form die Ausbildung und Praxis des Redners schilderte. Das Werk war so breit konzipiert, daß Quintilian im 10. Buch nichts Geringeres als eine antike Literaturgeschichte gab, die er unter dem Gesichtspunkt der umfassenden literarischen Ausbildung des Redners akzentuierte. Seine Wertungen blieben häufig bis in die Gegenwart gültig. Auch Frontins Werke dienten primär praktischen Zwecken. Seine *Strategemata* vermittelten taktische militärische Schachzüge für ein andermal, sein Werk über die Feldvermessung ist nur in Exzerpten erhalten, dagegen gewann sein *de aquis urbis Romae,* eine Abhandlung über die Geschichte, Technik und Organisation der römischen Wasserversorgung, nicht zuletzt deswegen so große Autorität, weil Frontin als *curator aquarum* unter Nerva diesen Bereich selbst reorganisiert hatte.

Der erwähnte „höfische" Zug ist – neben ganz privaten und oft poetischen Elementen – in den Gelegenheitsgedichten der *Silvae* des Statius nicht weniger faßbar als in den bereits mehrfach zitierten Epigrammen Martials (etwa 40–104 n. Chr.), die zugleich ein buntes, schillerndes Lebens- und Sittenbild Roms in dieser Epoche vermitteln. Doch Martial, der sich gegenüber Domitian oft so überschwenglich exponiert hatte, mußte auch den Stilwandel der Herrschaft eines Trajan registrieren, der seinem Wirken Grenzen setzte:

„Schmeicheleien, ihr kommt umsonst noch zu mir,
jammervoll und mit wundgesprochenen Lippen.
Keinen Herren und Gott hab ich zu preisen.
Keine Stätte mehr habt ihr in der Stadt hier.
Geht jetzt fern zu den Parthern mit der Kappe,
und voll Schmach und erniedrigt und in Demut
küßt die Sohlen der buntgeputzten Herrscher.
Hier ist nicht mehr ein Herr, doch ein Gebieter,
ein Senator, gerecht wie sonst kein anderer,
der vom stygischen Sitz die schlichte Wahrheit
mit dem unparfümierten Haar zurückrief.
Bist du klug, unter diesem Fürsten hüt' dich,
Rom, in früherer Weise noch zu reden!"
(Martial, Epigramme 10, 72 – Übertragung R. Helm)

In seinen 16 Satiren führte Juvenal (ca. 60–ca. 130? n. Chr.) dieses literarische Genos auf einen neuen, bitteren Höhepunkt.

„Wenn ein schlaffer Eunuch sich beweibt; wenn Mevia Sauen
hetzt in etruskischen Wald und mit nackter Brust einen Spieß schwingt;
wenn der Kerl, der mir in der Jugend den rauschenden Bart schor,
jetzt als gemeiner Protz die Patrizier all überflügelt;
wenn Crispin, ein Sklav aus Canopus, dem Pöbel entstiegen,
nun mit kokettem Ruck seiner Schulter den purpurnen Mantel
eitel drapiert und am schweißigen Finger den Sommerring blitzen
läßt (für die heiße Saison wär ein gemmengeschmückter zu lästig):
dann fürwahr ist's schwer, da keine Satire zu schreiben!"
(Juvenal, Satiren I, 22ff. – Übertragung O. Weinreich)

In ätzenden Worten und in catonischem Stile hat Juvenal das ganze Spektrum sittlicher Dekadenz der römischen Führungsschicht wie auch des *domus principis* gebrandmarkt, die Hemmungslosigkeit jeder Art, die abstoßenden Seiten des Großstadtlebens, in der dichten Szenenfolge der galligen Frauensatire (VI) temperamentvoll Ehe und Frau diskreditiert. Für die traditionellen Maßstäbe der römischen Gesellschaft war es unerhört, daß Juvenal selbst den Adelsstolz der vollkommenen Aristokratin schmähte, für den modernen Gesellschaftsanalytiker ist es wohl enttäuschend, und doch für die römische Sicht gerade bezeichnend, daß noch er die alte Konzeption des „Sittenverfalls" teilte:

„Fragst du, woher diese Greuel und welcher Quelle entflossen?
Was die Latinerin einst in Zucht hielt, war ihres Lebens
Schlichtheit. Niederes Dach hielt fern des Lasters Befleckung;
Arbeit, Kürze des Schlafs halfen mit, und die Hände, gerauht von
hartem Gespinst, und dies, daß Hannibal stand vor den Toren,
und ihre Männer die Wacht am collinischen Turme bezogen.
Jetzt trägt Rom den Fluch langdauernden Friedens, es drückt uns
härter als Krieg Schwelgerei: sie rächt den bezwungenen Erdkreis.
Kein Verbrechen gibt's, kein Laster, das nicht mit der Wollust
Einzug gehalten bei uns, seit die Armut geschieden. Zu Romas
Hügeln strömte ganz Sybaris her, ganz Rhodos, Milet auch
und das kränzegeschmückte und freche und trunkene Tarentum.
Und es war das abscheuliche Geld, das zuerst uns die fremden
Sitten gebracht. In schnödem Geschwelge, entnervendem Reichtum
brach der Jahrhunderte Kraft. Wonach früge auch trunkene Wollust?"
(Juvenal, Satiren VI, 288ff. – Übertragung O. Weinreich)

Briefwechsel und Panegyricus des jüngeren Plinius, des Neffen des Älteren, sind durch ihre Inhalte historisch bemerkenswert, literarisch dagegen wohl kaum überzeugend. Ähnliches gilt für die Epitome des Florus, einen Abriß der Kriegsgeschichte des Römischen Volkes, dem die Konzeption der Wachstumsperioden zugrundegelegt ist. Als bezeichnende Form freilich sollten Preisrede und Epitome eine lange Nachwirkung finden.

In literarischer Hinsicht wird die Epoche des Adoptivkaisertums (96–192 n.Chr.) neben der vollen Entfaltung griechischer Formen und griechischer Literatur innerhalb des *Imperium Romanum* (Herodes Atticus, Aelius Aristides, Appian, Arrian, Plutarch, Pausanias, Lukian, Galen) durch die ausgesprochene Rhetorisierung der lateinischen Literatur, die Dominanz spanischer und afrikanischer Autoren, die Hinwendung zu archaisierenden und volkstümlich vereinfachenden, aber auch spielerischen Ausdrucksformen gekennzeichnet. Sinnfällig sind etwa die in der *Historia Augusta* (Vita Hadriani, 16) überlieferten Gedichtchen, die Florus und Hadrian austauschten:

„Ich möchte nicht den Caesar spielen,
ziehen schweifend durch Britannien,
mich verstecken in den Wäldern,
in Skythien den Frost erleiden."

„Ich möchte nicht den Florus spielen,
ziehen schweifend durch die Kneipen,
mich verstecken in den Küchen,
der runden Schnaken Stich erleiden."
(Übertragung K. Büchner)

Die enge Berührung zwischen Literatur, Rhetoren und *principes* verkörpert besonders Fronto, wohl eine der stärksten Begabungen der Epoche, der Lehrer M. Aurels und des L. Verus. Sein Schüler Gellius wurde mit seinen *Noctes Atticae,* einer bunten Sammlung stilisierter Lesefrüchte, einer der wichtigsten Vermittler antiquarischer Kenntnisse. Wie Fronto so war auch Apuleius von Madaurus in Numidien einer der gefeierten Rhetoren seiner Zeit. Dessen Roman Metamorphosen oder der goldene Esel erzählt mit vielen Einlagen – wie dem kostbaren Märchen von Amor und Psyche – die Abenteuer eines in einen Esel verwandelten Jünglings, der schließlich mit Hilfe der Isis wieder erlöst wird. Elemente der Unterhaltungsliteratur sind hier mit eindrucksvollen religiösen Texten zu einem bunten Gewebe verflochten, das jeden Leser noch heute zu fesseln vermag.

6. Die Entfaltung der römischen Kunst

Ähnlich wie im Bereich der Literatur so setzen auch in dem der Künste die genuin und eindeutig römischen Produktionen erst verhältnismäßig spät ein. Gewiß, schon das frühe Rom hatte künstlerische Ausdrucksformen der Etrusker und Griechen übernommen, und seit einiger Zeit werden auch die Ansätze künstlerischer Gestaltung aus dem Bereich des alten Latium und der benachbarten italischen Regionen systematisch erschlossen. Doch es bedurfte eines sehr langen Weges, bis nach der Übernahme fremden Kunstgutes, die noch im 2. Punischen Krieg und in der ersten Hälfte des 2. Jahrhunderts v. Chr. durch Kunstraub größten Stils erfolgte, eine eigenständige römische Kunst begann.

Es ist für die enge Beziehung zwischen der Aufgabenstellung und den Prioritäten der Gesellschaft einerseits und der Entfaltung künstlerischer Formen andererseits bezeichnend, daß Architektur, Stadtplanung und Nutzbauten verschiedenster Art schon während der frühen und klassischen Republik im Mittelpunkt des römischen Interesses standen. Hier setzte der römische Gestaltungswille schon sehr früh an. Das Forum als politischer und gesellschaftlicher Mittelpunkt der Stadt, Tempel als Ausdruck der engen Verbindung zwischen Gemeinwesen und Göttern, Markthallen (Basiliken) und Versammlungsstätten, Siegesmonumente und Triumphbogen, vor allem jedoch die für ihre Epoche ungewöhnlich großzügigen Anlagen der Nutzbauten (Wasserleitungen, Brunnen, Abwasserregelung, Brücken und Fernstraßen) und die monumentale Stadtbefestigung absorbierten zunächst alle Kräfte.

Hand in Hand damit ging die Meisterung neuer Techniken und die Verwendung immer kostbareren Materials. Mörtelbau, Gußmauerwerk und Bogengewölbe waren Voraussetzungen für immer kühnere Konstruktionen, später folgte bei den Großbauten die Aufgliederung der Decken durch Kassettenfelder, die Verwendung von Kreuzgewölben und Kuppeln, schließlich die Verkleidung der Kuppeln mit Mosaiken. Erst nach der Mitte des 2. Jahrhunderts v. Chr. erhob sich in Rom der erste Marmortempel, Indiz für die Jahrhunderte umfassende „Verspätung“ der Stadt gegenüber den Zentren der griechischen Welt. Erst Augustus hat dann, nach den Ansätzen einer bereits imperialen Architektur unter Sulla, Pompeius und Caesar, aus der Stadt aus Ziegeln jene aus Marmor werden lassen.

Der Geograph Strabo beschrieb in tiberischer Zeit das Spezifische der römischen Entwicklung in diesem Bereich so:

„Während die Hellenen es bei der Gründung von Städten besonders auf Schönheit, Festigkeit, Häfen und fruchtbares Land abgesehen hatten und damit ihr Ziel erreicht zu haben glaubten, achteten die Römer vor allem auf das, worum sich jene wenig kümmerten; Pflasterung der Straßen, Zuführung von Wasser, unterirdische Kanäle, geeignet den Unrat der Stadt in den Tiber zu spülen. Sie pflasterten auch die Landstraßen, wobei sie außerdem Erhöhungen abtrugen und Niederungen ausfüllten, um so die Frachten der Schiffe auf Lastwagen weiterbefördern zu können: ihre unterirdischen Kanäle, aus ineinanderpassenden Steinen gewölbt, gäben an manchen Stellen ganzen Heuwagen die Möglichkeit, durchzufahren. Die Wassermengen, die durch die Aquaedukte in die Stadt geführt werden, sind so groß, daß ganze Flüsse durch die Stadt und die unterirdischen Kanäle strömen, daß nahezu jedes Haus Wasserbehälter und Wasserleitungen hat und reichlich sprudelnde Brunnen besitzt; darin sah M. Agrippa seine wichtigste Aufgabe, der die Stadt auch sonst mit vielen Weihgeschenken geschmückt hat. Während die Alten sozusagen auf die Schönheit Roms geringeren Wert legten, da sie es ja mit anderen, größeren und notwendigeren Aufgaben zu tun hatten, standen die späteren, vor allem die heutigen, zu unserer Zeit lebenden Römer auch hierin nicht zurück, sondern sie haben die Stadt mit zahlreichen und herrlichen Weihgeschenken angefüllt. Denn Pompeius, der göttliche Caesar, Augustus und dessen Söhne, seine Freunde, seine Gattin und Schwester haben allen früheren Eifer und Aufwand für Bauwerke übertroffen; die meisten hat das Marsfeld aufzuweisen, zu dessen natürlichen Vorzügen noch die planvolle Ausschmückung durch Menschenhand hinzukam. ... Kommt man dann wieder auf den alten Markt und sieht, wie sich an diesen Markt um Markt reiht, und sieht die königlichen Basiliken und Tempel, dazu auch noch das Kapitol, mit seinen Bauwerken und die auf dem Palatin ..., so könnte man leicht alles, was draußen liegt, vergessen. Solcher Art ist Rom." (Strabo 5, 3, 8ff. – Übertragung W. Arend)

Unter dem Principat wurde das politische Machtzentrum Rom dann vollends zu einem künstlerischen und architektonischen Mittelpunkt der alten Welt. Die Foren der *principes* gewannen ein immer größeres Ausmaß; das Trajansforum des Apollodoros von Damaskus stellte schließlich mit seiner Länge von rund 300 m alle übrigen in den Schatten. Axialsymmetrie, Richtungsfixierung und regelmäßige Umgrenzung bestimmten die Grundrisse der Foren wie diejenigen der Stadtanlagen und der Legionslager. Die planmäßige Ordnung und Abgrenzung des Raumes war offensichtlich ein kennzeichnender Zug römischen Wesens. Auch der hohe Rang der römischen Feldmeßkunst ist ein Beleg dafür. Gleichzeitig ragten die Anlagen der imperialen Architektur immer höher empor. Das *Colosseum* und das Mausoleum für Hadrian waren über 40 m hoch, die aus Ägypten herbeigeschafften Obelisken und die monumentalen Kaisersäulen mit ihren langen Reliefbändern setzten weitere beherrschende Akzente.

Gleichzeitig wurde die römische Baukunst Träger und Sinnbild der politischen Programmatik der neuen Staatsform. Hatte bereits das Mausoleum des Augustus dessen Verwurzelung in der Stadt und in den römisch-italischen Traditionen plastisch demonstriert, so dokumentieren erst recht die Gebäude auf dem *Forum Romanum* verschiedene politische Tendenzen: „Mit den im Jahre 29 eingeweihten Bauten ergreift Octavian als neuer Alleinherrscher Besitz von der alten Bühne der Republik. Im Parthermonument (19 v. Chr.) erscheint Augustus als Inaugurator eines neuen Zeitalters, in das die Traditionen der Republik inkorporiert werden sollen. Die Bauten der letzten beiden Jahrzehnte stellen die vorgesehenen Nachfolger des Princeps ins Licht. Zuerst Gaius und Lucius, dann Tiberius. Der Concordiatempel schließt das Bauprogramm ab; er steht als Sinnbild des neuen Staatswesens über dem Forum." (P. Zanker, Forum Romanum. Tübingen 1972, 23) Naturgemäß schlug sich die politische Programmatik auch in der Thematik anderer Denkmäler nieder, in den Reliefs der *Ara Pacis* wie in der Komposition des Brustpanzers der Augustusstatue von Primaporta, in der Kolossalstatue Neros wie in den Bildprogrammen des Triumphbogens von Benevent oder den Reliefbändern der Trajans- und der Marcussäule.

Die Architektur profitierte besonders von den neuen Aufgabenstellungen des Principats. Wohnte Augustus noch in einem Haus sehr bescheidener Dimensionen auf dem Palatin, so ließ dort schon Tiberius in der sogenannten *domus Tiberiana* den ersten „Kaiserpalast", auf Capri aufwendige Villenkomplexe errichten. Nero setzte mit seinem „Goldenen Haus" *(domus aurea),* einer künstlichen, in den Dimensionen provozierenden Architekturlandschaft mitten in der Stadt neue Maßstäbe, Domitian errichtete einen nicht weniger repräsentativen Palast auf dem Palatin, Hadrian die eigenwillige, weitflächige Stil- und Architekturagglomeration der *Villa Hadriana* in Tivoli. Gleichzeitig überwucherte der Luxus auch die Bauten der Oberschicht: „Man kommt sich arm und gemein vor, wenn der Marmor aus Alexandria nicht von Einlagen aus numidischem Marmor unterteilt wird, wenn in diese nicht ein kunstvoller und die Malerei nachahmender Dekor verwoben ist, wenn das Deckengewölbe nicht ein Glasmosaik bedeckt, wenn nicht der Marmor aus Thasos, der einst nur selten einmal in einem Tempel zu sehen war, unser Badebecken rahmt ..." (Seneca, Briefe an Lucilius, 86 – Übertragung Th. Kraus).

Doch wieviel Fremdes auch Rom zum Schmuck der eigenen Stadt in sich barg, gleichzeitig trug es die Elemente und Formen seiner Nutzbauten in alle Teile des *Imperiums.* Nicht so sehr in der weiteren Verbreitung griechischer Tempel, griechischer Plastik oder Kleinkunst, sondern gerade in den noch heute imponierenden Überresten römischer Nutzbauten liegen die stärksten Akzente der römischen Herrschaft: Die monumentalen Stadtanlagen mit allen Elementen römischer Architektur vom Stadttor bis zum Forum oder den Kryptoportiken, den unterirdischen Lager- und Verkaufsstätten, Aquädukte, Kanäle, Häfen, Brücken und Straßen, Bewässerungs-

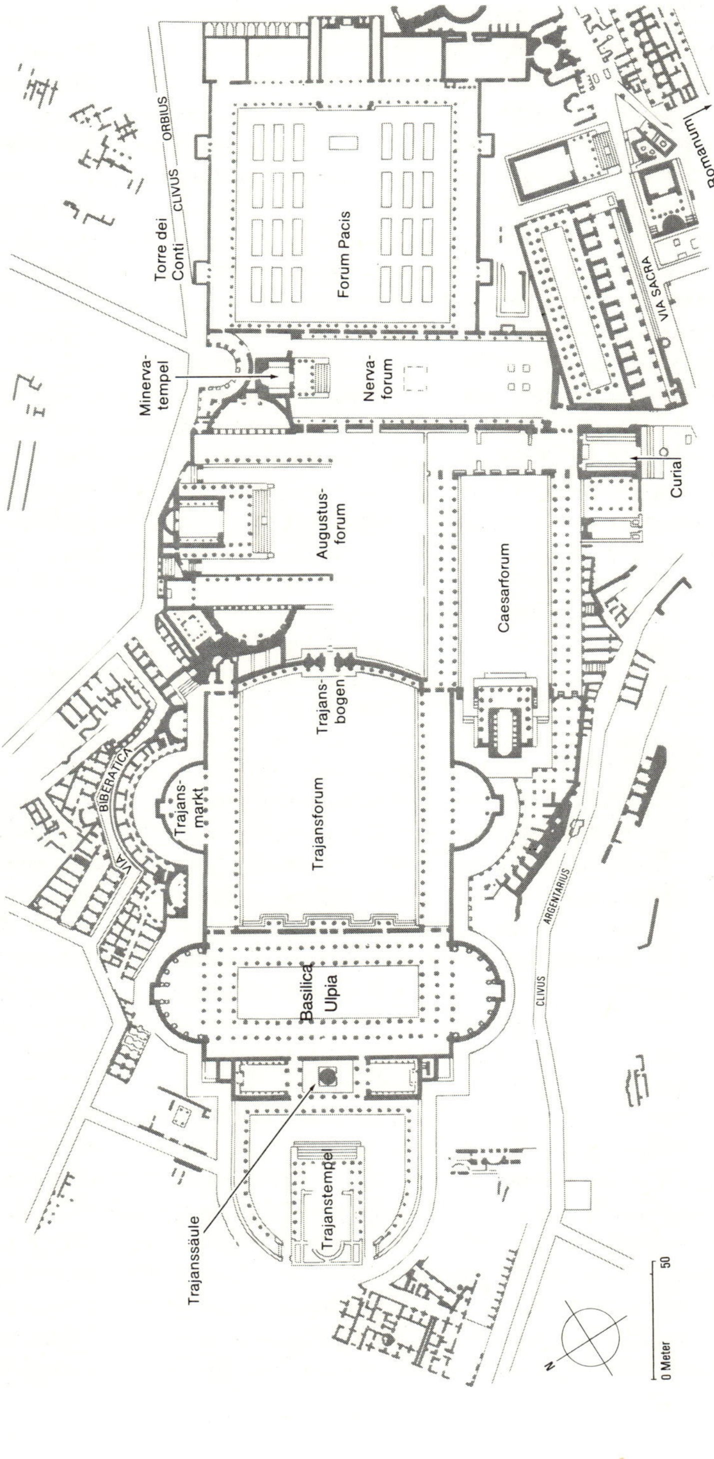

9. Die Kaiserforen

7. Prozession auf der Ara Pacis, Rom.

8. Schmuckband eines Sigillata-Gefäßes der augusteischen Epoche.

9. Gladiatorenkampf, Mosaik.

10. Gladiatorenhelm.

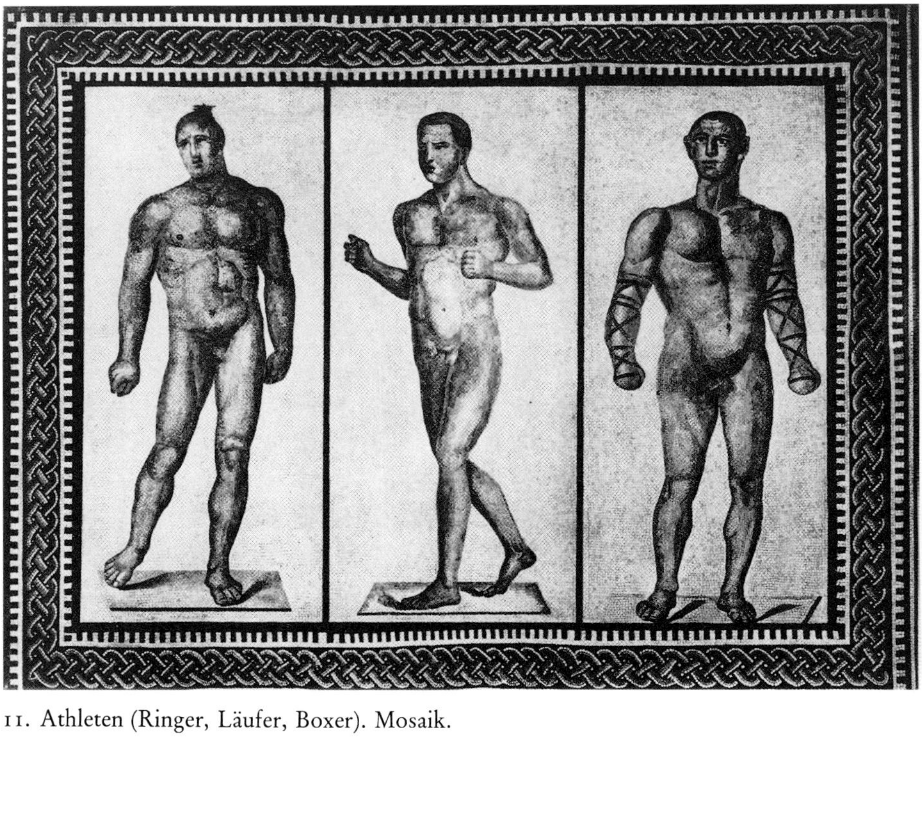

11. Athleten (Ringer, Läufer, Boxer). Mosaik.

anlagen und Brunnen bilden neben den Militärbauten, Siegesmonumenten, Grabanlagen und Erinnerungsstätten in allen Provinzen Roms die noch heute sichtbaren Signaturen seiner einstigen Präsenz. Schon der junge Jacob Burckhardt war von dem monumentalen Charakter und der ganz ungewöhnlichen Solidität der römischen Nutzbauten auch an der Peripherie des *Imperiums* fasziniert: „... es liegt in diesen römischen Bauten ein Ausdruck der Gewaltherrschaft über den Stoff, welcher uns hinreißt und mit stillem Staunen erfüllt. Da ist nichts Kleinliches oder Verpfuschtes; die Massen wirken, auch bei kleinen Dimensionen." (1843, Werke 1, 286) Zugleich ist diese Architektur der reinste Ausdruck römischen Machtwillens.

Auch die römische Porträtkunst und das römische Relief, insbesondere das historische und mythologische Relief, erreichten vom 1. Jahrhundert v. Chr. an ihre Blütezeit. Nach Bernhard Schweitzers treffendem Wort endet die griechische Kunst im Porträt, während die römische mit dem Porträtbedürfnis erst voll einsetzt. Schon die spezifischen Formen der Verehrung der Vorfahren durch die römische Aristokratie weckten den Wunsch, die Züge der Individuen unverfälscht festzuhalten. So ist für das römische Porträt häufig ein scharfer Verismus kennzeichnend. Die Bildnisse der großen Vorfahren, die Totenmasken wie die Standbilder und Büsten idealisieren und heroisieren nicht, vielmehr zeigen sie das Individuum in seiner Eigenart, im historischen Gewand des Magistrats, in der Toga oder im Panzer. Das historische Relief aber hält, wie die größtenteils verlorene Historienmalerei, Leistungen der Vorfahren fest, es dokumentiert im politischen oder militärischen Erfolg den gesellschaftlichen Rang des Einzelnen wie seines Geschlechts, beeinflußt die öffentliche Meinung, festigt die Autorität. Auch Büsten und Statuen beschönigen nicht. Trotz der Stilisierung der augusteischen Klassik überwiegen unter dem Principat Bildnisse von ungewöhnlicher Lebensnähe und Kraft.

Als eines der frühesten römischen Reliefs darf ein Fries gelten, mit dem L. Aemilius Paullus nach der Schlacht bei Pydna den Pfeiler einer Reiterstatue in Delphi schmücken ließ. Siegesmonumente, Altäre, Tempelschmuck, aber auch Sarkophage und Grabstätten wie Denkmäler der verschiedensten Typen schufen für diese Gattung eine beträchtliche Entfaltung, wenn dabei auch nicht jedes Werk jene Vollkommenheit erreichte, welche die *Ara Pacis Augustae* auszeichnet. Deren große Reliefplatten verbinden, wie Vergil, den römischen Mythos mit der augusteischen Gegenwart. Die Darstellung der großen Opferprozession bei der Einweihung des Altars vereinigt die Familie und die Mitarbeiter des *princeps* mit Magistraten und staatlichem Personal, – große, reichgeschmückte Bilder der Erd- und Fruchtbarkeitsgöttin Tellus und des Aeneasopfers mit den Zwillingen Romulus und Remus sowie rankenverzierte Flächen und die an Stierschädeln hängenden Girlanden markieren jedoch zugleich den religiösen Rahmen, der die ganze Thematik bestimmt.

In den langen historischen Bildbändern der Trajans- und der Marcussäule (die Trajanssäule weist auf ihren rund 200 m Reliefband nicht weniger als 155 verschiedene Einzelszenen auf) ist mitunter der historische Dokumentationswert größer als die künstlerische Qualität. Ohne Zweifel aber handelt es sich hier um den äußeren Triumph der römischen Reliefkunst, zumindest was Komposition und Dimensionen anbetrifft. In manchen Einzelheiten der Marcussäule begegnen freilich bereits Ansätze der Typik und des Stils der spätantiken Kunst.

In der Plastik wird die Übernahme griechischer Vorbilder besonders deutlich. Nachdem zur Zeit der späten Republik die Beschaffung griechischer und hellenistischer Originale immer schwieriger wurde, während gleichzeitig der Bedarf der römischen Führungsschicht an Plastiken und repräsentativem Schmuck der luxuriösen Stadthäuser, Gärten und Villen immer weiter anstieg, bildeten sich in Rom eigene Kopierwerkstätten aus. Nicht wenige griechische Meisterwerke sind nur auf diesem Wege überliefert worden. Mindestens ebenso zahlreich aber sind jene Plastiken, die an griechische Vorlagen angelehnt im Grunde doch römische Ideen verkörperten und zumindest eindrucksvolle Symbiosen griechischer und römischer Kunst bewirkten. Eines der bekanntesten Beispiele dieser Kategorie ist die berühmte Panzerstatue des Augustus aus der Villa der Livia bei Primaporta. In den Proportionen nach dem Doryphoros des Polyklet entworfen, zeigt sie Augustus als Feldherrn im Gestus der *Adlocutio*, jener Schweigen gebietenden Geste des Imperators vor der Ansprache an die Truppen.

Es ist evident, daß sich in der römischen Plastik, wie in der Baukunst und in anderen Kunstzweigen, immer wieder auch die persönlichen Vorstellungen und Wertungen der römischen *principes* niederschlugen, die ohnehin alle Kunstgattungen als Medien ihrer Politik und ihrer spezifischen Gestaltungen der Principatsideologie nutzten. Der wiederholte Wechsel italischer und hellenistischer Tendenzen dokumentiert dies ebenso wie die Eigenart der augusteischen „Klassik", das künstlerische Pathos unter Nero wie die stilisierte Majestät eines Domitian, die ernste Sachlichkeit der trajanischen Epoche wie der philhellenische Klassizismus eines Hadrian. Gegen Ende des 2. Jahrhunderts werden dann gerade in der römischen Plastik neue Ausdrucksformen sichtbar. Die klassizistischen Normen fallen. Haarmassen, Gesichtsfalten und Augengestaltung sind Ausdruck erregter Vitalität und Unruhe. Auch wenn die Gefahr groß ist, in die Kunstwerke historische Konstellationen zu projizieren, der Anbruch neuer Stilrichtungen und neuer Vorstellungen bleibt unverkennbar.

Von der römischen Malerei sind ganze Gattungen – wie die sicher bezeugte Historienmalerei, Tafelbilder, Leinwandgemälde, Porträtmalerei – nur noch zu erahnen oder lediglich in wenigen Zeugnissen überliefert. Der moderne Gesamteindruck wird von der Wandmalerei der reicheren Privathäuser, der Paläste, aber auch von Grabbauten hervorgerufen, wobei die

Malerei der Vesuvstädte das wichtigste Anschauungsmaterial bietet. Während die Wände zunächst lediglich malerisch aufgegliedert wurden, dominierten seit sullanischer Zeit Scheinarchitekturen, Gartenlandschaften und mythologische Szenen. Immer stärker trat das Bestreben hervor, den durch die Wände abgegrenzten Raum mit illusionistischen Mitteln zu erweitern oder ihn mit Durchblicken zu vertiefen. Die theatralischen Effekte der Scheinarchitektur blieben geraume Zeit bestimmend, doch schon früh wurden Landschafts- und Architekturprospekte dann auch durch mythologische Staffagen akzentuiert. Die großen Figurenbilder und die zyklischen Darstellungen wie der berühmte „Mysterienfries" aus Pompeji waren letzte Höhepunkte der Entwicklung, durch die Kraft der Farben oft nicht weniger mitreißend als durch den Schwung und die Sicherheit der Zeichnung.

Auch im Mosaik griffen die Römer eine griechische Kunstgattung auf. Die kleinen, würfelförmig behauenen Steine *(tessellae)* waren im griechischen Raum seit dem 5. Jahrhundert v. Chr. zunächst zu einfachen, ornamentalen Bodenbelägen, später zu immer kunstvolleren Kompositionen mit Einlagen kleiner Gemälde verwandt worden, als sich das Mosaik seit dem Ende des 2. Jahrhunderts v. Chr. dann auch in Italien durchzusetzen begann. Vermutlich dürften die Vorbilder jenes Boden-Mosaikschmucks, der damals über Kampanien auch im engeren römischen Bereich heimisch wurde, in hellenistischen Palästen und in den reichausgestatteten Häusern von Delos zu sehen sein. So vielfältige Wandlungen diese Kunstgattung auch durchlief, für das römische Mosaik wie für die römische Plastik blieb immer die funktionale Einordnung in die jeweilige Gesamtarchitektur charakteristisch.

Zunächst dominierten klare schwarze Zeichnungen auf weißem Grund, wie vor allem die Mosaiken von Pompeji und Ostia belegen. Thematisch herrschten dabei zuerst Meeresszenen und mythologische Darstellungen, aber auch einfache Alltagsbildchen vor, mehrfarbige Mosaiken wie die Landschaftsbilder der *Villa Hadriana* sind eine Ausnahme. Besonders weite Verbreitung und auch künstlerische Blüte erlebte das Mosaik in den Villen und Häusern der Führungsschicht in den nordafrikanischen Provinzen. Fanden dort anfangs mythologische Motive breiten Raum, so überwogen bald lebendige Szenen der Feldarbeit und der Jagd. Anderen Stilkriterien folgte die Mosaikkunst Syriens, eines weiteren Kernraums dieser Kunstgattung, der insbesondere in Antiochia ein führendes Produktionszentrum besaß. Dort wirkten vor allem hellenistische Traditionen, aber auch naturalistische Vorstellungen stärker nach. Das Mosaik verbreitete sich schließlich in nahezu allen römischen Provinzen bis hinauf nach Britannien.

Mosaiken dehnten sich von den Fußböden und Brunnenfassaden über die Wände der Gebäude bis zu den hohen Gewölben aus. Ihren monumentalen Höhepunkt sollten solche besonders repräsentativen, großflächigen Mosaiken dann freilich erst in den christlichen Bildzyklen der Spätantike, vor allem in Ravenna und Konstantinopel, erreichen.

Nur in Andeutungen läßt sich hier der weite Bereich der Kleinkunst beschreiben. Die Glyptik, die Kunst der geschnittenen Steine, erreichte unter dem Principat einen hohen Rang. Gemmen und Kameen verschmolzen Geschichte und Mythologie, wurden, wie die *Gemma Augustea* in Wien oder der große Pariser Cameo, zu prachtvollen Darstellungen der Principatsideologie, die ebenso wie Porträts, Bilder und Legenden der Münzen in konzentrierter Form politische Programmatik verbreiteten. Gerade in diesem Bereich schlägt die stilistische Verwandtschaft Brücken über die einzelnen Kunstgattungen hinweg: Einerseits gibt es enge Beziehungen zwischen der Relief-Ornamentik der *Ara Pacis* und den Schmuckformen des Hildesheimer Silberschatzes, andererseits wiederum zwischen den Motiven der Toreutik und jenen der rotglasierten Tongefäße, der arretinischen *Terra sigillata.*

Es wäre freilich falsch, in allen skizzierten Kunstgattungen einheitliche stilistische Tendenzen und einheitliche, nivellierende Entwicklungen anzunehmen. Zwar wird unter dem Principat die Kunst der Metropole, das heißt die offizielle, staatliche, immer wieder von den *principes* selbst mit angeregte, geförderte oder beeinflußte, sogenannte Reichskunst für das ganze *Imperium* vorbildlich. Doch selbst in Rom und Italien hält sich daneben die handwerklich gebundene, an den Interessen, Bedürfnissen, Mitteln und Möglichkeiten der breiten unteren Schichten orientierte „Volkskunst", in den Provinzen die vor allem durch die mächtigen regionalen Traditionen geprägte „Provinzialkunst". Es darf weiter nicht übersehen werden, daß die Beziehung des Römers zur Kunst im Alltag, wenn man von den Eindrücken der öffentlichen Bauten, Anlagen und Kunstwerke absieht, entscheidend von seiner sozialen Lage bestimmt war. Während die Angehörigen der Aristokratie oft von Meisterwerken oder Kopien griechischer und hellenistischer Kunst umgeben waren, inmitten raffiniert ausgemalter Räume lebten und von kostbarem Silbergeschirr speisten, besaß der einfache Handwerker lediglich einige bescheidene Götterbilder in seinem Lararium, Töpfereiprodukte der Massenproduktion und billigstes Gebrauchsgeschirr. Die oft faszinierenden Kabinettstücke der großen Museen, die Kleinbronzen, Kandelaber, Terrakotten, Gläser, Elfenbein- und Schmuckobjekte aller Formen und Materialien waren häufig genug nur im Besitz des reicheren Bürgertums zu finden.

7. Wissenschaften und Technik

Naturwissenschaftliche Forschung im Sinne der Vorsokratiker oder auch der hellenistischen Schulen lag den Römern völlig fern. Weder an philosophischen Grundfragen noch an wissenschaftlicher Systematik um ihrer selbst willen interessiert, auch nie von der Passion problembezogener Forschung erfüllt, war für sie stets die Verwendbarkeit naturwissenschaftlichen und technischen Wissens entscheidend. Welche philosophische Schule den Vorzug verdiente, war für sie ebenso sekundär wie die Frage, welche medizinische Schule am angemessensten war – in beiden Bereichen ist der ganz praxisbezogene Eklektizismus der Römer charakteristisch. Dem widerspricht die Tatsache nicht, daß große Sammelwerke, wie Plinius' d. Ä. *naturalis historia*, Übersetzungen, wie die des Celsus im 1. Jahrhundert n. Chr., und breit angelegte, systematische Studien, wie die Galens, die Kenntnisse griechischer Naturwissenschaft und Medizin speicherten und bis weit in das Mittelalter hineinwirkten. Genuin römische Forschungen wurden lediglich auf verhältnismäßig engbegrenzten, ganz praxisbezogenen und praxisverhafteten Sektoren fruchtbar.

Erst jüngst wurde darauf hingewiesen, daß eine ganze Reihe von technischen Erfindungen und Verbesserungen aus römischer Zeit stammen: der sogenannte hydraulische Mörtel aus Kalk und Puzzolanererde, ein betonähnlicher Baustoff, welcher die Voraussetzung für die Großbauten des Principats, insbesondere auch für die Gewölbetechnik bildete; die Entfaltung des Kuppel- und Gewölbebaus mit Hilfe von Stützmauern, Rippen- und Kreuzgewölben; die systematische Vervollkommnung der Hypokaustheizung durch die Verwendung hartgebrannter Ziegel; die Verbesserung der in großer Zahl eingesetzten Schraubenpressen (Seilwinden-, Hebelschraubenpressen); vielfältigste Anwendung von Metall- und Holzschrauben; weite Verbreitung des geblasenen, farblosen Glases, aber auch Verfeinerung der Technik von Luxusgläsern (Schlifftechnik, Schlangenfadengläser, Vergoldung von Glas, Diatretgläser).

Gewiß läßt sich demgegenüber auch eine Gegenrechnung aufmachen und festhalten, daß bereits erzielte Erfindungen, wie die Wassermühle oder die gallische „Erntemaschine", nicht adaequat ausgewertet wurden, daß in der Seefahrt am Einmaster festgehalten wurde, Windmühle und Dampfturbine ebensowenig entwickelt wurden wie ein sinnvolles Geschirr für die Zugtiere, daß selbst die militärische Technik stagnierte. Offensichtlich waren die anfallenden Arbeiten mit dem vorhandenen technischen Instrumentarium in einigermaßen befriedigender Weise zu leisten.

Die römische Zivilisation verfügte über bemerkenswerte technische Hilfsmittel. Der *Abacus*, das Rechenbrett mit Spalten für Einer, Zehner, Hunderter und so fort, war zum Handabacus im modernen Taschenrechnerformat weiterentwickelt worden; der *Chorobates*, ein Nivellierinstrument, beruhte auf dem Prinzip der Wasserwaage und arbeitete ähnlich wie die modernen Theodoliten. Nicht wenige handwerkliche Werkzeuge hatten bereits jene Formen erreicht, die noch in der frühen Neuzeit üblich waren. In größeren Werkstätten aber wurden schon einfache Hebezüge, Baukräne und Flaschenzüge verwendet, zum Teil selbst so komplizierte Maschinen wie der Tretradkran, den Lucceius Peculiaris in Capua in seiner

Säulenwerkstatt benutzte. Die Armee verwandte ein Pfeilgeschütz, das aus zwei mit einer Sehne verbundenen Spannarmen bestand und eine große Zielgenauigkeit erreichte. Der 1,20 m lange Pfeil durchschlug noch nach 340 m Entfernung einen 2 cm starken Hartholzschild 30 cm tief. Ein einarmiges Belagerungsgeschütz konnte Steinkugeln über eine Distanz von 300 m schießen.

Welch vielfältigen Einflüssen die einzelnen Wissenschaften in dem Wechselspiel zwischen der Beharrungskraft der Tradition und den Begegnungen mit fremden Leistungen ausgesetzt waren, sei exemplarisch am Bereich der Medizin skizziert. Die frühe römische Volks- und Hausmedizin wurde ursprünglich überwiegend vom *pater familias* praktiziert. Wolle und Kohl spielten dabei eine grundlegende Rolle, die Behandlung selbst wurde nicht selten durch archaische magische Formeln begleitet:

„Wenn etwas verrenkt ist, wird es durch folgenden Zauberspruch gesund: Nimm dir ein grünes Rohr, vier oder fünf Fuß lang, spalte es in der Mitte und zwei Mann sollen es an ihre Hüften halten. Fang an den Spruch herzusagen: *moetas uaeta daries dardaries astataries dissunapiter,* bis sie zusammenkommen. Lege Eisen darauf. Wenn die beiden Teile zusammengekommen sind und einander berühren, fasse sie mit der Hand, schneide rechts und links ab, binde es an die Verrenkung oder den Bruch, so wird er heil. Aber du mußt täglich hersagen: *huat huat huat ista sistas sistardannabou dannaustra.*" (Cato, de agricultura, 160, Übertragung K. Latte. Die Bedeutung der magischen Formeln ist unklar.)

Wie stark der Einfluß etruskischer Medizin auf die römische gewesen ist, läßt sich nicht entscheiden, wichtiger wurde jedenfalls derjenige der griechischen. Die Errichtung eines Asklepiustempels auf der Tiberinsel markiert hier zu Beginn des 3. Jahrhunderts v. Chr. den Anfang einer jahrhundertelangen Berührung, die keineswegs nur durch dankbare Hinnahme griechischer Kenntnisse und Praktiken bestimmt war. Gerade Cato ist von tiefem Mißtrauen gegenüber griechischen Ärzten erfüllt gewesen. Der aus der Peloponnes stammende Archagathus, der sich im Jahre 219 v. Chr. in Rom niederließ, war der erste namentlich bekannte griechische Arzt Roms. Bezeichnend für den Werdegang der frühen griechischen Ärzte in Rom sind nicht nur Gestalten wie Asklepiades von Prusa (ca. 120–40 v. Chr.), der sich zunächst als Rhetor versucht hatte, anatomische Studien verachtete, doch mit Selbstvertrauen, psychologischem Geschick und rasch angeeigneten medizinischen Kenntnissen eine geachtete Stellung errang, sondern vor allem die Dutzende griechischer Sklaven, die nach oft nur kurzer Lehrzeit im Gefolge eines Arztes auch selbständig zu praktizieren wagten.

Das gesellschaftliche Ansehen der in Rom wirkenden Ärzte war so zuerst sehr gering, nicht wenige wurden als Schlächter, Brenner und Pfuscher diskreditiert. Doch allmählich setzten sich Spezialisten, vor allem Chirurgen und Augenärzte, durch, die Honorare erreichten astronomische Höhen. Unter Caesar und Augustus genossen die Mediziner dann bereits offiziellen Respekt, unter Hadrian Privilegien; die „Leibärzte" der *princi-*

pes, wie Antonius Musa unter Augustus, Xenophon von Kos unter Claudius, Galen unter Mark Aurel, gewannen großen Einfluß. Die Stellung der Ärzte war vollends gefestigt, als Antoninus Pius öffentliche Ärzte für jede der 14 Regionen Roms zur allgemeinen Krankenversorgung bestellte und als auch viele andere Städte des *Imperiums* ähnliche Institutionen schufen. Das ärztliche Besteck war im übrigen hoch entwickelt, allein aus Pompeji sind etwa 200 ärztliche Geräte bekannt.

Offensichtlich waren Krankenversorgung und Verwundetenbetreuung des römischen Heeres zur Zeit der römischen Republik nur wenig entwikkelt, unter dem Principat änderte sich dies grundlegend. Große Lagerlazarette *(valetudinaria)* sind aus Inchtuthil in Schottland ebenso bezeugt wie aus Xanten, Neuss oder Windisch. Die in den Legionen und Kohorten fungierenden *medici* freilich dürften ihrer Qualifikation nach wohl eher mit dem Feldscher oder dem Sanitätsunteroffizier der Heere der Neuzeit zu vergleichen sein als mit den Stabsärzten moderner Feldlazarette. So unbefriedigend die medizinische Versorgung der Bevölkerung nach modernen Kriterien auch erscheinen mag, es kann nicht übersehen werden, daß die oft geradezu luxuriöse Bereitstellung von Frischwasser, Bädern und Kanalisation manchen Gefährdungen entgegenwirkte.

Die erwähnte konsequente Ablehnung jeder rein theoretischen Spekulation führte dazu, daß sich die Römer für keine der hellenistischen medizinischen „Schulen“ entscheiden wollten. Die nach logischer Systematik in den Beziehungen von Körper und Krankheit suchenden „Dogmatiker“ konnten nach römischen Vorstellungen ebensowenig Ausschließlichkeit fordern wie die „Empiriker“, die von den eigenen Beobachtungen, der Krankheitsgeschichte und von Analogieschlüssen ausgingen, oder die „Methodiker“, die zu elementaren Antagonismen zurückkehrten und Extreme durch Extreme kurierten, oder die „Pneumatiker“, die stoische Konzeptionen des *pneuma* als universellen Prinzips zum Ausgangspunkt ihrer medizinischen Lehre erhoben. So wurde ein praxisbezogener Eklektizismus vorherrschend, der in dem Werk des Griechen Galen gipfelte.

Die Römer selbst haben keine nennenswerten Beiträge zur Entwicklung der Medizin geleistet, wenn man von der Materialsammlung des älteren Plinius, Übersetzungen (Celsus) und einigen späten praktischen Handbüchern absieht. Sie begünstigten einzig eine gewisse Spätblüte griechischer Medizin im Rahmen des *Imperiums,* die indessen nicht entfernt an deren wirklich schöpferische Phasen (Hippokrates, Schulen von Kos und Knidos, Aristoteles, Theophrast, Alexandrinische Forschung) heranreichen konnte.

8. Römische Religion

Soweit die Anfänge der römischen Religion erkennbar sind, entfaltete sie sich als typische Bauernreligion. Opfer, Flurumgänge und Abwehrakte waren charakteristische Ausdrucksformen, denn die römischen Bauern glaubten sich von vielen körperlosen Wirkungsmächten umgeben, behütet oder bedroht, von Wirkungsmächten, die stets durch ganz bestimmte Riten gebannt werden mußten. Auffallend ist der strenge Formalismus, in dem von Anfang an alle sakralen Handlungen und alle Gebete gebunden waren:

„Man ist der Meinung, daß Opfer oder Befragung der Götter ohne Gebet unwirksam sei. Verschiedener Wortlaut gilt für Erlangung eines günstigen Vorzeichens, für Abwehr von Unheil und für Vortragen einer Bitte, die höchsten Beamten beten nach festen Formeln, und damit kein Wort übergangen oder an falscher Stelle gesprochen wird, liest sie ihnen jemand vor, und ein anderer wird bestellt, darauf acht zu geben, ein weiterer befiehlt Schweigen, der Flötenbläser spielt, damit man nichts anderes hören kann; es gibt bekannte Beispiele für beides, sowohl daß ein hereintönender Fluch der Wirkung des Gebets geschadet hat, wie ein Irrtum beim Aussprechen der Gebetsformel." (Plinius, naturalis historia 28, 10f. – Übertragung K. Latte)

Auf diese Weise haben sich alte Gebete und religiöse Lieder erhalten, wie das wuchtige Lied der Arvalbrüder, das durch eine Inschrift aus dem Jahre 218 n. Chr. tradiert wurde:

„Herbei ihr Laren, helft,
laß nicht Seuche, Sturz, Mars, einbrechen in die Menge.
Sei satt, wilder Mars, spring auf die Schwelle, steh dort.
Alle Semonen wird er abwechselnd herbeirufen.
Mars soll uns helfen.
Triumph, Triumph, Triumph, Triumph, Triumph."
(Übertragung K. Büchner)

Die mächtigste Bauerngottheit war zunächst Juppiter, der Herr des Himmelsgewölbes, der die Blitze schleuderte, ein Gott, der bald zur Staatsgottheit schlechthin geworden ist. Mit Juno, der Helferin der Frauen, und Minerva, der Göttin der Handwerker, war er auf dem Kapitol zu einer mächtigen Trias verbunden. Neben ihm ragt Mars hervor, nicht nur der Gott des Krieges, sondern auch derjenige der harten Feldarbeit, und Saturn, ebenfalls ein alter Agrargott, sowie Vesta, die Hüterin des Feuers, das in die Obhut der jungfräulichen Vestalinnen gegeben war. Die Fruchtbarkeitsgöttin Ceres ist zur spezifischen Gottheit der römischen *plebs* geworden, Merkur wurde als Beschützer der Kaufleute verehrt, Volcanus als Gott des Feuers und der Schmiede, Neptun als die Gottheit aller Gewässer und der Meere. Die alte latinische Göttin Diana aber ist zur Schutzgottheit der Frauen und der Sklaven geworden; Fortuna, die Herrin des Glücks, wurde schon früh verehrt, erst spät dagegen Venus, die Göttin der Liebe.

Zu diesen großen Gottheiten traten nun Dutzende von weiteren, etruskische und altitalische Göttinnen und Götter, Gottheiten für spezielle Bereiche der bäuerlichen Arbeit und Viehzucht wie für die einzelnen Teile der Stadt, traten die Familiengottheiten der *di parentes,* später die *di manes,* die gleichfalls religiös verehrten Totengeister der einzelnen Familien und die *lares,* die lokal gebundenen guten Geister, die vor allem an den Kreuzwegen verehrt wurden, sowie die Familien- und Hausgottheiten der Penaten – um nur Wichtigstes zu nennen.

Auch fremden Gottheiten standen die Römer von Anfang an aufgeschlossen gegenüber. Mehr noch, sie waren ängstlich bemüht, fremde Wirkensmächte zu beschwichtigen. Die Stadtgottheit des niedergekämpften Veji haben sie ebenso verehrt wie zahlreiche griechische Gottheiten, die in Rom heimisch wurden. Doch daneben ist es bezeichnend, daß parallel zur Ausbildung der Nobilität seit dem 3. Jahrhundert v. Chr. auch die bestimmenden Leitbegriffe der aristokratischen Ethik wie *virtus, honos, fides, victoria, pietas, libertas* und andere in abstrakter Form kultische Verehrung fanden.

Die religiöse Grundhaltung der Römer war zunächst durch eine sehr nüchterne, tief verwurzelte Anerkennung der Macht der Götter diktiert. Die Bindungen an die Götter wurden anerkannt und bejaht; es galt auf Vorzeichen als Ausdruck ihres Willens zu achten, sie durch Opfer und Gebete günstig zu stimmen und damit die *pax deum,* das Einvernehmen mit den Göttern, zu erwirken und zu erhalten. Römische *pietas* ist mehr als bloße „Frömmigkeit". Sie ist die Tugend der Anerkennung von Bindungen schlechthin; Octavians Rache an den Mördern seines Adoptivvaters Caesar war nach römischem Verständnis ein Akt der *pietas.* Doch das Verhältnis des Römers zu den Göttern war, ganz ähnlich wie das Verhältnis des Klienten gegenüber dem *patronus,* ein Verhältnis wechselseitiger Bindungen. Die beiderseitigen Verpflichtungen erfolgten nach dem prosaischen *do ut des* – Prinzip. Auch in diesem Verhältnis herrschte die *fides.*

Der enge und kontinuierliche Kontakt mit den Göttern war für den Römer nicht nur eine private, sondern in gleicher Weise auch eine politische und staatliche Angelegenheit. Vor wichtigen politischen Anlässen wie der Konstituierung der Volksversammlung und vor wichtigen militärischen Akten wie dem Auszug des Heeres oder der Eröffnung von Kampfhandlungen wurde durch Himmelsbeobachtung, die Analyse von Vogelflug oder Eingeweideschau der Willen der Götter erkundet. Sie zu befragen, sie zu bitten und günstig zu stimmen wie ihnen zu danken war höchste staatliche Pflicht, die sich in Opfern, Spielen und Tempelbau niederschlug, aber auch darin, daß nicht etwa der siegreiche Feldherr, sondern in ihm Juppiter triumphierte. Für einen so streng altgläubigen Autor wie Livius war noch in augusteischer Zeit die gesamte römische Geschichte ein Beweis dafür, daß die römische Weltherrschaft der Befolgung des Willens der Götter, dem *sequi deos,* verdankt wurde. „Ihr werdet finden, daß denjenigen, die den Göttern folgten, alles glückte, denjenigen, die sie mißachteten, Unheil beschieden war" (5,51,5).

Es ist ein weiteres Merkmal der römischen Religion, daß die Verbindung des Individuums mit der Gottheit zunächst nicht direkt, sondern vermittelt erfolgte. In den frühen sozialen Zellen der *familia,* der *gens* und des

Staates vollzogen der *pater familias,* der Älteste des Geschlechts, und die Staatspriester, die *pontifices,* gleichsam den Verkehr mit den Göttern. Durch die enge Verflechtung von Religion und Politik waren der sakrale und der profan-politische Bereich nicht zu trennen. Als Angehörige der großen alten Priesterschaften, insbesondere der *pontifices,* der *Augurn* und der *XV viri sacris faciundis* übten die Mitglieder der Aristokratie noch zusätzlichen Einfluß aus, so wie umgekehrt die Bekleidung eines Priesteramts für die politische Karriere förderlich war: Von 66 namentlich bekannten *pontifices* der Republik erlangten 51 das Konsulat, 9 die Praetur, von 54 namentlich bekannten *Augurn* der Republik stießen 39 bis zum Konsulat, 5 bis zur Praetur vor.

Seit dem 3. Jahrhundert v. Chr. sind in der römischen Religion neue Elemente und Erscheinungen zu beobachten. Die starken Erschütterungen der Punischen Kriege führten 249 v. Chr. zur Einrichtung der Saekularspiele, die Sühnefest und Neubeginn verbanden, und 205 v. Chr. zur Einholung des Kultsteines der *Magna Mater* aus Pessinunt in Phrygien, damit zur Übernahme eines Kultes, der in ekstatischen und orgiastischen Formen begangen wurde. Schon zuvor waren neue Formen der Götterverehrung geschaffen worden, um direkte Begegnungen zu ermöglichen: In der Göttermahlzeit *(lectisternium)* hatte man die Götterbilder aus den Tempeln auf einen Platz getragen und dort durch eine gemeinsame festliche Mahlzeit geehrt, in der *pompa circensis* trug man sie vor Spielen und Rennen durch den Circus, bei den Supplikationen suchten die römischen Bürger in einem prozessionsähnlichen Zug nacheinander alle römischen Tempel auf, um zu bitten oder zu danken.

In all dem zeigte sich einerseits der Wunsch nach unmittelbaren religiösen Kontakten, andererseits das Ungenügen der traditionellen Bindungen. Der *Magna-Mater*-Kult und ungefähr gleichzeitig der Dionysos-Kult mit ihren enthusiasmierenden, durch Musik und Tanz enthemmenden Feiern zogen Tausende in ihren Bann. Die sogenannten Bacchanalienfrevel des Jahres 186 v. Chr. dokumentieren, daß der römische Senat die römische Gesellschaftsordnung bereits gefährdet sah, als bei den nächtlichen Zusammenkünften der Anhänger des Dionysoskultes die Grenzen der Stände und Geschlechter verwischt wurden und als Exzesse den Kult diskreditierten. So groß die Toleranz des römischen Staates fremden Kulten gegenüber war und blieb, so allergisch reagierte er stets dort, wo er Sitte, Tradition und öffentliche Ordnung beeinträchtigt glaubte. Hinter geheimen Zusammenkünften und kultischen Gelöbnissen witterte man eine politische Verschwörung, Mission wurde als politische Beeinflussung, magische Handlungen wurden als Verhexungen mißdeutet. Noch das Christentum sollte unter solchen Vorurteilen zu leiden haben.

Zur Zeit der späten Republik wurde die verbindende Klammer der alten römischen Religion vollends aufgesprengt. Während bei großen Teilen der ländlichen Bevölkerung der alte Glaube nach wie vor lebendig war, sich zum Teil auch in urtümlichen Formen wie der Verehrung der Zeugungskraft behauptete, während prachtvolle neue Tempel und Götterbilder die Städte schmückten, griffen in der Führungsschicht, bei den Gebildeten, aber auch schon im römischen Bürgertum philosophische Skepsis, Rationalismus, vor allem jedoch der Glaube an die Astrologie immer weiter um sich. Die Führungsschicht hielt aus opportunistischen Gründen an der Staatsreligion fest und konnte doch nicht verhindern, daß Priesterstellen nicht mehr besetzt wurden, Kulte und Riten verfielen oder in Vergessenheit gerieten. Die Wahl zum *pontifex maximus* wurde zu einem Politikum, wie die Beispiele Caesars, des Lepidus und Augustus zeigen.

Dann führten die Katastrophen der Bürgerkriege zur Neubelebung der verschütteten religiösen Gefühle. Die Überzeugung war weit verbreitet, daß alle Leiden und Nöte der Gegenwart eine Strafe der Götter waren:

„Der Väter Sünden, die Du nicht verschuldetest,
wirst Du, Römer, büßen, bis Du erneuert hast
der Götter Häuser, die verfallen sind
und ihre vom Rauch geschwärzten Bilder."
(Horaz, c. 3,6 – Übertragung R. A. Schröder)

Hier setzte die systematische religiöse Restauration des Augustus ein. Er ließ allein in Rom 82 verfallene Tempel wiederherstellen, die sibyllinischen Sprüche reinigen, halb vergessene Riten und Feste wiedererwecken, vakante Priesterstellen neu besetzen, eine Saekularfeier abhalten. Vor allem jedoch gab er selbst ein Beispiel aktiver Mitwirkung in den Gremien der alten Priesterschaften: „Ich war *pontifex maximus, Augur, XVvir sacris faciundis, VIIvir epulonum, frater Arvalis, sodalis Titius, Fetiale*" (Res gestae divi Augusti, c. 7). Doch diese vielfältige Aktivität kann nicht darüber hinwegtäuschen, daß es eine Illusion war, der Glauben an die alten römischen Götter lasse sich wiederherstellen. Die Diskrepanz zwischen dem kontinuierlichen Fortbestehen der alten Formen und dem Schwinden der alten römischen Überzeugungen in weiten Schichten der Bevölkerung ist eine Grundlinie der Entwicklung, welche die gesamte Epoche des Principats durchzieht.

Eine andere ist in der systematischen Verquickung von Politik und Religion im Rahmen des neuen politischen Systems zu sehen. Fortan wurde die kultische Verehrung des *princeps* zu einem Akt politischer Loyalität. Dabei ist es für das behutsame Vorgehen des Augustus charakteristisch, daß er, wo immer möglich, an bereits bestehende Ansätze anknüpfte, keine einheitlich nivellierende Regelung, etwa im Sinne eines universellen Reichskultes für seine Person, traf, sondern für die verschiedenen Bevölkerungsschichten und Reichsteile verschiedenartige religiöse Verehrungsformen anregte oder duldete. Denn auch dies ist zu berücksichtigen: Die kultische Verehrung des *princeps* erfolgte keineswegs nur auf Grund staatlicher Pressionen von oben. Insbesondere im Osten des *Imperiums,* wo die kultische Verehrung der Herrscher seit langem üblich war, wetteiferten Privatpersonen, Städte und Provinzen in der demonstrativen religiösen Verehrung des Mannes, dem sie nach den Exzessen der Bürgerkriege Frieden, Wohlstand und Sicherheit verdankten.

In Rom selbst ließ Augustus eine Reform des sogenannten Kompitalkults mit der Organisierung der religiösen Verehrung seiner Person verbinden. Der Kompitalkult stellte ursprünglich ein ländliches Opferfest der Anwohner von Wegekreuzungen dar; es handelte sich somit um einen topographisch tief verwurzelten Kult der unteren Gesellschaftsschichten, bei dem zumindest in einigen Räumen die Freigelassenen und Sklaven überwogen. Die Untergliederung der Stadt Rom in 265 *vici* oder Nachbarschaftsbereiche bot den Anlaß zur systematischen Neuordnung. Kultisches Zentrum blieben jeweils die Larenkapellen an den Kreuzwegen *(compita)*, doch mit diesem Kult wurde nun zwischen 14 und 7 v. Chr. der Kult des *Genius Augusti*, der personifizierten göttlichen Lebenskraft des Augustus, verbunden. Augustus selbst sorgte für die materielle Ausstattung des spezifischen Kultes der ärmeren Bevölkerung, indem er den Vorstehern, den *vicomagistri*, Larenstatuetten für die jeweiligen Kapellen schenkte. Der Kult wurde gleichzeitig auch mit dem *domus principis* verknüpft, denn wie archäologische Zeugnisse beweisen, haben die jungen männlichen Angehörigen der Familie des *princeps* bei den Prozessionen Laren- und Geniusstatuetten getragen.

Die Verehrung des *Genius* des Augustus mit den Laren steht auch im Mittelpunkt jener kultischen Formen, die Augustus im gesamten Bürgergebiet zuließ. Damit wurde eine bewußte Parallele zu der im privaten Bereich seit langem üblichen Verbindung der Larenopfer mit denjenigen des *pater familias* geschaffen, eine Parallele, die sich vollends aufdrängte, als Augustus im Jahre 2 v. Chr. zum *pater patriae* ernannt worden war. In den Städten des *Imperiums* haben sich insbesondere die Municipalaristokratie und die *Augustales* oder die *seviri Augustales* des Kultes für den *princeps* angenommen, Vereinigungen, in welchen vor allem auch die reicheren Freigelassenen eine Gelegenheit fanden, sich durch Aktivität und Spenden sozial zu profilieren.

Wiederum andere Formen wurden für die Provinzen gewählt: „Obschon ihm bekannt war, daß sogar zu Ehren von Prokonsuln Tempel errichtet zu werden pflegten, ließ er dies für sich in keiner Provinz zu, außer wenn der Name der Göttin Roma zu seinem hinzugefügt wurde" (Sueton, Divus Augustus, c. 52). Im Jahre 29 v. Chr. sind in Pergamon und in Nicomedia die ersten Tempel für Roma und Augustus errichtet worden, mit denen der „Kaiserkult" oder „Provinzialkult" einsetzte. Er breitete sich allmählich auch in den Provinzen des Westens aus, wo insbesondere Lugdunum (Lyon) zu einem kultischen Zentrum der gallischen Provinzen wurde. Dort versammelten sich in dem Altarviertel nahe der Saônemündung Repräsentanten der Stammesaristokratie aller sechzig gallischen Stämme, wählten den „Provinzialoberpriester", der Opferhandlungen und

Spiele ebenso leitete wie das *concilium* (in den Ostprovinzen *koinón*), eine Versammlung, welche zwar neben ihrer repräsentativen kultischen Funktion ein gewisses Beschwerde- und Auszeichnungsrecht gegenüber dem Statthalter besaß, jedoch nie die Kompetenzen eines modernen „Landtags“. Analoge, wenn auch regional verschieden organisierte Provinzialkulte und *concilia* sind aus fast allen Provinzen des *Imperiums* bekannt. Für Germanien existierte in augusteischer Zeit bereits ein entsprechender Altar und eine entsprechende Priesterstelle in Köln. Später, nach dem Scheitern der Okkupationsversuche in Nordwestdeutschland und nach der Verlagerung der römischen Aktivität in den südwestdeutschen Raum, übernahm offensichtlich *Arae Flaviae* (Rottweil) diese Funktion.

Die religiöse Verehrung des Augustus durchlief so eine breite Skala der Formen und der Intensität. Wurde er von Privaten des griechischen Ostens bereits zu Lebzeiten als Gott oder doch gemeinsam mit Gottheiten – wie Asklepios, Hygieia, Zeus – kultisch verehrt, wurden auf ihn dort die charakteristischen Bezeichnungen des hellenistischen Herrscherkultes, des „Retters“, „Wohltäters“, „Heilandes“ übertragen, so herrschte im Westen und in Rom selbst im allgemeinen größere Distanz. Aber auch dort wetteiferten Provinzialgremien, Municipalaristokratie und Augustalen mit kultischen Loyalitätsakten, nach dem Tode des Augustus betätigte sich auch die stadtrömische Oberschicht in der Korporation der *sodales Augustales* an dieser Verehrung. Ob der *ordo decurionum* einzelner Städte eigene *sacerdotes* oder *flamines* einsetzte, ob in Narbonne 3 *equites e plebe* und 3 Freigelassene alljährlich dem *Numen*, der göttlichen Wirkungskraft des Augustus, Tiere, Weihrauch und Wein zu opfern und auch der städtischen *plebs* Weihrauch und Wein zum Opfern bereitzustellen hatten, ob in einigen italischen Städten bereits an bestehende kultische Organisationsformen angeknüpft wurde – auf vielfältigste Weise setzte sich die kultische Verehrung des *princeps* durch und behauptete sich, institutionell immer stärker verankert.

Die Vorstellung, die eigenen Gottheiten unter anderen Namen auch unter fremden Völkern anzutreffen, hatten die Römer mit den Griechen gemeinsam. Ihr entsprechend vollzog sich zum Beispiel im Westen des *Imperiums* die sogenannte *interpretatio Romana* der vielen keltischen Gottheiten, das heißt jene Erscheinung, in der ein alter keltischer Gott mit einem lateinischen Namen verbunden wurde wie *Lenus Mars* in Trier oder *Apollo Grannus* in Baden-Baden. Wie aus Caesars Bericht über die Götter der Gallier und aus Tacitus' Nachrichten über diejenigen der Germanen hervorgeht, wurde dabei von der Funktion des jeweiligen Gottes ausgegangen. Der Prozeß hatte nun freilich auch eine gegenläufige Entwicklung zur Folge, denn in vielen Fällen wurden einheimische Gottesnamen durch römische ergänzt: der britannische *Cocidius* konnte zu *Mars* oder *Silvanus Cocidius*, der ligurische *Vintius* zu *Mars Vintius* oder *Vintius Pollux* werden.

Die Verehrung einer polytheistischen Götterwelt wie das wachsende Ungenügen der traditionellen Kulte und die Bereitschaft, sich neuen, fremden religiösen Mächten zu öffnen, andererseits aber auch die Beflissenheit der orientalischen Kulte, sich römischen Vorstellungen und Normen anzupassen, erklären die weitgehende Verwischung der einstmals spezifischen alten Formen, die Abschleifung von Gegensätzen, die wechselseitige Übertragung und Vermengung von Gottesbildern im Phänomen des Synkretismus, das für das *Imperium Romanum* so charakteristisch ist. Es war dabei keineswegs nur auf die Römer beschränkt, der phrygische Sabazios wurde ebenso mit Zebaoth identifiziert wie Isis mit Demeter, Venus und einer ganzen Reihe weiterer Gottheiten. Aus der Fülle religiöser Begegnungen, Überlagerungen und wenigstens partiellen Identifikationen mußten sich schließlich auch im altgläubigen griechisch-römischen Bereich monotheistische Vorstellungen entwickeln und dies auf hohem philosophischen Niveau ebenso wie auf der breiten Ebene des Volksglaubens.

Die vitalsten Kulte waren unter dem Principat freilich zunächst die Mysterienreligionen, die Kulte der Isis, der Großen Mutter, des Mithras sowie einiger weiterer orientalischer Gottheiten. Isis hatte sich dabei im Zuge des Synkretismus zur Mutter aller Kultur und zur Erlöserin der Menschheit gewandelt. Kybele, die Große Mutter, die in manischer Form um ihren toten Geliebten Attis trauerte, war der Mittelpunkt ekstatischer Kultakte. Im Mithraskult endlich hatten sich die verschiedenartigsten orientalischen, speziell iranischen, Vorstellungen konzentriert.

Aus den Darstellungen der Mithras-Altäre gehen die wichtigsten Stationen der Lebensgeschichte dieser Gottheit hervor: die Geburt aus einem Felsen, die Anbetung des Gottes durch Hirten, eine Auseinandersetzung mit dem Sonnengott, die Tötung des Weltenstiers, aus dessen Blut alles Leben entsteht – in der Regel die zentrale Szene der Altäre –, schließlich die „Himmelfahrt" des Gottes. Mithras war immer wieder der Mittler der Menschen, ihr großer Helfer im Kampf mit dem Bösen und Schlechten, das er bei seiner Wiederkehr endgültig vernichten würde. Andere Nebengottheiten, wie Herakles, wurden mit dem Kult verbunden; ebenso typisch ist jedoch auch die Bedeutung astrologischer Elemente. Der Tierkreis spielt in den Denkmälern eine große Rolle, entsprechend der traditionellen Planetenzahl gab es 7 verschiedene Grade unter den Anhängern des Mithraskultes. Eine Taufe führte in ihn ein, der Kult besaß auch eine fixierte Liturgie mit der Weihe von Brot und Wasser. Die Verehrung des Mithras vollzog sich meist in kleinen Kultgemeinschaften und in höhlenartigen Heiligtümern; der Kontrast zwischen Licht und Dunkel gehörte mit zu seinem Wesen. Seine Anhänger waren zunächst vor allem Soldaten, denen der ausgesprochen aktivistische Gott besonders nahestand, sodann aber auch Beamte, kleinere Kaufleute und Sklaven. Der Kult verbreitete sich insbesondere in den Garnisonen, vor allem am Limes und in den nördlichen Grenzräumen des *Imperiums.* Mithraen, die Mithrasheiligtümer, sind so nicht nur aus Ostia und Rom bekannt, sondern ebenso aus Carnuntum (7), Friedberg (3) und Heddernheim (4).

Die Mysterienreligionen weisen eine ganze Reihe gemeinsamer Züge auf. Sie sprachen vor allem den schwachen, leidenden und unsicheren Menschen an, versprachen ihm Läuterung und Reinigung, Erlösung und ewiges Heil. In besonders intensiven Kultakten, erregenden religiösen Liturgien, die in stärkster Weise auf die Sinne einwirkten, in der Geborgenheit und Exklusivität kleiner Gemeinschaften vermittelten sie jedem Einzelnen die direkte Begegnung und Vereinigung mit der Gottheit, deren Tod und Auferstehung immer wieder nacherlebt wurde. Die Parallelen zum frühen Christentum sind evident. Jedenfalls wurde der „Mithraismus" und nicht das alte griechisch-römische Pantheon oder etwa der Kaiserkult zum wichtigsten Antipoden des Christentums. Wenn er sich neben dem monotheistischen Glauben des Christentums nicht behaupten konnte, so nicht nur wegen der historischen Eingriffe in die Entwicklung der Religionen während der Spätantike, sondern ebenso wegen seiner spezifisch männlichen Basis.

9. Imperium Romanum und Christentum

Kompromißlos haben innerhalb des Römischen Reiches nur zwei Religionen eine monotheistische Glaubensvorstellung vertreten, das Judentum und das Christentum. Auch die jüdische Religion konnte dabei lange Zeit eine durchaus erfolgreiche Mission entfalten. Die Juden selbst profitierten von der Freizügigkeit, sie schufen tausendfältige Berührungspunkte, erreichten in Ägypten zum Beispiel mit etwa einer Million jüdischer Bürger ohnehin bereits ca. 10–15% der Gesamtbevölkerung. Ein lähmender Faktor der jüdischen Religion war neben den ungewöhnlich starken ethnischen Bindungen und Traditionen jedoch ihre Zerrissenheit in Sekten, vor allem in die großen Gruppen der Pharisäer, der rigorosen Verfechter des gewachsenen religiösen Rechts, der Sadduzäer, der extremen Gesetzesanhänger, zurückgezogener Gemeinschaften wie der Essener, aber auch fanatischer Aktivisten wie der Zeloten. Die wiederholten jüdischen Aufstände, vor allem der Bar-Kochba-Aufstand, führten dann jedoch zu einer weitgehenden Isolierung der Juden im *Imperium*. Ihre Mission konzentrierten sie fortan vor allem auf den Osten. Nach der drastischen politischen Zerschlagung des Judentums in seiner Heimat, die in der anfangs betont judenfreundlichen Konzeption eines Caesar und Augustus keineswegs angelegt war, konnte es zu einer vollen Integration des Judentums in den römischen Staat nicht mehr kommen.

Auch Christi Erscheinung und seine Lehre wurzeln im späten Judentum, in vielen Einzelheiten der Gottesvorstellung, in der unmittelbaren Verbindung von Mensch und Gott, dem Berufungsbewußtsein, den eschatologischen Erwartungen und messianischen Hoffnungen. Daraus erklärt sich der langsame Ablösungsprozeß des Christentums vom Judentum, der die Voraussetzung für seine Weltwirkung wurde, die zuerst innerhalb des *Imperium Romanum* erzielt worden ist. Die Worte des Lukas-Evangeliums haben diesen historischen Zusammenhang in eindrucksvoller Weise konkretisiert: „Es begab sich aber zu der Zeit, daß ein Gebot von dem Kaiser Augustus ausging, daß alle Welt geschätzt würde. Und diese Schätzung war die allererste und geschah zu der Zeit, da Cyrenius Landpfleger in Syrien war" (Lukas, 2, 1f.). So viele chronologische Probleme dieser Bericht noch immer aufwirft (P. Sulpicius Quirinius wurde im Jahre 6 n. Chr. als Statthalter nach Syrien entsandt, mit dem Auftrag, Judaea zu besetzen und Syrien anzugliedern. Die Abhaltung eines römischen Census war damit gegeben.), er wurde zur geglaubten Wahrheit und stellte jene – aus christlicher Sicht – providentielle Verbindung zwischen dem Römischen Reich und dem Christentum her, auf die sich später nicht wenige christliche Apologeten beriefen.

Vor allem durch die Missionstätigkeit des Paulus verbreitete sich das Christentum rasch in den östlichen Provinzen des *Imperiums*. Im syrischen, griechisch-kleinasiatischen und ägyptischen Raum bildeten sich starke christliche Zentren aus, Antiochia, Ephesus und Alexandria wurden neben Jerusalem zu Hauptorten der neuen Religion. Die Stellung Roms war dagegen im Rahmen der christlichen Glaubenswelt lange Zeit zweitrangig. Hier entstand wohl schon bald nach Christi Tod eine Gemeinde von Judenchristen, doch bereits unter Claudius wurden (nach Sueton) Juden, die auf Initiative eines Chrestus beständig Unruhen erregten, aus Rom ausgetrieben. Die Christengemeinde, die sich dann unter Nero um Paulus zusammenschloß, wurde im Jahre 64 n. Chr., nach der großen Brandkatastrophe in Rom, vernichtet.

Der Bericht des Tacitus über jene Vorgänge enthüllt nicht nur die Zusammenhänge dieser ersten eindeutigen Konfrontation eines römischen *princeps* mit dem Christentum; er vermittelt zugleich das Bild, das sich ein durchaus aufgeschlossener Angehöriger der römischen Oberschicht damals vom Christentum machte:

„Aber das entsetzliche Gerücht, Nero selber habe den Brand anlegen lassen, wollte sich durch keine teilnahmsvolle Unterstützung, durch keine Schenkungen und Sühnezeremonien aus der Welt schaffen lassen. Um ihm ein Ende zu machen, schob er daher die Schuld auf andere und strafte mit ausgesuchten Martern die wegen ihrer Verbrechen verhaßten Leute, die das Volk Christen nennt. Der Stifter dieser Sekte, Christus, ist unter der Regierung des Tiberius durch den Prokurator Pontius Pilatus hingerichtet worden. Der unheilvolle Aberglaube wurde dadurch für den Augenblick unterdrückt, trat später aber wieder hervor und verbreitete sich nicht bloß in Judäa, wo er entstanden war, sondern auch in Rom, wo alle furchtbaren und verabscheuungswürdigen religiösen Gebräuche, die es in der Welt gibt, sich zusammenfinden und geübt werden. Man faßte also zuerst Leute, die sich offen als

12. Columbarium, Vigna Codini, Rom.

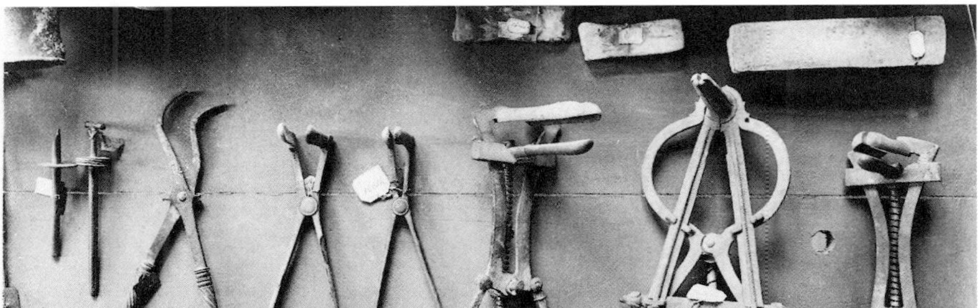

13. Medizinische Werkzeuge, Pompeji.

14. Münzbilder zum Gedächtnis an Augustus.

15. Silbermedaillon Constantins des Großen.

16. Römisches Weintransportschiff.

Christen bekannten, und auf ihre Anzeige hin dann eine riesige Menge Menschen. Sie wurden nicht gerade der Brandstiftung, aber doch des Hasses gegen das menschliche Geschlecht überführt. Man machte aus ihrer Hinrichtung ein lustiges Fest: In Tierhäuten steckend, wurden sie entweder von Hunden zerfleischt oder ans Kreuz geschlagen oder angezündet, um nach Eintritt der Dunkelheit als Fackeln zu dienen. Nero hatte seine eigenen Parkanlagen für dies Schauspiel hergegeben und verband es mit einer Zirkusaufführung; in der Tracht der Wagenlenker trieb er sich unter dem Volke umher oder fuhr auf dem Rennwagen. So regte sich das Mitleid mit jenen Menschen. Obwohl sie schuldig waren und die härtesten Strafen verdient hatten, fielen sie ja doch nicht dem Allgemeinwohl, sondern der Grausamkeit eines einzigen zum Opfer.“ (Tacitus, Annalen 15, 44 – Übertragung A. Horneffer)

Der autoritäre Regierungsstil Domitians und die damit verbundene Forcierung des Kaiserkultes führte dann, insbesondere in Kleinasien, zum prinzipiellen Antagonismus des religiös überhöhten Principats und der christlichen Religion. Die wichtigste Quelle für die Stellung des römischen Staates zum Christentum während des Principats bildet der Briefwechsel des jüngeren Plinius mit Trajan (Ep. X, 96f.). Plinius hatte um 111 n. Chr. als Legat des *princeps* mit konsularischer Gewalt die Leitung der römischen Verwaltung in Bithynien und Pontus übernommen, um dort verschiedene Mißstände zu bereinigen. Auf Grund der weiten Verbreitung des Christentums sah er sich zu einer grundsätzlichen Stellungnahme gezwungen.

Plinius war insbesondere unsicher, ob allein schon die Zugehörigkeit zum Christentum an sich zu bestrafen wäre, vor allem in jenen Fällen, in welchen sich der Beschuldigte vom christlichen Glauben wieder abgewandt hatte. Sodann war er sich nicht klar darüber, ob jung und alt nach einheitlichem Strafmaß zu verurteilen wäre. Im offenen Bekenntnis zum Christentum vor dem Statthalter und als dessen äußerer Konsequenz in der Verweigerung des Opfers für die Götter des Staates aber sah Plinius selbst eine eindeutig mit der Todesstrafe zu ahndende Verhaltensweise, so wie er andererseits von sich aus Angeklagte, die das Opfer vollzogen hatten, wieder frei ließ. Seine Untersuchungen über den christlichen Kult, die er Trajan ebenfalls mitteilte, in seinen Augen ein kruder Aberglauben, stellen eine unschätzbare Quelle der frühchristlichen Liturgie und der Realität des frühchristlichen Gemeindelebens dar.

Trajans Antwort bestätigte in entscheidenden Punkten das Vorgehen des Plinius. Dazu erklärte Trajan unmißverständlich, daß von Staats wegen keine Nachforschungen nach Anhängern des christlichen Glaubens zu betreiben seien *(conquirendi non sunt)*. Vor allem aber sollte anonymen Anzeigen nicht nachgegangen werden, dies würde ein denkbar schlechtes Beispiel setzen und dem Geist der Epoche nicht entsprechen *(nam et pessimi exempli nec nostri saeculi est)*.

Trajans Antwort dokumentiert die eigentümliche Inkonsequenz des Verhaltens des römischen Staates gegenüber dem Christentum. Sie ist deshalb so gewichtig, weil sie durch die Publikation des Briefwechsels faktisch für das gesamte *Imperium* verbindlich wurde. Bekenntnis zum Christentum war somit ein Verbrechen, das nach Anzeige mit dem Tode bestraft wurde, wenn die Überprüfung des Tatbestandes zu einem positiven Resultat geführt hatte. Andererseits sollte es keine aktive Verfolgung dieser Verbrecher geben, die sich zudem schon durch eine einzige Opferhandlung von dem Verbrechen reinigen konnten. Die christliche Apologetik ist nicht müde geworden, auf diese Widersprüche hinzuweisen. Doch Trajans Linie wurde zunächst auch von den Nachfolgern beibehalten. Hadrian präzisierte in gewissem Sinne die Richtlinien des Vorgängers, indem er festsetzte, daß formlosen allgemeinen Anschuldigungen in tumultuarischer Form nicht nachzugeben sei und daß ein Prozeß gegen einen der Zugehörigkeit zum Christentum Verdächtigten nur dann zu eröffnen wäre, wenn der Kläger die Klage in aller Form vor einem Gerichtshof erhob. Bei falschen Anzeigen war der Denunziant zu bestrafen.

Das Reskript Hadrians zeigt die Rolle, welche oft spontane Artikulationen der altgläubigen Massen beim Vorgehen gegen die Christen spielten. Schon Pontius Pilatus hat letzten Endes jüdisch-orthodoxem Drängen nachgegeben, und so wie er sahen sich die römischen Statthalter auch in der Folgezeit immer wieder sehr massiven und tumultuarischen Pressionen ausgesetzt. Für die altgläubige Bevölkerung aber war das Christentum durch die Exklusivität seiner Gemeinschaften und durch unverstandene Liturgien und Glaubensinhalte in höchstem Maße suspekt. Teilweise sind im christlichen Kult verborgene Orgien und Exzesse gesehen worden, vor allem aber wurde schon früh jedes Unheil den Christen in die Schuhe geschoben: „Wenn der Tiber über die Ufer tritt, wenn der Nil die Felder nicht bewässert, wenn die Witterung nicht umschlagen will, wenn die Erde bebt, wenn es eine Hungersnot, eine Seuche gibt, sogleich vernimmt man den Ruf ‚Die Christen vor die Löwen!'" (Tertullian, Apologeticum, c. 40).

Einen Höhepunkt erreichte diese Entwicklung dann unter Mark Aurel. Die Anhänger des christlichen Glaubens aber waren bereit, alle Verfolgungen auf sich zu nehmen, und sie waren dafür vorbereitet. Die Sätze des Lukas-Evangeliums „Selig seid ihr, so euch die Menschen hassen und euch absondern und schelten euch und verwerfen euren Namen als einen bösen um des Menschensohnes willen" (6, 22) hatten darauf ebenso vorausgewiesen wie diejenigen des Matthäus „Und ihr müßt gehaßt werden von jedermann um meines Namens willen. Wer aber bis an das Ende beharrt, der wird selig" (10, 22). In dieser Erwartung und in der Gewißheit ewigen Heils haben die Christen freilich, vor allem die Angehörigen der Montanistensekte, nicht selten die Verfolgungen geradezu provoziert und alle Möglichkeiten einzelner Beamter, über Anzeigen hinwegzugehen, vereitelt.

Je umfassender die Reichskrise seit dem Ende des 2. Jahrhunderts n. Chr. wurde, desto größer wurde die Zahl der Christen. Sie wurde es nicht allein deswegen, weil für diese neue Religion gestorben wurde, weil sie durch ihre konsequente Märtyrerverehrung bald überall „klassischen Boden unter den Füßen“ hatte (Jacob Burckhardt), sondern weil diese Religion der Liebe, des Verzeihens und der Hoffnung, die alle irdischen Verhältnisse relativierte und der menschlichen Existenz in anschaulicher Form eine neue Dimension eröffnete, auch gelebt wurde. Sie wurde gelebt in Zellen neuer Geborgenheit, für die Rang, Stand, personenrechtliche Stellung, Besitz, Wohnort und Kulturstufe irrelevant wurden. Erst das Christentum entsprach so in neuer Weise jener Universalität, welche das *Imperium Romanum* im Grunde implizieren mußte. Erst das Christentum aber stellte sich auch, trotz aller Anerkennung irdischer Gewalt, über dieses wie über jedes Reich.

VIII. Das römische Reich der Spätantike

1. Die Epoche der Severer und die Reichskrise des 3. Jahrhunderts n. Chr.

Schon in der „großen Windstille“ des 2. Jahrhunderts n. Chr. hatten sich in Gesellschaft und Wirtschaft des *Imperium Romanum* erste Krisensymptome bemerkbar gemacht wie die Stagnation der Produktionsverhältnisse und insbesondere der Sklaverei, der Zwang zur Einführung der *alimentatio,* die Überforderung der Municipalaristokratie und der Verfall der Währung. Doch virulent wurden die Keime der Krise erst in den letzten Jahrzehnten des 2. Jahrhunderts, als der Druck der Partherkriege und der Germaneneinfälle auf dem Reich lagen, als Usurpationen, Pest und Inflation zur Erosion des ganzen Systems führten. Jetzt fielen die ideologischen Drapierungen des Principats: die Militärmonarchie zeigte sich in ihrer ganzen Härte; die Armee, doch bezeichnenderweise nicht die Armee als geschlossener Verband sondern in Gestalt der verschiedenen Grenzheere mit ihren Sonderinteressen, trat als der entscheidende Machtfaktor hervor.

Die Entwicklungen und Veränderungen des 3. Jahrhunderts n. Chr. lassen sich weder auf den knappen Nenner des Kampfes bäuerlicher gegen städtische Kräfte noch auf jenen einer „sozialen Revolution“ oder einer Krise der Eigentumsverhältnisse pressen. Sie sind aber auch nicht allein aus waffentechnischen und militärischen Neuerungen, wie der zunehmenden Bedeutung der Kavallerie, abzuleiten oder aus der Tatsache, daß jetzt neue, vitale Randgruppen der Gesellschaft mobilisiert wurden, um das militärische Potential des *Imperiums* zu vergrößern, Germanen und Mauren, Araber und Sarmaten, selbst Halbnomaden und Nomaden aus den östlichen und südlichen Grenzzonen. Vielmehr griffen diese und andere Phänomene ineinander und bewirkten Ausmaß und Dimensionen der Krise.

In einer Kette von immer neuen Anläufen haben die Herrscher der severischen Dynastie und die syrischen Kaiserinnen (193–235 n. Chr.), nach ihnen die sogenannten Soldatenkaiser (235–284 n. Chr.) versucht, die Macht der Reichsspitze und damit ihre eigene Stellung auszubauen und die von innen wie von außen bedrohte Einheit des *Imperiums* zu wahren. Denn inmitten der jahrzehntelangen Turbulenzen wurde an der Konzeption des einen römischen Reiches, an der Vorrangstellung der Stadt Rom und am Prestige des römischen Senates unbeirrt festgehalten, obwohl sich ganze Reichsteile verselbständigten, obwohl die Hauptstädte der Grenzzonen zu militärischen und politischen Zentren heranwuchsen, die mit Roms Stellung als „Regierungssitz“ rivalisierten, und obwohl der römische Senat häufig genug lediglich passiv repräsentierte, die entscheidenden politischen Impulse aber vom Heer und dessen Exponenten ausgingen.

Septimius Severus (193–211 n. Chr.) kam in einem neuen, blutigen Bürgerkrieg zur Macht. Durch ihn und seine Frau Iulia Domna, eine Tochter des Sonnenpriesters von Emesa, gelangte eine romanisierte punisch-syrische Familie an die Spitze des Reiches, schon unter ihm drangen energische Persönlichkeiten aus den Grenzzonen in die Führungsschicht vor. Unter Anspannung aller militärischen Kräfte eröffnete Septimius Severus große Offensiven gegen das Parthische Reich und gegen die Kaledonier im Norden Britanniens, um die gefährdeten Grenzräume wirksam abzusichern. Der militärische Charakter des Principats wurde forciert, die Grenzsicherung systematisch ausgebaut. Illusionslose Härte bestimmte die staatlichen Eingriffe, die Aufblähung des Polizeiapparates und die materielle Vernichtung der Gegner.

In vielen Punkten zeichneten sich bereits jetzt die ersten Ansätze „spätantiker" Erscheinungen ab, so in der Militarisierung des Staates und der Bürokratie, in der Aufsplitterung großer Verwaltungseinheiten in kleinere Zellen, in ersten Zwangsmaßnahmen gegenüber Städten und Berufen, in der Bindung der Grenztruppen an ihre Sicherungsräume, in der Mobilisierung wenig romanisierter Bevölkerungsgruppen, im Absinken Italiens auf das Niveau einer Provinz. Doch eine dauerhafte Konsolidierung gelang weder ihm noch seinen, abgesehen von Caracalla (†218 n. Chr.), schwachen Nachfolgern; auch in der Ära der Soldatenkaiser rissen Usurpationen und Einfälle der Nachbarn des Imperiums nicht mehr ab.

Denn mit dem 3. Jahrhundert n. Chr. beginnt eine Phase neuer und intensiver Verflechtungen der römischen Geschichte mit jener Mittel- und Osteuropas, vor allem aber auch mit jener des Nahen Ostens, wobei die Initiativen nicht mehr auf römischer Seite lagen. An die Stelle des geschwächten Partherreichs schob sich seit 226 n. Chr. im Zuge einer Restauration der altiranischen Kräfte und der Religion Zarathustras das nach allen Seiten expansive Imperium der Sassaniden, unter dessen Offensiven die römische Herrschaft im Osten tief erschüttert wurde. Die Gefangennahme des römischen Kaisers Valerian durch Schapur I. (260 n. Chr.) markiert das Ausmaß der römischen Katastrophen.

Aber auch im ganzen Donauraum, in Griechenland und Kleinasien wie im Vorfeld des Rheins und selbst in Italien und Gallien drangen jetzt aggressive germanische und sarmatische Stämme ein, Goten und Hermunduren, Vandalen und Alanen, Alamannen und Franken. Der Untergang des Kaisers Decius in einer Schlacht gegen die Goten in der Dobrudscha (251 n. Chr.), die Preisgabe des obergermanisch-rätischen Limes nach tiefen Einfällen der Alamannen (233, 254, 259/60 n. Chr.), der Verzicht auf Dakien und das Eindringen der Alamannen und Iuthungen in Nord- und Mittelitalien (271 n. Chr.) sind bezeichnende Auswirkungen der neuen Lage. Die vorübergehende Absplitterung von Sonderreichen (259–273

n. Chr. gallisches Sonderreich, 262–272 n. Chr. Sonderreich von Palmyra, 288–296 n. Chr. britannisches Sonderreich), in denen sich regionale Defensivkräfte isolierten, war eine weitere Folge der Ohnmacht der zentralen Instanzen inmitten der Rückschläge an allen Grenzen.

Die Einfälle der neuen Gegner hatten schwerwiegende Konsequenzen. Selbst alte Binnenlandschaften des *Imperiums* wurden ausgeplündert, Bevölkerung und Wirtschaft empfindlich geschädigt. Rom antwortete mit der Massierung von Befestigungen in den Grenzzonen. Türme, Warten und Kleinkastelle traten jetzt an die Stelle der großen Lager, Defensivgunst wurde zum entscheidenden Kriterium für die Gestaltung und Begrenzung der Siedlungen. Die offene Siedlungsweise konnte in gefährdeten Gebieten nicht mehr aufrecht erhalten werden, Stadtbefestigungen waren das Gebot der Stunde. Die seit 271 n. Chr. errichtete mächtige Aurelianische Stadtmauer Roms mit ihrem Umfang von 18,8 km, einer Höhe von ca. 6 m, einer Breite von 3,60 m, ihren 18 Toren und insgesamt 381 vorgesetzten Befestigungstürmen ist gleichsam das architektonische Symbol der veränderten Lage und zugleich der Beweis dafür, daß nicht einmal die Hauptstadt des *Imperiums* sicher war.

In der Epoche der Soldatenkaiser wird das römische Reich somit von der Dynamik neuer Gegenkräfte umbrandet. Gegenüber den Offensiven der Sassaniden und den Ansätzen der Völkerwanderung sind alle römischen Erfolge immer wieder zerronnen. Siege, die früher ausgereicht hatten, um die Lage an einem Frontabschnitt für Jahre und Jahrzehnte zu stabilisieren, wurden jetzt schon nach wenigen Wochen bedeutungslos, weil die Grenznachbarn entweder selbst vorwärtsgedrängt wurden oder weil deren Anführer die Raubzüge auch nach Rückschlägen wieder aufnahmen, um auf diese Weise die Gefolgschaften zusammenzuhalten.

Das römische Kaisertum aber war in jenen Jahren ein sehr zweifelhafter Gewinn. Die auf den Thron erhobenen Kommandeure hatten in der Regel von einem Krisenherd zum anderen zu ziehen, Mißerfolge und harte Zugriffe lösten nahezu zwangsläufig Usurpationen oder Anschläge aus. Da von den 26 römischen Kaisern des Zeitraumes zwischen 235 und 285 n. Chr., die diesen Namen wirklich verdienen, nur ein einziger eines natürlichen Todes starb, kam die Kaiserproklamation einem unbestimmt befristeten Todesurteil gleich.

Die Soldatenkaiser waren teilweise gewiß eng und borniert, starr und rücksichtslos. Aber die Behauptung ihrer Macht wie die Wiederherstellung der Einheit und die Sicherung des *Imperiums* waren mit den traditionellen Mitteln und in den alten Formen nicht mehr zu erreichen. Die alten Privilegien fielen. Schon durch die *Constitutio Antoniniana,* eine Verordnung Caracallas aus dem Jahre 212/3 n. Chr., erhielten alle freien Bürger des römischen Reiches mit Ausnahme der relativ kleinen Gruppe der sog. *dediticii* (nach einer Definition des Gaius diejenigen *peregrini,* die einst gegen das römische Volk gekämpft hatten, besiegt worden waren und sich ergeben hatten) das volle römische Bürgerrecht. Damit war die alte bürgerrechtliche Pyramide nivelliert. Aber auch städtische Autonomie und die Freizügigkeit der Bürger konnten nicht mehr gewährleistet werden. Die Lösung der drängenden Aufgaben gelang nur durch die Intensivierung, Straffung und Erhärtung der staatlichen Einflüsse, mit Hilfe eines allmächtigen Heeres, Ansätzen zu Naturalsteuern und dirigierter Zwangswirtschaft, Bindungen einzelner Personengruppen in Berufe, Ämter und Pflichten. Mit diesen von der Not diktierten Maßnahmen legten die Soldatenkaiser den Grund für die neuen Strukturen der Spätantike.

Die Auswirkungen der komplexen Reichskrise erfaßten alle sozialen Schichten und alle wirtschaftlichen Bereiche. Die imperiale Führungsschicht wurde systematisch militarisiert. Militärische Stäbe, die ganz im Banne von Machtfragen standen, für die allein Gehorsam, Loyalität und Effizienz entscheidend waren, traten jetzt an die Stelle der *familia Caesaris.* Hatten früher viele Spezialisten der zentralen Führungsspitze die ohnehin nur seltenen Regierungswechsel in ihren Funktionen überlebt, so kam es unter den Soldatenkaisern wiederholt zu kurzfristiger Herrschaft einzelner Offiziierscliquen. Im Senatorenstand ging der prozentuale Anteil der italischen Senatoren weiterhin zurück, während derjenige der afrikanischen und orientalischen beträchtlich zunahm. Zudem erschien vielen sozialen Aufsteigern dieser Epoche ein Sitz im Senat überhaupt nicht mehr attraktiv. Männern, denen es primär um Macht, Einfluß und materielle Vorteile ging, eröffneten jetzt die Positionen des Ritterstandes oder eine rein militärische Karriere (häufig war beides identisch) die besseren Perspektiven.

Indessen blieb die wirtschaftliche Basis der Senatoren ungeschmälert. Sie profitierten davon, daß ihr, trotz allen Tendenzen zur Vergrößerung der Latifundien, häufig dezentralisiert verwalteter Großgrundbesitz die Phasen der Zerstörungen und Plünderungen besser überstand als die mit den Städten eng verbundenen Wirtschaftseinheiten der Villen. Gerade auf dem Großgrundbesitz verbreitete sich der Kolonat immer weiter und dies deswegen, weil er erstens für die Besitzenden eine sicherere Nutzung versprach als die mit Sklaven arbeitende Betriebsorganisation und weil zweitens besitzlose Arme gerade jetzt in großer Zahl zur Verfügung standen.

Die Pachtverträge zwischen Großgrundbesitzern und Kolonen wurden in der Regel für die Dauer von fünf Jahren abgeschlossen, doch gab es nicht selten auch bereits die Form der Verpachtung auf Lebenszeit *(perpetua conductio).* Selbstverständlich waren die Leistungen eines *colonus* genau fixiert. Dazu zählten nicht nur Geld- und Naturalabgaben, wobei zu bedenken ist, daß alle Geldbeträge durch die rapide Inflation des 3. Jahrhunderts n. Chr. rasch entwertet wurden, sondern auch Arbeitsleistungen. So belastend die Verpflichtungen des Kolonen waren, er blieb durch dieses System in erster Linie an den Boden gebunden, den er bearbeitete, und er war zudem nicht so schnell wie der Sklave bereit, die eigene Arbeitsinvestition wieder preiszugeben. Die Institution des Kolonats wirkte deshalb statisch, sie lag sowohl im Interesse der Besitzenden wie des Staates, und sie bildete die eigentliche Basis für die Konservierung der wirtschaftlichen Vorrangstellung der Großgrundbesitzeraristokratie.

Nach der Typologie moderner wirtschaftshistorischer Untersuchungen bringt das 3. Jahrhundert n. Chr. den Ausbau der exterritorialen Latifundien und den Niedergang der auf koordinierter und spezialisierter Sklavenarbeit beruhenden Villenwirtschaft. Die Villenwirtschaften wurden dabei nicht nur deswegen ruiniert, weil es immer weniger qualifizierte Sklaven gab, die Sklavenflucht ein immer größeres Ausmaß annahm, die in unmittelbarer Nähe der Städte liegenden Betriebe in den Invasionen, Usurpationen und Bürgerkriegen besonders häufig ausgeplündert oder zerstört wurden, sondern vor allem auch deswegen, weil ihre Besitzer als Angehörige der Municipalaristokratie von allen Seiten rücksichtslos ausgebeutet wurden.

Von den neuen Entwicklungen profitierten allein Ritterstand und Armee. Als Offiziere wie als Juristen waren Ritter die unentbehrlichen Spitzenfunktionäre des Systems. Sie zu benachteiligen wäre für jeden Kaiser selbstmörderisch gewesen. Ihre Zahl stieg jetzt im Reichsdienst ebenso an wie ihre Kompetenzen. Hatte es unter Augustus erst 25 ritterliche Prokuratoren gegeben, so unter Antoninus Pius in der Mitte des 2. Jahrhunderts n. Chr. bereits 109, unter Philippus Arabs (244–249 n. Chr.) schließlich 182 Stellen dieser Art. Seit Gallienus (253–268 n. Chr.) waren selbst die Kommandeursränge der Legionen Rittern und nicht mehr wie bisher Senatoren vorbehalten. Doch während die hohen Militärs und die Verwaltungsfunktionäre der Militärdiktaturen zur Gesellschaftsspitze aufstiegen, sanken die in Wirtschaft, Handel und Grundbesitz engagierten Gruppen desselben Standes häufig genug in die Armut ab.

Eine weitere wirtschaftliche und gesellschaftliche Haupttendenz des 3. Jahrhunderts liegt in der Gewichtsverlagerung zwischen Stadt und Land. Während die Städte, Ziele der Invasoren wie der Usurpatoren, Objekte der Plünderung wie staatlicher Belastungen, immer mehr in ihrer wirtschaftlichen Substanz geschädigt wurden und während ihre einstigen Selbstverwaltungsorgane längst zu Exekutionsinstanzen zentralistischer Regulierung abgesunken waren, konnten sich die Großgüter auf dem Lande, die sich zu gleichsam autarken Gebilden entwickelt hatten, halten. Während städtische Vermögen auch durch die langanhaltende Inflation ruiniert wurden, wurde der Besitz auf dem Land in der Regel gewahrt und oft genug auch gegen Marodeure, Plünderer und Räuber erfolgreich verteidigt. Die teilweise zu beobachtende Rückkehr zur Naturalwirtschaft brachte hier den Vorteil, daß für landwirtschaftliche Produkte statt wertlosen Geldes Waren eingetauscht werden konnten.

Insgesamt gesehen wurden so Staat und Gesellschaft des *Imperium Romanum* im 3. Jahrhundert n. Chr. durch neue soziale und ethnische Gruppen geprägt. Bestimmend waren nun nicht mehr die alten römischen Adelsgeschlechter und auch nicht mehr die in die Führungsschicht aufgestiegenen Familien des italischen und des romanisierten provinzialen Großbürgertums, sondern in erster Linie die Gruppen der Berufssoldaten aus dem Donauraum und Balkangebiet, aus *Illyricum* und selbst aus den Grenzzonen des *Imperiums.* Der romanisierte Berber Macrinus, der „Thraker" Maximinus, der „Araber" aus dem Hauran Philippus, die illyrischen und pannonischen Soldatenkaiser bis hin zu Diokletian und Konstantin d. Gr. waren die Männer der Stunde.

Zum wichtigsten politischen Faktor aber wurde, wie schon gesagt, das Heer. „Seid einig, bereichert die Soldaten, verachtet alles andere" soll die Devise gewesen sein, die schon Septimius Severus seinen Söhnen Geta und Caracalla ans Herz legte, und zumindest er selbst hat danach gehandelt. Im gleichen Sinne aber handelte auch, wenigstens was die Armee betrifft, Caracalla, dem die Überlieferung das Wort in den Mund legte: „Kein Mensch außer mir braucht Geld zu haben, und ich brauche es, um es den Soldaten schenken zu können." Tatsächlich nahm die materielle Korrumpierung der Truppen jetzt teilweise ein verschwenderisches Ausmaß an, und wer sich dem nicht beugte, wie der Kaiser Postumus, der seinem Heer die Plünderung von Mainz untersagte, wurde kurzerhand erschlagen.

In der Krise des 3. Jahrhunderts n. Chr., in der immer wieder Macht ohne Aussicht auf Kontinuität ausgeübt wurde, war es naheliegend, Druck, Zwang und Terror auch auf geistigem und ideologischem Gebiet einzusetzen, um wenigstens den Anschein politischer Geschlossenheit zu erwekken. Die verschiedenen krampfhaften Ansätze zur Restauration und Vitalisierung römischer Kultur und Religion, insbesondere unter Decius und Gallienus, gehören ebenso in diesen Zusammenhang wie das systematische Vorgehen gegen die Christen. Es ist keineswegs sicher, daß diejenigen Herrscher, die das Christentum am konsequentesten bekämpften, wie Maximinus Thrax, Decius, Valerian, von antichristlichen Affekten erfüllt waren. Doch das Christentum mußte notwendig zum provozierendsten Angriffsziel jeder intoleranten Religionspolitik werden, die die alten Traditionen in starrer Form dogmatisierte und zu überwachten Zwangsopfern schritt. Es ist deshalb auch kein Zufall, daß die einzigen systematischen Christenverfolgungen des *Imperiums* erst im 3. Jahrhundert liegen.

Für eine Vernichtung des Christentums aber war es nun bereits zu spät. Alle Versuche, dies zu erreichen, trieben lediglich die innere Zersplitterung einer ohnehin schon überforderten und weithin resignierenden Bevölkerung noch weiter voran. Vorübergehende Kompromisse, wie unter Gallienus, zeigten bereits die politische Alternative einer vollen Integration der Christen in das Reich, zu der sich der römische Staat jedoch zunächst prinzipiell und offen noch nicht verstehen wollte.

Die Epoche der Soldatenkaiser ist so identisch mit einer komplexen und tiefgreifenden Krise und den Ansätzen zu deren Bewältigung. Dabei ist nicht nur von Bedeutung, daß diese Krise schließlich unter großen Verlusten aufgefangen wurde, sondern nicht weniger, wie dies geschah. Gerade aus altrömischer Sicht mußte sich die Frage aufdrängen, ob der Preis dem Resultat wirklich entsprach. Denn offensichtlich drohten über der Brutalisierung und Massivität staatlicher Eingriffe, über der Vernichtung leistungsfähiger sozialer Schichten wie der Municipalaristokratie und Teilen der Mittelschichten, über religiösen Zwängen und beruflichen Bindungen jene Werte und Vorzüge verloren zu gehen, die einst das *Imperium* geprägt hatten: Toleranz und Freizügigkeit, wenigstens eine bedingte Chance der sozialen Mobilität für alle sozialen Gruppen, Reduzierung staatlicher Reglementierung auf wenige, entscheidende Bereiche, Verzicht auf bürokratische Hypertrophie wie auf die Militarisierung des Staates und auf die Vergöttlichung der Herrscher.

Die Soldatenkaiser wollten gerade in ihren imponierendsten Repräsentanten wie Decius (249–251 n.Chr.), Claudius Gothicus (268–270 n.Chr.), Aurelian (270–275 n.Chr.) und Probus (276–282 n.Chr.) keineswegs einen anderen Staat oder eine andere Gesellschaftsordnung herbeiführen, sie waren lediglich entschlossen, kompromißlos alle Mittel zur Verteidigung des Reiches einzusetzen. Doch je konsequenter sie wirkten, desto mehr leisteten sie einer solchen systematischen Strukturveränderung Vorschub, die dann freilich erst die umfassende diokletianische Reichsordnung der Tetrarchie und das Reich Konstantins d. Gr. bringen sollten. In beiden Fällen aber war eine jahrzehntelange, kontinuierliche Herrschaftsausübung Voraussetzung jener permanenten Reformen, die den Soldatenkaisern nicht gelangen. Man kann es als eine Perfidie der Geschichte bezeichnen, daß diejenigen, die am vehementesten für das Alte fochten, gerade dadurch das Fundament eines neuen Staates, einer neuen Gesellschaft und einer neuen Religion auslegten.

2. Die Spätantike – Historische Stellung der Epoche und Strukturen

Trotz intensiver Bemühungen um die historische Periodisierung ist es der modernen Geschichtswissenschaft bezeichnenderweise nicht gelungen, eine einheitliche Abgrenzung der Epoche der Spätantike zu erzielen. Zwar wird ihr Beginn im engeren Sinne, ungeachtet früherer Ansätze, zumeist mit dem Regierungsantritt Diokletians (284 n.Chr.) markiert, für ihr Ende werden dagegen eine ganze Reihe von Daten gewählt, die sich jeweils mit durchaus plausiblen Argumenten begründen lassen: so 476 n.Chr. (der Untergang des Weströmischen Reiches), 568 n.Chr. (das Eindringen der Langobarden in Italien), 610 n.Chr. (der Beginn der Herrschaft des oströmischen Kaisers Heraklius und damit der Neukonsolidierung des Byzantinischen Reiches), 622 n.Chr. (Mohammeds Flucht – Hidschra – von

Mekka nach Medina, die große Zäsur der arabischen Geschichte). Schon aus diesen Daten wird deutlich, daß sich in der Spätantike verschiedene historische Formationen und Kulturkreise überlagern. In die Endphase der Geschichte des *Imperium Romanum* schieben sich die germanische Völkerwanderung und die arabische Expansion ein, aus ihr sondert sich das Byzantinische Reich ab. Neben einem „spätrömischen" entwickelt sich somit ein „frühbyzantinischer" Entwicklungsstrang, die Geschichte der Hunnen ist ebenso Teil der Spätantike wie jene der Völkerwanderung.

Aus den altrömischen Kräften und Formen allein ist die Spätantike deshalb nicht zu verstehen. Die altrömische Tradition ist zwar nie massiver und leidenschaftlicher beschworen worden als zu der Zeit, da sie versteinerte und transformiert wurde. Aber der Widerspruch zwischen Ideologie und Realität war auch nie größer als in den Jahrhunderten, in denen sich die *Romaioi* des Ostens als die wahren Erben Roms fühlten, Konstantinopel zum „zweiten Rom" wurde, während im Westen germanische Heermeister die *Roma aeterna* verteidigten. Seit dem 5. Jahrhundert n. Chr. war zudem der Vorrang des Ostteils des *Imperium Romanum* unverkennbar. Dort konsolidierten sich die stärkeren Kräfte, dort war das theologische Ringen um Glaubensfragen, das Leitthema der Zeit, intensiver, dort wirkten lange die geistig und künstlerisch höheren Begabungen. Es ist zudem symptomatisch, daß der einzige große und für kurze Zeit auch erfolgreiche Restaurationsversuch des *Imperium Romanum* in seinem alten Umfang unter Justinian (527–565 n. Chr.) vom Osten und nicht vom Westen ausging.

In der Spätantike werden so nicht nur Antike und Mittelalter verklammert, sondern durch neue historische Faktoren auch eine Vielfalt regional oft völlig verschiedenartiger Sonderentwicklungen ausgelöst. Innerhalb der römischen Perspektiven, die für diese Darstellung bestimmend sind, ist dabei der sich immer stärker ausprägende Antagonismus zwischen der östlichen und der westlichen Hälfte des *Imperiums* entscheidend. Während im Osten mit der Gründung von Konstantinopel (330 n. Chr.) „das byzantinische Jahrtausend" (H. G. Beck) einsetzt, die Ausbildung einer neuen historischen Formation, die sich zwar aus dem alten *Imperium Romanum* entwickelt und sich auch stets demonstrativ zu dessen Tradition bekennt, ihrem Wesen, Gehalt und ihren Formen nach jedoch etwas völlig Neues darstellt, wird die Entwicklung im Westen durch einen lange andauernden politischen und militärischen Erosionsprozeß gekennzeichnet. In ihm geht das „Weströmische Reich" unter, auf seinem Territorium konstituieren sich germanische Staaten, die einzelne Elemente der römischen Tradition aufnehmen und wenigstens in Kümmerformen tradieren.

Am Beginn der Spätantike steht eine konsequente Umbildung des römischen Staates und der römischen Verfassung. Gedrängt von militärischen, fiskalischen und administrativen Zwängen, im Bann der Notwendigkeit, staatliche Macht effektiv zu systematisieren, schufen Diokletian und Konstantin d. Gr. durch ein engmaschiges Netz staatlicher Erfassung und Überwachung, die Aufblähung von Bürokratie und Polizei, die Organisation kleinerer Verwaltungs- und Jurisdiktionszellen, die ihrerseits wieder durch neue Mittelinstanzen kontrolliert wurden, durch ein zuvor unbekanntes Ausmaß staatlicher Planung und dirigistischer Eingriffe in alle Bereiche jene Verfassung des spätantiken Zwangsstaates, die den Notstand zur Permanenz erhob.

Gleichzeitig wurde mit der traditionellen römischen Religionspolitik gebrochen. Mit Diokletian und Galerius, Maxentius und Maximinus Daia, Julian und Eugenius scheiterten die letzten Versuche einer Restauration und Wiederbelebung des alten Glaubens. Mit Konstantin d. Gr. beginnt dagegen der Versuch, die christliche Religion und die christliche Kirche als stabilisierende Faktoren mit dem *Imperium* zu verbinden. Allein das Nebeneinander altgläubiger und christlicher Religion, das für Konstantins Anfänge vorherrschend war, der Pluralismus der Religionen, blieb nicht von Dauer. Durch Konstantins Entscheidung wurde der römische Staat vielmehr rasch in jene Dogmenstreitigkeiten verstrickt, die damals die christliche Kirche erschütterten. Religiöse Auseinandersetzungen wurden seitdem zum beherrschenden Thema der römischen Innenpolitik. Am Ende des Weges aber stand die gewaltsame Unterdrückung der alten Kulte und die Intoleranz des orthodoxen, gegen Häresien vielfältigster Art streitenden Christentums, das nun zur „Reichsreligion" geworden war.

Obwohl im römischen *Imperium* der Spätantike schon unter Diokletian eine beträchtliche Heeresvermehrung einsetzte, reichten die verfügbaren Truppen angesichts der nicht abreißenden Kette der Invasionen an der gesamten Nordfront bald nicht mehr aus, um mit den Aufgaben der Reichsverteidigung fertig zu werden. In immer größerem Ausmaß wurden deshalb „Barbaren", das heißt germanische und andere fremde Verbände, in römischen Dienst genommen, diesseits der Grenzen angesiedelt, oder es wurden gewaltsame Okkupationen von Reichsgebiet nachträglich legalisiert. Doch im Unterschied zu früheren Beispielen dieser Politik gelang die Integration dieser neuen Kräfte nicht mehr. Obwohl einzelne germanische Heermeister und einzelne Verbände dieser Hilfstruppen verschiedenster Rechtsstellung durchaus loyal zu Rom standen, mißglückte dieses riskante Experiment gerade deswegen, weil sich Kräfteverhältnisse und militärische Lage seit dem Principat völlig verschoben hatten. Als Haß, Verrat und Mißtrauen auf beiden Seiten chronisch wurden, konnte es zu keiner echten Symbiose zwischen Römern und Barbaren mehr kommen.

Die klassische Sicht von Edward Gibbon's „History of the Decline and Fall of the Roman Empire" (6 Bde., 1776–1788), jene Konzeption, welche die Phänomene der Spätantike primär an den Normen und am Kanon der antiken Klassik maß, hat lange Zeit eine angemessene Einschätzung der Ausdrucksformen, Inhalte und Leistungen der spätantiken Kultur verhindert. Erst als seit dem Beginn des 20. Jahrhunderts in der spätantiken Kunst nicht mehr ausschließlich Barbarisierung und Dekadenz gesehen wurden, sondern die Gestaltungen eines ganz neuen „Kunstwollens" (A. Riegl), bahnte sich gerade im Bereich der Archäologie, vor allem durch die Forschungen von R. Delbrück, G. Rodenwaldt, A. Alföldi, B. Schweitzer und vieler anderer, das Verständnis der künstlerischen und geistigen Eigenart jener Epoche an. Gewiß kommt es in ihr zur Verkümmerung klassischer Formen der Kultur und des Rechts, zu Erscheinungen wie Provinzialismus und Vulgarismus, doch spätantik ist eben auch das neue Pathos staatlicher wie kirchlicher Repräsentation, die Blüte der Mosaikkunst wie der Elfenbeinschnitzerei, die volle Entfaltung der altchristlichen Literatur und des altchristlichen Geisteslebens nicht nur in einem reichen theologischen Schrifttum, sondern auch in Lyrik, Kirchenlied und Geschichtsphilosophie. Spätantik sind schließlich die großen Gesetzeskodifikationen ebenso wie die Nachblüte altgläubiger Literatur im Kreis um Symmachus, die bewußte Bewahrung und Pflege der klassischen Texte wie die letzten Versuche, mit den großen *exempla* zu rivalisieren.

Aus vielen Zeugnissen der spätantiken Überlieferung geht hervor, daß das Leben der Menschen des *Imperium Romanum* in jener Epoche bestimmt wurde durch ein Höchstmaß staatlichen Drucks und staatlicher Gewalt, durch immer neue Einfälle und Zerstörungen fremder Völker und durch das deprimierende Erleben des offensichtlichen Niedergangs der alten römischen Macht. Der Fall Roms im Jahre 410 n. Chr. war dafür ebenso ein Fanal wie die Schlacht von Adrianopel 378 n. Chr., jene große Katastrophe der römischen Armee im Osten, der auch Kaiser Valens zum Opfer fiel. Doch die Ausplünderung von Landschaften, die unter dem Principat Jahrhunderte hindurch Frieden erlebt hatten, gehörte bald in gleicher Weise zum Alltag wie die Konfrontation mit Hunnen oder Germanen. Dumpfer Fatalismus begegnet als Reaktion neben der Hoffnung auf die Fortdauer des „ewigen Rom", die konsequente christliche Relativierung aller irdischen Macht wie die Überzeugung der Altgläubigen, daß alle Katastrophen und Leiden nur die Folge der Abwendung von den alten Göttern wären.

Im Mittelpunkt der Gedanken und Sorgen von Altgläubigen wie von Christen aber standen neben der elementaren Sicherung der eigenen Existenz in den Nöten der Zeit die Fragen des richtigen und des wahren Glaubens. Dazu gehört „das Pfäffische" (J. Burckhardt) einzelner christlicher Herrscher ebenso wie der penetrante altgläubige Fanatismus eines Julian Apostata, die theologische Rabulistik im Dogmenstreit wie die schlichte Innigkeit eines ambrosianischen Kirchenlieds. Hier wie dort ging es um die Transzendenz des menschlichen Daseins, um die Jenseitsorientierung des Lebens in einer Kompromißlosigkeit, die früheren Jahrhunderten fremd war. Jetzt kam es zur Ausbildung neuer Lebenshaltungen und Lebensformen, die Tausende ergriffen. Einsiedler, Mönche und Klöster dokumentierten die Abwendung von der antiken Stadtkultur in gleicher

Weise wie der Rückzug Altgläubiger in das Réduit der klassischen Bildung. An die Stelle der Autonomie menschlicher Existenz war nach dem Wort Fritz Taegers ein theonomes Selbstverständis getreten.

3. Verfassung und Verwaltung – Gesellschaft und Wirtschaft

a) Das tetrarchische System Diokletians

Auch unter Diokletian bestanden die alten Krisenherde zunächst fort: Usurpationen in Britannien und Ägypten, der Aufstand der Bauern und Hirten, der Bagauden, in Gallien, Germaneneinfälle am Niederrhein wie an der oberen und unteren Donau, neue Auseinandersetzungen mit den Sassaniden. Zugleich zeigte sich die Ineffizienz der Reichs- und vor allem der Steuerverwaltung immer deutlicher. Auf diese Lage antwortete Diokletian mit einer systematischen Reorganisation von Heer und Administration, mit dem neuen System der „Tetrarchie".

Schon im Sommer 285 n. Chr. hatte er seinen alten Kampfgefährten Maximianus zum Caesar, 286 n. Chr. auch zum Augustus erhoben, 293 n. Chr. ernannte er zwei *Caesares,* die jeweils einem Augustus zugewiesen wurden. Für den Osten, wo Diokletian selbst residierte, war dies Galerius, für den Westen Constantius Chlorus. Die *Caesares* wurden dabei nicht nur von ihren *Augusti* adoptiert und mit diesen dynastisch verbunden, sie erhielten auch jene Beinamen einer religiösen Genealogie, die Diokletian konstruiert hatte. Auch der Caesar des Ostens wurde jetzt wie Diokletian ein *Iovius,* der des Westens ein *Herculius.*

Aus dem Zwang zur militärischen und administrativen Aufgabenteilung erwuchs so eine abgestufte, viergliedrige und dennoch in allen entscheidenden Punkten von Diokletian beherrschte kollektive Reichsspitze. Dabei waren Ränge und Kompetenzen nicht regional begrenzt, sondern alle vier Herrscher im ganzen Reich anerkannt. Gesetze und Verfügungen sind stets in aller Namen erlassen, Münzen von allen für alle geprägt, Kaiseropfer und andere Loyalitätsakte vor den Büsten aller Vier vollzogen worden. Das Kaisertum hatte sich damit zu einem sich selbst ergänzenden Organismus entwickelt, da die Nachfolge der *Caesares* bei einem Ausscheiden der *Augusti* zu erwarten war. Angesichts einer solchen Potenzierung der Reichsspitze mußten Usurpationen aussichtslos erscheinen. Freilich war fortan die Eintracht der Vier der neuralgische Punkt des künstlichen Systems, und diese beeilten sich daher auch, ihre Eintracht mit allen Mitteln zu dokumentieren. In künstlerischer Form erfolgte dies wohl am eindrucksvollsten in der berühmten Porphyrgruppe der vier Herrscher in Venedig, in der die Individualität der Personen der Geschlossenheit und Verklammerung des Systems völlig untergeordnet ist.

Der Stärkung der Position des Kaisertums diente gleichzeitig seine konsequente Überhöhung durch Zeremoniell, Repräsentation und Kult, durch neue Formen und Inhalte der Kaiserideologie. Hatten sich die Soldatenkaiser zumeist als Imperatoren, in Panzer, mit Lanze und Strahlenkrone, darstellen lassen und vor allem ihre militärischen Qualifikationen und Erfolge betont, so wurden jetzt verschiedenartigste Elemente, auch solche orientalischer und hellenistischer Herkunft dazu benutzt, um den Kaiser weit über die allgemein-menschliche Sphäre zu erheben. Der Nimbus, die strahlende Lichtscheibe um den Kopf des Herrschers, Zepter und Globus, ein mit Perlen übersäter Kaiserornat wurden nun zu bestimmenden Attributen des Kaiserbildes, der Kaiser selbst im Palast, dem *sacrum palatium*, durch den Rahmen eines komplizierten Zeremoniells distanziert, so wenn als Zeichen der Verehrung bei Audienzen und Begegnungen mit dem Herrscher Kniefall und das Küssen eines Saumes des Kaiserornats gefordert wurden.

Mit dieser anspruchsvollen Etikette verband sich eine besonders prunkvolle Repräsentation. Edelste Metalle und Gesteine dienten der kaiserlichen Überhöhung, für Kaiserbüsten wurde jetzt Porphyr üblich, Hauptstadt und neue Residenzen (Trier, Mailand, Saloniki, Nikomedia) sind durch Paläste, Ehrenmäler und sinnfällige neue Monumente, wie das Tetrarchenmonument vom Forum, ausgeschmückt worden. Das neu stilisierte Kaisertum der Spätantike war jedoch vor allem religiös verankert und charismatisch bestimmt. Die Schützlinge des Juppiter und Herkules verstanden sich als Glieder einer Götter und Kaiser umgreifenden Hierarchie, sie waren näher an den göttlichen Bereich herangerückt als jemals zuvor ein römischer *princeps*. Das Kaisertum der Spätantike, der Dominat, ist daher auch zu Recht als „eine römisch geprägte Theokratie" (J. Vogt) bezeichnet worden.

Auch der kaiserliche Hofstaat *(sacer comitatus)* wurde jetzt gründlich reformiert. Der Kronrat *(sacrum consistorium)* hatte dabei lediglich beratende Funktion, die Masse der Verwaltungsarbeit wurde in den verschiedenen Abteilungen der großen kaiserlichen Kanzlei abgewickelt, die nach den Aktenbehältern als *scrinia* benannt waren. *Magistri* standen an der Spitze der einzelnen Ressorts, so leitete der *magister epistolarum* den Schriftwechsel, der *magister libellorum* die Bittschriftenabteilung, der *magister cognitionum* die Rechtsabteilung, der *rationalis* die Finanzen. Gab es hier teilweise eine von der Sache her geforderte Kontinuität gegenüber den vorhergehenden Instanzen, so spricht die Spezialisierung der vervielfachten Hofdienerschaft, der *castrensiani*, für sich selbst. Zu ihr zählten die Betreuer des kaiserlichen Schlafgemachs, die *cubicularii*, ebenso wie jene *velarii*, welche die Vorhänge im Audienzraum auf- und zuzuziehen hatten.

Tiefgreifend waren Diokletians Veränderungen im Bereich der Armee. Im Zuge einer ganz beträchtlichen Heeresvermehrung erreichte sie nun eine Gesamtstärke von ca. 500000 Mann. Die etwa 60 Legionen verfügten dabei nur noch über einen regulären Mannschaftsbestand von etwa 1000–2000 Soldaten, der Rest der Armee bestand aus Hilfstruppenformationen, in denen dann seit Konstantin d. Gr. die germanischen Elemente zunehmend an Bedeutung gewannen. In der Regel waren in jeder Grenzprovinz zwei Legionen unter dem Kommando eines aus dem Ritterstand stammenden Befehlshabers *(dux)* eingesetzt. Diese Legionen rekrutierten sich zu einem großen Teil aus Soldatenfamilien, deren Kinder vorrangig eingezogen wurden. Doch einberufen wurden auch alle Nicht-Spezialisten der Bevölkerung, das heißt diejenigen Bürger, die keiner Korporation angehörten. Theoretisch waren selbst Bauern und Kolonen vom Heeresdienst befreit, faktisch konnte auf sie jedoch nicht verzichtet werden, so daß die Gutsbesitzer immer wieder zur Gestellung von Rekruten verpflichtet wurden.

Die militärische Lage hatte schon seit Gallienus die Bildung einer starken und beweglichen Feldarmee, des *comitatus,* nahegelegt, weil die Kaiser nur mit ihrer Hilfe die Brennpunkte der Defensive sichern und die rasch wechselnden militärischen Massierungen durchführen konnten. Diokletian hat hier die endgültige organisatorische Trennung zwischen der primär mobilen Feldarmee und den primär stationären Grenztruppen durchgeführt, damit freilich auf lange Sicht sehr bedenkliche Entwicklungen ausgelöst. Denn je größer einerseits Schlagkraft und Prestige des *comitatus* anwuchsen, desto eindeutiger sank andererseits die Qualität der Grenztruppen *(limitanei, ripenses)* auf die Stufe einer dürftigen Grenzmiliz ab.

Besonders augenfällig und nachhaltig war Diokletians Neuordnung der Provinzialverwaltung. Zu Beginn seiner Regierung umfaßte das *Imperium* an die 50 Provinzen. Diokletian gliederte diese in einem längeren Prozeß in kleinere Verwaltungseinheiten auf, so daß im Jahre 297 n. Chr. bereits etwa 100 neue Provinzen bestanden. Die letzten Relikte der alten senatorischen Provinzialverwaltung wurden dabei ebenso beseitigt wie die bisherige Sonderstellung Italiens. Im Mittelpunkt der Kompetenzen der Statthalter lagen fortan Rechtsprechung und allgemeine Administration, sie wurden deshalb häufig generell als *iudices* bezeichnet. Für die aus dem Senatorenstand hervorgegangenen Statthalter ist speziell die Bezeichnung *consularis* oder *corrector* üblich geworden, für die aus dem Ritterstand stammenden der Titel *praeses.* In allen Provinzen aber, in denen Truppen standen, wurden diese nicht mehr vom Statthalter selbst, sondern vom *dux* befehligt. Damit war die traditionelle, spezifisch römische Einheit von zivilen und militärischen Leitungsfunktionen innerhalb der Provinzialverwaltung aufgelöst.

Die so stark angewachsene Zahl provinzialer Verwaltungsinstanzen ließ sich jedoch von den Zentralbehörden allein nicht mehr kontrollieren. Diokletian schuf deshalb eine neue, den Provinzen übergeordnete Verwaltungsebene, die 12 Dioezesen, Verwaltungseinheiten, welche während der gesamten Spätantike bestehen blieben. Die Dioezese *Oriens* umfaßte den ganzen syrisch-palästinensischen Raum südlich des Taurus und westlich davon noch Isaurien, die Dioezese *Pontus* die östlichen und nördlichen Gebiete Kleinasiens, die dritte der orientalischen Dioezesen, *Asiana,* war aus den westlichen Gebieten Kleinasiens gebildet worden. Den ganzen Osten der Balkanhalbinsel nahm die Dioezese *Thraciae* ein, während der Westen zur Dioezese *Moesiae* gehörte. Die Gebiete an der mittleren Donau einschließlich Dalmatiens im Süden und Noricums im Nordwesten waren das Territorium der Dioezese *Pannoniae.* Zur Dioezese *Italia* gehörten außer der Halbinsel auch Sizilien, Sardinien und Korsika, ferner im Norden Raetien. Süd- und Westfrankreich bis zur Loire bildeten eine eigene Dioezese, die *Viennensis,* nach Vienna, ihrem Verwaltungssitz, das übrige Gallien die Dioezese *Galliae,* zu der auch die Rheinlande gehörten. Spanien und Britannien boten sich als weitere geschlossene Großräume für die Dioezesen *Hispaniae* und *Britanniae* an, wobei der Westen Marokkos, Mauretania Tingitana, noch zu Spanien geschlagen wurde. Die Dioezese *Africa* umfaßte deshalb das Gebiet zwischen Mauretania Caesariensis im Westen und der großen Syrte im Osten, denn Libyen und die Cyrenaica wurden an die Dioezese *Aegyptus* angeschlossen. Diese Dioezesen wurden jeweils von Stellvertretern der Praetorianerpräfekten, den *vicarii,* geleitet. Eine Sonderregelung galt dabei für Italien, wo der *vicarius Italiae* lediglich den Raum nördlich des Apennins verwaltete, während der südliche Teil der Dioezese von dem *vicarius in urbe Roma* überwacht wurde. Neben der Kontrolle der Provinzialverwaltung fungierten die *vicarii* insbesondere als Berufungsinstanz bei Gerichtsverfahren, in ihnen waren neue Spitzenpositionen für Angehörige des Ritterstandes geschaffen worden.

Von bleibender Bedeutung erwies sich auch Diokletians Neuordnung des Steuersystems. Dem gerade unter der Tetrarchie sprunghaft angestiegenen Finanzbedarf stand zunächst ein völlig ungenügendes Steuersystem gegenüber. Da es weder Aurelian noch Diokletian gelang, die durch eine jahrzehntelange Inflation völlig zerrüttete Währung zu stabilisieren, bewährten sich von allen Steuerarten lediglich noch die *annona,* eine Naturalsteuer, die je nach Bedarf auf der Basis des Grundbesitzes in Naturalien eingezogen wurde, und daneben die *capitatio,* eine in Geld eingezogene Kopfsteuer. Aus den Ansatzpunkten dieser völlig unregelmäßig und regional in verschiedener Höhe eingezogenen Steuerarten schuf Diokletian das umfassende System der *capitatio-iugatio,* das in seiner voll entwickelten Form jedoch erst seit 311 n. Chr. bezeugt ist.

Die Grundlage der *capitatio-iugatio* in ihrer endgültigen Systematik bildete das *iugum,* das heißt ein Grundstück fruchtbaren Bodens mit jenem Flächeninhalt, welcher für eine Person, ein *caput,* den Lebensunterhalt bieten und auch von ihr allein bewirtschaftet werden konnte. Grundstück und Arbeitskraft zusammen ergaben somit eine Steuerveranlagungseinheit, welche entsprechend der Qualität der Böden, der Weinberge, Weiden usw. differenziert war. Ein allgemeiner Reichscensus, welcher seit 312 n. Chr. alle 15 Jahre stattfand, die *indictio,* setzte jeweils die Zahl der Steuereinheiten fest. Seine für das Leben jedes einzelnen einschneidende Bedeutung geht am besten daraus hervor, daß noch das Mittelalter die *indictio* als chronologische Einheit kannte. Ziel der *capitatio-iugatio* war, den Bedarf der Reichsverwaltung und insbesondere der Armee gleichmäßig und gerecht auf alle Provinzen umzulegen. Denn im Gegensatz zu modernen Prinzipien ging der Staatshaushalt der Spätantike nicht von den Steuereinnahmen aus, sondern von dem absolut gesetzten staatlichen Bedarf, der von der Zentrale ermittelt und dann umgelegt wurde.

Im Gegensatz zur Erneuerung des Steuersystems blieben verschiedene Ansätze zu einer Währungsreform erfolglos. Langfristig hielt sich hier lediglich die Umstellung in der Produktion der Münzen selbst, die Beseitigung der alten Lokal- und Provinzialprägungen und der Ausbau eines dezentralisierten, aber straff überwachten Systems von großen Reichsmünzstätten, von denen für den germanischen Raum Trier, London, Rom, Arles und Lyon, aber auch Šišak in Jugoslawien die größte Bedeutung erhielten. Gerade die verschiedenen Anläufe zur Durchsetzung neuer Münznominale vergrößerten nur die Unsicherheit im Bereich der Geldwirtschaft. Die Diskrepanz zwischen Nominalwert des Geldes und Kaufkraft nahm zu, Sold und Donative zerrannen den Soldaten zwischen den Fingern, als die Händler die Preise immer höher trieben. In dieser Situation erließen die Tetrarchen das „Höchstpreisedikt" des Jahres 301 n. Chr., den systematischsten Versuch staatlicher Preisregulierung und damit auch von staatlichem Dirigismus im Sektor der Wirtschaft, den das Altertum kennt. Denn das mit großem moralischem und staatspädagogischem Pathos verkündete *edictum de pretiis,* das durch zahlreiche Inschriftenfragmente großenteils überliefert ist, setzte für nahezu tausend Artikel und Arbeitsleistungen Höchstpreise fest, die bei Todesstrafe nicht überschritten werden durften. Es sollte für das gesamte *Imperium* gelten, ist jedoch schon bald völlig gescheitert, da es nur dazu führte, daß die wichtigsten Waren vom Markt verschwanden. Dennoch ist dieses Edikt das bezeichnendste Symptom für den Dirigismus des neuen Systems.

Das Verzeichnis enthält fast lückenlose Tabellen der Höchstpreise für Fleisch, Fische, Früchte, Wein, die Arbeitslöhne der verschiedensten Berufe und Gewerbe, die Preise für Felle, Schuhwerk, Ziegen- und Kamelhaare, Holz, Webereiartikel, Wagen, Stoffe aller Art und für Transportleistungen. Um nur wenige konkrete Beispiele zu nennen, wurde etwa der Tageslohn für einen Landarbeiter außer der Kost mit 25 Denaren festgesetzt, derselben Summe, die ein Schreiber für 100 Zeilen bester Schrift erhalten konnte. $^1/_2$ l Bier kostete 4 Denare und hatte damit denselben Preis wie 5 Stück Kopfsalat oder 4 Pfund Tafeltrauben. Für 1 römisches Pfund oder 327,5 g Schweinefleisch mußte man bis zu 12 Denaren bezahlen, für $^1/_2$ l Falernerwein 30 Denare. Die Miete für einen beladenen Esel betrug pro Meile 4 Denare. Astronomische Ziffern aber erreichten luxuriöse Stoffe, 1 Pfund weiße Seide etwa 12000 Denare, 1 Pfund echte gefärbte Purpurseide gar 150000 Denare.

Die Münzeinheit des Denars, in der dabei gerechnet wurde, ist gleichsam nur eine abstrakte Größe, da sie sich nicht behauptet hat. Zum verbreitetsten Nominal wurde fortan eine meist als *follis* bezeichnete Kupfermünze, welche mit Silbersud überzogen war, sich jedoch in der Tarifierung der diokletianischen Zeit nicht hielt, sondern immer kleiner wurde. Die auch in allen Grenzräumen massenhaft verbreiteten „*Folles*" treten in den Bodenfunden aller römischen Provinzen häufig zutage. Sie sind die letzten kümmerlichen Spätformen des römischen Geldsystems. Der Staatsdirigismus der Tetrarchie zeigte sich im übrigen auch in vielen anderen wirtschaftlichen Initiativen, so in der Anlage von Waffenfabriken im Osten des *Imperiums*, im Aufbau von Webereien und Purpurfärbereien, Anlagen, die zur direkten Durchführung von staatlichen Großaufträgen und zu Rüstungszwecken dienten.

b) Das Reich Konstantins d. Gr.

Konstantins Neuordnung des römischen Reiches ist aus dem diokletianischen System erwachsen und von diesem nicht zu trennen. Aber erst seine Lösungen haben die Strukturen der spätantiken Entwicklung in allen Bereichen von Staat und Gesellschaft endgültig festgelegt und die bleibenden Akzente gesetzt. An der Spitze des *Imperiums* trat an die Stelle des *Kollegiums* der *Augusti* und *Caesares* ein neuer Alleinherrscher über das gesamte Reich und mit ihm eine neue Dynastie. Von relativ kurzen Intervallen abgesehen wird die Kaiserreihe der Spätantike wiederum durch eine Abfolge von Dynastien bestimmt. Auf diejenige Konstantins (306–363 n. Chr.) folgt das Haus Valentinians (364–392 n. Chr.), auf dieses die Dynastie Theodosius d. Gr. (379–455 n. Chr.). Der Vorrang des dynastischen Denkens war in jener Epoche so groß, daß immer wieder „Kinderkaiser" in Kauf genommen wurden, um die dynastischen Privilegien zu sichern. Schwäche und faktische Regierungsunfähigkeit nicht weniger dieser Herrscher erklären andererseits den großen Einfluß der starken Männer der kaiserlichen Verwaltung, der Heermeister und der Höflinge.

Die Überhöhung des Kaisertums hat Konstantin d. Gr. entschieden forciert. Seine persönliche Sucht nach Pomp und Pracht, Glanz und Stilisierung bestimmten das Pathos der Selbstdarstellung. Seit 325 n. Chr. trug der Kaiser das Diadem, jene aus dem Bereich der orientalischen Priester- und Königsabzeichen stammende Binde, die seit der hellenistischen Epoche zum sinnfälligsten Kennzeichen des absoluten Monarchen geworden war, für altrömische Augen immer ein besonders provozierendes Symbol. Das mit Perlen und anderem Schmuck reich verzierte Kaisergewand, die Prunkwaffen des Herrschers, die Verwendung des Nimbus, die erneute Einbeziehung des Kaisers in die alte römische *Aeternitas*symbolik der Münzbilder, die Steigerung seiner Siegerqualifikation in universale Dimensionen, die ideologische Ausweitung der Regierungsgewalt über den ganzen Erdkreis, die mit der pauschalen Deklassierung aller Nicht-Römer verbunden wurde, vor allem jedoch die Sanktionierung der Stellung des Herrschers durch das Christentum sind die hervorstechenden Merkmale der konstantinischen Kaiserideologie.

Die Tricennalienrede, jene Festrede, welche der Bischof Euseb von Caesarea anläßlich des 30jährigen Regierungsjubiläums Konstantins hielt, ist ein Beispiel für die zum Teil exaltierten Formen, in denen nun der römische Kaiser im christlichen Bereich mit der himmlischen Herrschaft Gottes verbunden wurde. Selten ist die Transzendenz irdischer Macht so direkt ausgesprochen worden wie in der Konzeption Eusebs, in welcher das Zusammenwirken von Logos und Herrscher die Funktion des Kaisers in der Welt bestimmte und von Gott selbst ableitete. Der römische Kaiser war danach jetzt auch zum „heiligen Sprecher von Gottes Wort" geworden, er verkündete „mit lauter Stimme allen Menschen auf Erden die wahren Gesetze der Frömmigkeit". Er reinigt „aus Verlangen nach dem Besseren sein irdisches Reich von dem Schmutz gottlosen Irrtums und ruft Scharen von frommen und heiligen Männern in seinen Palast, bemüht, die ganze Schar seiner Untertanen Mann für Mann zu retten". (Übertragung Fr. Taeger) Die charismatische Überhöhung des römischen Kaisers ließ diesen nun zum Herrscher „von Gottes Gnaden" werden, sie heiligte einerseits seine Position und sicherte sie auch religiös ab. Andererseits wurden dem Kaiser jetzt jedoch auch Aufgaben primär religiöser Art zugewiesen, welche ihm in diesem Ausmaß früher nie gestellt waren.

In einer ähnlich komplexen Weise wie unter Augustus und in der Epoche des julisch-claudischen Hauses, jedoch in wesentlich penetranteren Formen wurden die Mitglieder der Familie und der Verwandtschaft Konstantins in die neue Überhöhung des Kaisertums einbezogen, freilich auch durch die Folgen der exponierten Stellung gefährdet. Seine Mutter Helena erhob Konstantin d. Gr. zur *Augusta* und *nobilissima femina,* ihr Einfluß war beträchtlich. Auf ihrer berühmten Wallfahrt in das heilige Land nutzte sie ihr Privileg, über den kaiserlichen Schatz frei verfügen zu können, ebenso zur Stiftung von Kirchen in Bethlehem und auf dem Ölberg wie zu zahllosen Spenden an Bedürftige. Die damalige angebliche Kreuzauffindung stimulierte die Reliquienverehrung bis zum Exzess.

Nachdem die Kaiserin Fausta und deren Stiefsohn Crispus 326 n. Chr. wegen eines Ehebruchs in den Tod getrieben wurden, waren die Söhne der Fausta, Konstantin II., Constantius II. und Constans, sowie ihre Töchter Helena und Constantia, zu den wichtigsten jüngeren Mitgliedern des Hauses geworden. Doch Konstantins dynastische Konzeption griff weiter aus, sie umfaßte auch Stiefbrüder und andere Verwandte bis zu den Neffen. Selbst auf Kosten der Reichseinheit sollte die vielgliedrige Dynastie nach seinem Tode weiterherrschen.

Die Zusammenhänge zwischen dem Verwaltungsaufbau Konstantins d. Gr. und demjenigen Diokletians sind so eng, daß es noch immer nicht in jedem Falle möglich ist zu entscheiden, auf welchen der beiden Kaiser eine bestimmte Institution zurückgeht. Bei aller Divergenz der Amtsbezeichnungen und der Einzelheiten überwiegt im Prinzip und in der Tendenz die Kontinuität. Die wichtigste Gruppe kaiserlicher Funktionäre bilden unter Konstantin die *comites*, bevollmächtigte Vertrauensleute des Herrschers, die sowohl als Kommissare zur Kontrolle bestimmter Regionen oder zur Durchsetzung von Sachentscheidungen delegiert wurden, als auch das oberste Beratergremium des *sacrum consistorium* bildeten. Zu dieser Ranggruppe zählten auch die Leiter der wichtigsten Ressorts.

Der seit etwa 320 n. Chr. bezeugte *magister officiorum*, eine Art Kanzler, hatte ungewöhnliche Kompetenzen. Er vereinigte in sich die Funktion eines Leiters der Zentralverwaltung mit derjenigen des alten Praetorianerpräfekten. Denn ihm unterstanden nicht nur die in verschiedene *scholae*, das heißt in militärisch organisierte Beamtenstäbe, aufgegliederten Verwaltungskörper, sondern auch die Leibgarde, die *scholae palatinae*, und die gesamte Dienerschaft des Hofes. Zugleich war er eine Art Hofmarschall, hatte sich jedoch auch die Geheimagenten, die *agentes in rebus*, unterstellt. Der zweitmächtigste Mann bei Hofe war der *quaestor sacri palatii*, über den der gesamte Schriftwechsel des Herrschers abgewickelt wurde. Im Finanzressort wurde die alte Aufgabenteilung beibehalten, doch erhielten die leitenden Beamten neue Titel. Das Reichsschatzamt, in das alle Steuern flossen, unterstand dem *comes sacrarum largitionum*, kaiserliches Privatvermögen und Krongut dem *comes rerum privatarum*.

In Dioezesen und Provinzen wurde die diokletianische Ordnung nur geringfügig modifiziert. Das Amt des Praetorianerpräfekten ist aus einer zentralen Hofstellung zum höchsten Außenamt der Reichsverwaltung geworden, eine Maßnahme, welche vermutlich aus einer konkreten Zwangslage erklärt wird. Denn nachdem der älteste Konstantinssohn Crispus im Jahre 317 n. Chr. mit dem nominellen Oberbefehl an der Rheinfront betraut wurde, schien es geraten, ihm einen Praetorianerpräfekten an die Seite zu stellen, der dann auch künftig die Aufsicht über die gesamte Administration im Westen des *Imperiums* behielt und seinen Sitz in Trier hatte. Ein anderer Praetorianerpräfekt ist später für Antiochia bezeugt, und gegen Ende der Regierung Konstantins d. Gr. existierten schließlich, entsprechend der vorgesehenen Aufteilung des Reiches an die vier *Caesares* auch vier Praetorianerpräfekturen. Es ist bezeichnend, daß diese Position im Osten, in der *praefectura Orientis*, nahezu ein Jahrzehnt der Christ Ablabius innehatte. Unter den *praefecti praetorio* fungierten weiterhin die *vicarii* als Leiter der Dioezesen und die Statthalter der Provinzen, gemäß der diokletianischen Reform als reine Zivilbeamte.

Im Bereich des Heeres wurde die Trennung zwischen dem stationären Grenzheer und der mobilen Feldarmee weiterhin fortgeführt. Zur Feldarmee zählten auch die Garderegimenter der *palatini*. Konstantin behielt ferner die Institution der *protectores*, einer Art von Generalstabsoffizieren bei, deren am Hof konzentrierter Teil, die *protectores domestici*, von einem eigenen *comes domesticorum* befehligt wurde. Zur auf lange Sicht schwerwiegendsten Neuregelung kam es bei den militärischen Kommandospitzen. Denn hier wurde jetzt das Amt des Heermeisters neu geschaffen, zunächst jeweils eines Befehlshabers der Infanterie und der Kavallerie *(magister peditum, magister equitum).* Später ist die Zahl der Heermeisterstellen vermehrt worden, ihre Inhaber kommandierten dann auch Verbände aller Waffengattungen, sie waren die Oberkommandierenden der römischen Heeresgruppen in der Spätantike und dabei häufig Germanen wie zum Beispiel Merobaudes und Stilicho.

Diese Tatsache war die Konsequenz des immer größeren Anteils von Germanen und anderen Nichtrömern in der Armee der Spätantike, einer Entwicklung, die Konstantin d. Gr. forciert hatte. Er sah sich von Anfang an gezwungen, britannische und germanische Hilfstruppen für seine Sache einzusetzen. Vor allem aber war er nach seinem Sieg über Licinius damit konfrontiert, daß weite Teile der Reichsbevölkerung in Berufe, Funktionen und Ämter gebunden blieben, die sie vom Heeresdienst ausschlossen. Die Statik der spätantiken Reichsstruktur erzwang somit in zunehmendem Maße die Mobilisierung der ins Reich eingedrungenen oder der jenseits der Grenzen siedelnden Stämme für die römische Armee.

In seiner Finanz-, Steuer- und Geldpolitik hielt Konstantin d. Gr. zunächst ebenfalls am diokletianischen System fest; für die immensen, oft an Verschwendung grenzenden Staatsausgaben wurden die Mittel rigoros eingetrieben. Die *capitatio-iugatio* blieb die wichtigste Steuerart. Mit einer neuen Sondersteuer, der *collatio glebalis,* wurden nun die Senatoren je nach dem Umfang ihres Grundbesitzes belastet, die städtische Oberschicht durch das in Abständen von fünf Jahren in der Gestalt von Goldkränzen oder Goldmünzen eingeforderte *aurum coronarium.* Auch Händler und Gewerbetreibende, die bisher aus der an die Bodennutzung gebundenen Steuerordnung Kapital geschlagen hatten, mußten nun, ebenfalls in fünfjährigen Intervallen, eine Vermögens- und Umsatzsteuer, die *auri lustralis collatio,* aufbringen.

Im Gegensatz zu Diokletian hatte Konstantin d. Gr. mit seiner Neuordnung des Geldwesens wenigstens teilweise Erfolg. Im Jahre 306 n. Chr. führte er das neue Goldnominal des *Solidus* im Gewicht von 4,48 g ein, das $^1/_{72}$ des römischen Pfundes gleichkam. Es setzte sich durch und blieb für rund sieben Jahrhunderte vor allem im byzantinischen Bereich die Grundlage des Währungssystems. Nur in beschränktem Volumen wurde dagegen eine neue Silbereinheit, die *Siliqua,* ausgeprägt, die $^1/_{24}$ des Solidus entsprach. Massenhaft sind auch weiterhin die anfangs mit schwachem Silbersud überzogenen, kupfernen Alltagsmünzen ausgestoßen worden. Doch die große Chance, die einerseits die Behauptung des *Solidus,* andererseits die großen Konfiskationen von Tempelbesitz und Liciniusbeute boten, wurde vertan. Zwar wurde der Zug zur Naturalwirtschaft verzögert, Silber- und Kupferprägung wurden jedoch nicht stabil gehalten. Schon gegen

Ende der Regierungszeit Konstantins d. Gr. ging das römische Geldwesen neuen Krisen entgegen.

Die wohl schwerwiegendste und folgenreichste innenpolitische Entscheidung Konstantins d. Gr. liegt auf anderem Gebiet. Wie Diokletian so hat auch er sich in Rom nicht heimisch gefühlt. Als er dort im Jahre 326 n. Chr. sein zwanzigjähriges Regierungsjubiläum festlich beging und sich dabei weigerte, an dem feierlichen Zug zum Kapitol teilzunehmen und den alten Göttern der Stadt und des Staates zu danken, löste sein Verhalten bei Senat und Bevölkerung eine schwere Mißstimmung aus. Nach Zosimos hätte Konstantin daraufhin beschlossen, eine eigene Hauptstadt anzulegen. Am 11. Mai 330 n. Chr. wurde diese neue, aus dem alten Byzanz und der Stadtanlage des Septimius Severus erwachsene Konstantinsstadt, Konstantinopel, eingeweiht.

J. Burckhardt bezeichnete die Schaffung der neuen Hauptstadt zu Recht als „den bewußtesten und absichtlichsten Akt" der Regierung Konstantins. Nach ihm war die Anlage erfolgt, weil der Kaiser eine „voraussetzungslose Residenz und Einwohnerschaft suchte, die ihm alles verdankte, sich nur auf ihn bezog und so für vieles Neue in Staat und Gesellschaft den Mittelpunkt und das Gefäß abgeben konnte". Noch weiter aber war einst bei der Beurteilung dieses Schrittes Voltaire gegangen, dem es so schien, als habe Konstantin damit „den Westen dem Osten geopfert" (Essai sur les mœurs ... Ed. R. Pomeau. I. 1963, 299).

Wie häufig in der Spätantike hatten auch im Falle Konstantinopels die benachbarten Städte und Provinzen die Materialien und Elemente für die architektonische und künstlerische Ausgestaltung der neuen Metropole zu liefern. Dazu wurden in brutalster Form Denkmäler abgebrochen und versetzt, Tempel und Heiligtümer ausgeplündert, Metall eingeschmolzen, wo immer man es fand. Aus solch fremder Substanz wuchsen in Konstantinopel neue, große Komplexe kaiserlicher Repräsentation empor, der Kaiserpalast in der Nähe des Marmarameeres, das runde Konstantinsforum im Westen der Stadt, in dessen Mitte sich auf einer hohen Porphyrsäule die teilweise vergoldete Bronzestatue Konstantins mit der Strahlenkrone erhob, eine Säule, in deren Grundstein christliche Reliquien eingefügt waren, und schließlich bei der Apostelkirche das Mausoleum der konstantinischen Dynastie. Von Konstantins Initiative profitierte indessen nicht nur das Christentum. Zwar wurde jetzt die Irenenkirche erweitert, mit dem Bau der Hagia Sophia begonnen, doch an dem alten, nun in *Augusteion* umbenannten, architektonischen Zentrum der Stadt sind gleichzeitig neue Tempelanlagen für Rhea, die Schutzgöttin, und für die Tyche Roms errichtet worden.

Rein äußerlich wurde Konstantinopel in vielfacher Hinsicht bewußt als Kopie Roms organisiert. Auch hier ließen sich wie in Rom sieben Hügel unterscheiden und 14 Regionen einrichten. Auch Konstantinopel wurde aus der normalen Provinzial- und Dioezeseneinteilung herausgenommen, die Einwohner der Stadt wurden ebenfalls durch kostenlose Getreideversorgung privilegiert, der Stadtrat wurde schließlich unter Constantius II. in einen Senat umgewandelt, der höchste Beamte der Stadt 359 n. Chr. in den Rang des römischen *praefectus urbi* erhoben. Durch Gunst und Pression sind daneben insbesondere vornehme Angehörige der Führungsschicht nach Konstantinopel gelockt oder faktisch dorthin gezwungen worden. Die Pächter kaiserlicher Domänen hatten in Zukunft den Besitz eines Hauses in der Stadt nachzuweisen, die zudem durch eine große Bibliothek und den späteren Aufbau der Universität auch für alle Gebildeten attraktiv werden sollte.

Mit der Anlage Konstantinopels verlor Rom bald endgültig seine bisherige Funktion als permanente Kaiserresidenz und als einziges Regierungszentrum des gesamten *Imperiums.* Kaiser hielten sich künftig nur noch für kürzere Zeiträume in der Stadt auf. Als der Konstantinssohn Constantius II. im Jahre 356 n. Chr. Rom besuchte, kam er in eine für ihn fremde Welt. Selbst die Herrscher der westlichen Reichshälfte haben sich in der Folgezeit nicht Rom, sondern Mailand oder dann Ravenna als Residenz gewählt, die für das Gesamtreich entscheidenden Kaiser wie Constantius II. (337–361 n. Chr.), Julian Apostata (361–363), Theodosius d. Gr. (379–395), Theodosius II. (408–450), Leo I. (457–474), Anastasius I. (491–518) und Justinian I. (527–565) haben nicht mehr in Rom gewirkt. So wurden erst mit der Entfaltung Konstantinopels die Konsequenzen der diokletianisch-konstantinischen Neuordnung für Rom selbst sichtbar, Rom mehr und mehr nur noch zum Hort einer großen politischen Tradition, während im Osten der Gegenpol der neuen Hauptstadt langfristig die Verselbständigung der östlichen Reichshälfte einleitete. Mit den Traditionen der alten römischen Republik aber hatten die *Romaioi* des Ostens nichts mehr zu schaffen.

c) Sozial- und Wirtschaftsstruktur der Spätantike

Die gesellschaftliche und wirtschaftliche Gesamtentwicklung der Spätantike wird durch die Kontinuität, die volle Entfaltung und die Erhärtung jener Faktoren gekennzeichnet, die sich während der Krise des 3. Jahrhunderts n. Chr. ausgebildet hatten. Die Konsolidierung der Macht des Großgrundbesitzes, die Ausweitung der Senatsaristokratie, die nun wieder die Mehrzahl der sozialen Aufsteiger des neuen Systems in sich aufnahm, die Aufblähung der kaiserlichen Bürokratie und der Einsatz von Nichtrömern in militärischen Kommandostellen zu Lasten des alten Ritterstandes, die weitere Überforderung und schließlich die Vernichtung der jetzt zumeist als *curiales* bezeichneten Angehörigen der städtischen Führungsschicht, die Ausbreitung des Kolonats in weiteren Regionen, die Verelendung großer Teile der einst rechtlich freien, jetzt durch immer neue Zwänge abhängigen und gebundenen Bevölkerung, der anhaltende Rückgang der Sklaverei und schließlich der wachsende Anteil von Nichtrömern innerhalb der römischen Armee sind erste Kennzeichen der veränderten gesellschaftlichen Struktur.

Rein äußerlich betrachtet läßt sich noch immer die Kontinuität von drei sozialen Hauptgruppen innerhalb des *Imperiums* begründen, wenn man die *curiales* als Mittelstand einordnet. Doch entscheidend sind solche Relikte der alten Struktur nicht, entscheidend ist die Polarisierung zwischen dem konzentrierten Reichtum und der Macht privilegierter Würdenträger auf der einen, den verelendeten Massen auf der andern Seite, die Polarisierung zwischen den *potentes* oder *honestiores* hier, den *tenuiores* oder *plebei* dort. Jetzt erst kam es zu einer Dichotomie der Gesellschaft des *Imperiums,* die bezeichnenderweise ebenso zur vollen „Entkommunalisierung" (Max Weber) des Großgrundbesitzes in nahezu feudale Formen wie zur völligen Abwendung breiter Kreise der Bevölkerung vom römischen Zwangsstaat der Spätantike führte.

Die Identifizierung des Einzelnen mit diesem System war nur noch bei Teilen der Führungsschicht gegeben; wie zahlreiche Gesetze lehren, flohen die Stadträte aus ihren Würden und *munera* ebenso häufig wie die Kolonen aus ihren Verpflichtungen. Der römische Staat versuchte verzweifelt, die Zwangsordnung von Gesellschaft und Wirtschaft zu konservieren, die nur dann in seinem Interesse effektiv war, wenn sie statisch blieb. Dabei gehört es zu den Paradoxien der Spätantike, daß dieser Staat, der über lange Perioden hinweg seine elementarsten Aufgaben nicht mehr erfüllen konnte, gleichzeitig seine Anforderungen immer höher trieb und nicht nur den Kaiser sondern auch dessen Funktionäre und Würdenträger in beispielloser Weise überhöhte, indem er die glänzende Fassade der Repräsentanz dieses Systems immer kunstvoller ausgestaltete.

Innerhalb der römischen Führungsschicht ist vor allem eine auffallende Gewichtsverlagerung zum Senat festzustellen, während der Aufstieg der Militärs und des Ritterstandes, jene Entwicklung, die das 3. Jahrhundert n. Chr. geprägt hatte, vor allem durch Konstantin d. Gr. aufgefangen wurde. Unter ihm sind die Ritter der höheren Positionen in den Senatorenstand eingewiesen worden, der zahlenmäßig jetzt beträchtlich erweitert wurde. Nominell gehörten dem römischen Senat im 4. Jahrhundert etwa 2000 Mitglieder an, dazu trat der Senat von Konstantinopel in gleicher Größenordnung. Faktisch genügte jedoch bereits die Anwesenheit von 50 Senatoren, um das Gremium beschlußfähig zu machen, ein Zeichen dafür, wie gering die politische und militärische Kompetenz der Korporation inzwischen geworden war.

Die alte Rangordnung der Senatoren, die sich an ihrem *cursus honorum* orientiert hatte (Censorier, Konsulare, Prätorier) wurde durch die, von Valentinian I. im Jahre 372 n. Chr. endgültig fixierten, neuen Ranggruppen der *viri illustres, spectabiles* und *clarissimi* ersetzt, die in der Spätantike titular genannt wurden. Größere Bedeutung kam indessen nur noch wenigen, von Männern senatorischen Rangs bekleideten Positionen in der Administration, der Hofbürokratie und im Heerwesen zu. Im Verwaltungssektor gehörten zu diesen Spitzenstellungen die Ämter der Stadtpräfekten von Rom und Konstantinopel, diejenigen der Praetorianerpräfekten sowie die Positionen der Statthalter (Prokonsuln) von *Asia, Africa* und *Achaia,* im Hofdienst die Ämter des Kanzlers *(magister officiorum),* des Kanzleichefs *(quaestor sacri palatii),* des Vorstehers sämtlicher Sekretäre *(primicerius notariorum),* der Leiter der großen Finanzkassen *(comes sacrarum largitionum, comes rei privatae),* in der Armee die Heermeister.

Für Rom selbst war, wie gesagt, die einzige, tatsächlich noch einflußreiche senatorische Position diejenige des Stadtpräfekten, nicht zuletzt deswegen, weil die Kaiser so selten anwesend waren, der Stadtpräfekt damit zum höchsten staatlichen Würdenträger in der Stadt überhaupt wurde. Zu seinen Aufgaben zählten allgemein die Gewährleistung von Ruhe und Ordnung in der Stadt, die Sicherung der Verpflegung der hauptstädtischen Bevölkerung sowie die Jurisdiktion in Rom wie in der näheren Umgebung.

Ungeachtet aller Unterschiede von Geburt und Herkunft hatte zur Zeit der Republik und des Principats eine typische senatorische Laufbahn bestanden, die – mit geringen Modifikationen – für den Patricier ebenso galt wie für den *homo novus.* Die Integration neuer Kräfte in die Führungsschicht war in der Regel in einem längeren Prozeß mit verschiedenen Etappen erfolgt. Dies änderte sich in der Spätantike grundlegend, denn jetzt stiegen die neuen Männer häufig in einem Zuge aus den Unterschichten oder aus fremden Völkern selbst zu den höchsten senatorischen Rangstufen empor. Militärische Kompetenz oder die Verfügung über militärisches Potential waren dafür ebenso ausschlaggebend wie Bewährung und Loyalität in Administration oder Hofdienst, in erstaunlichem Ausmaß jedoch auch die Qualifikation der Bildung. In Mentalität, Interessen und Lebensstil aber verband die Angehörigen einer alten stadtrömischen Adelsfamilie oft nur noch sehr wenig mit dem Höfling oder dem germanischen Heermeister.

Für den Senator der Spätantike war nicht mehr in erster Linie die Mitwirkung in der Korporation maßgebend, sondern vor allem die mit der Aufnahme in den Stand verbundenen Privilegien. Von den allgemeinen Steuern waren die Senatoren befreit, sie hatten jedoch neben einer Grundbesitzsteuer *(collatio glebalis)* wiederholt Sonderabgaben *(aurum oblaticium)* zu erbringen. Noch immer lagen auch die Kosten für die Durchführung der großen Spiele zu einem beträchtlichen Teil auf ihren Schultern. Sie genossen dafür aber auch das Vorrecht einer ihrer Rangklasse entsprechenden Sondergerichtsbarkeit; in der Regel wurden schimpfliche und ehrenrührige Strafen, auch die Folterung, bei ihnen nicht angewandt.

Die Zunahme der Gesamtzahl der Senatoren ließ die Bedeutung gemeinsamer regionaler Provenienz und Verbindungen beträchtlich anwachsen. Eine erste Regionalisierung des Senatorenstandes ergab sich dabei durch die Zuordnung an die Gremien von Rom oder Konstantinopel. Während im Senat von Konstantinopel besonders viele Günstlinge des Herrschers, Funktionäre und soziale Aufsteiger, selbst aus dem Handwerk der Stadt, vereinigt waren, gaben im römischen Senat noch immer Angehörige der großen alten Familien, Grundbesitzer, aber auch Gruppen von hochgebildeten Senatoren den Ton an. Angehörige des alten Glaubens waren in Rom in größerer Zahl und längere Zeit vertreten als in Konstantinopel. Das Christentum, nicht nur als Anpassungsreligion, sondern als konsequente Glaubensüberzeugung, drang nur sehr langsam in die römische Aristokratie ein. Eine überzeugte reiche Christin aus senatorischer Familie wie die jüngere Melania opferte ihren über den ganzen Westen des *Imperiums* weitverzweigten Besitz der Kirche.

Zu den Unterschieden zwischen Ost und West traten weitere Untergliederungen. Die in Spanien, Gallien oder Nordafrika beheimateten Senatoren schlossen sich ihrerseits zusammen, in einzelnen Fällen haben sie, wie zum Beispiel die gallischen Senatoren, auch eigene Kandidaten für das Kaisertum durchgesetzt. Andererseits zeigt die stadtrömische Gruppe um Symmachus, wie tief verankert auch die römische Tradition innerhalb dieser Führungsschicht noch immer war.

Im römischen Senat bildeten noch immer die reichen Großgrundbesitzer die wirtschaftlich wichtigste Gruppe des ganzen Standes. Infolge der Konstanz ihres naturalwirtschaftlichen Einkommens konnten sie ihre Güter noch erweitern und ihren Besitz vergrößern. Die Streuung des Eigentums wurde in der Regel beibehalten. So gehörten zum Beispiel der Familie des Q. Aurelius Symmachus drei Stadthäuser in Rom selbst, zwölf Villen in Roms näherer und weiterer Umgebung von Latium bis zum Golf von Neapel, ferner aber auch größere Güter in Unteritalien, Sizilien und Nordafrika. Neben den traditionellen mittelgroßen Landgütern existierten jetzt in beträchtlicher Zahl Großgüter, die *fundi,* sowie geschlossene Territorien, die *massae.*

Aus den intensiv bewirtschafteten Gütern bezogen die reichen Familien Jahreseinkommen in immensen Höhen, die Familie der Valerii beispielsweise 120000 *Solidi,* andere Angehörige der Spitzengruppe 4000 Pfund Gold. Natürlich gab es daneben auch wesentlich kleinere Einkommen und nach wie vor eine sehr bescheidene Grundbesitzerkategorie, die unter Theodosius I. jährlich lediglich sieben *Solidi* Grundbesitzsteuer zu bezahlen hatte. Vorherrschend blieb indessen der Antagonismus zwischen provozierendem Reichtum der Großgrundbesitzergruppe und der grassierenden Armut in den Städten wie auf dem Lande.

Die hohen Vermögen wurden gelegentlich durch eine gnadenlose Ausbeutung der Kolonen erzielt, eine Ausbeutung, welche auch die Kirchenväter wiederholt gebrandmarkt haben:

„Wenn man nämlich untersucht, wie sie (die Grundbesitzer) mit den armen und elenden Landleuten verfahren, kommt man zu der Überzeugung, daß sie unmenschlicher sind als Barbaren. Den Leuten, die ihr Leben lang hungern und sich quälen müssen, legen sie fortwährend unerschwingliche Abgaben auf, bürden auf ihre Schultern mühsame Dienstleistungen und gebrauchen sie wie Esel und Maultiere, ja wie Steine, gestatten ihnen auch nicht die mindeste Erholung, und gleichviel, ob die Erde Erträgnis abwirft oder nicht, man saugt sie aus und kennt keine Nachsicht ihnen gegenüber. Gibt es etwas Erbarmenswerteres als diese Leute, wenn sie sich den ganzen Winter über abgeplagt haben, von Kälte, Regenwetter und Nachtwachen aufgerieben sind und nun mit leeren Händen dastehen, ja obendrein noch in Schulden stecken, wenn sie dann, mehr als vor Hunger und Mißerfolg, vor den Quälereien der Verwalter zittern und beben, vor den Vorladungen, dem Einsperren, der Rechenschaft, dem Eintreiben der Pacht, vor den unerbittlichen Forderungen? ... Von ihren Arbeiten, von ihrem Schweiße füllt man Speicher und Keller, ohne sie auch nur ein weniges mit heimnehmen zu lassen; man heimst vielmehr die ganze Ernte in die eigenen Truhen und wirft jenen ein Spottgeld als Lohn dafür hin. Ja, man ersinnt sogar neue Arten von Zinsen, wie sie nicht einmal die heidnischen Gesetze kennen, und schreibt Schuldbriefe, die von Fluchwürdigkeit strotzen. Nicht bloß den hundertsten Teil, sondern die Hälfte fordern sie, und zwar von Leuten, die Weib und Kind zu ernähren haben, die doch auch Menschen sind und die ihnen mit ihrer Hände Arbeit Speicher und Keller füllen." (Johannes Chrysostomus, Matthäuskommentar, 61. Homilie, 3 – Übertragung J. Baur)

Noch heterogener als der Senat waren die nicht-senatorischen Gruppen der spätantiken Oberschicht, zu denen man die Ritter, einen großen Teil des Offizierkorps und endlich die starke Gruppe höherer kaiserlicher Beamter, die *officiales*, rechnet. Der alte Ritterstand war durch die konstantinische Lösung erheblich beschnitten worden. Ihn formierte künftig nur noch die untere Schicht seiner ehemaligen Angehörigen, zugleich wurde er durch Beamte und Funktionäre der mittleren Ränge der kaiserlichen Bürokratie ergänzt. Mit der Dynamik und dem Glanz der früheren *equites* war es vorbei.

Privilegiert blieb die Lage des höheren Hof- und Reichsbeamtentums, das in zahllose Ämter, Würden und streng fixierte Stufen aufgesplittert war, wie jene der Offiziere. Durch hohe Besoldung bevorzugt, genossen auch diese Gruppen im Strafrecht eine Sonderbehandlung, vor allem verfügten sie über die besten Aufstiegsmöglichkeiten in noch höhere Ränge. So starr die Hierarchie der Beamtenschaft und des Offizierkorps der Spätantike auf den ersten Blick erscheinen, so war doch einzig in ihren Reihen noch immer eine echte soziale Mobilität möglich.

Am größten blieb die in der Spätantike häufig zu beobachtende Diskrepanz zwischen sozialem Rang und Existenz bei den Angehörigen der alten Municipalaristokratie, den Kurialen. Hier pflegte man jetzt zwischen einer kleineren Gruppe der vermögendsten und einflußreichsten Stadträte, den *principales*, und dem Gros der *curiales* zu unterscheiden; überfordert wurden die Mitglieder beider Gruppen. Angesichts der permanenten, umfassenden Leistungszwänge, unter die der spätantike Staat die Stadträte setzte, ist es nicht erstaunlich, daß sich die Kurialen dem zu entziehen versuchten, und auch nicht, daß es beispielsweise nach einem Edikt der Kaiser Theodosius II. und Valentinian III. vom Jahre 429 n. Chr. kaum mehr einen einzigen geeigneten Stadtrat in den Kurien der Provinz *Africa proconsularis* gab, sondern erstaunlich ist, daß sich wenigstens Relikte dieser Gruppen überhaupt so lange hielten.

Faktisch war der Status des Kurialen schon seit konstantinischer Zeit erblich. Doch nicht einmal damit ließ sich die Schicht konservieren, bereits in jener Zeit wurde in den Städten auch auf vermögende *incolae* und reiche, fremde Landbesitzer zurückgegriffen, um die schütteren Reihen zu füllen. Selbst Karthago verfügte schon im Jahre 339 n. Chr. nicht mehr über eine komplette Kurie; zur Zeit des Libanios, im zweiten Drittel des 4. Jahrhunderts n. Chr., war auch der Stadtrat von Antiochia, der Metropole des Ostens, dezimiert. Ein Edikt des Jahres 445 n. Chr., das die Fiktion aufrecht erhielt, ein lediglich aus drei Mitgliedern bestehender Stadtrat wäre funktionsfähig, führte die Institution vollends ad absurdum.

Der Ruin der Stadträte folgte vor allem daraus, daß sie mit ihrem Vermögen persönlich für die städtischen Finanzen, alle Schulden der Stadt, den Einzug der *capitatio-iugatio* sowie aller Sonderabgaben haftbar waren. Dazu kamen noch immer die alten, schon unter dem Principat üblichen Verpflichtungen: die Mitfinanzierung von Spielen, Bauten, Sozialleistungen, die Sicherung von Ruhe und Ordnung, Verteidigung und Versorgung der Stadt. Während ein *curator* als Staatsbeauftragter die Effektivität der städtischen Verwaltung und die Solidität der Finanzen kontrollierte, ein *defensor plebis* seit Valentinian I. in allen Städten wenigstens theoretisch die Rechte der Unterschichten sicherte, waren die Kurialen nahezu schutzlos.

Freizügigkeit gab es für sie nicht mehr. Die Kurialen durften ohne die Genehmigung des zuständigen Provinzialstatthalters weder ihre Gemeinde verlassen noch ihren Besitz verkaufen. Ihre Aufenthaltspflicht in der Stadt wurde streng überwacht, das Vermögen eines Kurialen, der länger als fünf Jahre abwesend war, eingezogen. So wurde die Aufnahme in das Album der Stadträte gelegentlich ganz offen als Strafe dekretiert. Mochten die Kurialen im Heer, im Klerus oder als Einsiedler untertauchen, die spätantike Gesetzgebung ist voll von Erlassen, welche die Flucht der Kurialen zu verhindern oder ihre Rückführung durchzusetzen suchten. Nach einem drastischen Wort Max Webers jagten die Gemeinden der Spätantike „hinter ihren entlaufenen Stadträten her ebenso wie etwa hinter einem entlaufenen Gemeindebullen“ (Soziologie, Weltgeschichtliche Analysen, Politik. Hrsg. von J. Winckelmann. 1968^4, 16f.). Zumeist vergebens: von 100 aus Antiochia gegen Ende des 4. Jahrhunderts n. Chr. entflohenen Stadträten wurden lediglich drei gefaßt.

Die antike Überlieferung hat stets die Lage der unteren Schichten der Bevölkerung vernachlässigt und sich im römischen Bereich überwiegend auf die Geschichte der Führungsschicht sowie der *principes* und deren

Familien konzentriert. Dies gilt für die Spätantike in besonderem Maße, und hier kommt noch hinzu, daß auch die archäologischen und epigraphischen Zeugnisse jener Gruppe der einfachen Leute, die in früheren Jahrhunderten wenigstens einen gewissen Ersatz bieten, jetzt nur in bescheidenem Umfang vorliegen oder bisher nicht systematisch ausgewertet sind. Historiker wie Kirchenväter der Spätantike zeichnen jedoch übereinstimmend ein sehr düsteres Bild von der Lage des einfachen Mannes in jener Epoche, und selbst wenn man die rhetorischen oder religiösen Effekte und Motivationen der Autoren in Rechnung stellt, läßt sich an der Realität einer umfassenden Verarmung und Verelendung der breiten Massen der Bevölkerung nicht zweifeln. Es war dabei nicht so, daß etwa in den von germanischen oder hunnischen Einfällen verschonten Landstrichen Inseln der Geborgenheit und eines bescheidenen Wohlstandes bestehen blieben. Vielmehr lastete gerade auf solchen Räumen der staatliche Steuer- und Abgabendruck um so härter, je kleiner das von der römischen Zentralverwaltung kontrollierte Gebiet wurde.

Es ist überraschend, daß die permanente staatliche Belastung, die, wenn immer möglich, von den Gutsbesitzern, Kurialen und den Inhabern der kleinen Handwerksbetriebe auf die untersten Gruppen der Gesellschaft weitergegeben wurde, nicht zu einer völligen Nivellierung ihrer personenrechtlichen und sozialen Stellung führte. Die herkömmliche Polarisierung der spätantiken Gesellschaft in *honestiores* und *humiliores* trifft zwar im großen ganzen zu, ist jedoch in diesem Zusammenhang zu pauschal. Nach wie vor zählten zu den Unterschichten freie Handwerker und Kleineigentümer mit bescheidenem Grundbesitz, freie Landarbeiter, die Kolonen, die nun mehr und mehr an die Scholle gebunden wurden *(glebae adscripti)*, in relativ geringem Umfang Freigelassene und in regional sehr verschiedenem Ausmaß auch immer noch Sklaven. Auf einem Großgut der jüngeren Melania in der Nähe Roms waren die Sklaven in über zwanzig Wohnkomplexen mit Verbänden von jeweils etwa 400 Personen zusammengefaßt – andererseits gibt es eine ganze Reihe östlicher Provinzen, aus denen im Agrarsektor Sklaven in der Spätantike überhaupt nicht mehr bezeugt sind. In größerer Zahl fungierten sie aber auch immer noch in der städtischen Dienstleistung und im Handwerk.

Dazu traten jetzt neue Gruppen: die Mönche und Einsiedler, – im Osten hatten bereits Zehntausende diese neue Lebensform ergriffen –, Entwurzelte und Flüchtlinge, die in den Invasionen oder unter zwangsstaatlichen Maßnahmen ihre Existenz verloren hatten, Gruppen meist germanischer Gefangener, die in einer sklavenähnlichen Rechtsstellung, als *tributarii*, den Großgrundbesitzern als Arbeitskräfte zugewiesen wurden, schließlich andere „Barbaren“, Personen, die in einer im einzelnen je nach Kräfteverhältnis und militärischer Lage sehr verschiedenen Vertragsform und Rechtsstellung als Verbündete auf dem Reichsterritorium siedelten *(foederati, laeti)*. So gering oft bei den zuletzt genannten Gruppen die Anerkennung römischer Autorität und Souveränität war, die Fiktion der Abhängigkeit wurde von römischer Seite aus nie aufgegeben.

Die Unterschichten der spätrömischen Gesellschaft sind so mindestens ebenso differenziert wie die Führungsschichten, und sie blieben es bis zum Untergang des Weströmischen Reiches, wenn auch die römische Rechtsprechung einräumte, daß elementare Grenzen der personenrechtlichen Qualität, wie diejenige zwischen dem Kolonen und dem Sklaven, in der Wirklichkeit verwischt wurden. Die traditionelle Unterscheidung zwischen der *plebs urbana* und der *plebs rustica* wird zwar auch für die Spätantike meist aufrechterhalten, die Unterschiede in der Form der Existenz sind indessen für weite Teile des *Imperiums* nur noch graduell.

Der Niedergang der Städte war in der Spätantike durch äußere wie durch innere Faktoren bedingt. Denn zu Ausplünderungen und fiskalischem Druck kam der Verlust der alten Marktfunktionen. Die Eigenversorgung der großen Güter machte sich hierbei langfristig weit stärker bemerkbar als die Entstehung von staatlichen Manufakturen für Waffen, Uniformen und Repräsentationsbedarf, *fabricae,* in denen neben zwangsverpflichteten freien Arbeitern auch Staatssklaven beschäftigt waren, Produktionsstätten, von denen es im Westen des Reiches nur 20, im Osten 15 gab. Zum kontinuierlichen Rückgang des Absatzes an die Gutsherren und an die Landbevölkerung trat gleichzeitig das Schrumpfen des innerstädtischen Bedarfs. Von Kaufkraft konnte bei den Massen der verelendeten Stadtbevölkerung keine Rede mehr sein.

Im Prinzip blieben die traditionellen Formen der handwerklichen Produktion bestehen. Bezeichnend für Bedarf wie für Sozialstruktur ist dabei jedoch die qualitative Aufspaltung der Produktion. Während für den „gehobenen Bedarf" staatlicher Repräsentation und für die Ansprüche der Führungsschicht von Spezialisten und Kunsthandwerkern (Mosaikhersteller, Bildhauer, Maler, Gold- und Silberschmiede, Textilbearbeiter und Weber) noch immer Erzeugnisse höchster Qualität hergestellt wurden, sank das Niveau der Produkte für den allgemeinen Bedarf, zum Beispiel in der Keramik, sichtbar ab. Es besagt wenig, daß sich in den großen Metropolen, wie Antiochia, noch immer stark spezialisierte handwerkliche Kleinbetriebe hielten, aufs Ganze gesehen ist das Verkümmern der städtischen Produktion und des städtischen Handels evident.

Gewiß gab es während dieses Niedergangs, vor allem während des 4. Jahrhunderts n. Chr., in der Zeit Konstantins d. Gr. und Valentinians I. (364–375), Phasen der Erholung und der Stabilisierung. Aber selbst in jenen Dezennien konnte der spätantike Staat auf die Regulierung der Schlüsselberufe nicht verzichten. Waren zuerst lediglich Bäcker und Schiffer zwangsweise in ihre Berufe gebunden und in Berufskorporationen zusammengeschlossen, deren Effektivität für den Staat von größter Bedeutung war, so weitete sich der Kreis der betroffenen Berufe schließlich ebenso aus wie die Intensität des staatlichen Drucks. Bei Bäckern und den

Angehörigen des Seetransportwesens wurde die Berufszugehörigkeit schließlich erblich, selbst der Eintritt in die Armee oder in kirchliche Funktionen untersagt.

Es hatte faktisch wenig zu bedeuten, daß die Angehörigen der *plebs urbana* von der *capitatio* befreit waren und stattdessen, bei entsprechendem Besitz, eine in Intervallen von fünf Jahren zu entrichtende Vermögenssteuer zu bezahlen hatten. Da sie jederzeit auch zu Arbeitsleistungen herangezogen werden konnten, hörte der staatliche Druck auch bei ihnen nie auf. Staatliche, private und kirchliche Sozialleistungen konnten die allgemeine Verarmung wohl lindern, aber nicht beheben. Wenn es wiederholt zu „Hungerrevolten" in Rom kam, so spricht dies ebenso für den Niedergang des römischen Städtewesens wie die Apathie und Resignation, mit denen große Teile der Bevölkerung dem Nahen der „Barbaren" entgegensahen.

Was der Steuerdruck des Staates und die Korruption seiner Beamten und Richter für den Alltag bedeuteten, hat Gregor von Nazianz im 4. Jahrhundert n. Chr. für den Osten des Reichs beschrieben, die Verhältnisse im Westen dürften kaum anders gewesen sein:

„Dein klein Vermögen dann zu wahren, welche Plagen!
Du mußt des Kaisers Last auf wunden Schultern tragen,
anhören unbewegt des Steuerboten Schreien.
Fürwahr die Steuer macht zum Sklaven heut den Freien,
sie haftet am Besitz, aufsässig wie die Rache,
sie jagt ihm rastlos nach, sie knebelt ihm die Sprache.
Dann heißt es durchs Gewühl des lauten Markts sich zwängen,
sich zum erhabnen Sitz des irdischen Richters drängen,
heißts zappeln in dem Netz der vielverschlungenen Rechte.
Im Vorteil ist darin vorm Braven stets der Schlechte.
Zwar beidseits käuflich sind die das Gesetz behüten,
doch Recht bekommt der Schuft, denn er hat mehr zu bieten.
In solcher Umwelt müßt ein wackrer Mann verkommen,
riß Gottes Beistand nicht zum Sumpf heraus den Frommen.
Kopfüber flieh, gib preis dem Bösewicht die Beute,
sonst mußt du noch gemein dich machen mit der Meute."
(Gregor von Nazianz, 980ff. – Übertragung von B. Wyss)

Auf dem Lande stellten die bereits erwähnte Verselbständigung der großen Güter und die weitere Verbreitung des Kolonats (in *Illyricum* und Palästina erst in der zweiten Hälfte des 4. Jahrhunderts n. Chr.) die wichtigsten Entwicklungen im sozio-ökonomischen Bereich dar. Dabei nahm auch hier die Abhängigkeit zu, wobei sich von allen Gruppen der *plebs rustica* die Lage der Kolonen am deutlichsten verschlechterte. Die sich über Jahrzehnte erstreckenden Aufstände der Circumcellionen in Nordafrika, wandernder Saisonarbeiter, die zur Erntezeit auf den großen numidischen Latifundien eingesetzt waren, und diejenigen der Bagauden, Bauern und Hirten der verschiedensten rechtlichen Stellung, in Gallien und Nordspanien (die Höhepunkte dieser Bewegung lagen am Ende des 3. Jahrhunderts, dann zwischen 407 und 414, vor allem jedoch im zweiten Drittel des 5. Jahrhunderts n. Chr.) dokumentieren, daß es selbst durch massivsten Druck nicht mehr gelang, die ländlichen Unterschichten zu beschwichtigen.

Allein zu einer sozialen Revolution führten auch diese Aufstände nicht, die Entwicklung der Spätantike wird weder durch einen Klassenkampf zwischen Sklaven und Sklavenhaltern noch durch eine Einheitsfront von Sklaven, Kolonen und Barbaren gegen den römischen Staat und dessen Führungsschicht geprägt. Das ist gegen Auffassungen zu sagen, wie sie seit einer beiläufigen Bemerkung Stalins im Jahre 1933 in der marxistischen Geschichtswissenschaft lange Zeit vertreten wurden. Demgegenüber hatte schon Friedrich Engels mit großem Nachdruck den Zusammenhang zwischen der sozio-ökonomischen Entwicklung und den militärischen Vorgängen betont. Erst „die Deutschen", das heißt die Germanen, haben nach ihm „eine an verendender Zivilisation laborierende Welt" verjüngt, es kam mit anderen Worten erst durch die Germaneneinfälle und durch die Verbindung der germanischen Heeresverfassung mit den Produktionsverhältnissen der von den Germanen besetzten Gebiete zur Durchsetzung der feudalen Struktur.

Für diesen Prozeß aber bildete die Eigenart des spätantiken agrarischen Großbetriebs die wichtigste wirtschaftliche und soziale Zelle sowie die wichtigste Voraussetzung: „Denn es ist offenbar, daß wir in dieser spätkaiserlichen Grundherrschaft mit dem Nebeneinanderstehen der beiden Kategorien fronpflichtiger Bauern: unfreier *(servi)* mit ungemessener Dienstpflicht und persönlich freier *(coloni, tributarii)* mit fest bestimmten Leistungen in Geld, Naturalabgaben, später mehr und mehr auch Naturalquoten, und daneben – nicht immer, aber regelmäßig – festen Fronpflichten, bereits den Typus des mittelalterlichen Fronhofs vor uns haben." (Max Weber, a. a. O., 17)

Der Ausbau der großen Güter zu weitgehend unabhängigen Wirtschaftszellen, wie sie der römische Agrarschriftsteller Palladius im 4. Jahrhundert n. Chr. ausdrücklich empfahl, in denen bereits alle erforderlichen Werkstätten konzentriert waren, ist in seinen Auswirkungen kaum zu überschätzen. Denn während ringsum die Ödlandflächen wuchsen, konnte hier ein relativ hoher Standard der Produktion gehalten werden. Die Eigentümer hatten längst ihren Wohnsitz in ihre Villen auf dem Lande verlegt und für dauernd beibehalten, ihr sozialer Rang behauptete sich und stieg noch an, während die staatliche Autorität schwand. Die Tatsache, daß allein die Großgrundbesitzer, die sich nicht nur die Gerichtsbarkeit in ihrem Territorium angemaßt hatten, sondern auch für ihren Bereich in staatlichem Auftrag Steuern einzogen, Rekruten oder Arbeitskräfte stellten, noch einen effektiven Schutz gewährleisten konnten, spiegelt sich am deutlichsten in der Ausbreitung des sog. *patrocinium* wider.

Schon im 4. Jahrhundert n. Chr. hatten sich im Nahen Osten, vor allem in Syrien und in Ägypten, bedrohte und gefährdete Freie, Bauern wie Handwerker, unter das *patrocinium* eines benachbarten Großgrundbesitzers oder auch eines einflußreichen Beamten begeben. Durch regelmäßige Natural- oder Geldleistungen verpflichteten sie diesen zu Schutz und Hilfe. In ähnlicher Weise wie bei der römischen Klientel handelte es sich somit auch hier um die Anerkennung wechselseitiger Bindungen, nur richtete sich die Institution der Spätantike eindeutig gegen den Staat. Sie breitete sich rasch in Illyrien wie im römischen Westen aus, alle Versuche, sie auf dem Rechtswege zu unterdrücken, mißlangen; im Jahre 415 n. Chr. mußte sie auch gesetzlich anerkannt werden. Damit war die Ausgliederung geschlossener Gutsbezirke aus dem direkten staatlichen Einflußbereich hingenommen und sanktioniert.

Auf dem Lande wie in den Städten werden so die schwerwiegenden gesellschaftlichen und politischen Folgen der „barbarischen" Invasionen, aber auch die Auswirkungen des spätantiken Zwangsstaates sichtbar. Beide Faktoren zusammen führten zu einem komplexen Desintegrationsprozeß, der durch die Ausbildung geschlossener germanischer Reiche auf dem römischen Territorium ebenso forciert wurde wie durch die Verselbständigung des Großgrundbesitzes und durch die Ausweitung der Institution des *patrocinium*. Gleichzeitig, und dies lag in der Struktur des spätantiken Staates begründet, kam es zur Isolierung des Staates von der Gesellschaft, eines Staates, der sich zwar noch immer zur römischen Tradition bekannte, seinem Wesen nach jedoch längst nicht mehr römisch war. Die konsequente Verabsolutierung der staatlichen Ansprüche und die Isolierung des Kaisers wie des staatlichen Apparates führten bei den Bürgern zur Verweigerung der Identifikation mit diesem Staat, zum Ausbruch aus Zwängen und Überforderungen, zum Rückzug in religiös isolierte Formen der Existenz, zur Apolitie, selbst zur Flucht unter die Herrschaft der Barbaren:

> „Inzwischen werden die Armen verwüstet, die Witwen stöhnen, die Waisen werden erniedrigt, so sehr, daß viele von ihnen, und zwar Menschen, die keineswegs niedriger Herkunft und wohlgebildet sind, zu den Feinden fliehen, damit sie nicht unter der Demütigung der staatlichen Verfolgung bleiben, indem sie gleichsam bei den Barbaren römische Humanität suchen, da sie bei den Römern die barbarische Inhumanität nicht ertragen können." (Salvian, de gubernatione Dei V, 21)

4. Staat und Religion

Die Verbindungen zwischen Staat und Religion waren seit den Anfängen der römischen Geschichte eng und vielfältig. In der religiösen Verehrung der Göttin Roma, römischer Statthalter oder Befehlshaber, zuletzt auch des *princeps* und seines Hauses gab es auch in den römischen Provinzen Wege, politische Loyalität in kultischer Form zu dokumentieren. Doch niemals wurde in der Epoche des Principats die Teilnahme an solchen kultischen Akten erzwungen, die Toleranz des *Imperiums* gegenüber fremden Religionen wie gegenüber religionslosen Bürgern blieb lange Zeit vorherrschend.

Erst die Reichskrise des 3. Jahrhunderts n. Chr. hatte auch auf diesem Gebiet zu einer Wende der staatlichen Politik geführt. Die forcierte religiöse Restauration war ein zentrales Element der innenpolitischen Reaktion. Entschiedene Anhänger des alten Glaubens erzwangen jetzt religiöse Aktivität in den traditionell römischen Formen, betrachteten solche Aktivität als Test der politischen Gesinnung und der Identifikation mit dem bedrohten *Imperium*, verklammerten so Staat und Religion enger als jemals zuvor und schreckten auch nicht davor zurück, das aktive Praktizieren der kultischen Verehrung der Staatsgötter systematisch zu organisieren und zu kontrollieren sowie gegen alle jene Gewalt anzuwenden, die sich dem entzogen. Die neue Systematik der religiösen Restaurationsversuche und Loyalitätsakte vertiefte die Kluft zur monotheistischen Religion des Christentums, das sich inzwischen über das ganze Reich ausgebreitet hatte. Doch die systematische Unterdrückung stärkte das Christentum insgesamt, garantierte seine Einheit, weckte die Widerstandskraft der einzelnen Christen wie der christlichen Gemeinden.

Für Diokletian stellten Recht, Moral, Staatsgesinnung und Religion eine untrennbare Einheit dar. Ob in seinem Ehegesetz des Jahres 295 n. Chr., im Höchstpreisedikt oder in seinem Kampf gegen die Manichäer, stets war er von der Überzeugung erfüllt, daß die Pflege des alten Glaubens, die Verehrung der alten Götter und die Respektierung der alten Sitten und Gesetze Grundvoraussetzungen für die Behauptung des *Imperiums* seien. Ein neuer Konflikt mit dem Christentum war so unausbleiblich geworden, seit dem Jahre 299 n. Chr. kündigte sich ein radikales Vorgehen gegen diese Religion an, seit 303 n. Chr. begann dann eine systematische Verfolgung, in der sich insbesondere Galerius, der Caesar Diokletians, hervortat. Kleriker und schließlich alle Christen, die nicht den alten Göttern opferten, hatten die Todesstrafe oder Zwangsarbeit zu gewärtigen, christliche Angehörige der Führungsschicht verloren Rang und Würde, zahlreiche Martyrien, wie jenes der Thebaischen Legion, markieren die Brutalität der Gewaltakte. Aber obwohl auch christliche Kirchen zerstört, Schriften vernichtet, Gottesdienste verboten wurden, führte die Welle der Verfolgungen nicht zum Ziel.

Konstantins Weg zur Alleinherrschaft im ganzen römischen Reich, seine Sprengung der tetrarchischen Ordnung, seine Niederwerfung zuerst des Maxentius im Westen (312 n. Chr.), dann des Licinius im Osten (324 n. Chr.), war aus religionspolitischer Sicht zugleich der Weg zur endgültigen Anerkennung und schließlich zur Privilegierung des Christentums im *Imperium Romanum*. Persönliche Glaubensentscheidungen Konstantins, seine religiöse aber auch seine gesellschaftspolitische Einschätzung des

Christentums, insbesondere seine Beurteilung der Kirche, erhielten deshalb fraglos eine weltgeschichtliche Dimension.

Die politische Bedeutung der Religion war Konstantin d. Gr. gerade unter dem Eindruck von Diokletians System früh bewußt geworden. Dem System der Jovier- und Herkulierbeziehungen hat er sich nie völlig unterworfen, sondern schon bald eigene Akzente gesetzt. Wurde auf seinen Münzen zunächst Mars demonstrativ in den Vordergrund gerückt, so seit dem Jahre 310 n.Chr. *Sol invictus.* In diesem persönlich ausgewählten Schutzgott konnten verschiedene Vorstellungen aufgehen, der in Gallien stark verbreitete Apollo ebenso wie Aurelians Reichsgottheit oder der im Balkangebiet intensiv verehrte Sonnengott. Auf jeden Fall stellte sich Konstantin d. Gr. mit der Inanspruchnahme dieses Gottes demonstrativ außerhalb der tetrarchischen Götterhierarchie und sprach zugleich universale Ansprüche aus.

Aber ehe noch Konstantins historische Entscheidung für das Christentum vor der Schlacht an der Milvischen Brücke in seinem Kampf gegen Maxentius (312 n.Chr.) erfolgte, hatte sich die offizielle Religionspolitik des römischen Reiches gegenüber dem Christentum völlig verändert. Der schwer erkrankte Galerius, immer noch die Schlüsselfigur im politischen Geschehen der Zeit, zugleich der konsequenteste Verfechter der Konzeption Diokletians und damit auch der Christenverfolgungen, gestand in einem Toleranzedikt vom April des Jahres 311 n.Chr. das Scheitern der Verfolgungen ein.

Galerius verschwieg in diesem Edikt die Folgen der bisherigen Politik nicht. Er wies selbst auf die Tatsache hin, daß viele der Verfolgten jetzt weder ihren Gott noch die alten Götter des Staates anbeten würden. Deshalb sprach er offen die Tolerierung der christlichen Religion aus, allerdings unter der Voraussetzung, daß die Christen nichts gegen die öffentliche Ordnung unternehmen würden. Gleichzeitig rief er die bisher Verfolgten auf, für das Wohl des Kaisers, des Staates und für ihr eigenes zu beten. Nach einem Jahrzehnt systematischer Verfolgung, die gerade im Namen des Galerius besonders fanatisch durchgeführt worden war, änderte dieses Edikt die Stellung des römischen Staates zum Christentum diametral. Es brachte weit mehr als die Einstellung der aktiven staatlichen Repression, als Passivität oder Gleichgültigkeit, es brachte die Anerkennung des Christentums als *religio licita,* und es hat deshalb auch den Boden für die weitere Entwicklung bereitet.

Bei Konstantin selbst ist die entscheidende religiöse Wende mit der Kreuzesvision am Vorabend der Schlacht an der Milvischen Brücke gegen Maxentius verbunden. Aus der widerspruchsvollen Überlieferung, die die Vorgänge aus verschiedenen zeitlichen Brechungen berichtet, ergibt sich, daß Konstantin an die Offenbarung eines christlichen Symbols glaubte, daß er die Hilfe Christi als eines allmächtigen Gottes in Anspruch nahm und daß er das in der Vision geoffenbarte Zeichen tatsächlich gebrauchte, sei es, indem er es auf den Schilden seiner Truppen anbringen ließ, sei es, indem er sein Feldzeichen damit schmückte. Wie immer es um die Vorgänge im einzelnen bestellt ist, die Legende des „In diesem Zeichen wirst du siegen“ *(touto nika)* wurde zur geschichtlichen Macht.

Konstantin schrieb seinen Sieg über Maxentius dann auch der Hilfe Christi zu. Dies geht wohl am eindeutigsten daraus hervor, daß er eine auf dem Forum zu seinen Ehren errichtete Statue mit dem Kreuz versehen ließ, das eine Inschrift so erläuterte: „Durch dieses heilbringende Zeichen, den Beweis der wahren Kraft, habe ich eure Stadt vom Joch des Tyrannen (= Maxentius) befreit, auch Senat und Volk von Rom dem alten Glanz und Ruhm zurückgegeben.“ Aber im übrigen kam es zu keiner schlagartigen und umfassenden Propagierung christlicher Symbole und Bilder, sondern zu einem sehr behutsamen, alle Provokationen vermeidenden Vorgehen. In der Widmungsinschrift des Konstantinsbogens war nicht von der Hilfe Christi, sondern von der „Eingebung der Gottheit und der Geistesgröße“ des Herrschers *(instinctu divinitatis mentis magnitudine)* die Rede; auch in einer Trierer Preisrede auf Konstantin vom Jahre 313 n. Chr. wurde die den Kaiser leitende Gottheit nicht mit Namen genannt, sondern lediglich von *mens divina* und *divinitus* gesprochen.

Noch wichtiger sind die Aussagen der Münzprägung. Das früheste einwandfrei christliche Zeichen findet sich erst auf einem in Ticinum geprägten Silbermedaillon aus dem Jahre 315 n. Chr. Es zeigt am Federkamm des Kaiserhelms ein Christusmonogramm. 317/8 n. Chr. taucht das Monogramm dann auch auf Helmdarstellungen von Münzbildern der Münzstätte Siscia auf, seit 320 n. Chr. wird das christliche Feldzeichen abgebildet, 321/2 n. Chr. verschwinden die alten Götterdarstellungen einschließlich des so lange bevorzugten Sol aus den konstantinischen Münzbildern. Das Jahr 312 n. Chr. bringt hier somit keine radikale Änderung, die alten Götterbilder wurden im Gegenteil zunächst weiter ausgeprägt, christliche Symbole tauchten erst vereinzelt auf. Das Nebeneinander alter und neuer Vorstellungen ist für die erste Regierungshälfte Konstantins bezeichnend.

Im gleichen Maße, in dem Konstantin versuchte, christliche Religion und römisches Reich zusammenzuführen, wurde er selbst in die Konflikte der christlichen Gemeinschaften verstrickt. Denn nach dem Ende der Verfolgungen hatte es Konstantin nicht mit einer geschlossenen Kirche zu tun, sondern mit einer in sich selbst gespaltenen Glaubensgemeinschaft, die gerade in jenen Jahrzehnten durch große Auseinandersetzungen zerrissen wurde. Sowohl in den Donatistenstreit als auch in den durch die Namen des Arius und des Athanasius charakterisierten Dogmenstreit hat Konstantin wiederholt und nachhaltig eingegriffen.

Im Donatistenstreit ging es um die Frage der Behandlung der während der Verfolgungen kompromittierten nordafrikanischen Christen, auch um die persönliche Rivalität zwischen dem Bischof von Karthago Caecilian und dem Gegenbischof Donatus, der einen rigorosen und intoleranten

Kurs verfolgte. Mit dem innerkirchlichen Streit verquickten sich hier bald ethnische und soziale Auseinandersetzungen. Die Partei des Donatus hatte bei der einheimischen afrikanischen Bevölkerung Numidiens ihren stärksten Anhang gefunden, bei dem nicht-städtischen, berberischen und punischen Bevölkerungsteil, der jetzt gegen die römischen Großgrundbesitzer aufgewiegelt wurde und lange nicht mehr zur Ruhe kam.

Konstantin hat sich von Anfang an entschieden auf die Seite der Anhänger des Caecilianus gestellt; auf sie hat er den schon lange üblichen, doch nun mit einem besonderen Gehalt erfüllten Begriff der katholischen Kirche angewandt, ihnen allein erkannte er die Privilegien und finanziellen Unterstützungen zu, mit welchen er die christliche Kirche Afrikas bedachte. Vermittlungsversuche und Schiedssprüche, auch die Beschlüsse der Synode von Arles 314 n. Chr. fruchteten nichts, selbst mit Gewalt vermochte Konstantin die Einigung der nordafrikanischen Kirche nicht zu erzwingen. Je mehr sich Konstantin und seine Nachfolger in die Auseinandersetzung einmischten, desto tiefer ging die Ablehnung des Staates durch die Donatisten. Sie gipfelt in der berühmten Frage des Donatus „Was hat der Kaiser mit der Kirche zu schaffen?" Die sozialrevolutionäre Gruppe der sog. Circumcellionen, die donatistische Forderungen aufgriff, ließ diesen Konflikt jahrzehntelang nicht verlöschen.

Als in den Folgen für Reich und Kirche noch schwerwiegender sollte sich der arianische Dogmenstreit erweisen, in dem es um das Logosproblem, speziell um die Frage des Verhältnisses zwischen Gott Vater und Sohn ging. Während sich nach der alexandrinischen Theologie Gott Vater und Sohn faktisch nur dadurch unterschieden, daß der Sohn vom Vater gezeugt war, vertrat Arius die Auffassung, daß Gott Vater ein allumfassender, unendlich überlegener Gott sei, der Sohn dagegen in erster Linie sein Werkzeug zur Erlösung der Welt, in letzter Zuspitzung somit ein abgeleiteter oder erst gewordener Gott. Die Auseinandersetzung ergriff rasch den ganzen Ostteil des *Imperiums,* Konstantin wurde mit ihr nach seinem Sieg über Licinius konfrontiert.

Konstantins Verhalten in den großen kirchlichen Auseinandersetzungen hat teilweise etwas rührend Einfältiges an sich, und es zeigte sich bald, daß er den übernommenen Aufgaben als Schlichter in theologischen Fragen gar nicht gewachsen war. Die Kompromisse, die seine Autorität herbeiführte und deckte, wie die Lösung des Konzils von Nikaea, erwiesen sich nicht selten als verhängnisvoll. Seine eigenen Absichten hat er zu Beginn des Dogmenstreits in den Schreiben an die beiden Kontrahenten Arius und Alexander so umrissen:

„Zweifach war meine Absicht in den Dingen, deretwegen ich mein Amt angetreten habe; dafür nenne ich billigerweise den Helfer bei meinen Taten und Heiland, den Gott aller Dinge als Zeugen. Als erstes wollte ich das religiöse Streben aller Völker vereinheitlichen, als zweites den Leib des allen gemeinsamen Erdkreises, der gewissermaßen an schwerer Wunde litt, erquicken und verbinden. Das faßte ich ins

Auge und erwog das eine in dem geheimen Licht der Erkenntnis, das andere versuchte ich mit der Macht des gewappneten Armes durchzuführen. Dabei wußte ich, wenn es mir gelänge, unter allen Dienern Gottes nach meinen Gebeten die gemeinsame Eintracht herzustellen, so würde auch das Staatswesen durch die fromme Gesinnung aller sich glückhaft wandeln." (Übertragung H. Dörries)

Konstantins Ziel war die Einheit der christlichen Kirche und man kann sagen die Einheit um jeden Preis. Denn nur dann, wenn diese Kirche einig war, war sie nach Konstantins Überzeugung in der Lage, das Heil des Reichs und die Hilfe Gottes für dieses Reich zu garantieren. Dieses Ziel erklärt auch zu einem gewissen Grade die Inkonsequenz des Kaisers in den theologischen Auseinandersetzungen, erklärt, daß er die Fronten wechselte, führende Männer der Kirche heute erhöhte und morgen fallen ließ. Weil ihm die Einheit der Kirche und eine gemeinsame Basis ihres Glaubens über alles gingen, konnte er es mit Donatus vorübergehend ebenso halten wie mit Caecilian, mit Arius wie mit Alexander und Athanasius.

Diese Grundhaltung Konstantins ist wichtiger als die Fülle der Einzelmaßnahmen, mit denen er die christliche Kirche förderte, als die Nobilitierung der Bischöfe, die Restituierung des Besitzes der Kirche, die Anerkennung der Kleriker als Korporation, die offizielle Legalisierung der Schiedsgerichtsbarkeit der Bischöfe, die großzügigen Schenkungen und materiellen Hilfen. Es ist indessen nicht ohne Tragik, daß der römische Staat immer wieder zum Einsatz von Gewalt gezwungen wurde, um die Einheit des Glaubens zu erreichen und daß jene Einheit und Geschlossenheit von Staat und Kirche, wie sie Konstantin erstrebte, zu seinen Lebzeiten nicht, in anderer Form dann erst im Byzantinischen Reich verwirklicht werden konnte.

Der arianische Dogmenstreit hielt noch Generationen in seinem Bann. Die auf dem 1. oekoumenischen Konzil von Nikaea (325 n. Chr.) unter maßgebendem Einfluß Konstantins gewählte Kompromißformel für das Verhältnis zwischen Vater und Sohn, „wesenseins" *(homooúsios = consubstantialis)*, setzte sich nicht allgemein durch. Unter Constantius II. spalteten sich die Parteien noch weiter auf. Der radikale Flügel der Arianer versteifte sich jetzt auf den Begriff „wesensungleich" *(anómoios)*, der gemäßigte auf die Formel „gleichartig" *(homoioúsios)*, eine dritte Richtung entschied sich für den sowohl als „gleichartig" als auch als „ähnlich" interpretierbaren Begriff *hómoios*. Ihr schloß sich Constantius II. an und ließ diese Formel auf dem Konzil von Konstantinopel im Jahre 360 n. Chr. unter stärkstem Druck für verbindlich erklären. Allein zwanzig Jahre später erhielt der Konflikt eine neue Wendung, als Theodosius d. Gr. wieder auf die nikaenische Glaubensformel zurückgriff, die dann auch durch das oekoumenische Konzil von Konstantinopel (381 n. Chr.) allgemeine Geltung erhielt, freilich in der Gestalt, daß nun auch der heilige Geist in das Trinitätsdogma, das ganz in der Tradition von Nikaea stand, einbezogen war.

Der Dogmenstreit und die Auseinandersetzungen um die Formulierung des christlichen Glaubens waren keine Angelegenheit weniger philosophisch gebildeter Theologen, sondern eine Sache, die eine für den modernen Menschen kaum vorstellbar breite Resonanz in der Masse der Bevölkerung fand. Eine Predigt des Gregor von Nyssa schildert anschaulich das Ausmaß der Debatten in Konstantinopel:

„Denn alle Gegenden der Stadt sind von solchen Leuten erfüllt, die engen Gassen, die Märkte, die Plätze und die Wegkreuzungen: Leute, die mit Kleidern hökern, die an den Wechslertischen stehen, die uns die Lebensmittel verkaufen. Fragst du einen, wieviel Obolen es macht, so dogmatisiert er dir etwas vor über Gezeugtsein und Ungezeugtsein; fragst du nach dem Preise des Brotes, antwortet er dir: ‚Größer ist der Vater (als der Sohn), und der Sohn steht unter dem Vater'; fragst du: ‚Ist das Bad schon fertig?', so definiert er dir, der Sohn Gottes sei aus Nichtseiendem geschaffen. Ich weiß nicht, wie man dies Unwesen bezeichnen soll, als Gehirnentzündung oder Wahnsinn oder als ein ähnliches Übel, das im Volke umgeht, das die ‚Verkehrung' aller vernünftigen Überlegungen mit sich bringt." (Über die Göttlichkeit des Sohnes und des Hl. Geistes, Migne, PSG. 46, Sp. 557 – Übertragung W. Arend)

Der arianische Dogmenstreit hatte zwar in der östlichen Reichshälfte, im Raum zwischen Alexandria und Konstantinopel, sein Zentrum, er zog indessen schon früh auch den Westen des *Imperiums* in seinen Bann. Allerdings erreichte er dort nie jene Höhe subtiler theologischer Dialektik, die der Auseinandersetzung im Osten das Gepräge gab. Auch die massiven staatlichen Eingriffe in Glaubensfragen waren dem Westen fremd. Sie provozierten im Gegenteil den leidenschaftlichen Protest vieler Bischöfe, der schließlich in dem unbeirrbaren und autoritativen Vorgehen des Bischofs Ambrosius von Mailand gegen Valentinian II. und Theodosius d. Gr. gipfelte. Während im Westen die römischen Kaiser schon Ende des 4. Jahrhunderts n. Chr. kompromißlos zur Anerkennung der bischöflichen Kompetenz in allen Glaubensfragen gezwungen wurden, verwuchsen Staat und Kirche im Osten immer stärker zu einem caesaro-papistischen System.

Nach wie vor aber lagen die Brennpunkte des theologischen Lebens im Osten. Dort entfachte der sogenannte christologische Streit erneut leidenschaftliche Kämpfe, nachdem der Dogmenstreit um Arius kaum abgeklungen war. In dem neuen Konflikt ging es speziell um das Verständnis der Natur und des Wesens Christi. Die „Dyophysiten", die ihr Zentrum in Antiochia hatten, bekannten sich dabei zu der Auffassung, daß in Christus zwei Naturen unvermischt vereinigt seien, die „Monophysiten", deren Mittelpunkt wiederum Alexandria war, hielten dagegen daran fest, daß sich nicht nur der Mensch Christus, sondern der Gott-Logos selbst für die Erlösung der Welt opferte. Auch über dieser Frage kam es zu langwierigen und bitteren Konflikten, in deren Verlauf sich die Nestorianer von der katholischen Kirche trennten, bis das Konzil von Chalkedon im Jahre 451 n. Chr. die dyophysitische Auffassung bestätigte. Doch die Spaltung des östlichen Christentums blieb bestehen. Für viele Christen des Ostens war die dogmatische Konzeption zweier Naturen in Christus unverständlich. Ähnlich wie im Falle des Donatismus verbanden sich auch hier bald religiöse mit ethnischen Motivationen der Opposition. Kopten und Syrer vor allem hielten auch weiterhin an einer monophysitischen Glaubensvorstellung fest.

Seit dem Ende der Verfolgungen und dem Anschluß oft nur oberflächlich bekehrter Massen, die viele alte Überzeugungen in das Christentum einbrachten, wurde aus der Vielzahl kleiner christlicher Gemeinden die immer stärker hierarchisch strukturierte christliche Kirche. Erst allmählich, doch sehr konsequent konnten dabei die Bischöfe von Rom ihre Position ausbauen. Die Erhärtung der Nachfolge Petri, die Inanspruchnahme der obersten geistlichen Gerichtsbarkeit für das ganze Reich, die Durchsetzung des privilegierten Ranges durch das Konzil von Konstantinopel (381 n. Chr.) und die Ausformung der Dekretalen, der Sendschreiben, bildeten wesentliche Etappen und Instrumente für den Aufbau des Papsttums, das freilich in gleicher Weise auch durch die Persönlichkeiten der großen römischen Bischöfe, eines Damasus (366–384 n. Chr.) und Leo d. Gr. (440–461 n. Chr.), profiliert wurde.

Doch kennzeichnend für die Situation und die Entwicklung des spätantiken Christentums sind nicht nur der Ausbau der kirchlichen Organisation, die Errichtung von Basiliken und vielen kleineren Kirchen in allen Teilen des *Imperiums*, die Ausgestaltung von Liturgie und kirchlichem Leben oder die Fixierung des einheitlichen Glaubensbekenntnisses, sondern ebenso die Behauptung der Kirche als des wichtigsten Sozialinstituts im *Imperium*. Wenn die Kirche nun in immer größerem Ausmaß Vermächtnisse, Spenden und Schenkungen an sich zog, so vor allem deswegen, weil sie – und nicht der römische Staat – Witwen und Waisen, Kranke und Alte, Reisende und Vertriebene, kurz bedürftige Menschen jeder Art unterstützte und betreute. Während sich die wenigen, lokal begrenzten Ansätze einer aktiven staatlichen Sozialfürsorge als völlig unzulänglich erwiesen hatten und auch, wie das Beispiel der *alimentatio* zeigt, nicht mehr weiter ausgebaut wurden, schob sich die christliche Kirche immer stärker in diese Bresche. Um ihre Funktionen aber auch nur notdürftig auszufüllen, brauchte sie Mittel und Gelder in immer weiterem Umfang. Nur eine reiche Kirche konnte die Armut lindern.

Während einzelne Bischöfe bereits als „Hofbischöfe" amtierten, christliche Kirche und römischer Staat immer enger verwuchsen, setzte in den Gestalten der Einsiedler, der Mönche und in den ersten Klostergründungen die radikale Gegenbewegung gegen jede Verweltlichung des christlichen Glaubens ein. Auch diese Bewegung ging vom Osten aus, auch hier war der Raum zwischen Ägypten und Kleinasien die Basis einer konsequenten und existentiellen religiösen Entscheidung, die sich in einer völlig neuartigen Lebensführung manifestierte. Wurde Antonius (†um 356

n. Chr.) zum Vorbild der Einsiedler, so Pachomios (ca. 292–346 n. Chr.) zum ersten Begründer einer klosterähnlichen Gemeinschaft. Die Antoniusvita des Athanasius machte dieses Lebensideal auch im Westen bekannt, doch erst das Inselkloster Lérins (vor Cannes), das Kloster von Marseille, die Martinsklöster (Ligugé, Marmoutiers) und schließlich das 529 n. Chr. von Benedikt von Nursia gegründete Kloster auf dem *Monte Cassino* haben die neuen Zellen entschiedenen und isolierten religiösen Lebens dann auch im Westen durchgesetzt und dem Aufstieg des mittelalterlichen Mönchtums den Boden bereitet. Die maßvolle und in sich geschlossene Harmonie des *ora et labora* der Benediktinerregel begründete ein Lebensideal, das die Antike überdauerte.

Parallel zur Verstrickung des römischen Staates in die Probleme der christlichen Kirche ging die immer konsequenter vollzogene Unterdrückung aller alten Kulte. Im Bereich des alten Glaubens ist es erstaunlich, wie rasch einerseits weite Teile der Bevölkerung ihre bisherigen religiösen Auffassungen preisgaben und wie lange und beharrlich andererseits die alten Kulte in den ländlichen Gebieten lebendig blieben. Es zeigte sich indessen bald, daß der alte Glaube nur noch bei einer politischen Wende auf eine Konservierung hoffen konnte. Eine solche trat zwar mit Julian Apostata (361–3 n. Chr.) ein, doch der von Julian forcierte „Hellenismus", ein künstlich konstruiertes Gebilde eklektischer Struktur, war nicht dazu geeignet, die alten Kulte wiederzubeleben. Intoleranz, Beschneidung der Lehrfreiheit, Gesinnungsschnüffelei griffen jetzt unter dem Vorzeichen des alten Glaubens um sich. Zwischen dem unbestreitbaren Idealismus des persönlich eher sauertöpfischen Julian und der Realisierung seiner Restauration klaffte eine tiefe Kluft. Zudem ist bemerkenswert, daß Julian Elemente der christlichen Liturgie, Kirchenorganisation und Sozialhilfe aufgriff und kopierte, um auch die alte Religion wieder attraktiv zu machen.

Da es schon Julian nur noch gelang, einzelne Personengruppen, insbesondere Zirkel, die sich um Rhetoren, Philosophen und Magier zusammengeschlossen hatten, sowie Opportunisten und Mitläufer zu mobilisieren, große Teile der Bevölkerung sich aber passiv und abwartend verhielten, war an eine echte Regeneration des alten Glaubens auch in Zukunft nicht mehr zu denken. In dem Streit um den Victoria-Altar im römischen Senat ergriff zwar noch einmal eine Gruppe altgläubiger römischer Senatoren unter der Führung des Stadtpräfekten Q. Aurelius Symmachus offen für die alte Religion Partei, doch auch hier besiegelte der Untergang des Usurpators Eugenius in der Schlacht am Frigidus (394 n. Chr.) das Schicksal der kleinen opponierenden Gruppe, deren Glaubenstreue, Bildungsniveau und Einsatz für die alten Kulte unvergleichlich größer waren als die Zukunftsaussichten ihrer Sache.

Die Entschiedenheit der Restauration Julians und die Verbindung zwischen den altgläubigen Senatoren und der Sache eines Usurpators führten auf der Gegenseite zu einer Eskalation der Unterdrückungsmaßnahmen.

Schon die Konstantinssöhne Constans und Constantius II. waren sehr viel rigoroser gegen die alten Kulte vorgegangen als ihr Vater. Opferverbote, Tempelschließungen, Bestrafungen von Magie und jeder Art von Zukunftsdeutung wurden schon damals dekretiert, erwiesen sich jedoch lange Zeit als wenig wirkungsvoll. Auch die Einstellung der Zuschüsse an die noch immer existierenden alten Priesterschaften und die Aufhebung der Privilegien der Vestalinnen fruchteten wenig. Erst unter Theodosius d. Gr., der den Titel eines *pontifex maximus* nicht mehr führte, machten dann neue, scharf überwachte Erlasse allen Formen des alten Glaubens ein Ende. 391/2 n. Chr. wurden erneut alle Opfer untersagt, die Kultplätze des alten Glaubens eingezogen, die Eingeweideschau als Majestätsverbrechen diskreditiert, 393 n. Chr. aus denselben religiösen Motiven auch die Olympischen Spiele unterbunden, 396 n. Chr. die Eleusinischen Mysterien beseitigt. Alle Katastrophen christlicher Kaiser in diesen und den folgenden Jahrzehnten, auch der Fall Roms, konnten zwar die letzten Anhänger der alten Kulte in ihrem Weltbild bestätigen, am Schicksal ihres Glaubens aber nichts mehr ändern.

5. Die Kultur der Spätantike

a) Allgemeines

Die geistigen und künstlerischen Artikulationen des 3. Jahrhunderts n. Chr. und der Spätantike, die hier zusammengefaßt werden, sind durch eine Fülle verschiedenartigster und oft widersprüchlichster Phänomene und Triebkräfte gekennzeichnet. Häufig begegnen sie zur gleichen Zeit unvermittelt nebeneinander. Das Bemühen um die Kontinuität der alten Inhalte und Formen, ein gewisser klassizistischer Grundzug, läßt sich in allen Bereichen ebenso dokumentieren wie das angespannte Streben nach ganz neuartigen Gestaltungen, elementaren Effekten, die sich sowohl in Abstraktion und Reduktion als auch im Pathos monumentaler Stilisierung niederschlugen.

Die Verbindlichkeit langfristig gemeinsamer Stil- und Kunstauffassungen, Normen und Ideale war weithin nicht mehr vorhanden. Nur noch in wenigen engeren Zeitabschnitten, wie in der Epoche der Severer, zur Zeit der „gallienischen Renaissance", unter den Tetrarchien, Konstantin d. Gr., Theodosius d. Gr. und Justinian I. gab es Ansätze zu einer in sich geschlossenen Formenwelt einheitlicher Prägung. Die Dialektik dieser Entwicklung wird indessen nicht nur durch den Antagonismus zwischen Plastizität und Abstraktion, klassischen und orientalischen Stilrichtungen, Volks- und Reichskunst, altgläubigen und christlichen Vorstellungen oder Wertungen bestimmt, sondern zugleich durch die Verlagerung der geistigen und künstlerischen Energien auf wenige dominierende Gattungen, welche vor allem durch den staatlichen Repräsentationswillen, durch kirchliche Erfordernisse und religiöse Überzeugungen ebenso Priorität erhielten wie durch die Beharrungskraft altgläubiger Bildung.

b) Literatur

Für eine Zeit, in der viele anspruchsvolle Gattungen der Literatur verkümmern, wie die Geschichtsschreibung, die philosophische und die wissenschaftliche Literatur, Epos wie Drama und Komödie, ist es symptomatisch, daß elementare Formen der Mitteilung, der Ermahnung, Rechtfertigung und Beeinflussung wie Brief und Rede auf einer beachtlichen Höhe bleiben. Zu den großen Briefautoren der Epoche zählen Konstantin d. Gr. wie Julian Apostata. Die über 1500 Briefe des altgläubigen Rhetors Libanios sind für Gesellschaft und Geistesleben Antiochias während des 4. Jahrhunderts n. Chr. ebenso grundlegend wie diejenigen von Basilius d. Gr. und Gregor von Nazianz für die gleichzeitigen kirchlichen und politischen Probleme in Konstantinopel und Kleinasien. Der zuletzt als Bischof in Libyen wirkende Neuplatoniker Synesios von Kyrene gehört nicht minder zu den wichtigen Epistolographen der Spätantike als Aurelius Symmachus, Apollinaris Sidonius (ca. 430–479 n. Chr.) oder Papst Gregor d. Gr. (540–604 n. Chr.). So stilisiert viele dieser Briefe infolge ihrer engen Bindung an Vorbilder wie den jüngeren Plinius auch wirken, so borniert der gesellschaftliche Blickwinkel eines Symmachus oder Apollinaris Sidonius erscheint, im Bemühen, inmitten aller Katastrophen wenigstens die eigene Existenz zu sichern und die eigene Überzeugung zu wahren oder zu einer konsequenten christlichen Lebenshaltung zu finden, spiegeln sie dennoch die großen Fragen der Zeit wider.

Während der freien politischen Rede seit dem frühen Principat endgültig der Boden entzogen war, wurde die große repräsentative Festrede, die vor Hof oder Senat anläßlich der Übernahme von Ämtern, zu Jahresbeginn, bei Jubiläen und Siegesfeiern, beim Besuch einer Stadt oder aus ähnlichen Anlässen gehalten wurde, zu einem zentralen Element kaiserlicher Selbstdarstellung und Ideologie. In der Tradition des offensichtlich weitverbreiteten *Panegyricus* des jüngeren Plinius auf Trajan (100 n. Chr.) und der Königsreden des Dio von Prusa (ebenfalls aus trajanischer Zeit) stehend, erlebte diese Gattung in der Spätantike eine ausgesprochene Blüte. Auf die zum Teil anonym überlieferten Reden der tetrarchischen Epoche und der Zeit Konstantins d. Gr. folgten die großen Reden des Themistios aus der zweiten Hälfte des 4. Jahrhunderts n. Chr., die Rede des Drepanius auf Theodosius d. Gr. (389 n. Chr.) und die um 400 entstandene Rede über das Königtum des Synesios von Kyrene, ein besonders aufrüttelnder Appell zur Aktivität in verzweifelter Lage. Bis in die Völkerwanderungszeit hielt sich diese Gattung, mochten jetzt auch die Adressaten wechseln, an die Stelle der römischen Kaiser germanische Machthaber treten, Stilicho,

Theoderich oder der Franke Lupus. Die Panegyriker artikulierten stets das jeweilige Herrscherideal, sie rühmten alle noch so bescheidenen Erfolge der inneren wie der äußeren Politik in den leuchtendsten Farben, formulierten Hoffnungen und, häufig indirekt, auch Wünsche und Sorgen. Vor allem aber reproduzierten sie die stereotypen Formeln der offiziellen Kaiser- und Reichsidee, und sie feierten – wie die Münzlegenden – eine Zeit, die fast nur Unheil kannte, im Pathos irrealer Ideologeme.

Dramatische Beschwörungen religiöser Bindungen in rhetorischer Form hatte auch die römische Republik gekannt, bis sie zur Zeit des Loyalitätskultes unter dem Principat in rein akademische Deklamation entarteten. Die Auseinandersetzung mit den Forderungen des Christentums hat dann die primär religiöse oder religionspolitische Rede erneut belebt. Die großen Reden des Euseb von Caesarea gehören ebenso in diesen Zusammenhang wie die einer Rede gleichende *relatio* (Eingabe) des Symmachus in dem Streit um Erhaltung oder Beseitigung des Victoria-Altars in der römischen Kurie. Die Rede als Kunst der Argumentation und als Instrument der Beeinflussung wie der Überzeugung ist so nochmals auf das höchste Niveau erhoben worden.

Besonders im griechischen Osten hielt sich aber auch die altgläubige Rhetorik als die oberste Vermittlungsstufe aller Bildung durch ihre beeindruckenden Repräsentanten Libanios und Themistios. Libanios (ca. 314–393 n. Chr.) stammte aus Antiochia. Nach seinem Wirken in mehreren Städten des griechischen Ostens und wiederholtem Lehraufenthalt in Konstantinopel zog er sich wieder in seine Heimatstadt zurück. Die großen Kirchenväter des Ostens zählten ebenso zu seinen Schülern wie Julian Apostata. In Libanios begegnet die Gestalt eines hochgebildeten toleranten Altgläubigen, der auch noch nach dem Tode Julians 30 Jahre lang in aller Öffentlichkeit die alte rhetorische Ausbildung im klassischen Sinne weiter praktizierte, ein Mann, der nahezu alle griechischen Autoren wirklich beherrschte und ihnen, speziell Demosthenes und Aristides, auch stilistisch nacheiferte. Doch die formale Meisterschaft, die er dabei erreichte und seinen Schülern lehrte, sollte nicht Selbstzweck oder lediglich klassizistische Spielerei sein. Libanios war vielmehr der Ansicht, daß die alte Rhetorenausbildung selbst dem Fachstudium seiner Zeit überlegen sei, nicht zuletzt deshalb, weil seiner Meinung nach eine umfassende rhetorische Ausbildung noch immer für ein vorbildliches moralisches Leben ebenso wie für ein vorbildliches politisches Wirken qualifizierte.

Nahezu gleichzeitig mit ihm lebte Themistios (ca. 317–388 n. Chr.), der aus Bithynien stammte. Themistios war ein an Plato und Aristoteles orientierter Philosoph und ein großer Rhetor in einem, der seit etwa 345 n. Chr. in Konstantinopel eine fruchtbare Lehrtätigkeit entfaltete. Wie mancher andere Altgläubige hat auch er es verstanden, mit den christlichen Kaisern Kompromisse zu schließen, denn wie einst Dio von Prusa, so entwickelte jetzt Themistios vor den Kaisern seiner Zeit als Festredner ein philosophisch fundiertes Kaiserideal. So ernannte ihn Theodosius d. Gr. schließlich selbst zum Stadtpräfekten von Konstantinopel und zum Erzieher des Arcadius.

Eine Konsequenz der veränderten politischen wie gesellschaftlichen Verhältnisse ist der Niedergang der römischen Geschichtsschreibung. In der Zeit der Severer markieren hier die beiden Griechen Cassius Dio und Herodian gleichsam den Übergang. In altrömisch-annalistischer Struktur gab der aus Nikaea in Bithynien stammende Cassius Dio, der unter Severus Alexander im Jahre 229 n. Chr. sein zweites Konsulat erreichte, noch einmal eine sehr ausführliche, geschlossene Gesamtdarstellung der römischen Geschichte in griechischer Sprache, die wenigstens in großen Teilen erhalten blieb oder durch spätere byzantinische Auszüge in ihren wesentlichen Umrissen bekannt ist. Handelt es sich hier noch um eine durchaus seriöse Historiographie, wenn auch mit vielen rhetorischen Einlagen und anachronistischen Rückspiegelungen von Gegenwartsperspektiven in die Blütezeit des Principats, so gab der Syrer Herodian in einer Monographie, welche den Zeitraum zwischen 180 und 238 n. Chr. umfaßte, eine unprätentiöse, farbige, gelegentlich auch moralisierende Erzählung.

Die römische Geschichtsschreibung hatte in griechischer Sprache begonnen, und die römische Geschichte war während Republik wie Principat immer wieder von Griechen dargestellt worden. Es gehört zu den mancherlei Paradoxien der Spätantike, daß sich ausgerechnet ein griechischer Stabsoffizier aus Antiochia, Ammianus Marcellinus, an eine lateinische Fortsetzung des Historikers Tacitus wagte und in seinen, heute nur teilweise erhaltenen, 31 *libri rerum gestarum,* wiederum in annalistischer Form die Epoche von 96 bis 378 n. Chr. beschrieb. Auch dieser altgläubige Erzähler zollte in Rhetorik und Exkursen den Erwartungen seiner Zeit seinen Tribut; am eindrucksvollsten schrieb er dort, wo er eigene Beobachtungen mitteilte, sei es vom Lebensstil der stadtrömischen Aristokratie, sei es von den Vorgängen an der römischen Ostgrenze, in die er selbst verwikkelt war.

Die große politische Geschichtsschreibung der Republik und des Principats besaß ihre unbestrittene Würde, sie besaß *gravitas* und *auctoritas.* Zwar war auch sie nicht frei von rhetorischen Bestandteilen, aber diese standen in einem ausgewogenen Verhältnis zu Bericht und Reflexion. Die Degenerationsformen dieser Art von Geschichtsschreibung sind in lediglich nach Effekten strebenden Erzählungen zu fassen, in historischer Unterhaltungsliteratur, in der Auflösung der Geschichte in Biographien und Biographiensammlungen und schließlich in jener spezifisch spätantiken Art der Reduzierung der Geschichte in das Format der Elementarinformation auf engstem Raum, wie sie Breviarienliteratur und historische Miniaturporträts verkörpern. Dem bescheidenen Bedürfnis der neuen Führungsschichten kamen diese schmalen Bändchen indessen sehr entgegen. Hatte sich S. Aurelius Victor 360 n. Chr. noch mit einer Kurzvitensammlung der

Caesares begnügt, so handelte Eutrop auf die Initiative des Kaisers Valens, als er ein konzentriertes *Breviarium ab urbe condita* schrieb, das nun die gesamte römische Geschichte bis 364 n. Chr. in dem nüchternen Grundton dieses Genos skizzierte. Nur wenige Jahre später folgte bereits das ähnlich angelegte *Breviarium rerum gestarum populi Romani* des Festus, gegen Ende des Jahrhunderts eine neue *Epitome de Caesaribus* eines namentlich nicht bekannten Autors.

Die Biographiensammlungen zur römischen Geschichte waren einst durch Sueton und Plutarch begründet worden. Unmittelbar an Sueton knüpfte das heute verlorene Werk des Marius Maximus (2. Konsulat: 223 n. Chr.) mit seinen Viten von Nerva bis zu Elagabal an. Die folgende, angeblich von sechs verschiedenen Autoren in diokletianisch-konstantinischer Zeit abgefaßte Sammlung der *Scriptores Historiae Augustae*, relativ kurzer Kaiserviten von Hadrian bis Numerian, ist alles andere als ein seriöses Geschichtswerk. Es enthält zwar auch einige zuverlässige Elemente historischer und antiquarischer Tradition, doch weit charakteristischer ist das oft unverfrorene Spiel mit gefälschten Urkunden, Namen und Personen, die Artistik zwischen verschiedenen zeitlichen Ebenen, die zum Beispiel dazu führte, daß in der Severus Alexander-Biographie eine Idealisierung Julian Apostatas wiedererkannt wurde.

Christliche Geschichtsschreibung in lateinischer Sprache wird in der Spätantike zunächst durch die Werke des Laktanz und Orosius repräsentiert. Laktanz, der auch als Erzieher des Konstantinssohnes Crispus wirkte, übertrug in seiner Monographie „Von den Todesarten der Verfolger“ *(de mortibus persecutorum)* die alttestamentarische Geschichtskonzeption vom Gottesgericht an den Verfolgern der Gerechten auf die Christenverfolgungen im römischen Reich. Mit den um 418 n. Chr. verfaßten sieben Büchern *historiarum adversum paganos* des spanischen Priesters Orosius setzte dann die christliche Geschichtsschreibung im Banne der Völkerwanderung ein. Orosius wagte es hier, eine Weltgeschichte von Adam bis zum Jahre 417 n. Chr. zu geben, in der einerseits der Zusammenhang zwischen der providentiellen Funktion des römischen Reiches für die Ausbreitung des christlichen Glaubens unterstrichen, andererseits jedoch die Not der Gegenwart und die historische Rolle des *Imperium Romanum* in einer für römische Augen oft provozierenden Weise relativiert waren.

Versuchte Orosius noch tastend eine positive Einordnung der germanischen Invasoren in den göttlichen Heilsplan zu geben, so ging der vielleicht aus Trier stammende, später im Raume von Marseille und Lérins lebende Priester Salvianus (ca. 400–470 n. Chr.) in seinem Werk *De gubernatione Dei* bereits einen Schritt weiter. In erregender Weise beschrieb er die Germaneneinfälle in Gallien und die Lebensverhältnisse in den besetzten und ausgeplünderten Gebieten, die Korruption der Verwaltung, die Übergriffe der Großgrundbesitzer, die Hartherzigkeit der noch einmal Davongekommenen, die allgemeine Dekadenz auf römischer Seite. In einer konsequenten Fortführung der alten taciteischen Konzeption der „Germania" war hier der germanische Barbar als der sittlich höherstehende Mensch mit dem spätantiken Sittenverfall konfrontiert und zum Werkzeug des Gottesgerichts geworden:

„Nachdem die erste Stadt Galliens (Trier) dreimal durch fortgesetzte Zerstörung in den Staub gesunken, die ganze Stadt ein Grabmal war, nahmen die Laster trotz des Falles wieder zu. – Durch den Untergang der einen Stadt wurden auch andere Städte geschlagen. Überall lagen, wie ich selbst gesehen und ertragen, entblößte Leichen beiderlei Geschlechtes, zerrissen, die Ansicht der Stadt entstellend, von Vögeln und Hunden zerfleischt. Der Tod hauchte den Tod aus. Was erfolgte hierauf, was erfolgte nach all dem? Einige Vornehme, die den Untergang überlebt hatten, verlangten als beste Hilfsmittel für die vernichtete Stadt vom Kaiser Spiele.

Wir werden also durch ein Gottesgericht, welches sich in der Gegenwart vollzieht, von Gott gerichtet, und deshalb hat sich zu unserem Verderben und zu unserer Schmach ein Volk erhoben, welches von Ort zu Ort zieht, von Stadt zu Stadt wandert und alles verheert." (Salvianus, De gubernatione Dei VI, 15–VII, 12)

Was Salvian für Gallien bedeutet, bedeutet die *historia persecutionis Africae provinciae temporibus Vandalorum* des Victor von Vita für Nordafrika, ohne jedoch die Radikalität und Geschlossenheit jener Konzeption zu erreichen. Die folgenschwerste christliche Geschichtsdeutung jener Epoche hatte indessen schon zuvor Augustinus in dem zwischen 410 und 426 n. Chr. abgefaßten großen Werk *De civitate Dei* gegeben, dem einflußreichsten geschichtstheologischen Buch in lateinischer Sprache überhaupt. Auch dieses Werk war gegen die Angriffe Altgläubiger konzipiert, welche in der Preisgabe der alten Götter die Ursache des Niedergangs des *Imperium Romanum* erblickten, insbesondere für den Fall Roms im Jahre 410 n. Chr. Augustin suchte deshalb in den ersten Partien der Schrift den Nachweis zu führen, daß gerade der alte römische Götterglaube die letzte Wurzel allen römischen Übels war und daß daneben die römische Sittenlosigkeit die innere und äußere Entartung Roms verursacht hätte. Wie alle Weltreiche, so war zwar auch das römische nach dem Willen Gottes entstanden, Augustin lehnte jene indessen sämtlich als reine Machtstaaten kategorisch ab.

Die römische Reichsbildung wurde als Belohnung Gottes für die wenigstens relativen Tugenden der Römer interpretiert, doch selbst die Funktion der christlichen Herrscher Roms hat Augustin in seinem „christlichen Herrscherspiegel" nur mit Vorbehalten anerkannt:

„Glücklich nennen wir sie, wenn sie gerecht herrschen, wenn sie trotz aller schmeichlerisch verhimmelnden und kriecherisch unterwürfigen Reden sich nicht überheben und nicht vergessen, daß sie Menschen sind, wenn sie ihre Macht in den Dienst seiner Majestät stellen und die Gottesverehrung so weit wie möglich ausbreiten, wenn sie Gott fürchten, lieben und verehren, wenn sie jenes Reich am meisten lieben, in dem sie keine Mitregenten zu fürchten brauchen, wenn sie langsam sind zu strafen und gern Nachsicht üben, wenn sie Strafe nur darum verhängen, weil

Leitung und Schutz des Staates es fordern, aber nicht um Rachgier zu befriedigen, wenn sie Nachsicht gewähren, nicht um Vergehen straflos zu lassen, sondern in der Hoffnung auf Besserung, wenn sie harte Erlasse, zu denen sie oft gezwungen werden, durch erbarmende Milde und gütige Freigebigkeit ausgleichen, wenn sie von Ausschweifungen sich um so mehr zurückhalten, je ungehinderter sie sich ihnen ergeben könnten, wenn sie lieber über ihre schlimmen Leidenschaften als über fremde Völker herrschen, und wenn sie dies alles tun, nicht aus Gier nach eitlem Ruhme, sondern aus Verlangen nach der ewigen Seligkeit, wenn sie auch nicht unterlassen, für ihre Sünden ihrem wahren Gotte das Opfer der Demut, der Klage und des Gebetes darzubringen. Solche christlichen Kaiser nennen wir glücklich, einstweilen nur in Hoffnung, künftig aber voll und ganz, wenn eingetroffen ist, was wir erwarten." (De civitate Dei 5, 24 – Übertragung W. Thimme)

Zum entscheidenden Strukturprinzip der Geschichte aber erhob Augustin die Dialektik zwischen zwei großen *civitates*, der Bürgerschaft Gottes, der *civitas Dei*, und der Bürgerschaft dieser Welt, der *civitas terrena*. Ihren Ursachen, Entwicklungen und ihrem Ende war der Hauptteil des Werkes gewidmet, das somit die Dialektik eines von Gott beherrschten Geschichtsprozesses darstellte. *Civitas Dei* und *civitas terrena* waren dabei im Grunde metaphysische Definitionen, die in der Erscheinungswelt vermischt blieben und deren Trennung erst am Tage des Jüngsten Gerichtes erfolgen würde. Beide umfaßten sowohl Engel als auch Menschen, entscheidender Trennungsstrich blieb die Willensrichtung der beiden Gemeinschaften, denn die *civitas Dei* wird von der Liebe zu Gott, die *civitas terrena* von der Eigenliebe beherrscht. Augustin formulierte dies so: „Ich habe die Menschheit geteilt in zwei Arten, in solche, die nach Gott und solche, die nach den Menschen leben. Die haben wir in geheimnisvollem, übertragenen Sinn zwei Staaten genannt, das heißt zwei Gemeinschaften der Menschen, deren einer vorherbestimmt ist, in Ewigkeit mit Gott zu herrschen, deren anderer, mit dem Teufel ewige Strafe zu erleiden." (de civitate Dei 15, 1)

Auf diese Weise war, und dies ist die entscheidende Konsequenz der Geschichtsauffassung Augustins, die Bedeutung der Geschichte des Menschen in der Welt überhaupt relativiert, der Vorrang der Heilsgeschichte vor aller menschlichen Geschichte erneut eingeschärft, die Geschichte der Christen aber über die partielle Berührung mit der historischen Formation Rom erhoben, deren Eigenwert reduziert. Die Lösung des Christentums aus Reichskrise und Niedergang des *Imperium Romanum* war die zwangsläufige Folge dieser Konzeption. Indem Augustin die Christen über alle irdischen Reiche und über die Zeit erhob, erhob er sie erst recht über die konkrete Krise, die sein Werk provoziert hatte. In ihm gab er ihnen einen unzerstörbaren Halt.

Die griechischsprachige Historiographie zur römischen Geschichte des 3. Jahrhunderts n. Chr. und zur Spätantike ist weitgehend nur fragmentarisch überliefert. Dies gilt für die Geschichte der Gotenkriege und die

Weltchronik bis zum Jahre 270 n. Chr. des athenischen Sophisten P. Herennius Dexippus ebenso wie für dessen Fortsetzer Eunapios von Sardes oder für manche anderen Werke zur frühen byzantinischen Geschichte. Volles Relief gewinnen lediglich die Darstellungen des Zosimos und Prokop. Die zu Beginn des 6. Jahrhunderts n. Chr. konzipierte „Neue Geschichte" des Zosimos beginnt mit einer knappen Skizze des Principats und zeichnet dann eingehender die Entwicklungen zwischen 270 und 410 n. Chr. nach. Die Wertungen des Verfassers sind konsequent altgläubig, noch einmal wurde hier die Abwendung von der alten Religion und den alten Göttern als Hauptursache des Niedergangs Roms bezeichnet.

Prokop stieg in Konstantinopel bis zum Stadtpräfekten auf. Er ist der große Historiker der Epoche Justinians I. geworden, dessen Kriege er ebenso schilderte *(Historikón)* wie dessen Bauten *(perì ktismáton)*. Doch daneben gab er in seinen *Anékdota* eine kritische, wohlinformierte, teilweise pikante Geheimgeschichte des Hofes und der Gesellschaft. – Die griechisch-byzantinischen Weltchroniken der beiden Antiochener Johannes Malalas (6. Jahrhundert n. Chr.) und Johannes Antiochenus (7. Jahrhundert) markieren dann, wenigstens aus römischer Perspektive, das Ende der spätantiken Historiographie in griechischer Sprache.

Die lateinische Dichtung brach in der Epoche der Soldatenkaiser völlig ab. In konstantinischer Zeit konnte sich dann Optatianus Porfyrius mit seinen Figurengedichten einen Namen machen, dem sinnfälligsten Ausdruck biederer Hofkunst, deren Inhaltsleere lediglich durch die Buchstabenakrobatik verdeckt wurde, die Konstantin selbst sehr imponierte. Erst um die Wende vom 4. zum 5. Jahrhundert n. Chr. schuf der in Alexandria geborene, aber in Rom und Mailand lebende Claudian noch einmal eindrucksvolle Dichtungen in lateinischer Sprache. Selbst die mythologischen und höfischen Themen seiner Gedichte, wie der Raub der Proserpina, Hochzeitsgedichte oder sein Epos über den Gotenkrieg des Jahres 402 n. Chr. sind durch eine ungewöhnlich differenzierte und starke poetische Empfindung geprägt. Gelegentlich steigerte er sich zu großartigen Bildern bleibender Wirkung, so in jenem Preis der *Roma aeterna*, der in ein Gedicht eingelegt ist, das ausgerechnet Stilichos Konsulat feierte:

> „Ganz nahe du den Göttern, Konsul, du sorgst für diese große Stadt,
> das Höchste, was auf Erden der Äther umfängt!
> Ihren Raum faßt der Blick nicht, noch das Herz die Schönheit,
> noch irgendeine Stimme ihr Lob. Von goldenem Licht
> gleichermaßen funkelnd streckt sie ihre Firste nahe zu den Sternen.
> Mit sieben Hügeln tut sie es den sieben Zonen des Himmels gleich,
> sie, Mutter der Waffen und Gesetze, die über alle
> ihre Befehlsgewalt ausbreitet und die Wiege des jungen Rechts geschenkt hat.
> Sie ist es, die, in engen Grenzen entsprungen, sich geweitet hat
> zu beiden Polen und, von kleinem Wohnsitz ausgegangen,
> mit ihren Armen weit wie die Sonne um sich gegriffen hat.

Sie ist dem Schicksal begegnet,
hat Kämpfe ohne Zahl zu gleicher Zeit geführt ...
Sie ist es, die allein die Besiegten in ihrem Schoße aufgenommen
und das Menschengeschlecht mit gemeinsamem Namen gehegt,
nach Mutterart, nicht Herrinnenart, und Mitbürger genannt,
die sie bezähmt, und mit dem Band der Liebe das weit Auseinanderliegende verknüpft hat.
Ihrem friedbringenden Brauch verdanken wir es alle,
daß der Fremde wie in der Heimat ist,
daß einer seinen Wohnsitz wechseln kann, daß Thule zu sehen
ein Spiel ist und einzudringen in einst grausige Entlegenheit,
daß wir ohne Unterschied aus Rhône und Orontes trinken,
daß wir alle ein einzig Volk sind. Und es wird nie Grenze und Ende
der römischen Macht sein. Denn die andern Reiche
hat Schwelgerei durch Laster und Hochmut durch Haß gestürzt." ...
(Claudius Claudianus 24, 130ff. – Übertragung Fr. Klingner)

Es ist bezeichnend, daß der Ruhm des ewigen Rom gerade in jenen Jahrzehnten besonders häufig besungen wurde, in denen die militärische Lage der Stadt verzweifelt war. So hat auch der Hofbeamte des Honorius Rutilius Namatianus in die Distichen, die seine Rückkehr in die südgallische Heimat im Jahre 416 n. Chr. beschrieben, als er Rom verließ, um seine geplünderten Güter zu inspizieren, ein weiteres Loblied auf Rom eingeschoben. Mögen hier und in ähnlichen Fällen auch bereits stereotype Formeln auf das ewige Rom wiederholt und variiert worden sein, das Vorstellungsbild eines ewigen Rom verdichtete sich gegen Ende der Spätantike immer stärker. Auch die altrömische Mythologie und kunstvolle Formen allegorischer Dichtung wurden noch immer belebt, vor allem in jener menippeischen Satire des Afrikaners Martianus Capella *de nuptiis Mercurii et Philologiae,* die zu Beginn des 5. Jahrhunderts n. Chr. im Wechsel von Prosa und Versen die sieben freien Künste feierte.

Die Bildung wurde zu einer Bastion der altgläubigen Aristokraten wie der altgläubigen Intelligenz. Schon in dem Kreis um Q. Aurelius Symmachus und Nicomachus Flavianus pflegte man die alten Texte, erschloß sie durch Kommentare und Interpretationen, hielt sehr bewußt an den alten Kunstformen von Dichtung und Prosa fest, stilisierte entsprechend die eigenen Briefe, Amtsschreiben und Reden, gab so freilich auch häufig formaler Meisterschaft den Vorrang vor inhaltlicher Qualität. Von solchen Strömungen profitierte die Philologie, die ihrerseits wiederum den Bestrebungen altgläubiger Restauration Vorschub leistete. Der große Terenzkommentar und die lange benutzte Grammatik des Aelius Donatus, der bedeutende Vergilkommentar des Servius und die Wiederentdeckung Juvenals sind Ausdruck dieser Bemühungen. In den um 400 n. Chr. geschriebenen Saturnalien des Macrobius, in denen es in Dialogform, ganz in ciceronianischer Tradition, um das angemessene Verständnis Vergils und um dessen Rechtfertigung ging, kulminierte diese retrospektive Tendenz in einer beachtlichen Leistung.

Bezeichnenderweise gewann so die Bildung in der Spätantike nochmals an Bedeutung. Auch die christlichen Kaiser haben ihren Rang voll anerkannt. Selbst in Gallien erlebten Schulen wie Autun eine ausgesprochene Blütezeit; Symmachus konstatierte, daß der Weg zu den Magistraturen häufig durch Bildung begünstigt werde. Ausonius stieg schließlich vom Prinzenerzieher bis zum Praetorianerpräfekten und Konsul auf. Je stärker der Einfluß ungebildeter Berufssoldaten, bornierter Beamter und Höflinge und schließlich barbarischer Heermeister im römischen Reich wurde, desto enger klammerten sich die Angehörigen des alten Glaubens und insbesondere der alten Aristokratie an die Bildungstradition, über die sie verfügten. Das Beharren auf dieser Bildung, die im Laufe der Zeit immer esoterischer wurde, denn selbst die Kenntnis des Griechischen war im Westen des *Imperiums* sehr selten geworden, und das Beharren auf dem eigenen Lebensstil bestimmten die Haltung dieser Kreise. Daß sich die alte Aristokratie aber nicht in einen Geistesadel hohen Ranges verwandelte, sondern immer noch nicht wenige Vertreter aufwies, welche ihre Bibliotheken ewig verschlossen hielten oder den Namen eines Klassikers für den einer Fischspezialität hielten, bezeugt Ammianus Marcellinus ausdrücklich.

Auch im 3. Jahrhundert n. Chr. und in der Spätantike werden die wichtigsten philosophischen Leistungen Griechen verdankt. Plotin (ca. 204–269 n. Chr.), der bedeutendste Philosoph dieser Epoche, hatte sich zunächst in Ägypten dem völlig zurückgezogen lebenden Platoniker Ammonios Sakkas angeschlossen, dann am Perserfeldzug Gordians III. teilgenommen, um auf diese Weise auch die persische und indische Philosophie kennenzulernen, und sich schließlich seit 244 n. Chr. in Rom niedergelassen. Dort wurde er bald zum angesehenen Ratgeber der Führungsschicht, der er durch den Ernst seines Bemühens ebenso imponierte wie durch die Tatsache, daß ihm okkulte Fähigkeiten nachgesagt wurden. Vor allem Gallienus und die Kaiserin Salonina schenkten ihm ihre Gunst; Plotin soll damals den Gedanken gefaßt haben, mit Hilfe des Kaisers an der Stelle eines verlassenen Pythagoraeerzentrums in Kampanien eine platonische Philosophensiedlung, ein Platonopolis, zu gründen.

Plotin selbst verfaßte lediglich Schriften für die Schüler, die er um sich versammelt hatte. Unter ihnen war ein Syrer, der sich Porphyrios nannte, wohl der bedeutendste. Porphyrios publizierte jedenfalls in der Form von sechs Neunergruppen, den *Enneaden,* die unsystematisch aufgebauten philosophischen Essays Plotins, welche nahezu das Gesamtgebiet der Philosophie umspannten, Ethik ebenso wie Physik, Psychologie wie Logik. Im Grunde denkt Plotin als Platoniker in einer völlig veränderten Welt, für welche die gesamte Staats- und Rechtsphilosophie Platos irrelevant geworden war. Leib, Seele und Geist sind für Plotin Stufen des Seinsgehaltes. Während dabei Körper und Seele lediglich Anteil am Seienden haben, ist der Geist das Seiende selbst. Parallel zu dieser Stufung führt jene von den Vielheiten der konkreten Welt, den Vielheiten der Körper und Seelen und selbst jener relativen Vielheit des Geistes zur letzten großen Allmacht des Einen. Dieses unsagbare Eine aber ist zugleich identisch mit der höchsten Gottheit. So ist hier eine großartige und geschlossene Schau der geistigen Welt aufgerichtet, die gewonnen ist in einer radikalen Abwendung von den Ordnungen, Kriterien, Nöten und Problemen ihrer Gegenwart. Inmitten der inneren Wirren und der Kriege rief Plotin auf zur inneren Reinigung und Befreiung, zum Gewinn einer höheren Welt, lehrte er die Priorität des Geistes und die umfassende Allmacht des göttlichen Einen, zugleich jedoch auch den Weg zum eigenen Selbst.

Durch Plotin war damit der sogenannte Neuplatonismus als philosophisches System begründet worden, die letzte, große philosophische Richtung der Spätantike, welche resignierende Altgläubige ebenso fesselte wie zweifelnde Christen. Für viele unabhängige Geister der Zeit wurde gerade sie zumindest zu einer prägenden Durchgangsstation ihrer intellektuellen Entwicklung, für Synesios wie für Augustin.

Es ist in diesem Zusammenhang nicht möglich, einen vollständigen Überblick über den ganzen Reichtum der altchristlichen Literatur vorzulegen, die den Kern der spätantiken Literatur überhaupt darstellt. Hier können lediglich jene Autoren und geistigen Leistungen knapp skizziert werden, welche für die Entwicklung des gesellschaftlichen, politischen und religiösen Lebens der Zeit von überragender Bedeutung sind und selbst diese nur in gedrängter Auswahl und Konzentration. Zunächst war der Vorrang der griechischen Reichshälfte für die geistige Auseinandersetzung des Christentums mit seiner Umwelt evident. In Alexandria war gegen Ende des 2. Jahrhunderts n. Chr. eine christliche Katechetenschule entstanden, an deren Spitze um 200 n. Chr. T. Flavius Clemens trat. Wie kaum ein christlicher Lehrer zuvor hat Clemens von Alexandrien die Leistungen der griechischen Philosophie gewürdigt und deren Bedeutung für die Entfaltung des christlichen Glaubens herausgestellt. Bei ihm erst fand sich die Forderung, den Glauben auch zum Wissen zu erheben.

Clemens' Nachfolger Origines, der in der Verfolgung des Decius den Tod erlitt, hat sich in seinem sehr breiten Werk insbesondere um die Textsicherung der Bibel und um die Exegese bemüht. In der *Hexapla* stellte er sechs verschiedene Textformen des alten Testamentes zu textkritischem Vergleich zusammen; in seiner Schrift *Contra Celsum* gab er die größte Apologie der christlichen Religion. Origines bejahte durchaus die providentielle Funktion des *Imperiums* für das Christentum, doch zu Kompromissen war auch er nicht bereit. Die offiziellen Götter des römischen Staates lehnte er kategorisch ab, gebetet werden sollte nur für gute Kaiser und für römische Soldaten, die in gerechten Kriegen standen.

Der Orientierung des Christen in der Zeit und der notwendigen Koordination der jüdischen, christlichen und der profanen Weltgeschichte galt seit dem 2. Jahrhundert n. Chr. die Arbeit der christlichen Chronographen. Der wohl aus Jerusalem stammende S. Iulius Africanus verfaßte um 220 n. Chr. das erste grundlegende Werk dieser Art, das von einer Gesamtdauer der Menschheitsgeschichte von 6000 Jahren ausging und dabei für die Zeitspanne von der Erschaffung der Welt bis zu Christi Geburt 5500 Jahre in Anschlag brachte. Um die Mitte des 3. Jahrhunderts n. Chr. blieben somit noch rund zweieinhalb Jahrhunderte bis zur Wiederkehr des Herrn; die Christen dieser Epoche lebten damit in einer ganz anderen eschatologischen Vorstellung als die Angehörigen der Urgemeinde, die ein zeitlich sehr nahes Ende der Welt erwartet hatten.

Über manche anderen Werke dieser Gattung erhob sich die ursprünglich in griechischer Sprache abgefaßte zweibändige Chronik des Eusebios von Caesarea, die mit Abraham (auf 2016/5 v. Chr. angesetzt) begann und im Jahre 325 n. Chr. endete. Neben der armenischen Version, in der das Werk überliefert ist, wurde es vor allem durch die lateinische des Hieronymus weit verbreitet, der es zudem bis zum Jahre 378 n. Chr. ergänzte. Mochten andere Nachfolger flacher und unpräziser arbeiten, die ganze mittelalterliche Chronik-Literatur ging von dieser Wurzel aus.

In ganz ähnlicher Weise beispielhaft wurde Eusebs Kirchengeschichte. In ihr legte Euseb erstmals die Einheit einer neuen historischen Formation zugrunde, die christliche Gemeinschaft, ihre Schicksale und Leiden, Verfolgungen wie Häresien. Durch ihn haben die vorher weitverstreuten, teilweise isolierten christlichen Gruppen im Augenblick ihrer Privilegierung im römischen Reich nun auch ihre gemeinsame Geschichte erhalten, ein Vorgang, der für die Entwicklung des christlichen Selbstverständnisses und der christlichen Kirche kaum zu überschätzen ist. Aber auch in methodischer Hinsicht war dieses Werk ungewöhnlich. Blieb es in der antiken Geschichtsschreibung üblich, die Darstellung durch eingelegte Reden zu ergänzen, aufzulockern und zu vertiefen, so trat an deren Stelle bei Euseb eine reichhaltige historische Dokumentation. Briefe, Erlasse, Urkunden wurden in großer Zahl integriert, sodaß die Kirchengeschichtsschreibung von diesem Anfang an sowohl formal als auch inhaltlich ein neues, charakteristisches Profil gewann. Auch dieses Werk ist durch Rufinus ins Lateinische übersetzt worden, während Sozomenos, Sokrates und Euagrios die dann bis zum Ende des 6. Jahrhunderts n. Chr. reichenden Fortsetzungen verfaßten.

Eusebs *vita Constantini,* die nach dem Tode des Kaisers veröffentlicht wurde, ist in ihrer Panegyrik dagegen so überspannt, daß sie oft genug als Blasphemie bezeichnet wurde. Doch Euseb sah nun einmal in Konstantin ein Werkzeug Gottes, den Erfüller der Schrift, jenen Kaiser, der die Zeit des Heils heraufgeführt hatte. Die große Achse der Geschichte verlief bei Euseb von Abraham über Christus zu Konstantin. Gottes Versprechen an Abraham hatte sich in seinem Geschichtsverständnis nach der Erlösertat Jesu Christi in dem christlichen Imperium Konstantins erfüllt.

Während des 4. Jahrhunderts n. Chr. bildete sich im griechischen Osten des Imperiums die Landschaft Kappadokien zur führenden geistigen Provinz aus, wirkten hier doch „die drei großen Kappadokier" nebeneinander, Basilios von Caesarea, Gregor von Nazianz und Gregor von Nyssa. Basilios der Große hatte in Athen studiert, als Rhetor begonnen, dann ein eigenes Kloster gegründet und war 370 n. Chr. zum Bischof von Caesarea ernannt worden. In dieser Funktion profilierte er sich nicht nur durch seine Rivalität mit dem Bischof von Tyana, sondern vor allem durch eine erfolgreiche kirchliche Sozialpolitik. Um seine Bischofskirche errichtete er beispielsweise ein ganzes Zentrum von handwerklichen Betrieben. Zu weitreichender Wirkung gelangte Basilios indessen vor allem durch seine Schriften. In seinen beiden Klosterregeln skizzierte er ein umfassendes Organisationsbild, dessen Ziel nicht die fanatische Askese war, sondern die geistige Schulung der Mönche durch eine klar gegliederte und ausgewogene Lebensführung. In der Schrift „An die Jugend über den Gebrauch der hellenistischen Kultur" akzeptierte er sogar innerhalb gewisser Grenzen die klassische Literatur als Schullektüre und bereitete so den späteren christlichen Humanismus vor.

Der eng mit Basilios befreundete Gregor von Nazianz war stets eine mehr philosophisch-reflektierende Natur, obwohl er im Jahre 380 n. Chr. selbst zum Bischof von Konstantinopel aufstieg. Enttäuscht und verbittert zog er sich jedoch aus diesem Amt zurück, publizierte seine zahlreichen Reden, über 240 Briefe und die von starken persönlichen Emotionen durchdrungenen Gedichte, die diesen unruhigen, manchmal auch schwermütigen Geist noch unmittelbar fühlen lassen. – Gregor von Nyssa schließlich, der Bruder des Basilios, entwickelte in vielfältigen dogmatischen und exegetischen Schriften eine fundierte christliche Theologie, die ihren ganzen Voraussetzungen nach hoch über den Bemühungen Augustins stand.

Den Rang dieser drei großen Kappadokier erreichte daneben lediglich Johannes Chrysostomus, der zunächst in Antiochia als Prediger wirkte, 398–404 n. Chr. dann als Bischof von Konstantinopel fungierte, aber 407 n. Chr. in Pithyus am Schwarzen Meer in der Verbannung starb. Der faszinierende Redner knüpfte an die Stilformen der 2. Sophistik an, ordnete diese jedoch ganz den Aufgaben der Erläuterung des Alten und des Neuen Testamentes, vor allem aber der moralischen und sittlichen wie religiösen Beeinflussung seiner Hörer unter. Den gleichen Zielen dienten seine theologischen Abhandlungen, während die vielen knappen Briefe aus dem Exil die alten Freunde und Anhänger zu trösten suchten.

Im lateinischen Sprachbereich brachte zunächst Nordafrika die bedeutendsten Leistungen der christlichen Literatur hervor. Am Anfang steht hier Tertullian (ca. 160–225 n. Chr.), der in seinem leidenschaftlichen Pathos zwingende juristische Argumentation mit eindrucksvoller Rhetorik verband. Schon die Themen seiner Schriften lassen die Rigorosität seiner

Haltung, die Konsequenz seiner Forderungen und die faszinierende Vitalität dieses Enthusiasten erkennen. Mit einer echt rhetorischen Geste hat er die Toga des römischen Bürgers abgelegt und stattdessen den Mantel des Philosophen umgeworfen. Die Schrift *de pallio* begründete diesen Schritt. Die folgenden Arbeiten kreisten dann nicht nur um allgemeine Glaubensfragen, etwa um die Ablehnung des Götterkultes, nicht nur um Gebet und Taufe, sondern sie nahmen zu ganz konkreten Fragen der Ethik Stellung, zum Besuch der Spiele wie zur Tracht der Frauen. Historisch am bedeutsamsten ist indessen die 197 n.Chr. verfaßte Verteidigung des Christentums, das *Apologeticum,* das in der Form einer großen Verteidigungsrede des christlichen Glaubens vor den Statthaltern konzipiert ist: „Doch nur zu, ihr guten Statthalter, die ihr dem Volk noch viel besser erscheint, wenn ihr ihm die Christen opfert: kreuzigt, martert, verurteilt uns, reibt uns auf – nur ein Beweis unserer Unschuld ist eure Ungerechtigkeit! ... Und doch hilft all' eure noch so ausgeklügelte Grausamkeit nichts; ein Lockmittel ist sie eher für unsere Gemeinschaft. Nur zahlreicher werden wir, so oft wir von euch niedergemäht werden: ein Same ist das Blut der Christen." (Apologeticum, c. 50, 12 – Übertragung C. Becker)

Die innere Glut von Tertullians *Apologeticum* wird erst dann in ihrer Eigenart sichtbar, wenn damit der ungefähr gleichzeitige Dialog Octavius des Minucius Felix verglichen wird. Er spielt in gelöster Ferienstimmung am Strand von Ostia, und der Christ Octavius widerlegt in ihm die Skepsis seines altgläubigen Gesprächspartners Caecilius in ciceronianischer Manier so erfolgreich, daß dieser zum Christentum übertritt.

Cyprian, der zwischen 248 und 258 n.Chr. als Bischof von Karthago wirkte, genoß wie Tertullian eine rhetorische Ausbildung, vermutlich hat er zeitweilig auch ein höheres Staatsamt bekleidet. In ihm begegnet erstmals ein neuer Typus des Bischofs, denn Kirche und Kirchenregiment gestaltete Cyprian ganz im Sinne des römischen Rechts. Er sprach es unmißverständlich aus, daß der Bischof für seine, die Gemeinde bindenden, Entscheidungen Gott allein verantwortlich sei. In seinen Schriften, einem sehr umfangreichen Briefwechsel und verschiedenen Traktaten, setzte er in ausgeglichener und souveräner Haltung die ethischen und apologetischen Bestrebungen Tertullians fort, gleichzeitig zeichnete er ein eindrucksvolles Bild der Staats- und Gesellschaftskrise seiner Zeit.

Es ist geistesgeschichtlich höchst bedeutsam, daß sich auch im lateinischen Westen während des 4. Jahrhunderts n. Chr. christlicher Glaube und antike Bildung zu verschmelzen begannen und damit eine Entwicklung nachgeholt wurde, die im griechischen Osten schon längst zur Norm geworden war. Erst mit Hilarius von Poitiers, Ambrosius, Hieronymus und Augustin kam es hier innerhalb gewisser Grenzen zu einer Synthese unter christlichen Vorzeichen. Doch trotz aller Einflüsse, etwa der Rhetorik auf die Kunstreden der Bischöfe, hat sich im christlichen Bereich des Westens stets die schlichte und unmittelbare Form der Ansprache und des Gebets behauptet, eine Form, die ganz bewußt auf das Niveau der Gemeinde zugeschnitten war und auf ihre Erwartungen, die einfache und direkte Zwiesprache mit Gott oder den Fürbittern bei Gott.

Auch für die geistige Entwicklung des westlichen Christentums ist Ambrosius von Mailand repräsentativ. Ambrosius war in Trier als Sohn eines *praefectus praetorio* zur Welt gekommen, schlug dann nach Studien in Rom die Verwaltungskarriere ein, zuletzt fungierte er als Statthalter der Provinz Ligurien. In dieser Position wählte ihn der Klerus von Mailand zum Bischof der Stadt. Ambrosius war hochgebildet, Vergil und Cicero bildeten seine wichtigste Lektüre, die ihn besonders prägte. Auch das Griechische beherrschte er noch erstaunlich gut, so daß er häufig Übertragungen christlicher Literatur aus der griechischen in die lateinische Sprache vornahm. Dennoch aber war es Ambrosius' feste Überzeugung, daß sich die Heiligen nicht mit philosophischen Problemen zu befassen brauchten. So wirkte der große Mailänder Bischof nicht in erster Linie als Theologe oder Theoretiker, sondern als Prediger und Praktiker des religiösen Lebens. Daß er zugleich lernen und lehren müsse, hat Ambrosius selbst am meisten bedauert, es ist charakteristisch für ihn, daß fast alle seine Schriften aus Predigten hervorgegangen sind. Nicht zuletzt durch seine Bibelexegese übte Ambrosius eine starke Wirkung auf die damalige Kirche aus, denn es war deren Eigenart, daß die heilige Schrift einmal buchstäblich, sodann moralisch und endlich in besonders weitem Umfang allegorisch-mystisch gedeutet wurde.

In aristokratisch-autoritärer Weise hat Ambrosius im Verhältnis von Kirche und Staat stets drei Prinzipien verfochten. Er ist einmal bedingungslos gegen jede Einflußnahme des Staates auf die Belange der katholischen Kirche eingetreten und hat es in einem seiner Briefe unmißverständlich ausgesprochen, daß in Glaubensangelegenheiten die Bischöfe die Richter der christlichen Kaiser, und nicht die Kaiser die Richter der Bischöfe seien. Er hat sodann zweitens vom Staat gefordert, daß er immer und unter allen Umständen das christliche Moralgesetz respektiere. So zwang er Theodosius d. Gr. zur Kirchenbuße, als dieser 390 n. Chr. in Thessaloniki eine Revolte besonders grausam unterdrückt hatte. Drittens endlich erstrebte Ambrosius eine sehr enge Bindung zwischen Staat und Kirche, weil er sich dadurch für die katholische Kirche besondere Vorteile versprach. Ambrosius war ein Kirchenfürst, in dem sich Humanität und Milde mit unbeugsamer Willensstärke und mit der Unbedingtheit des eigenen Anspruchs verbanden. Für ihn konnte es keinen Zweifel daran geben, daß Rom und das Reich und eben immer wieder auch der Kaiser im Dienste Christi standen. Dies bringen die oft zitierten Worte zum Ausdruck: „Erwählt ist das Haupt der Völker zum Sitz des Lehrers der Völker – *electa gentium caput sedes magistri gentium.*"

In seinem Kampf für die Autorität und die Macht seiner Kirche ist Ambrosius nie zurückgeschreckt. So wurde im Grunde er zum Gegenpol des Symmachus im Kampf um den Victoria-Altar. Dabei ging er ebenso kompromißlos vor wie im Kampf gegen die Altgläubigen und die Häretiker, die er als Brüder der Heiden bezeichnete. Daneben hat gerade Ambrosius die Reliquienverehrung forciert, er war zugleich ein Initiator der westlichen Marienverehrung – aber auch der Kirchenmusik. Ambrosius werden 18 frühchristliche Hymnen zugeschrieben. Eine der berühmtesten ist sein Morgengesang „Beim Hahnenschrei" – *Ad Gallicinium* aus dem Jahre 388 n. Chr., in dem, in einer für das frühe Christentum typischen Weise, die Erinnerung an den die Dämonen vertreibenden Lichtvogel verbunden ist mit jener an den Verrat Petri beim Hahnenschrei:

„Du ewger Schöpfer aller Welt
Du bists, der Nacht und Tag regiert
und in der Zeit die Zeiten schenkt,
daß leichter sei das Einerlei.

Schon ruft der Herold neuen Tags,
der treue Wächter tiefer Nacht,
ein nächtlich Licht dem Wanderer,
und scheidet von der Nacht die Nacht.

Er weckt den hellen Morgenstern,
den Nachtflor er vom Himmel reißt,
und aller irren Geister Chor
verläßt des frevlen Treibens Pfad.

Durch ihn gewinnt der Seemann Mut,
es glättet sich der Wogenschwall,
bei seinem Schrei der Kirche Fels
wäscht seine Schuld in Tränen ab.

Erheben wir uns darum flink:
der Hahn weckt, was im Schlummer liegt,
er schilt, die Schlafes trunken sind,
der Hahn klagt die Verleugner an.

Sein Ruf bringt neue Zuversicht,
Genesung flößt er Kranken ein,
den Dolch der Räuber schnell verbirgt,
und Glauben findet, wer gefehlt.

Jesu, blick uns, die schwanken an,
und beßre uns durch deinen Blick:
blickst Du uns an, fällt weg der Fall,
und Schuld zerfließt in Tränenfluß.

Du, Licht, erleuchte unsern Sinn,
und treibe aus den Seelenschlaf.
Dich lobe unser erstes Wort,
den Mund wir öffnen Dir zuerst."

(Aeterne rerum conditor – Übertragung H. Kraft)

Es erübrigt sich wohl, den Gehalt und die Wirkung eines solchen Liedes in der von rhetorischem Flimmer durchwobenen Welt der Spätantike näher zu analysieren. Wie Emil Auerbach zeigte, ist gerade dieser sogenannte *sermo humilis* das besondere Kennzeichen des christlichen Stils in Spätantike und Mittelalter, das heißt eine betont einfache und realistisch zupakkende Sprache, die sich durch persönliche Worte und starke Bilder auszeichnet, eine Sprache, die sich so neben allen rhetorischen Einflüssen im christlichen Bereich immer behauptet hat.

Auch Spanien hat in jenen Jahrzehnten noch einmal einen großen christlichen Dichter hervorgebracht, Prudentius (ca. 348–410 n. Chr.). Der Angehörige der spanischen Aristokratie stieg bis zum Statthalter auf, lebte seit der Jahrhundertwende jedoch ganz seiner Dichtung. In den beiden in Hexametern abgefaßten Büchern *Contra Symmachum* rühmte er das christliche *Imperium Romanum* und insbesondere Theodosius d. Gr., setzte sich dann mit den altgläubigen Positionen des Symmachus auseinander und feierte das neue, christliche Rom. In seiner *Psychomachia,* einem über 900 Hexameter umfassenden allegorischen Gedicht, beschrieb er den Kampf um die Seele, den Kampf der christlichen Tugenden gegen die heidnischen Laster und schuf damit ein Werk, das sich besonders im Mittelalter größter Beliebtheit erfreute. Die Form des christlichen Lehrgedichts wählte Prudentius schließlich auch in anderen Dichtungen, so in der *Apotheosis,* welche die Trinitätslehre gegen Häresien verteidigte, oder in der *Hamartigenia,* die die Entstehung der Sünde erläuterte. Weit verbreitet waren daneben jedoch auch seine Hymnen auf Märtyrer und Feste sowie die 12 Tagzeitenlieder.

Einen noch konsequenteren Weg als Prudentius schlug der nur wenig jüngere Paulinus von Nola ein. Der aquitanische Aristokrat wurde rasch Statthalter von Kampanien, entschloß sich dann jedoch um 393 n. Chr. zu einer konsequent christlichen Form der Existenz. Er löste seinen Besitz in seiner Heimat auf, verschenkte ihn großenteils und gründete, inzwischen zum Priester geweiht, in dem kampanischen Nola ein Kloster, an das ein Hospiz angeschlossen war, in dem Paulinus selbst Kranke pflegte. Um 409 n. Chr. wurde er zum Bischof gewählt. Paulinus hat seinem alten Lehrer Ausonius gegenüber in eindrucksvollen Briefen begründet, warum er Gott und die Heiligen über die Musen stellte. Der Schluß seines letzten Briefes wurde zum Hohen Lied einer unvergänglichen Freundschaft:

„Der Geist lebt fort, auch wenn die Glieder aufgelöst,
Gefestigt in dem Himmelsstamm,
Bewahrt die Sinne und des Herzens Zärtlichkeit
Als Lebensodem stets zurück.
Und weder sterben noch vergessen kann der Geist,
Der ewig lebt und treu gedenkt.“

(Übertragung J. Vogt)

In solcher Gesinnung verfaßte Paulinus auch ein episches Gedicht auf Johannes den Täufer und eine ganze Reihe von Gedenktagsgedichten auf seinen Lokalheiligen, den heiligen Felix, dessen Grab er in Nola voll Pietät betreute.

Der aus dem nördlichen Bosnien stammende Hieronymus (ca. 335–420 n. Chr.) sollte zum Prototyp christlicher Gelehrsamkeit schlechthin werden. In langen Reisen lernte er den Westen des *Imperiums* ebenso kennen wie den Osten, in dem er sich eine ungewöhnlich gediegene Kenntnis der griechischen Sprache und Theologie erwarb, während einiger, strenger Askese gewidmeter Jahre in der Wüste von Chalkis auch die des Hebräischen. Zwischen 382 und 385 n. Chr. lebte Hieronymus in Rom in engem Kontakt mit Papst Damasus, danach als Einsiedler inmitten einer großen Bibliothek bei Bethlehem. Zu seinem kirchlichen Hauptwerk wurde die auf dem hebräischen Urtext fußende Bibelübersetzung, die sogenannte *Vulgata* des Mittelalters. Seine Chronik wurde schon erwähnt, daneben stehen eine Kurzvitensammlung von 135 christlichen Autoren, eine immense theologische Spezialliteratur und Hunderte von Briefen, die den typischen Gelehrten, gleichsam mit dessen Berufskrankheiten, zeigen. Mit seinem Namen hat sich deshalb eine Vorstellung verbunden, die Albrecht Dürers „Hieronymus im Gehäus" gültig widerspiegelt.

Augustin (354–430 n. Chr.) ist die größte Gestalt unter den Kirchenvätern des lateinischen Westens. In Tagaste in Numidien geboren, weithin von der Mutter, der heiligen Monica, geprägt, nahm dieser große Autodidakt alle wesentlichen geistigen Einflüsse seiner Zeit in sich auf, die in Cicero verdichtete antike Bildung, die Lehren des persischen Philosophen Mani, Neuplatonismus und Christentum. Auch nach seiner Übersiedlung nach Rom (383 n. Chr.) und der Taufe durch Ambrosius (387 n. Chr.) blieb Augustin von beständiger geistiger Unruhe erfüllt, aber nach Jahrzehnten eines aus eigener Kraft nie ganz gelösten Irrens fand er nun die letzte Antwort in der vollen geistigen Anerkennung Gottes, jenes Ziel, das er in das berühmte Wort kleidete: „Du hast uns für Dich geschaffen und unruhig ist unser Herz, bis es ruht in Dir." *(Fecisti nos ad te, et inquietum est cor nostrum, donec requiescat in te.)*

388 n. Chr. nach Afrika zurückgekehrt, gründete Augustin in seiner Heimatstadt eine kleine Gemeinschaft, mit der er in klosterähnlicher Weise zusammenlebte, philosophierte und betete. Etwa um 395 n. Chr. wurde er dann zum Bischof von Hippo Regius (Bône) gewählt; auch dort lebte er in einer nach seinen Vorstellungen gestalteten Gemeinschaft bei seiner Bischofskirche ein Leben der maßvollen Askese und der Armut. (Die Domherrengemeinschaften des Mittelalters haben an diese Tradition angeknüpft.) Predigt, Unterricht, Armenpflege und Rechtsprechung füllten neben der Arbeit an seinen Schriften das Leben des Bischofs aus. Sein Einfluß erstreckte sich bald weit über die Grenzen seines Bistums, noch in späteren Jahren predigte der gefeierte Rhetor in Karthago und unternahm große

Reisen. Als er im Jahre 430 n. Chr. starb, standen die Vandalen vor seiner Bischofsstadt.

Augustins kritisches Werkverzeichnis der *retractationes* nennt Hunderte von Titeln, die er verfaßt hat, allein über fünfhundert Predigten. Im Zentrum seines theologischen Schaffens stand die Erläuterung der Bibel, dabei zogen ihn die Genesis, das Johannesevangelium und die Auslegung der Psalmen besonders an. Im Bereich der Dogmatik gab Augustin in *de trinitate* eine systematische Antwort auf jene theologischen Probleme, welche die Kirche während des 4. Jahrhunderts n. Chr. bewegt hatten. Aber auch Fragen der Ethik, der Moral, der Erziehung und Kultur hat Augustin in vielen kleineren Schriften behandelt, die oft den praktischen Bedürfnissen der Seelsorge entsprangen. Dazu gehört eine Einleitung in das Christentum *(de catechizandis rudibus)*, eine christliche Kulturlehre *(de doctrina christiana)*, gehören Schriften über die Ehe und das Fasten.

Großen Raum nehmen in Augustins Schrifttum sodann die Auseinandersetzungen mit den zeitgenössischen Glaubensfragen und mit den Gefährdungen der christlichen Glaubenseinheit, vor allem durch Donatisten und Pelagianer, ein. Aber auch seine eigene Entwicklung hat Augustin selbstkritisch analysiert; seine etwa um 400 n. Chr. entstandenen *Confessiones* sind ein Werk ganz eigener Art. Denn diese Reflexionen über Augustins Leben bis zum Tode der Mutter, die große Unterredung mit dem Manichäer Faustus, die Bewußtseinsanalyse, die Genesis-Interpretation und die berühmte Erörterung des Phänomens der Zeit, diese wichtigsten Elemente des Werkes, werden immer wieder vom Gespräch mit Gott und vom Lob Gottes unterbrochen. Diese Objektivierung des eigenen Ichs ist in solcher Weise im Altertum ohne Beispiel. In den leidenschaftlichen Fragen des Suchenden, im Empfindungsreichtum und im offenen Gottesbekenntnis steht das Werk somit am Anfang einer entschiedenen christlichen Subjektivität.

Augustin war eine äußerst sensible Natur, und er hat diese Sensibilität noch durch intensivste geistige Arbeit und Askese gesteigert. Immer reflektierend, scheu und um die Schwierigkeiten menschlicher Kommunikation wissend, kannte er wie kaum ein anderer auch die Abgründe der Seele. Die Hunderte von Malern, die das Vorstellungsbild dieses großen Kirchenvaters während des Mittelalters festhielten, haben ihn mit dem Buch, der heiligen Schrift als dem Unterpfand des Heils oder dem Symbol der Weisheit, dargestellt und mit einem flammenden Herzen, dem Symbol der Liebe. Denn zu dieser christlichen Liebe hat er sich stets bekannt, und ihr hat er immer wieder den höchsten Wert beigemessen, so wie er es in das so stark rhetorisch gefaßte Wort kleidete: „Mögen sich alle mit dem Zeichen des Kreuzes bezeichnen, mögen sie alle das Amen sprechen, das Halleluja singen, mögen sie alle sich taufen lassen, die Kirchen besuchen und Basiliken bauen, – durch nichts unterscheiden sich die Kinder Gottes von den Kindern des Teufels als allein durch die Liebe.“

c) Kunst

Sowohl während des 3. Jahrhunderts n. Chr. als auch in der Spätantike erhielt die Architektur neue, starke Impulse. Dabei wiesen sich die Severer ebenso wie die neuen Dynastien des 4. Jahrhunderts n. Chr. bezeichnenderweise immer wieder gerade in Rom selbst durch eine intensive Bautätigkeit aus, um ihre Verbundenheit mit der alten Hauptstadt demonstrativ zu bezeugen, mochten sie daneben gleichwohl auch in ihren Heimatprovinzen neue Schwerpunkte setzen. Bezeichnend für eine solche Ambivalenz ist schon Septimius Severus selbst. Einerseits ließ er in Rom am Palatin einen neuen Kaiserpalast errichten und jene monumentale Thermenanlage in Angriff nehmen, die dann erst Caracalla beendete. Die sogenannten Caracalla-Thermen waren der große Tribut der neuen afrikanisch-syrischen Dynastie an die römische Bevölkerung; in ihren Dimensionen wie in dem ganzen System von Sälen und Räumen mit zum Teil kühnen architektonischen Elementen, wie der Kuppel des Warmbads oder dem Kreuzgewölbe der Zentralhalle, stellten sie zugleich eine der geschlossensten repräsentativen Konstruktionen der Epoche dar. Doch eine ähnlich imponierende Gesamtanlage ließ Septimius Severus auch in Leptis Magna errichten, wo ein neues Forum entstand, das erstmals die Säulen der das Forum umgebenden Hallen durch eine Arkadenreihe verband. Auch in anderen Städten Nordafrikas (z.B. Thugga) und Syriens (Heliopolis, Palmyra) ist die severische Epoche durch imponierende Großbauten vertreten, die den Gestaltungswillen und die Aktivität der Dynastie bezeugen, wenn auch in bescheideneren Dimensionen als in Rom und Leptis Magna.

Im Bereich der Staatsarchitektur folgt auf die Zeit der Severer eine lange Zäsur, in der sich die architektonischen Energien des *Imperiums* ganz auf die Befestigungsbauten der Städte und auf die Bauten in den neuen Residenzen der Sonderreiche und der Grenzzonen konzentrierten. Erst in der Zeit der Tetrarchie und während der Regierung Konstantins d. Gr. kam es dann erneut zu einem imperialen Bauen größeren Stils, doch auch damals lagen die Hauptakzente weithin außerhalb Roms. Während sich die repräsentativen Großbauten der östlichen Regierungszentren Nikomedia und Thessaloniki bisher kaum erahnen lassen, bietet der Diokletianspalast von Split mit seiner eindrucksvollen Anlage, die Wehrbau, Repräsentationsräume und Mausoleum zusammenschloß, ein neues Zeugnis jener konsequenten Konzeptionen, die für Diokletian charakteristisch sind.

Auch die Bauten des spätantiken Trier gehören zur außerrömischen imperialen Architektur großen Stils. Ungeachtet aller chronologischen Probleme, welche die Datierung der einzelnen Anlagen noch immer aufwirft, steht soviel fest, daß die spätantike Stadtanlage nach den ersten Impulsen zur Zeit des gallischen Sonderreichs erst unter Constantius Chlorus und Konstantin d. Gr. die überragende Stellung der Residenz des Westens erlangte. Innerhalb der 6,5 km langen Stadtmauer, der wuchtige Tore mit

Türmen von der Art der *Porta Nigra* das Gepräge gaben, erhoben sich ein eigener Palastbezirk, der durch den hohen, eindrucksvollen Ziegelbau der *Aula Palatina* besonders akzentuiert wurde, die konstantinische Doppelkirchenanlage und die neuen Kaiserthermen als wichtigste Bauelemente.

Die wohl kaiserliche Villa von Piazza Armerina in Sizilien entfaltete die glänzende imperiale Repräsentation der Epoche in anderen Funktionen. In dem kunstvollen Geflecht bunter Mosaiken wie in der Agglomeration vieler Räume ist ein repräsentatives Zentrum für Landleben, Erholung und Jagd geschaffen worden, das nicht weniger vom Lebensglanz erfüllt war als der Trierer Palast, dessen Deckengemälde gleichsam den strengeren, zeremoniell gebundenen Gegenpol zu der gelösten Welt der Mosaikfluchten von Piazza Armerina darstellen.

In Rom selbst hat Konstantins großer Gegner Maxentius ungeachtet seiner kurzen Regierungszeit (306–312 n. Chr.) eine besonders rege Bautätigkeit entfaltet. Neben einer kultischen Gedenkstätte für Romulus, dem Circus an der Via Appia und der Erneuerung des Venus- und Roma-Tempels ließ er vor allem am Rande des Forums jene monumentale Basilika errichten, die dann Konstantin veränderte und deren außerordentliche Dimensionen noch aus den Überresten zu erahnen sind. Es ist geradezu symbolisch, daß der fast gigantische Repräsentationsbau des Maxentius von Konstantin in einen kreuzförmigen Grundriß umgestaltet und durch seine eigene Kolossalstatue neu bezogen wurde. Die rücksichtslose Einbettung alter Elemente in die konstantinische Stilisierung dokumentieren im übrigen die Reliefs des Konstantinsbogens in gleicher Weise.

Die wirklich neuen Formen konstantinischer Baukunst entfalteten sich dagegen im Sektor des Kirchenbaus. In der seit 313 n. Chr. errichteten Lateranbasilika wurden Elemente des profanen Hallenbaus in eine Konzeption eingegliedert, die der Funktion einer Gemeindekirche in hervorragender Weise gerecht wurde. Hatten die antiken Tempel gleichsam nach außen gewirkt, so bildete die Basilika in erster Linie den äußerlich betont schlichten, im Innern dagegen prunkvollen Rahmen des christlichen Gottesdienstes. Das hohe Mittelschiff und die niedrigeren Seitenschiffe vereinigten die Gemeinde, ein Triumphbogen grenzte diesen Komplex zu dem in einem Querraum errichteten Altar sowie zur Apsis, in der Priester und Bischof saßen, ab. Apsis, Triumphbogen, Wände des Mittelschiffs und in einigen Fällen selbst die Fußböden wurden dabei mit kostbaren Mosaiken ausgelegt, der ganze Glanz der römischen Zivilisation so in den neuen sakralen Rahmen eingefügt.

Andere charakteristische Formen der nun im ganzen Reich forcierten christlichen Architektur sind die Märtyrergedächtniskirchen und die Taufkapellen. Parallel zur Intensivierung des Märtyrerkultes wurden nun auf den außerhalb der Städte gelegenen Friedhöfen die großen Märtyrergedächtniskirchen, zumeist ebenfalls in der Gestalt der Basilika, errichtet, wobei sich der Altar, wenn immer möglich, über dem Märtyrergrab erhob.

Die Taufkapellen, Baptisterien, dagegen wurden gleichsam an alle großen Kirchen angelehnt. Ihre häufig achteckigen Bauten wiesen als wichtigstes Element das große, von Marmorstufen eingesäumte Taufbecken und daneben ebenfalls reichen Mosaikschmuck an den Wänden auf, um dem Akt der Taufe seine ganze Würde zu geben.

Es ist überraschend, wieviele Glieder profaner und altgläubiger Provenienz die kirchlichen Bauten der Spätantike in sich vereinigten. Nicht nur an die Basilika ist hier zu erinnern, auch die Konzeption der Apsis mit ihrem Mosaikschmuck steht in altgläubiger Tradition. Glockenruf und Glockenturm der zentralen Badepaläste sind ebenso alte Vorläufer des christlichen Glockenturms, wie es der Peristylhof für den Klosterkreuzgang ist.

Auch im letzten Jahrhundert des weströmischen Reiches riß in Rom die Reihe der großen Kirchenbauten nicht ab. An den fünfschiffigen Bau von San Paolo schloß sich die dreischiffige Basilika von Santa Sabina auf dem Aventin an und endlich als älteste Marienkirche Roms Santa Maria Maggiore, eine Basilika, deren große Mosaikbänder teilweise noch heute erhalten sind. Der Höhepunkt der westlichen spätantiken Mosaikkunst aber liegt in Ravenna. Nachdem sich das offene Mailand angesichts der Goteneinfälle nicht mehr als Residenz eignete und Honorius sich im Jahre 402 n. Chr. in das geschützte, auf dem Seewege aber auch mit Konstantinopel verbundene Ravenna zurückgezogen hatte, reihten sich dort, insbesondere unter Galla Placidia, Theoderich und Justinian I., Kirchen- und Repräsentationsbauten in rascher Folge aneinander. Die Mosaiken des sogenannten Mausoleums der Galla Placidia und der Hofkirche von Sant' Apollinare Nuovo verkünden in einer überwältigenden Programmatik den Triumph des Christentums inmitten des Niedergangs der römischen Welt.

Auch in Porträtsplastik und Reliefkunst riß während des 3. Jahrhunderts n. Chr. die Kontinuität römischer Tradition nicht ab. Die Steigerung kultischer Verehrung des Kaisers, der rasche Wechsel der Soldatenkaiser und ihr Zwang und Wille, die eigenen Leistungen und das Selbstverständnis ihres Principats in monumentalen Formen zu demonstrieren, erklären die zunächst anhaltende Blütezeit dieser Kunstgattungen. Die Reihe der Kaiserporträts spiegelt dabei, ob in der Großform der Plastik oder in der Miniaturform der Münzen, einen erregenden Wandel der verschiedenartigsten künstlerischen Ausdrucksformen wider, der sich diametral von der Monotonie der antoninischen Epoche unterscheidet. Pathos und Verismus hier wechseln dabei mit klassizistischer Idealisierung dort, auf traditionelle Stilformen folgen Abstraktionen und neuartige geistige Durchdringungen eines Porträts. In der Reliefkunst, wie in den Triumphbogen des Septimius Severus von Rom und Leptis Magna, kündigen sich gleichfalls neue Gestaltungsprinzipien und Ausdrucksformen an. Aus dem gelegentlich eintönigen Figurenreichtum der Kompositionen heben sich Szenen ab, in denen die majestätische Frontalität der Repräsentation dominiert und gleichzeitig die plastische Form einer abstrahierenden, flächigen Darstellungsweise weicht.

Die Freiplastik wurde dagegen immer seltener. Hatten unter dem Principat ganze Säulenalleen die Foren und Plätze der Städte geschmückt, so wurden die Statuen später weithin auf die Nischen von Baukörpern zurückgedrängt und im übrigen thematisch ganz auf die Gruppen der Kaiser und der hohen Würdenträger reduziert. Der bärtige Julian Apostata im Philosophenmantel, Statuen römischer Konsuln in Toga und mit Mappa sowie der Koloß von Barletta, die monumentale Bronzestatue eines mit den Kaiserinsignien geschmückten Herrschers (Markians?) sind Beispiele dafür, daß sich auch in diesem Bereich noch immer einzelne Meisterwerke finden, doch schon die theodosianische Kunst mit ihren steifen, hieratischen Formen gehört ganz der byzantinischen Welt an, die nun auch für den römischen Westen immer größere Bedeutung gewann.

Die Reliefkunst entfaltete sich im 3. Jahrhundert nicht nur auf den alten Bildträgern staatlicher oder kaiserlicher Repräsentation, sondern ebenso auf den Sarkophagen sei es der altgläubigen, sei es der christlichen Führungsschicht. Nach den zunächst dominierenden kleinasiatischen und griechischen Werkstätten entstanden bald auch in Rom und in den westlichen Provinzen Produktionszentren hohen Ranges. Der Sarkophagreichtum der provenzalischen Museen und insbesondere die übereinandergestapelten Sarkophage von Alyscamps lassen noch heute ahnen, wie groß und konstant der Bedarf an Sarkophagen gewesen ist.

Neben einer Vielzahl lediglich mit einfachen Bildern oder Ornamenten geschmückter Steinbehälter stehen Kunstwerke mit den verschiedenartigsten Bildprogrammen und Stilrichtungen, der pathetische „Schlachtensarkophag Ludovisi", der einen siegreichen römischen Feldherrn inmitten eines Barbarengemetzels zeigt, der eirenische „Philosophensarkophag", christliche Sarkophage, welche den guten Hirten, den Oranten mit zum Gebet erhobenen Armen, wieder und wieder aber die großen Rettungsszenen des Alten und Neuen Testamentes zeigen, die Arche Noa, die Errettung des Jonas, Daniel in der Löwengrube, die Auferweckung des Lazarus und manche andere, als sinnfälligen Ausdruck der Hoffnung und des Glaubens, daß ebenso auch der Bestattete dereinst erlöst und errettet werde. Diesselbe Thematik begegnet häufig auch in den Zeugnissen frühchristlicher Malerei, ein Beweis mehr, wie tief diese Vorstellungen die Menschen jener Epoche erfüllt haben.

Im übrigen kannte die christliche Sarkophagkunst gerade in der Führungsschicht keine Uniformität. Auch hier kam es vielmehr zum Nebeneinander verschiedenster Stile. Die Plastizität der Gestalten wurde offensichtlich noch lange gewünscht, und der aus dem Jahre 359 n. Chr. stammende Sarkophag des römischen Stadtpräfekten Iunius Bassus zeigt, daß es durchaus möglich war, auch eine Szenenfolge christlicher Thematik ganz in klassizistischer Weise zu gestalten.

Auch das Kunsthandwerk und die Repräsentationskunst in kleinerem Format erlebten eine ausgesprochene Spätblüte. Das Tafelsilber des Schatzfundes von Augst, die riesige Silberplatte, welche Kaiser Theodosius einem hohen Beamten dedizierte, die Elfenbeindiptychen der spätantiken Konsuln, Goldgläser wie diejenigen von Brescia, prachtvolle geschnittene Steine wie jener Pariser Cameo, der den Kaiser Honorius und Stilichos Tochter Maria abbildete, üppigster Goldschmuck, großformatige Medaillons, Kontorniaten (Neujahrsgeschenke in Medaillonform) und Goldmünzen, perlenübersäte Diademe, reich verzierte Elfenbeinbehälter und schließlich im kirchlichen Bereich die aus kostbarsten Materialien hergestellten Vortragkreuze, Reliquienschreine, Baldachine, Paramenten, Meß- und Taufgeräte und die Einbände der Codices sind Beispiele dieser glänzenden, repräsentativen Gebrauchskunst, die den ganzen Reichtum der spätantiken Welt auf wenige kleine Zellen zu konzentrieren scheint.

Insgesamt gesehen gab die spätantike Kunst die Identität von natürlicher und künstlerischer Form im klassischen Sinne preis. Wenn so viele spätantike Figuren und Gestaltungen auf den ersten Blick unharmonisch, ja häßlich und bizarr wirken, so deswegen, weil die traditionelle Ästhetik nicht mehr verbindlich war und die künstlerischen Energien ganz auf die Wiedergabe des meist erregten, seelischen Ausdrucks versammelt wurden. Wenn in den Reliefs nun ganze Figurenkomplexe symmetrisch aufgereiht wurden, die Frontalität den Rang der Zentralfiguren ebenso heraushob wie der Bedeutungsmaßstab, der Christus- oder Kaiserbilder schon durch die Formate betonte, sie überhöhte und steigerte, so lassen sich dafür manche ältere Ansätze finden. Doch in ihrer Geschlossenheit sind diese Elemente insgesamt charakteristisch für die neue künstlerische Welt.

Bernhard Schweitzer hat einst überzeugend begründet, daß die Eigenart der spätantiken Kunst nur dann adäquat erfaßt werden kann, wenn berücksichtigt wird, daß diese Kunst grundsätzlich andere Beziehungen und Zusammenhänge voraussetzte als die klassisch-antike. Die spätantike Kunst wollte nicht lediglich einen Betrachter ansprechen, der nur besichtigt, sondern denjenigen, der im Kunstwerk ausschließlich den Anhalt seiner Erbauung, seiner Belehrung, seines Gebets und Gotteslobs erblickte.

6. Der Untergang des Weströmischen Reiches

Der Zwang zur Periodisierung der spätrömischen Geschichte hat lange Zeit dazu geführt, die Bedeutung einzelner Ereignisse zu überschätzen. Der Untergang des oströmischen Reichsheeres unter Kaiser Valens in der Schlacht bei Adrianopel (378 n. Chr.), die Einnahme Roms durch Alarich (24. 8. 410 n. Chr.), die Plünderung der Stadt durch die Vandalen Geiserichs (455 n. Chr.) und schließlich die Absetzung des weströmischen Kaisers Romulus Augustulus durch Odoakar (476 n. Chr.) waren gewiß erregende Vorgänge der letzten Epoche der weströmischen Geschichte, doch ist es wohl richtiger, den Untergang des Weströmischen Reiches primär als einen langfristigen Prozeß aufzufassen, der sich in diesen Ereignissen lediglich verdichtet hat.

Auf weströmischer Seite erhielt dieser Niedergangsprozeß sein Gepräge durch die oben beschriebenen Strukturveränderungen in Gesellschaft und Wirtschaft, Staat und Religion. Seine dramatische Dynamik bekam er indessen durch die großen Invasionen der Völkerwanderung, die tiefen Vorstöße germanischer, sarmatischer und hunnischer Verbände in die zentralen Landschaften des westlichen Reichsteils und durch die Konsolidierung germanischer Staaten innerhalb des alten Imperiums.

Auch während des ganzen 4. Jahrhunderts n. Chr. hatte sich das Römische Reich am Rhein wie an der Donau beständiger Angriffe der Grenznachbarn zu erwehren. Dabei verlagerte sich der Brennpunkt der Defensive immer deutlicher an die untere Donau. Denn während es Konstantin d. Gr., seinem Sohn Constans, Julian Apostata (357 n. Chr. Schlacht bei Straßburg) und schließlich Valentinian I. (364–375 n. Chr.) gelungen war, die Lage am Rhein durch den Ausbau der Grenzbefestigungen, Gegenoffensiven und die Überwachung der Ansiedlung von Germanen in den Grenzräumen erneut zu stabilisieren, trieb die Entwicklung an der unteren Donau zur Katastrophe.

In der Vernichtung des gesamten oströmischen Heeres bei Adrianopel mochte man ein Fanal sehen, wichtiger wurden die Folgen dieses Ereignisses. Denn im Unterschied zu vergleichbaren früheren Vorgängen wurde diese Katastrophe nicht mehr bereinigt, die Sicherheit des Reichsgebiets fortan nicht mehr gewährleistet, die in Zukunft nachstoßenden Germanen und Hunnen einzig in den Westen abgelenkt, die Invasoren nicht mehr integriert. Die Suprematie der Germanen, Hunnen und anderer Stämme blieb eine Konstante der folgenden Jahrzehnte; die siegreichen Eindringlinge zogen sich nach ihren Plünderungszügen auch nicht mehr in ihre Ausgangsgebiete zurück, sie wechselten einzig die Okkupationsräume innerhalb des *Imperiums.* Gleichzeitig war das Übergewicht des germanischen Faktors innerhalb der römischen Armee sowohl quantitativ als auch qualitativ immer klarer sichtbar geworden, die Abhängigkeit des *Imperiums* von der Loyalität nichtrömischer Verbände und Heermeister evident.

Die einzelnen Faktoren und die Erscheinungen der veränderten Lage waren dabei nicht neu. Germanische Foederaten wurden auch früher, freilich sektoral eng begrenzt, innerhalb der römischen Grenzzone und im Vorfeld des *Imperiums* unterstützt. Entscheidend blieben hier wie bei der Ansiedlung von Kriegsgefangenen *(laeti, gentiles)* die Intensität und Wirksamkeit römischer Kontrolle sowie die Effektivität der Gegenleistungen der „Barbaren". Theodosius' d. Gr. Friedensschluß mit den Westgoten von 382 n. Chr. und viele ähnliche Verträge der Folgezeit waren jedoch lediglich juristische Fixierungen des status quo und römische Selbsttäuschungen, da es einzig im Belieben der Partner lag, wie lange und wie weit sie sich an solche Abmachungen hielten, welche die römische Verwaltungsstruktur und Grenzverteidigung Schritt für Schritt auflösten.

Mochte man von römischer Seite aus noch so hohe Tribute zahlen, germanische, sarmatische oder hunnische Verbände besolden, ganze Stämme und Heeresverbände nach dem Prinzip der *hospitalitas* versorgen, das solchen „Gästen" ein Drittel, teilweise noch mehr, der Areale der Grundbesitzer zur Verfügung stellte, bei denen sie zwangsweise einquartiert waren, Rom wurde zum Spielball dieser Kräfte. Gleichzeitig entwikkelten sich die beiden Reichshälften immer weiter auseinander. Die Aufgliederung der beiden Reichshälften nach dem Tode Theodosius d. Gr. (395 n. Chr.) war zwar zunächst keineswegs als eine endgültige Teilung des *Imperiums* gedacht, doch von diesem Augenblick an wurde der mit der Anlage Konstantinopels eingeschlagene Weg irreversibel. Wohl versuchten sich Rom und der römische Westen immer wieder an Konstantinopel anzulehnen, das über die weit besseren Defensivmöglichkeiten, ein weit stärkeres Potential und ungleich größere Hilfsmittel verfügte, doch das Ostreich konnte nur zeitweilig und begrenzt Hilfe leisten, weil es in seine eigenen Probleme verstrickt war.

Der Übergang der von den Hunnen vorwärtsgedrängten Ostgoten unter Radagais über die Donau (405 n. Chr.), der Einfall der Alanen, Vandalen, Quaden und anderer Gruppen nach Gallien (Ende 406 n. Chr. bei Mainz), der „Fall Roms" (410 n. Chr.), die Ansiedlung der Westgoten in Aquitanien (418 n. Chr.), die Formierung des Burgunderreichs am Rhein (413–436) und an der Rhône (443–534 n. Chr.), die Eroberung Karthagos durch die Vandalen (439 n. Chr.) und die Konsolidierung ihres nordafrikanischen Reiches (429–533 n. Chr.), der große Abwehrerfolg gegen die Hunnen auf den Katalaunischen Feldern (451 n. Chr.), die Ostgotenherrschaft in Italien (493–553 n. Chr.) und die Stabilisierung des Westgotenreichs in Spanien (507–711 n. Chr.) stellen die wichtigsten Etappen des Erosionsprozesses der römischen Macht dar. Dabei ist nicht überraschend, daß der westliche Reichsteil schließlich unter diesem Druck zerbrach, überraschend ist eher, daß sich Relikte des *Imperiums* so lange Zeit hielten.

Die lange Dauer der Agonie und die Komplikationen der Entwicklung erklären sich daraus, daß die Germanen in ihr nicht nur destruktiv wirkten, sondern noch lange Zeit ihr militärisches Potential für römische Interessen einsetzten. Stilicho, der unter Theodosius d. Gr. zum römischen Oberbefehlshaber aufstieg, erkannte die Macht der römischen Tradition nicht weniger an als der Westgotenkönig Athaulf – der angeblich danach trachtete, „sich durch die völlige Wiederherstellung und die Erhöhung des römischen Namens mit Hilfe der Goten Ruhm zu erwerben" – oder der Ostgotenherrscher Theoderich d. Gr.

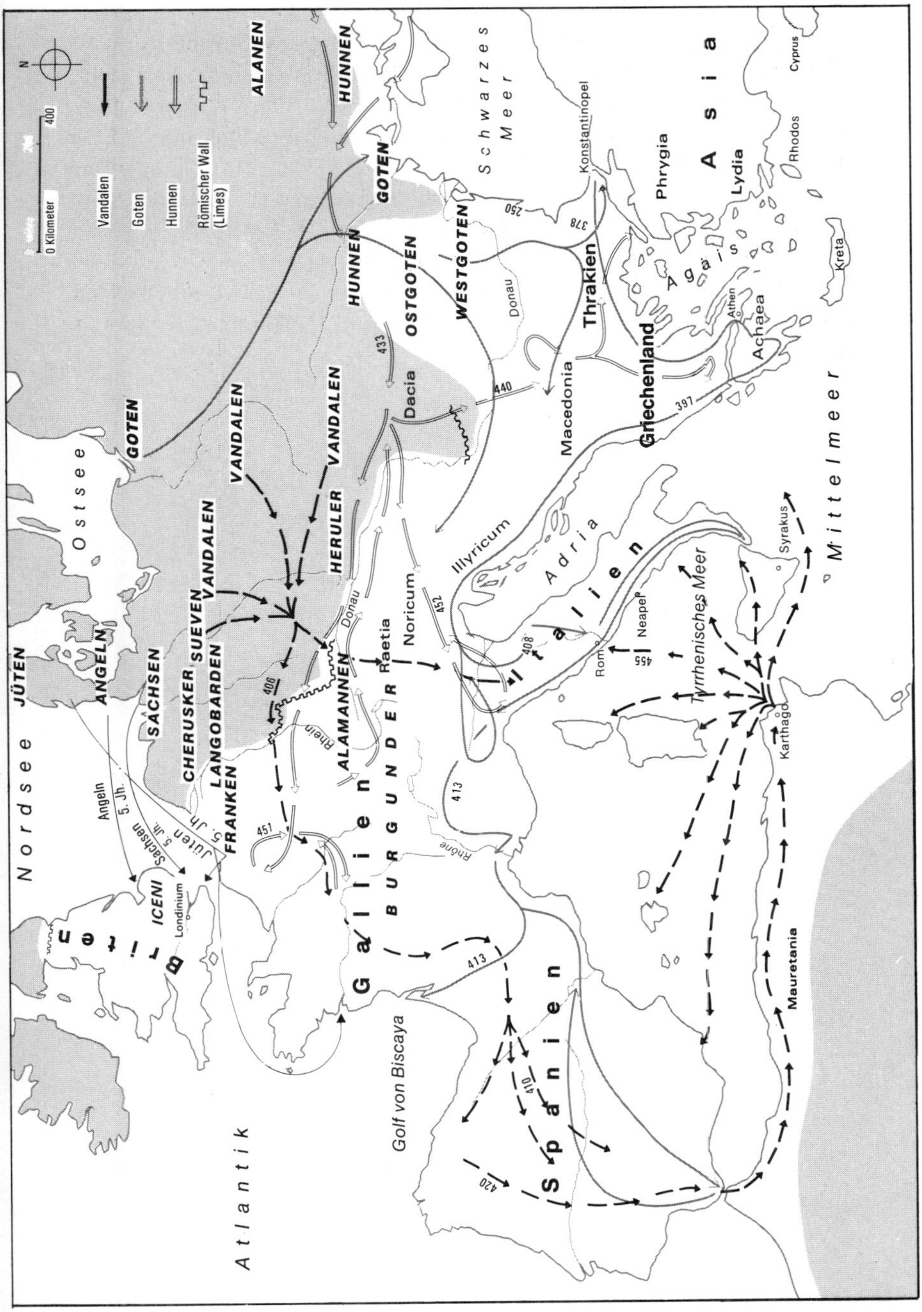

10. Die Völkerwanderung

Trotz solcher Phänomene darf man nicht übersehen, daß es auf römischer Seite seit der Schlacht von Adrianopel auch einen wachsenden „Antigermanismus“ gab, dem schon 399 n. Chr. in Konstantinopel der germanische Heermeister Gainas zum Opfer fiel, und daß es zu einer Amalgamierung von Romanen und Germanen solange nicht kommen konnte, als die religiöse Spaltung zwischen der katholischen Reichsbevölkerung und den zumeist arianischen Germanen die gemeinsame Basis des Christentums relativierte. Demonstratives germanisches Bekenntnis zu römischen Formen aber läßt sich historisch auch so deuten, daß das römische Kaisertum, das einst im Principat mit der Stilisierung der eigenen Macht begonnen hatte, in der Spätantike damit endete, daß nun die germanischen Heermeister und Könige ihre Macht mit den Formen des römischen *Imperiums* drapierten.

IX. Die römische Tradition

Das Selbstverständnis des Römertums und der römischen Geschichte sind besonders deutlich in der Einleitung des Geschichtswerkes des augusteischen Historikers Titus Livius zu fassen. Livius wollte damals darstellen,

> „durch welche Lebensform und welche Sitten, durch was für Männer und welchen Wandel in Krieg und Frieden das Reich errungen und gemehrt wurde, ... wie mit dem allmählichen Verfall der *disciplina* der sittliche Zustand zuerst gleichsam zusammensank, wie er dann mehr und mehr ins Gleiten kam, dann jäh abstürzte, bis es endlich in der Gegenwart dahin kam, daß wir weder unsere Verkommenheit mehr ertragen können noch die Mittel, die man dagegen anwendet. Das ist das Heilsame, Fruchtbare, das man an der Geschichte preist: man hat Lehre aller Art über Gut und Böse an einer weit sichtbaren Gestaltung anschaulich vor sich. Dorther mag man für sich und das Leben in seinem Staat die Vorbilder nehmen, aber auch abschreckende Beispiele dafür, wie schmachvolles Beginnen schmählich enden muß.
>
> Ich glaube übrigens kaum, daß mich die Liebe zu dem begonnenen Werke verführte, sondern daß wirklich kein Staat größer, reiner und an guten Vorbildern reicher gewesen ist. Nirgends sind Habgier und Genußsucht so spät eingedrungen, nirgends Armut und Kargheit so lange in Ehren gestanden. Denn je geringer der Besitz, desto geringer war auch die Begehrlichkeit. Erst in neuerer Zeit hat der Reichtum die Habsucht hereingebracht, und mit dem Übermaß aller Genüsse ist die Sucht gekommen, durch Prassen und wüstes Leben unterzugehen und Untergang rings um sich her zu verbreiten." (Nach der Übertragung von Fr. Klingner)

Römische Geschichte als Sammlung vorbildlicher oder besonders abstoßender sittlicher und moralischer Verhaltensweisen, verdichtet in der Verbindlichkeit der *exempla maiorum*, und damit die Stilisierung von Gestalten und Handlungen ins Exemplarische, dies ist die eine Seite der livianischen wie der römischen Auffassung. Doch mit ihr untrennbar verbunden sind die Überzeugung von der Notwendigkeit, stets im Einklang mit dem Willen der Götter zu leben und zu handeln, sowie das Bewußtsein allgemeiner Dekadenz. Die Verabsolutierung und Abstraktion einmaliger Handlungen zum überzeitlichen, normativen Beispiel ist im Rahmen der Geschlossenheit des römischen Geschichtsprozesses durchaus verständlich. Doch täuschte sie offensichtlich viele Angehörige der römischen Führungsschicht bis herab zu Cato Uticensis über die Zeitbedingtheit menschlicher Existenz und politischer Normen ebenso hinweg wie über die irreversiblen gesellschaftlichen und wirtschaftlichen Veränderungen, die in Rom seit dem 3. Jahrhundert v. Chr. eingetreten waren. Das starre Festhalten an längst impraktikablen Verhaltensweisen und Denkformen war eine Folge jener statischen Rückwärtsorientierung.

Der Verklärungsprozeß der klassischen römischen Republik hatte bereits in der Krise des 2. Jahrhunderts v. Chr. begonnen, er wurde noch verstärkt in der Untergangsphase der Römischen Republik wie in der Opposition gegen den Principat. Im literarischen Bereich ist neben Livius vor allem Plutarch zum Vermittler der Heroisierung der großen Römer der Republik geworden. Der Tugendkanon freier römischer Bürger begründete damit eine wiederholt aktualisierte politische Tradition. Sie wurde in den italienischen Republiken ebenso aufgegriffen wie in den freien deutschen Reichsstädten, erst recht in der Französischen Revolution und in der Gründungs- und Konsolidierungsphase der Vereinigten Staaten von Nordamerika. Die „Römertugenden", wie die Freiheitsliebe, Unabhängigkeit, Härte, Disziplin, Sparsamkeit, Ausdauer, Gehorsam und manche andere, wurden bei Corneille nicht weniger gerühmt als bei Bossuet, im Rahmen der philologischen Begriffsforschung wie in der Erziehungspolitik des „Dritten Reiches", – die Abwendung von diesen Werten aber seit Cato und Sallust als „Sittenverfall" gebrandmarkt.

Eine andere Grundlinie des Verständnisses des Römertums war bereits bei Polybios angelegt. Seine Frage „wo gibt es einen so niedrig denkenden Menschen, der nicht zu wissen wünschte, wie und durch welche Mittel der Staatskunst beinahe die ganze bewohnte Welt in nicht ganz 53 Jahren bewältigt und unter die einheitliche Herrschaft der Römer gebracht worden ist, ein Vorgang, der sich früher niemals ereignet hat" führte ihn zur eingehenden Analyse der römischen Verfassung und zu dem Bestreben, gerade anhand der römischen Entwicklung die Lehren allgemeiner politischer Erfahrungen zu vermitteln. Die Römer wurden damit zu den großen Vorbildern der Staatsgestaltung und der Organisation wie der Ausübung politischer Macht. Seit den Tagen Machiavellis rissen die Versuche nicht ab, gerade an der römischen Geschichte die Entwicklung und die Möglichkeiten politischer Macht zu analysieren und zu lehren.

In den verschiedensten geistigen Bereichen wurden die Römer so zu politischen Lehrmeistern der Staatsmänner, Prinzen und Regierenden, in Reinhard Lorichius' *Wie iunge fursten und grosser herrn kind rechtschaffen instituirt und unterwisen / Auch in welchen stucken lant und leut zu gut sy fruchtbarlich unterricht mögen werden* (Marburg 1537) wie in Montesquieu's berühmten *Considérations sur les causes de la grandeur des Romains et de leur décadence* (Amsterdam 1734), nach Friedrich dem Großen der „Quintessenz von allem, was der menschliche Geist an philosophischen Gedanken über die römische Politik hervorbringen kann".

Die tatsächlichen oder vermeintlichen Maximen der römischen Politik, die auf diese Weise abstrahiert wurden, wie zum Beispiel das aus der Antike nicht bezeugte *divide et impera,* mündeten häufig in die Verklärung der *pax Romana.* Das *Imperium Romanum,* speziell das Reich des Augustus und der Kaiserzeit, wurde zum vorbildlichen Modell einer antiken Ordnungsmacht überhöht, zum Leitbild effektiver und korrekter Staatsverwaltung, zum Garanten von Recht und Ordnung, Austausch und Freizügigkeit, Toleranz und Humanität. Auch Theodor Mommsen konstatierte, daß „das römische Kaiserregiment ... in seinem Kreise, den die, welche ihm angehörten, nicht mit Unrecht als die Welt empfanden, den Frieden und das Gedeihen der vielen vereinigten Nationen länger und vollständiger gehegt (hat) als es irgend einer anderen Vormacht je gelungen ist ... Noch heute giebt es manche Landschaft des Orients wie des Occidents, für welche die Kaiserzeit den an sich sehr bescheidenen, aber doch vorher wie nachher nie erreichten Höhepunkt des guten Regiments bezeichnet; und wenn einmal ein Engel des Herrn die Bilanz aufmachen sollte, ob das von Severus Antoninus beherrschte Gebiet damals oder heute mit größerem Verstande und mit größerer Humanität regiert worden ist, ob Gesittung und Völkerglück im Allgemeinen seitdem vorwärts oder zurückgegangen sind, so ist es sehr zweifelhaft, ob der Spruch zu Gunsten der Gegenwart ausfallen würde." (Römische Geschichte. V. 1885, 4f.)

An ein ähnliches Verständnis römischer Herrschaft knüpften zur Legitimation der eigenen Macht das Heilige Römische Reich deutscher Nation ebenso an wie das Britische Empire oder die Theoretiker der *pax Americana.* Innerhalb der Geschichtsschreibung rühmten Leopold von Ranke wie Jacob Burckhardt in ihren universalhistorischen Konzeptionen die integrierende Kraft dieses Reiches wie seine Vermittlungsfunktion für die Kultur Alteuropas. Zugleich verband sich bei ihnen damit die Anerkennung des christlichen Rom, der wechselseitigen Durchdringung von politischer Macht und Christentum seit Konstantin, jener neuen Form des Römertums der Spätantike, einer von Rom abgeleiteten politisch-historischen Tradition, die einst die „neuen Römer" des Ostens, das Byzantinische Reich, ebenso aufgenommen hatten wie Moskau, „das dritte Rom". In Italien selbst aber war der Glanz der alten politischen Metropole unterdessen längst auf die Stadt der Päpste übergegangen.

Im Gegensatz zu all diesen, überwiegend idealisierenden Vorstellungen konnten sich andere nicht in gleicher Weise durchsetzen. So hatte Johann Gottfried Herder im 14. Buch seiner „Ideen zur Philosophie der Geschichte der Menschheit" (1784–1791) konsequent die zerstörende Auswirkung der römischen Weltbeherrschung betont, Rom primär als „Kriegsstaat" verstanden, Destruktion und Arroganz der römischen Macht gebrandmarkt: „Nie hat es einen kälteren Stolz und zuletzt eine schamlosere Kühnheit des befehlenden Aufdringens gegeben, als diese Römer bewiesen haben; sie glaubten, die Welt sei die ihre, und darum ward sie's." Ob in Latium oder Süditalien, Karthago oder Griechenland, im hellenistischen Osten wie in den Ländern des Westens, überall wurde „ausgesogen, entnervt und entvölkert". – „So machen die Römer, die der Welt Licht bringen wollen, allenthalben zuerst verwüstende Nacht; Schätze von Golde und Kunstwerken werden erpreßt; Weltteile und Äonen alter Gedanken sinken in den Abgrund; die Charaktere der Völker stehen ausgelöscht da, und die Provinzen unter einer Reihe der abscheulichsten Kaiser werden ausgesogen, beraubt, gemißhandelt." Rom ist für Herder „die Räuberhöhle", die Taten der Scipionen und Caesars „Mörderhandwerk", Roms Verfall eine Wiedervergeltung nach den Gesetzen der ewigen Naturordnung.

Auch in Hegels „Vorlesungen über die Philosophie der Geschichte" (1822–1831) finden sich entschiedene, kritische Wertungen. Die römische Welt ist nach ihm „dazu auserkoren, die sittlichen Individuen in Banden zu schlagen, sowie alle Götter und alle Geister in das Pantheon der Weltherrschaft zu versammeln, um daraus ein abstrakt Allgemeines zu machen". Auch bei Hegel beruht der römische Staat „geographisch wie auch historisch auf dem Momente der Gewaltsamkeit". Der „Räuberanfang des Staates" beeinflußt die ganze spätere Entwicklung; „Das römische Prinzip stellt sich dadurch als die kalte Abstraktion der Herrschaft und Gewalt heraus, als die reine Selbstsucht des Willens gegen andre, welche keine sittliche Erfüllung in sich hat, sondern nur durch die partikularen Interessen Inhalt gewinnt." Deshalb stürzte nach Hegel auch nicht „die Zufälligkeit Cäsars ..., sondern die Notwendigkeit" die Republik. „Das römische Prinzip war ganz auf die Herrschaft und Militärgewalt gestellt: es hatte keinen geistigen Mittelpunkt in sich zum Zweck, zur Beschäftigung und zum Genusse des Geistes."

Seit dem Ende des 19. Jahrhunderts wurde dann auch die Kritik an der römischen Gesellschafts- und Wirtschaftsstruktur immer schärfer. Nach Max Weber war es gerade ein Vorzug der römischen Geschichte, daß sich in ihr „die wirtschaftlichen und sozialen Klasseninteressen mit ihren Konsequenzen ... in einer schamlosen Nacktheit (zeigen), welche für den antiken Politiker und den modernen Sozialhistoriker die gleichen Vorzüge bietet, wie die entsprechende Eigenschaft in den Bekleidungsverhältnissen des klassischen Altertums für die antike Kunst". Die Nutzung des *ager publicus* etwa stellte für Weber „den schrankenlosesten Kapitalismus auf agrarischem Gebiete" dar, „welcher in der Geschichte jemals erhört gewesen ist". (Die römische Agrargeschichte in ihrer Bedeutung für das Staats- und Privatrecht. 1891, 129) Auf Max Weber geht die ätzende Kritik an der römischen Sklavenkaserne ebenso zurück wie der Versuch, die sozialen Gründe des Untergangs der antiken Kultur zu erfassen.

Und doch haben, insgesamt gesehen, weder die spätere Polemik gegen den römischen „Imperialismus" noch die Versuche, die römische Geschichte mit den Kategorien des Klassenkampfes zu bewerten, oder die zahlreichen neueren Studien zur Rolle der Sklaverei und zur Eigenart der römischen Wirtschaft die positiven Einschätzungen des Römertums wesentlich beeinträchtigt. Herders Feststellung, daß „die römische Geschichte, weil an ihrer Sprache die Kultur Europas hing, sowohl politische als gelehrte Erläuterungen erhalten (hat), deren sich fast keine Geschichte der Welt rühmen darf: denn die größesten Geister, die über Geschichte dachten, dachten über sie und entwickelten über römischen Grundsätzen und Taten ihre eigenen Gedanken", gilt unvermindert, und es sind die Vorstellungen dieser „größesten Geister" gewesen, die das Bild der Römer und ihrer Geschichte in weitesten Kreisen bestimmten.

Edward Gibbon's *„History of the Decline and Fall of the Roman Empire"* (1776–1788) hatte die Tugenden der Römischen Republik als Folie des Untergangs ebenso beschworen wie den Verfall des *Imperiums* als Folge seiner übermäßigen Größe, der Einflüsse von Reichtum und Luxus, der Entartung der Armee wie der Auswirkungen des Christentums zu erklären gesucht. Für Barthold Georg Niebuhr's „Römische Geschichte" (1811–1832) standen bereits die Agrarverfassung der freien Bürgergemeinde und das wissenschaftliche Problem der Wiedergewinnung der frührömischen Geschichte mit Hilfe einer systematisch angewandten historisch-philologischen Quellenkritik im Mittelpunkt der Interessen.

Ganz anders Theodor Mommsen. In seiner „Römischen Geschichte" (1854–1856. 1885) war die Geschichte der römischen Republik von einem leidenschaftlichen liberalen Patrioten konsequent als Geschichte einer nationalen Entwicklung und Einigung dargestellt worden. Mommsens Haß auf das Junkertum seiner Zeit entsprach jener auf die Nobilität der späten Republik; seine Apotheose Caesars war so ungewöhnlich, daß er sie gegen den Mißbrauch zur Rechtfertigung der modernen Monarchie wie des Caesarismus zu verteidigen hatte. Die Verschränkung historischer Wertung und politischer Pädagogik war hier offenkundig.

Ähnliche Zusammenhänge zwischen Gegenwartserleben, politischem Bewußtsein des Autors und historischem Urteil lassen sich auch für andere große neuere Darstellungen der Römischen Geschichte aufzeigen, für M. I. Rostovtzeffs „Gesellschaft und Wirtschaft im römischen Kaiserreich" (1929) wie für R. Syme's *„The Roman Revolution"* (1939). Das Verständnis der Römischen Geschichte ist so auch zum Gradmesser der geistigen und politischen Maßstäbe und Perspektiven der Epochen der Neuzeit geworden.

Die über ein Jahrtausend umfassende historische Formation Rom, die nach Kohärenz und zeitlichen wie räumlichen Dimensionen mächtigste des europäischen Kulturkreises, die Geschichte einer Stadt, die in einer Kette immer neuer Auseinandersetzungen zur Geschichte der alten Welt schlechthin wird, war und ist ein so faszinierender Gegenstand historischer Reflexion und Forschung, daß wohl auch in Zukunft, wie bisher, jede Generation ihr eigenes Bild des Römertums erarbeiten wird. Wie immer interpretiert und bezogen, ob als Raum vorbildlicher sittlich-moralischer Verhaltensweisen, ob als Modell politischer Erfahrungen, ob als Objekt wissenschaftlicher Methodik und Forschung, Rom bleibt ein historisches Fundament unserer Welt.

X. Anhang

1. Zeittafel

Politische Geschichte	*Kultur*
1200 v. Chr.	
Frühe Eisenzeit. Einwanderung transalpiner Gruppen in Italien	
1000 v. Chr.	
Siedlungsspuren auf dem Palatin, dem Esquilin und dem späteren Forum Romanum	
800 v. Chr.	
753 v. Chr. Legendäres Gründungsjahr Roms	
600 v. Chr.	
Rom unter etruskischer Herrschaft	nach 600 Anlage der Cloaca maxima
509(?) Vertreibung des Königs Tarquinius Superbus	509(?) Weihe des Tempels für Iuppiter Capitolinus
508/7(?) 1. Römisch-Karthagischer Vertrag	
500 v. Chr.	
494 Auszug der Plebejer auf den „heiligen Berg“	
493 Foedus Cassianum zwischen Rom und den Latinern	493 Tempel für Ceres, Liber, Libera
451/0 Zwölf-Tafel-Recht	ca. 475–450 Entstehung der Capitolinischen Wölfin
400 v. Chr.	
396 Einnahme Vejis	Werke etruskischer Bronzeplastik („Chimäre von Arezzo“)
387 Niederlage gegen die Kelten an der Allia	Stadtbefestigung („Servianische Mauer“). Neuanlage der zerstörten Stadt
367/6 Licinisch-Sextische Gesetze	Concordia-Tempel

Diese Karte entnahm ich dem Buch

Haben Sie dieses Buch
❒ gekauft ❒ geschenkt bekommen?

Was war für Ihre Kaufentscheidung ausschlaggebend?
(Mehrfachnennungen möglich)

- ❒ Beratung in der Buchhandlung
- ❒ Präsentation des Titels in der Buchhandlung
- ❒ Prospekte/Verzeichnisse
- ❒ Rezensionen/Bücherlisten
- ❒ Empfehlung durch Freunde u. Bekannte
- ❒ Umschlag/Ausstattung
- ❒ Werbung/Anzeigen, und zwar in

Ihre Altersgruppe?

❒ bis 30 Jahre ❒ 30 - 45 Jahre
❒ 46 - 60 Jahre ❒ über 60 Jahre

Welche Zeitungen/Zeitschriften lesen Sie regelmäßig?

Welche Themen sähen Sie gerne im Verlag C.H.Beck?

Politische Geschichte	*Kultur*
343–341 1. Samnitenkrieg	
340–338 Latinerkrieg	
327–304 2. Samnitenkrieg	
326 Bündnis mit Neapel	
312 Censur des Appius Claudius Caecus	Via Appia: Rom-Capua; Aqua Appia
300 v. Chr.	
298–290 3. Samnitenkrieg	Seit 300: Erste Ansätze der „Hellenisierung“ Roms
287 Lex Hortensia: Ende der Ständekämpfe	Anfänge der Historien-Malerei
280–275 Kämpfe gegen Pyrrhus	
264–241 1. Punischer Krieg	Einführung der Gladiatorenkämpfe in Rom
	240 Livius Andronicus: Erstes Bühnenspiel in Rom nach griechischem Vorbild
	239 Q. Ennius geb. (†169)
238 Besetzung von Sardinien und Korsika	
229 1. Illyrischer Krieg	
225–222 Kämpfe gegen die Kelten	220 Via Flaminia: Rom-Rimini
	220–140 Pacuvius, Tragödien
219 2. Illyrischer Krieg	
218–201 2. Punischer Krieg	
216 Schlacht bei Cannae	
215–205 1. Makedonischer Krieg gegen Philipp V.	212 Plünderung von Syrakus; Kunstraub in eroberten großgriechischen Städten
	ca. 212 Beginn der römischen Denarprägung
	ca. 212–184 Komödien des Plautus
	205 Einholung des Steines der Magna Mater
	204–169 Ennius in Rom
	201 Naevius, *bellum Poenicum* in Saturniern
200 v. Chr.	
200–197 2. Makedonischer Krieg	ca. 200 Geschichtswerk des Fabius Pictor in griechischer Sprache
197 Provinzen Hispania citerior und ulterior eingerichtet	ca. 200–80 Pompeji: Wandmalerei des I. Stils
196 Freiheitserklärung für Griechenland durch T. Quinctius Flamininus	

Politische Geschichte	*Kultur*
191 Provinz Gallia cisalpina	Einweihung des Tempels der Magna Mater
191–188 Krieg gegen Antiochos III. von Syrien	
	188 Aufstellung der Marsyasstatue auf dem Forum als Zeichen der Marktfreiheit
	186 „Bacchanalienfrevel“
184 Cato Censor	184 Plautus†; Errichtung der Basilica Porcia
183 Hannibal†; Scipio Africanus†	
180 Lex Villia annalis	ca. 180 Beginn der Schriftstellerei Catos. Erster Höhepunkt römischer Prosa
	ca. 180–110 Panaitios von Rhodos, „Mittlere“ Stoa
	179 Baubeginn Basilica Aemilia, Basilica Fulvia, Basilica Sempronia
	174 Pflasterung der Hauptstraßen Roms
171–168 Krieg gegen König Perseus von Makedonien	ca. 170–85 (?) L. Accius, Tragödien
168 Schlacht bei Pydna	nach 168 Polybios in Rom
	168/7 Delphi: Reliefs am Siegesdenkmal des Aemilius Paullus
	166–160 Terenz, Komödien
	161 Griechische Rhetoren und Philosophen aus Rom ausgewiesen
	155 Griechische „Philosophengesandtschaft“ (Karneades, Kritolaos, Diogenes) in Rom
154–133 Kämpfe in Spanien	Sarkophag des L. Cornelius Scipio Barbatus
149–146 3. Punischer Krieg	
149 Einsetzung des Repetundengerichtshofes	
148 Provinz Macedonia	
146 Zerstörung Karthagos und Korinths; Provinz Africa	
	142 Q. Marcius Rex erbaut Aqua Marcia
136–132 1. Sklavenkrieg in Sizilien	
133 Tiberius Gracchus Volkstribun; Fall von Numantia; Königreich Pergamon fällt an Rom	ca. 133–107 Lucilius, Satiren
132–129 Aufstand des Aristonikos im Pergamenischen Reich	

Politische Geschichte	Kultur
129 Provinz Asia	
123–122 Volkstribunat des C. Gracchus	
121 Provinz Gallia Narbonensis	ca. 120 Polybios†
118 Anlage der Kolonie Narbo Martius	116–27 M. Terentius Varro
113–101 Kämpfe gegen Kimbern und Teutonen	
112–105 Jugurthinischer Krieg	106–43 M. Tullius Cicero
104–100 2. Sklavenkrieg in Sizilien	vor 100 Pompeji, Villa dei Misteri
100 v. Chr.	
100 6. Konsulat des Marius	um 100 Blüte der „Fabula Atellana", „Vesta"-Tempel am Forum Boarium, Bronzestatue des „Arringatore"
96 Kyrene fällt an Rom	
92 Sulla Statthalter von Kilikien, Kontakt mit dem Parthischen Reich	
91–89 Bundesgenossenkrieg	ca. 90–1 Wandmalerei des II. Stils
88 Sullas 1. Marsch auf Rom	
88–64 Kriege gegen Mithradates VI. von Pontos	
87–84 Herrschaft des Cinna	
86 Plünderung Athens durch Sullas Heer	
83–81 Bürgerkrieg	
82–79 Diktatur Sullas	81 Ciceros erste Rede *(pro Quinctio)* nach 80 Fortuna-Heiligtum von Praeneste
78 Sulla†	
77–72 Kämpfe des Pompeius gegen Sertorius	
74 Bithynien fällt an Rom	
73–71 Spartacusaufstand	
70 Prozeß gegen Verres	
67 Seeräuberkrieg des Pompeius	
66–63 Neuordnung des Ostens durch Pompeius	
63 Konsulat Ciceros, Catilinarische Verschwörung	
60 1. Triumvirat (Pompeius, Crassus, Caesar)	ca. 60–50 Pompeji: Malerei in der Villa dei Misteri
59 Caesars 1. Konsulat	
58–50 Caesar in Gallien	Caesar, *de bello Gallico*
55, 54 Vorstöße nach Britannien	55–52 Cicero: *de oratore, de re publica, de legibus*

Politische Geschichte	*Kultur*
55, 53 Rheinübergänge	Errichtung des Pompeiustheaters
	ca. 54 Lukrez†; Catull†
	54–46 Bau der Basilica Iulia
53 Untergang des Crassus bei Carrhae	51 Poseidonios von Apamea†
49–48 Bürgerkrieg	
48–44 Diktatur Caesars	
46 Cato Uticensis†	Kalenderreform
44 15.3. Caesar ermordet	Bau der Curia Iulia
43–33 2. Triumvirat (Antonius, Lepidus, Octavian)	
43 Proskriptionen, Ermordung Ciceros	
42 Schlachten bei Philippi	42–39 Vergil, Eklogen
	40 Vergil, 4. Ekloge
	ca. 40–31 Horaz, Epoden, Satiren
	ca. 37–29 Vergil, *Georgica*
36 Partherfeldzug des Antonius; Seesieg des M. Agrippa bei Naulochos	
31 2.9. Schlacht bei Actium	35 Sallust†
30 Einnahme von Alexandria, Tod des Antonius und der Kleopatra	ca. 31–23 Horaz, *Carmina* 1–3
29 Dreifacher Triumph Octavians	Weihung des Tempels für Divus Iulius; Aufstellung des Altars und der Statue der Victoria in der Curia Iulia
	29–19 Vergil, *Aeneis*
	28 Einweihung des Apollotempels; Wiederherstellung von 82 verfallenen Tempeln
	ca. 28–16 Properz, Elegien
27 13.1. Legalisierung des augusteischen Principats	ca. 27–19 Tibull, Elegien
26–25 Augustus in Spanien	ca. 25 v.–17. n.Chr. Ovid, Dichtungen
20 Rückgabe der von den Parthern erbeuteten Feldzeichen	Errichtung des Mars Ultor-Tempels
	ca. 20–10 Vienne: Augustustempel
	19 Vergil†; Tibull†
	17 Saekularspiele; Horaz, *carmen saeculare*
16–15 Unterwerfung der Alpenstämme	
16–13 Augustus in Gallien	ca. 13 Bau des Marcellustheaters
	vor 12 Cestius-Pyramide
	13–9 Ara Pacis
12–8 Vorstöße nach Germanien	12 Roma- und Augustus-Altar in Lyon
	8 Horaz†; Maecenas†
	2 Weihung des Augustusforums

Politische Geschichte	Kultur
4–6 Neue Vorstöße nach Germanien	–40 Wandmalerei III. Stils
6/7 Census des Quirinius in Iudaea	
6–9 Dalmatisch-Pannonischer Aufstand	
9 Schlacht im Teutoburger Wald	
14 19. 8. Augustus†	
14–37 Tiberius	
16 Abberufung des Germanicus, Einstellung der großen römischen Offensiven gegen Germanien	
	22 Bau der Domus Tiberiana, des 1. „Kaiserpalastes“
23 Errichtung des Praetorianerlagers in Rom	
26–36 Pontius Pilatus Procurator in Iudaea	
37–41 Caligula	ca. 35–100 Wandmalerei des IV. Stils
41–54 Claudius	ca. 50 Baalbek: Baubeginn des Iuppitertempels
43 Provinz Britannia	
46 Provinz Thracia	
54–68 Nero	
58–63 Feldzüge des Corbulo in Armenien	62 Persius†
64 Brand Roms, Christenverfolgung	Domus Aurea Neros
65 Pisonische Verschwörung	Seneca†; Lucan†
66 Tiridates in Rom zum König von Armenien gekrönt;	Petron† Mainz: Iuppitersäule
Griechenlandreise Neros	
67–70 Jüdischer Aufstand	
68–69 Galba, Otho, Vitellius	
69–79 Vespasian	
70 Einnahme Jerusalems durch Titus	74 Templum Pacis
79–81 Titus	
79 Vesuvausbruch,	Tod des älteren Plinius
	80 Einweihung des Colosseums
81–96 Domitian	nach 81 Titusbogen
	ca. 81–96 Flavierpalast (Architekt Rabirius)
ca. 90 Einrichtung der Provinzen Germania inferior und superior	ca. 90 Sperlonga: Ganymed
96–98 Nerva, Beginn des „Adoptivkaisertums“	97 Nerva-Forum
98–117 Trajan	98 Tacitus: *Agricola, Germania*
100 n. Chr.	
	100 *Panegyricus* des jüngeren Plinius
	ca. 100–110 Rom: Trajansmärkte

Politische Geschichte	*Kultur*
	ca. 103 S. Iulius Frontinus†
106 Provinz Arabia	nach 106 Petra: Felsgräber
107 Provinz Dacia	107–113 Rom: Trajan-Forum, Trajanssäule
	109 Adamklissi: Tropaeum Trajani
114–117 Partherkrieg	114 Benevent: Trajansbogen
	ca. 115–185 Pausanias
117–138 Hadrian	ca. 118–134 Tivoli: Villa Hadriana
	120 Epiktet†
	125 Plutarch† Lambaesis: römisches Lager
	130 Sueton†;
	ca. 130–140 Ephesos: Hadrianstempel
132–135 Bar Kochba-Aufstand	136/7 Venus- und Romatempel in Rom
	ca. 130–170 A. Gellius; Apuleius
138–161 Antoninus Pius	138 Iuvenal†
	139 Hadrians-Mausoleum (Engelsburg) Fronto, Erzieher M. Aurels
	ca. 141 Tempel des Antoninus und der Faustina
161–180 M. Aurel	ca. 160–220 Tertullian
162–166 Partherkrieg	ca. 161–180 Aspendos: Theater
	ca. 165 Milet: Markttor
166 Pest	
167–175 Kämpfe gegen Markomannen, Quaden und andere Stämme	ca. 173 Bronzene Reiterstatue M. Aurels
177 Commodus Mitregent	Martyrium der Christen von Lugdunum und Vienna
180–192 Commodus	ca. 180–190 Neumagen: Schulreliefs
	185 Origines geb.
	ca. 192 Commodus als Herakles-Büste
193–211 Septimius Severus	
195, 197–199 Partherkrieg	
198 Caracalla Mitregent	
200 n. Chr.	
	ca. 200 Palmyra: Säulenstraße
	203 Severusbogen auf dem Forum; Leptis Magna: Severus-Forum
208–211 Britannienfeldzug	
211–217 Caracalla	„Caracallathermen“
212/3 Constitutio Antoniniana	
218–222 Elagabal	
222–235 Severus Alexander	

Politische Geschichte	*Kultur*
235–284 Epoche der Soldatenkaiser	
235 Sieg des Maximinus Thrax über die Alamannen	
243–244 Feldzug Gordians III. gegen die Sassaniden	ca. 245–270 Plotin in Rom
248 Tausendjahrfeier Roms unter Philippus Arabs	249/250 1. Systematische Christenverfolgung unter Traianus Decius
253–260 Valerian und Gallienus	258 Cyprian†
259–273 Gallisches Sonderreich	
260 Gefangennahme Valerians durch Schapur I.	
260–268 Gallienus, „Zeit der 30 Tyrannen"	„Gallienische Renaissance"
262–272 Sonderreich von Palmyra	
270–275 Aurelian	Aurelianische Stadtmauer
284–305 Diokletian	
288–296 Britannisches Sonderreich	297–305 Thessaloniki: Galerius-Bogen
	298–306 Rom: Diokletians-Thermen
300 n.Chr.	
301 Höchstpreisedikt	ca. 300 Trier: Kaiserthermen Venedig: Tetrarchengruppe Split: Diokletianspalast
306–337 Konstantin d.Gr.	nach 307 Rom: Maxentius-Basilica
	311 Toleranzedikt des Galerius; Piazza Armerina
312 28. 10. Schlacht an der Milvischen Brücke	313–315 Konstantinsbogen
	314 Konzil von Arles, Donatistenstreit
	ca. 315–326 Trier: Bemalte Kassettendecke
324 Baubeginn von Konstantinopel	325 Konzil von Nikaea
330 11. 5. Einweihung von Konstantinopel	ca. 330–385 Ammianus Marcellinus
	335 Arius†
337–340 Herrschaft der Konstantinssöhne	340 Euseb von Caesarea†
340–350 Herrschaft des Constans im Westen, Constantius' II. im Osten	ca. 340–420 Hieronymus
	341 Mission des Wulfilas unter den Westgoten
350–361 Alleinherrschaft Constantius' II.	348–405 Prudentius
361–363 Julian Apostata	
364–375 Herrschaft Valentinians I. im Westen	367 Hilarius von Poitiers†

Politische Geschichte

364–378 Regierung des Valens im Osten
375 Vorstoß der Hunnen
378 Schlacht bei Adrianopel
379–395 Theodosius d. Gr.

394 Schlacht am Frigidus; Untergang der altgläubigen Senatsopposition
395–408 Stilicho – Arcadius
399 Sturz des Gainas in Konstantinopel

Kultur

374–397 Ambrosius Bischof von Mailand

379 Basilius†
382 Entfernung des Victoria-Altars aus der Kurie
390 Gregor von Nazianz†
391 Alexandria: Zerstörung des Sarapistempels
393 Ausonius†
394 Gregor von Nyssa†

Ende 4. Jahrh. (?): Entstehung der *Historia Augusta*

400 n. Chr.

Politische Geschichte

402 Ravenna wird Residenz im Westen
406 Rheinübergang der Vandalen, Alanen und anderer Gruppen
408–450 Theodosius II. regiert die östliche Reichshälfte
410 Fall Roms; Alarich
413–436 Burgunderreich am Rhein;
443–534 an der Rhône
424–455 Valentinian III.
429–533 Vandalenreich in Nordafrika

451 Schlacht auf den Katalaunischen Feldern
457–474 Leo I. regiert den Ostteil des Reichs
476 Absetzung des Romulus Augustulus
476–493 Odoakar
482–511 Chlodwig
488 Aufbruch der Ostgoten unter Theoderich nach Italien
491–518 Anastasius I. regiert den Ostteil des Imperiums
493 „Rabenschlacht" vor Ravenna
493–526 Herrschaft Theoderichs d. Gr.

Kultur

ca. 400 Diptychon der Symmachi; Macrobius, Saturnalien

Augustinus beginnt *de civitate Dei*
416 Heimreise des Rutilius Namatianus
430 Augustinus†
438 Codex Theodosianus
440–461 Papst Leo d. Gr.
Konzil von Chalkedon

496 Die Franken nehmen den katholischen Glauben an

Politische Geschichte	*Kultur*
500 n. Chr.	
507–711 Reich der Westgoten in Spanien	
518–527 Justinus	524 Hinrichtung des Boethius
527–565 Justinian I.	528–534 *Corpus Iuris Civilis*
	529 Schließung der Akademie in Athen; Benedikt gründet Monte Cassino
532 Nika-Aufstand in Konstantinopel	
535–553 Kämpfe der Ostgoten in Italien	
568–774 Langobardenreich in Italien	590–604 Papst Gregor d. Gr.

2. Bevölkerungszahlen und -relationen

a) Censuszahlen römischer Bürger

131/130 v. Chr.	318823
86/85	463000
28	4063000
14 n. Chr.	4937000
47	5984072

b) Bevölkerungsentwicklung in Italien (nach P. Brunt)

Zur Zeit des Augustus:	
Freie	4,5 Mill.
Sklaven	3
Gesamtzahl	7,5 Mill. Einwohner

c) Geschätzte Bevölkerungszahlen der Reichsteile um 14 n. Chr. nach O. A. W. Dilke

Italien, einschließlich Rom	13 Mill.
Sizilien, Sardinien, Korsika	1,1
Spanien	6
Gallien	4,9
Donauprovinzen	2
Griechenland und Inseln	3
Kleinasien	13
Syrien, Palaestina, Cypern	6,5
Ägypten, Cyrenaika	5,5
Übriges Nordafrika	6
Gesamtschätzung	61 Mill.

3. Währungssystem

a) Augusteisches System

1 Aureus = 25 Denare
1 Denar = 4 Sesterze
1 Sesterz = 2 Dupondien
1 Dupondius = 2 Asse

b) Konstantinisches System

1 Solidus = 24 Siliquae (Silber)
1 Siliqua = 3/4 Miliarense (Silber)

c) Verfall der konstantinischen Kupferprägung (nach B. Overbeck)

Durchschnittsgewicht des Kupfernominals (follis)	
310 n. Chr.	5,20 g
312	4,50
314	3,75
318	3,35
322	3,00
330	2,25
335	1,50

4. Bibliographische Hinweise

Verzeichnis der Abkürzungen

Abh.	Abhandlung
AdW.	Akademie der Wissenschaften (stets Philosophisch-historische Klasse bzw. Abteilung)
Ed.	Editor
Hrsg.	Herausgeber
NDr.	Nachdruck
RE.	Realencyclopädie der classischen Altertumswissenschaft
SB.	Sitzungsberichte

Vorbemerkung

Die folgenden Angaben wollen den Leser über den derzeitigen Forschungsstand im Bereich der römischen Geschichte und Zivilisation informieren, ihn in die neuere Spezialliteratur einführen, zugleich jedoch auch diejenigen Werke nennen, welche der Verfasser selbst konsultierte, dies auch dann, wenn er die Positionen und Wertungen der Gewährsmänner nicht teilt. Die Angaben gliedern sich in drei Teile: In einem ersten, systematischen Teil werden die neueren Gesamtdarstellungen, Quellensammlungen und Hilfsmittel besprochen, im zweiten die grundlegenden Werke zu den Teilbereichen Verfassung, Gesellschaft, Wirtschaft, Kultur und Heerwesen genannt, soweit sie nicht lediglich einzelne Epochen der römischen Geschichte betreffen. Der dritte Teil folgt dagegen dem Aufbau der Kapitel dieses Buches und gibt die wichtigste Literatur zu den behandelten Problemkreisen. Die Angaben wurden bewußt knapp gehalten. Ausführlichere bibliographische Hinweise auf die internationale Spezialliteratur bietet mit ihren über achttausend Titeln die systematische Bibliographie: Römische Geschichte. Eine Bibliographie. Unter Mitwirkung von R. Anders, M. Gaul und B. Kreck bearbeitet von K. Christ. Darmstadt 1976.

A. Allgemeiner Teil

1. Gesamtdarstellungen der Römischen Geschichte

Bellen, H., Grundzüge der Römischen Geschichte. 2 Teile. Darmstadt 1994f.
Bengtson, H., Römische Geschichte. München 1988^{6}.
Dahlheim, W., Die Antike. Paderborn 1994.
Gesche, H., Rom – Welteroberer und Weltorganisator. München 1981.
Heuß, A., Römische Geschichte. Braunschweig 1983^{5}.
Kornemann, E., Römische Geschichte. 2 Bde. Hrsg. von H. Bengtson. Stuttgart 1977^{7}.

Mommsen, Th., Römische Geschichte. (1.–3. 1854–1856; Bd. 4 nicht erschienen; 5. 1885). Berlin 1.–3. 1933[14],5. 1933[11]. (Taschenbuchausgabe in 8 Bdn. München 1993[5]).
Piganiol, A., Histoire de Rome, Paris 1962[5].
Rostovtzeff, M., Rom. (Ders., Geschichte der Alten Welt, 2). Bremen 1970[5].

2. *Darstellungen in Sammelwerken*

The Cambridge Ancient History. Vol. VII–XII. Ed. S. A. Cook u. a. Cambridge 1928–1939.
–, Second Edition. Vol. VII ff. Ed. F. W. Walbank u. a. Cambridge 1984 ff.
Storia di Roma. Ed. A. Momigliano, A. Schiavone, E. Gabba u. a. Torino 1988 ff.
dtv-Geschichte der Antike. Bde. 4–6. Hrsg. von O. Murray. München 1983–1984.
Fischer Weltgeschichte. Bde. 6–9. Hrsg. von P. Grimal u. a. Frankfurt 1965–1968.
Propyläen Weltgeschichte. 4. Rom. Die römische Welt. Hrsg. von A. Heuß. Berlin 1963 (Auch in Taschenbüchern).

3. *Sammlungen von Quellen – Übersetzungen*

Arend, W., Altertum. (Geschichte in Quellen, I.) München 1975[2].
Badian, E. – Sherk, R. K. (Ed.), Translated Documents of Greece & Rome. Cambridge 1983 ff.
Jones, A. H. M., A History of Rome through the Fifth Century. 2 Bde. London 1968–1970.
Lewis, N. – Reinhold, M., Roman Civilization. 2 Bde. New York 1966[2].

4. *Handbücher, Hilfsmittel*

Ambaglio, D. – Foraboschi, D., Guida bibliografica allo studio della storia antica. Milano 1992.
Antonini, R. u. a., Bibliografia dell'Italia antica. Epigrafia, Linguistica e Scienze ausiliare, 1950–1984. 2 Bde. Urbino 1985.
Aufstieg und Niedergang der Römischen Welt. Geschichte und Kultur Roms im Spiegel der neueren Forschung. Hrsg. von H. Temporini und W. Haase. Berlin 1972 ff. (Bisher über 70 Bde.).
Bengtson, H., Grundriß der Römischen Geschichte mit Quellenkunde. I. Republik und Kaiserzeit bis 284 n. Chr. (Handbuch der Altertumswissenschaft, III, 5). München 1982[3].
Christ, K., Römische Geschichte. Einführung, Quellenkunde, Bibliographie. Darmstadt 1990[4].
Clauss, M., Einführung in die Alte Geschichte. München 1993.
Collection Nouvelle Clio. Bde. 7–12. Ed. J. Heurgon, C. Nicolet, P. Petit u. a. Paris 1964 ff.
Demandt, A., Die Spätantike. Römische Geschichte von Diocletian bis Justinian 284–565 n. Chr. (Handbuch der Altertumswissenschaft, III, 6). München 1989.
Flach, D., u. a., Bibliographie zur römischen Agrargeschichte. Paderborn 1991.
Heinen, H. (Hrsg.), Die Geschichte des Altertums im Spiegel der sowjetischen Forschung. Darmstadt 1980.

Der Kleine Pauly. 5 Bde. Hrsg. von K. Ziegler und W. Sontheimer. Stuttgart 1964–1975.
Lexikon der Alten Welt. Hrsg. von C. Andresen u.a. Zürich 1965. NDr. 1991.
Lexikon Alte Kulturen. Hrsg. von H. Brunner u.a. Mannheim 1990ff.
The Oxford Classical Dictionary. Ed. N. G. L. Hammond and H. H. Scullard. Oxford 1970².
Paulys Real-Encyclopädie der classischen Altertumswissenschaft. Hrsg. von W. Kroll u.a. 3 Reihen. Stuttgart 1893ff.

5. Geographische Grundlagen, Karten

Atlante aerofotografico delle sedi umane in Italia. 2 Bde. Firenze 1970.
Cary, M., The geographical background of Greek and Roman history. Oxford 1949.
Cornell, T.–Matthews, J., Rom. (Weltatlas der Alten Kulturen.). München 1982.
Dilke, O. A. W., Greek and Roman Maps. London 1985.
Finley, M. I., Atlas of Classical Archaeology. London 1977.
Janni, P., La mappa e il Periplo. Roma 1984.
Olshausen, E., Einführung in die Historische Geographie der Alten Welt. Darmstadt 1991.
Rieche, A., Das antike Italien aus der Luft. Bergisch Gladbach 1978.
Stillwell, R., The Princeton Encyclopedia of Classical Sites. Princeton 1976.
Tabula Imperii Romani. 1:1000000. 1934ff. (Internationales Gemeinschaftswerk, noch nicht abgeschlossen.).
Thomson, J. O., History of ancient geography. Cambridge 1948. NDr. 1965.
Tübinger Atlas des Vorderen Orients, Hrsg. von H. Brunner u.a. Teil B: Geschichte. Wiesbaden 1969ff.

6. Topographie und Denkmäler der Stadt Rom

Anderson, J. C., The historical topography of the imperial fora. Bruxelles 1984.
Carta archeologica di Roma. 1:2500. Ed. Ministero della pubblica istruzione. 2 Teile. Roma 1962–1964.
Castagnoli, F., Roma antica. Profilo urbanistico. Roma 1987.
Coarelli, F., Rom. Freiburg 1975.
–, Il Foro Romano. 2 Bde. Roma 1985–1986.
Frutaz, A., Le piante di Roma. Roma 1962.
Helbig, W., Führer durch die öffentlichen Sammlungen klassischer Altertümer in Rom. Hrsg. von W. Speier, 4 Bde. Tübingen 1963–1973⁴.
Lugli, G., Itinerario di Roma antica. Milano 1970.
Nash, E., Bildlexikon zur Topographie des antiken Rom. 2 Bde. Tübingen 1961–1962.
Neumeister, C., Das antike Rom. Ein literarischer Stadtführer. München 1991.
Stützer, H. A., Das alte Rom. Stuttgart 1971.

B. Teilbereiche der Römischen Geschichte

1. Verfassungsgeschichte

Guarino, A., Storia del Diritto Romano. Napoli 1993^9.
Loewenstein, K., The Governance of Rome. Den Haag 1973.
Von Lübtow, U., Das römische Volk, sein Staat und sein Recht. Frankfurt 1955.
De Martino, F., Storia della costituzione romana. 6 Bde. Napoli 1958–1990^2.
Meyer, E., Römischer Staat und Staatsgedanke. Zürich 1975^4.
–, Einführung in die antike Staatskunde. Darmstadt 1992^6.
Mommsen, Th., Römisches Staatsrecht. 3 Teile in 5 Bdn. Leipzig 1887–1888^3. NDr. 1963. (Dazu: Stellenregister von J. Malitz. München 1979).
–, Abriß des Römischen Staatsrechts. Leipzig 1907^2. Ndr. 1974.
Siber, H., Römisches Verfassungsrecht in geschichtlicher Entwicklung. Lahr 1952.

2. Gesellschaft und Wirtschaft

Alföldy, G., Römische Sozialgeschichte. Wiesbaden 1984^3.
–, Die römische Gesellschaft. Ausgewählte Beiträge. Stuttgart 1986.
– (Hrsg.), Bibliographie zur römischen Sozialgeschichte. Stuttgart 1992ff.
Andreau, J., La vie financière à Rome. Roma 1988.
D'Arms, J. H., Commerce and social standing in ancient Rome. Cambridge, Mass. 1982.
– Kapff, E. C. (Ed.), The Seaborne Commerce of Ancient Rome. Roma 1980.
Balsdon, D., Die Frau in der römischen Antike. München 1979.
Brockmeyer, N., Antike Sklaverei. Darmstadt 1979.
Carandini, A., Schiavi in Italia. Roma 1988.
Chevallier, R., Les voies romaines. Paris 1972.
Crawford, M., Coinage and Money under the Roman Republic. London 1985.
Finley, M. I., Die antike Wirtschaft. München 1993^3.
– (Ed.), Studies in Ancient Society. London 1974.
– (Ed.), Studies in Roman Property. Cambridge 1976.
Flach, D., Römische Agrargeschichte. (Handbuch der Altertumswissenschaft, III, 9). München 1990.
Frank, T. (Ed.), An economic survey of ancient Rome. 6 Bde. Baltimore 1933–1940. NDr. 1959.
Frayn, J. M., Markets and Fairs in Roman Italy. Oxford 1993.
Gabba, E., Del buon uso della richezza. Saggi di storia economica e sociale del mondo antico. Milano 1988.
Giardina, A. (Hrsg.), Der Mensch der römischen Antike. Frankfurt 1991.
Högermann, D. – Schneider, H., Landbau und Handwerk. (Propyläen Technikgeschichte, I:). Berlin 1991.
Hopkins, K., Death and renewal. Cambridge 1983.
Jones, A. H. M., The Roman Economy. Oxford 1974.
Kloft, H., Die Wirtschaft der griechisch-römischen Welt. Eine Einführung. Darmstadt 1992.
De Martino, F., Wirtschaftsgeschichte des alten Rom. München 1991^2.
Rickman, G., The corn supply of ancient Rome. Oxford 1980.

Rouland, N., Pouvoir politique et dépendance personelle dans l'Antiquité romaine. Bruxelles 1979.
Schneider, H., Einführung in die antike Technikgeschichte. Darmstadt 1992.
Tchernia, A., Le vin de l'Italie romaine: Essai d'histoire économique d'après les amphores. Roma 1986.
Veyne, P., Brot und Spiele. Frankfurt 1988.
Vogt, J., Sklaverei und Humanität. Wiesbaden 1972². Ergänzungsheft 1983.
– (Hrsg.), Übersetzungen ausländischer Arbeiten zur antiken Sklaverei. Wiesbaden 1966ff.
– – Bellen, H. (Hrsg.), Forschungen zur antiken Sklaverei. Wiesbaden 1967ff.
White, K. D., Greek and Roman Technology. London 1984.
Zimmer, G., Römische Berufsdarstellungen. Berlin 1982.

3. Kultur- und Geistesgeschichte

Gabba, E., Aspetti culturali dell' imperialismo romano. Firenze 1993.
Grimal, P., Römische Kulturgeschichte. München 1960.
Haffter, H., Römische Politik und römische Politiker. Heidelberg 1967.
Heinze, R., Vom Geist des Römertums. Darmstadt 1972⁴.
Klingner, F., Römische Geisteswelt. München 1961⁴.
Müller, R. (Hrsg.), Rom. (Kulturgeschichte der Antike, 2). Berlin 1978.
Seel, O., Römertum und Latinität. Stuttgart 1964.
Wendland, P., Die hellenistisch-römische Kultur in ihren Beziehungen zum Judentum und Christentum. Tübingen 1972².
Wotschitzky, A., Die Kultur der Römer. Wiesbaden 1979.

4. Heerwesen und Kriegsgeschichte

Le Bohec, Y., Die römische Armee. Stuttgart 1993.
Brisson, J.-P. (Ed.), Problèmes de la guerre à Rom. Paris 1969.
Delbrück, H., Geschichte der Kriegskunst im Rahmen der politischen Geschichte. I. Das Altertum. NDr. der 3. Aufl. Berlin 1964.
Diesner, H. J., Kriege des Altertums. Berlin 1974².
Von Domaszewski, A., Aufsätze zur römischen Heeresgeschichte. Darmstadt 1972.
Isaac, B., The Limits of Empire. The Roman Army in the East. Oxford 1993².
Kromayer, J. – Veith, G., Heerwesen und Kriegführung der Griechen und Römer. (Handbuch der Altertumswissenschaft, IV, 3.2). München 1928. NDr. 1963.
–, Antike Schlachtfelder. Bausteine zu einer antiken Kriegsgeschichte. 4 Bde. Berlin 1903–1931.
Luttwak, E. N., The grand strategy of the Roman Empire from the first century A. D. to the third. Baltimore 1979².
Parker, H. M. D., The Roman Legions. With a bibliography by G. R. Watson. Oxford 1958².
Ritterling, E., RE XII, 1186–1837 (1924–1925) s.v. legio.
Rosenberger, V., Bella et expeditiones. Die antike Terminologie der Kriege Roms. Stuttgart 1992.
Viereck, H. D. L., Die römische Flotte. Herford 1975.
Watson, G. R., The Roman Soldier. London 1969.
Webster, G., The Roman Army. Chester 1956.

C. Spezieller Teil

1. Periodisierung – Bevölkerungsgeschichte

Alonso-Núñez, J. M., The Ages of Rome. Amsterdam 1982.
Beloch, K. J., Die Bevölkerung der griechisch-römischen Welt. Leipzig 1886. NDr. 1968.
Bleicken, J., Prinzipat und Dominat. Gedanken zur Periodisierung der römischen Kaiserzeit. Wiesbaden 1978.
Brunt, P. A., Italian Manpower 225 B.C. – A.D. 14. Oxford 1987^2.
Sherwin-White, A. N., The Roman Citizenship. Oxford 1973^2.

2. Stadtgründung und frühe Republik

Alföldi, A., Die Struktur des voretruskischen Römerstaates. Heidelberg 1974.
–, Römische Frühgeschichte. Kritik und Forschung seit 1964. Heidelberg 1976.
–, Das frühe Rom und die Latiner. Darmstadt 1977.
Ampolo, C. u.a., Roma e l'Italia. Milano 1990.
Andreae, B., Laokoon und die Gründung Roms. Mainz 1988.
Bernardi, A., Nomen Latinum. Pavia 1973.
Bianchi Bandinelli, R. – Giulano, A., Etrusker und Italiker vor der römischen Herrschaft. München 1974.
Bilancio critico su Roma arcaica fra Monarchia e Repubblica. (Atti del Convegni Lincei, 100). Roma 1993.
Bleicken, J., Die Verfassung der römischen Republik. Paderborn 1989^5.
–, Geschichte der römischen Republik. München 1992^4.
Brunt, P. A., Social Conflicts in the Roman Republic. London 1971.
Crise et transformation des sociétés archaiques de l'Italie antique au Ve siècle av. J.–C. Roma 1990.
Cristofani, M. (Ed.), Etruria e Lazio arcaico. Roma 1987.
–, La grande Roma dei Tarquini. Roma 1990.
Eder, W. (Hrsg.), Staat und Staatlichkeit in der frühen römischen Republik. Stuttgart 1990.
Elster, M., Studien zur Gesetzgebung der frühen römischen Republik. Bern 1976.
Ferenczy, E., From the Patrician to the Patricio-Plebeian State. Amsterdam 1976.
Gjerstad, E., Early Rome. 6 Bde. Lund 1953–1966.
Guarino, A., La rivoluzione della plebe. Napoli 1975.
Harris, W. V., Rome in Etruria and Umbria. Oxford 1971.
Hoffmann, W., Rom und die griechische Welt im 4. Jahrhundert. Leipzig 1934.
Hus, A., Les siècles d'or de l' histoire étrusque (675–475 av. J. C.). Bruxelles 1976.
Lepore, E., Origini e strutture della Campania antica. Bologna 1989.
Levi, M. A., Plebei e Patrizi nella Roma arcaica. Como 1992.
Martin, P. M., L'idée de royauté à Rome. Clermont-Ferrand 1982.
Mitchell, R. E., Patricians and Plebejans. Ithaca, N. J. 1990.
Moscati, S. u.a. (Ed.), The Celts. Milano 1991.
Müller-Karpe, H., Vom Anfang Roms. Heidelberg 1959.
–, Zur Stadtwerdung Roms. Heidelberg 1967.

Nicolet, C., Tributum. Recherches sur la fiscalité directe sous la République romaine. Bonn 1976.
Les origines de la République romaine. Vandoeuvres 1967.
Pallottino, M., Italien vor der Römerzeit. München 1987.
–, Etruskologie. Geschichte und Kultur der Etrusker. München 1988.
Palmer, R. E. A., The Archaic Community of the Romans. Cambridge 1970.
Pfiffig, A. J., Religio Etrusca. Graz 1974.
–, Einführung in die Etruskologie. Darmstadt 1991[4].
Pinsent, J., Military Tribunes and Plebeian Consuls: The Fasti from 444 V to 342 V. Wiesbaden 1975.
Popoli e Civiltà dell'Italia antica. Ed. G. Manuselli u.a. 8 Bde. Roma 1974–1978.
Raaflaub, K. A., (Ed.), Social Struggle in Archaic Rome. Berkeley 1986.
Ranouil, P.-Ch., Recherches sur le Patriciat (509–366 avant J.-C.). Paris 1975.
Richard, J.-C., Les origines de la plèbe romaine. Paris 1978.
Salmon, E. T., Roman Colonization under the Republic. London 1960.
–, Samnium and the Samnites. Cambridge 1967.
–, The Making of Roman Italy. London 1982.
De Sanctis, G., Storia dei Romani. I–IV, 3. Firenze 1967–1968[2].
Scullard, H. H., The Etruscan Cities and Rome. London 1967.
Strasburger, H., Zur Sage von der Gründung Roms. SB. AdW. Heidelberg 1968, 5.
Thomsen, R., King Servius Tullius. Copenhagen 1980.
Torelli, M., Storia degli Etruschi. Bari 1981.
Werner, R., Der Beginn der römischen Republik. München 1963.

3. Die klassische Republik

3.1. Gesellschaftsstruktur und Verfassung

Astin, A. E., Scipio Aemilianus. Oxford 1967.
–, Cato the Censor. Oxford 1978.
Bleicken, J., Das Volkstribunat der klassischen Republik. München 1968[2].
–, Staatliche Ordnung und Freiheit in der römischen Republik. Kallmünz 1972.
–, Lex Publica. Berlin 1975.
Bonnefond-Coudry, M., Le Sénat de la République Romaine de la Guerre d'Hannibal à Auguste. Roma 1989.
Cassola, F., I gruppi politici romani nel III secolo a.C. Trieste 1962.
Earl, D., The Moral and Political Tradition of Rome. London 1967.
Galsterer, H., Herrschaft und Verwaltung im republ. Italien. München 1976.
Gelzer, M., Die Nobilität der römischen Republik. Leipzig 1912 (= Ders., Kleine Schriften. I. Wiesbaden 1962, 17–135).
Hantos, Th., Das römische Bundesgenossensystem in Italien. München 1983.
Hölkeskamp, K.-J., Die Entstehung der Nobilität. Stuttgart 1987.
Kienast, D., Cato der Zensor. Heidelberg 1954. NDr. 1979.
Lippold, A., Consules. Untersuchungen zur Geschichte des römischen Konsulats von 264–201 v.Chr. Bonn 1963.
Münzer, F., Römische Adelsparteien und Adelsfamilien. Stuttgart 1920. NDr. 1963.
Nicolet, C., L'ordre équestre à l'époque républicaine (312–43 avant J.-C.). 2 Bde. Paris 1964–1974.
–, Le métier de citoyen dans la Rome républicaine. Paris 1976.

Schiavone, A., Giuristi e nobili nella Roma repubblicana. Bari 1987.
Schlag, U., Regnum in senatu. Das Wirken römischer Staatsmänner von 200 bis 191 v.Chr. Stuttgart 1968.
Scullard, H. H., Scipio Africanus: Soldier and Politician. London 1970.
–, Roman Politics, 220–150 B.C. Oxford 1973².
Shatzman, I., Senatorial Wealth and Roman Politics. Bruxelles 1975.
Štaerman, E. M., Die Blütezeit der Sklavenwirtschaft in der Römischen Republik. Wiesbaden 1969.
Staveley, E. S., Greek and Roman Voting and Elections. London 1972.
Taylor, L. R., The Voting Districts of the Roman Republic. Roma 1960.
–, Roman Voting Assemblies. Ann Arbor 1966.
Vogt, J., Die römische Republik. München 1973⁶.

3.2. Roms Expansion im Mittelmeer

Adcock, F. E., The Roman Art of War Under the Republic. Cambridge 1960² (ND. 1963).
Alcock, S., Graecia Capta. The Landscapes of Roman Greece. Cambridge 1993.
Badian, E., Foreign Clientelae (264–70 B.C.). Oxford 1958.
–, Publicans and Sinners. Oxford 1972.
–, Römischer Imperialismus in der späten Republik. Stuttgart 1980.
Bernhardt, R., Polis und römische Herrschaft in der späten Republik (149–31 v.Chr.). Berlin 1985.
Brisson, J.-P., Carthage ou Rome? Paris 1973.
Charles-Picard, G., Nordafrika und die Römer. Stuttgart 1962.
Chevallier, R., La romanisation de la Celtique du Po. Roma 1983.
Christ, K. (Hrsg.), Hannibal. Darmstadt 1974.
Clemente, G., I romani nella Gallia meridionale, II – I a.C. Bologna 1974.
Dahlheim, W., Struktur und Entwicklung des römischen Völkerrechts im 3. und 2. Jahrhundert v.Chr. München 1968.
–, Gewalt und Herrschaft. Das provinziale Herrschaftssystem der römischen Republik. Berlin 1977.
Deininger, J., Der politische Widerstand gegen Rom in Griechenland 217–86 v. Chr. Berlin 1971.
Ferrary, J.-L., Philhéllenisme et Impérialisme. Roma 1988.
Foraboschi, D., Lineamenti di Storia della Cisalpina Romana. Roma 1992.
Gruen, E. S., The Hellenistic World and the Coming of Rome. 2 Bde. Berkeley 1984.
–, Culture and National Identity in Republican Rome. London 1993.
Harris, W. V., War and Imperialism in Republican Rome, 327–70 B.C. Oxford 1979.
– (Ed.), The Imperialism of Mid-Republican Rome. Roma 1984.
Hoffmann, W., Hannibal. Göttingen 1967.
Holleaux, M., Rome, la Grèce et les monarchies hellénistiques au IIIe siècle av. J.-C. (273–205). Paris 1921. NDr. 1969.
Huß, W., Die Geschichte der Karthager. (Handbuch der Altertumswissenschaft, III, 8). München 1985.
– (Hrsg.), Karthago. Darmstadt 1992.
Kukofka, D.-A., Süditalien im Zweiten Punischen Krieg. Frankfurt 1990.

Lazenby, J. F., Hannibal's War. Warminster 1978.
Magie, D., Roman Rule in Asia Minor. 2 Bde. Princeton 1950.
Proctor, D., Hannibal's March in History. Oxford 1971.
Reiter, W., Aemilius Paullus. London 1988.
Richardson, J. S., Hispaniae. Spain and the Development of Roman Imperialism. Cambridge 1986.
Ritter, H.-W., Rom und Numidien. Lüneburg 1987.
Scardigli, B., I Trattati Romano-Cartaginesi. Pisa 1991.
Schwarte, K.-H., Der Ausbruch des Zweiten Punischen Krieges. Wiesbaden 1983.
Seibert, J., Hannibal. Darmstadt 1993.
–, Forschungen zu Hannibal. Darmstadt 1993.
Simon, H., Roms Kriege in Spanien 154–133 v. Chr. Frankfurt 1962.
Stier, H. E., Roms Aufstieg zur Weltmacht und die griechische Welt. Köln 1967.
Toynbee, A. J., Hannibal's Legacy. 2 Bde. London 1965.
Will, E., Histoire politique du monde hellénistique (323–30 av. J.-C.). 2 Bde. Nancy 1979–1982².

3.3. Krise und Untergang der Republik

Adcock, F. E., Marcus Crassus, Millionaire. Cambridge 1966.
Alexander, M. C., Trials in the Late Roman Republic. 149 B.C. to 50 B.C. Toronto 1990.
Baltrusch, E., Regimen morum. Die Reglementierung des Privatlebens der Senatoren und Ritter in der röm. Republik und der frühen Kaiserzeit. München 1988.
Behr, H., Die Selbstdarstellung Sullas. Frankfurt 1993.
Benner, H., Die Politik des P. Clodius Pulcher. Stuttgart 1987.
Bergemann, C., Politik und Religion im spätrepublikanischen Rom. Stuttgart 1992.
Bernstein, A., Tiberius Sempronius Gracchus: Tradition and Apostasy. London 1978.
De Blois, L., The Roman Army and Politics in the First Century B. C. Amsterdam 1987.
Boren, H. C., The Gracchi. New York 1968.
Bradley, K. R., Slavery and Rebellion in the Roman World 140 B.C. – 70 B.C. London 1989.
Bringmann, K., Die Agrarreform des Tiberius Gracchus. Stuttgart 1985.
Brunt, P. A., The Fall of the Roman Republic and Related Essays. Oxford 1988.
Burckhardt, L. A., Politische Strategien der Optimaten in der späten Römischen Republik. Stuttgart 1988.
Carney, T. F., A biography of C. Marius. Chicago 1970².
Christ, K., Krise und Untergang der Römischen Republik. Darmstadt 1993³.
Clarke, M. L., The noblest Roman. Marcus Brutus and his reputation. Ithaca 1981.
Doblhofer, G., Die Popularen der Jahre 111–99 v. Chr. Köln 1990.
Drumann, W. – Groebe, P., Geschichte Roms in seinem Übergange von der republikanischen zur monarchischen Verfassung oder Pompeius, Cicero, Caesar und ihre Zeitgenossen. 6 Bde. Berlin 1899–1929². NDr. 1964.
Earl, D. C., Tiberius Gracchus. Bruxelles 1963.
Eckstein, A. M., Les ides de mars. Paris 1973.
Fabre, G., Libertus. Recherches sur les rapports patron-affranchi à la fin de la république romaine. Paris 1981.

Fehrle, R., Cato Uticensis. Darmstadt 1983.
Fuhrmann, M., Cicero und die römische Republik. Zürich 1991[3].
Gabba, E., Esercito e società nella tarda Repubblica Romana. Firenze 1973.
Gelzer, M., Pompeius. München 1959[2]. NDr. 1993.
–, Cicero, Wiesbaden 1969.
Greenhalgh, P., Pompey. 2 Bde. London 1980–1981.
Gruen, E. S., Roman Politics and the Criminal Courts, 149–78 B.C. Cambridge, Mass. 1968.
–, The Last Generation of the Roman Republic. Berkeley 1974.
Guarino, A., Spartakus. Analyse eines Mythos. München 1980.
Habicht, C., Cicero der Politiker. München 1990.
Hackl. U., Senat und Magistratur in Rom von der Mitte des 2. Jahrhunderts v. Chr. bis zur Diktatur Sullas. Kallmünz 1982.
Hantos, Th., Res publica constituta. Die Verfassung des Diktators Sulla. Stuttgart 1987.
Hinard, F., Les proscriptions de la Rome républicaine. Paris 1985.
–, Sylla. Paris 1985.
Huzar, E. G., Mark Antony. A Biography. Minneapolis 1978.
Keaveney, A., Sulla. The last republican. London 1982.
–, Rome and the unification of Italy. Beckenham 1987.
–, Lucullus. London 1992.
Keppie, L., Colonisation and Veteran Settlement in Italy, 47–14 B.C. London 1983.
–, The Making of the Roman Army, from Republic to Empire. London 1984.
Kreck, B., Untersuchungen zur politischen und sozialen Rolle der Frau in der späten römischen Republik. Marburg 1975.
Kumaniecki, K., Cicerone e la crisi della repubblica romana. Roma 1972.
Kühnert, B., Die plebs urbana der späten römischen Republik. Ihre ökonomische Situation und soziale Struktur. Berlin 1991.
De Libero, L., Obstruktion. Politische Praktiken im Senat und in der Volksversammlung der ausgehenden römischen Republik (70–49 v. Chr.). Stuttgart 1992.
Lintott, A. W., Violence in Republican Rome. Oxford 1968.
–, Judicial Reform and Land Reform in the Roman Republic. Cambridge 1993.
Meier, C., Res publica amissa. Frankfurt 1980[2].
de Neeve, P. W., Peasants in Peril. Location and Economy in Italy in the Second Century B.C. Amsterdam 1984.
Nippel, W., Aufruhr und „Polizei" in der römischen Republik. Stuttgart 1988.
Van Ooteghem, J., Pompée le Grand, bâtisseur d'Empire. Bruxelles 1954.
–, L. Licinius Lucullus. Bruxelles 1959.
–, Caius Marius. Bruxelles 1964.
Perelli, L., Le pensiero politico di Cicerone. Firenze 1990.
Perlwitz, O., Titus Pomponius Atticus. Stuttgart 1992.
Pohl, H., Die römische Politik und die Piraterie. Berlin 1993.
Rawson, E., Cicero: A Portrait. London 1975.
La Rivoluzione Romana. Inchiesta tra gli Antichisti. Ed. A. Guarino. Napoli 1982.
Rubinsohn, W. Z., Die großen Sklavenaufstände der Antike. Darmstadt 1993.
De Sanctis, G., La guerra sociale. Ed. L. Polverini. Firenze 1976.

Schneider, H., Wirtschaft und Politik. Untersuchungen zur Geschichte der späten römischen Republik. Erlangen 1974.
–, Die Entstehung der römischen Militärdiktatur. Köln 1977.
– (Hrsg.), Zur Sozial- und Wirtschaftsgeschichte der späten römischen Republik. Darmstadt 1976.
Scullard, H. H., From the Gracchi to Nero. London 1982[5].
Seager, R., Pompey: A Political Biography. Oxford 1979.
– (Ed.), The Crisis of the Roman Republic. Cambridge 1969.
Shackleton Bailey, D. R., Cicero. London 1971.
Smith, R. E., The Failure of the Roman Republic. Cambridge 1955.
Stockton, D., The Gracchi, Oxford 1979.
Syme, R., Die Römische Revolution. Hrsg. von W. Dahlheim. München 1992.
Thommen, L., Das Volkstribunat der späten römischen Republik. Stuttgart 1989.
Treggiari, S., Roman Freedmen during the Late Republic. London 1969.
Vanderbroeck, P. J., Popular Leadership und Collective Behavior in the Late Roman Republic (ca. 80–50 B.C.). Amsterdam 1987.
Volkmann, H., Sullas Marsch auf Rom. München 1958. NDr. 1969.
Will, W., Der römische Mob. Soziale Konflikte in der späten Republik. Darmstadt 1991.
Wirszubski, C., Libertas als politische Idee im Rom der späten Republik und des frühen Prinzipats. Darmstadt 1967.

3.4. Caesar

Alföldi, A., Caesar in 44 v.Chr. 2 Bde. Bonn 1974–1985.
–, Caesariana. Bonn 1984.
Chevallier, R. (Ed.), Présence de César. Paris 1985.
Christ, K., Caesar. München 1994.
Dahlheim, W., Julius Caesar. München 1987.
Étienne, R., Les ides de mars. Paris 1973.
Gelzer, M., Caesar. Wiesbaden 1960[6]. NDr 1983.
Gesche, H., Die Vergottung Caesars. Kallmünz 1968.
–, Caesar. Darmstadt 1976.
Goudineau, C., César et la Gaule. Paris 1990.
Jehne, M., Der Staat des Dictators Caesar. Köln 1986.
Kraft, K., Der goldene Kranz Caesars und der Kampf um die Entlarvung des „Tyrannen". Darmstadt 1968[2].
Meier, C., Caesar. Berlin 1982.
Poli, D. (Ed.), La cultura in Cesare. 2 Bde., Roma 1993.
Raaflaub, K., Dignitatis contentio. München 1974.
Taylor, L. R., Party Politics in the Age of Caesar. Berkeley 1966.
Weinstock, S., Divus Iulius. Oxford 1971.
Will, W., Julius Caesar. Eine Bilanz. Stuttgart 1992.
Yavetz, Z., Caesar in der öffentlichen Meinung. Düsseldorf 1979.

3.5. Oktavians Aufstieg

Alföldi, A., Oktavians Aufstieg zur Macht. Bonn 1976.
Becher, J., Das Bild der Kleopatra in der griechischen und lateinischen Literatur. Berlin 1966.

Bengtson, H., Marcus Antonius. München 1977.
Bleicken, J., Zwischen Republik und Prinzipat. (Abb. AdW. Göttingen, III, 185). Göttingen 1990.
Botermann, H., Die Soldaten und die römische Politik in der Zeit von Caesars Tod bis zur Begründung des zweiten Triumvirats. München 1968.
Carter, J. M., Die Schlacht bei Aktium. Wiesbaden 1972.
Dettenhofer, M. H., Perdita Iuventus. Zwischen den Generationen von Caesar und Augustus. München 1992.
Fadinger, V., Die Begründung des Prinzipats. Berlin 1969.
Gara, A.-Foraboschi, D. (Ed.), Il triumvirato costituente alla fine della Repubblica romana. Como 1993.
Kleopatra. Katalog-Handbuch. Mainz 1989.
La Rocca, E., L'età d'oro di Cleopatra. Roma 1984.
Levi, M. A., Ottaviano capoparte. 2 Bde. Firenze 1933.
Ortmann, U., Cicero, Brutus und Octavian, Republikaner und Caesarianer. Bonn 1988.
Schmitthenner, W., Octavian und das Testament Caesars. München 1952. NDr. 1969.
Schor, B., Beiträge zur Geschichte des Sextus Pompeius. Stuttgart 1980.
Tarn, W. W. – Charlesworth, M. P., Octavian, Antonius und Kleopatra. München 1967.
Volkmann, H., Kleopatra. München 1953.
Wallmann, P., Triumviri Rei Publicae Constituendae. Frankfurt 1989.
Weigel, R. D., Lepidus. The Tarnished Triumvir. London 1993.

4. Imperium Romanum

4.1. Gesamtdarstellungen, Allgemeines

Christ, K., Geschichte der römischen Kaiserzeit. München 1992².
Dahlheim, W., Geschichte der römischen Kaiserzeit. München 1989².
Garzetti, A., From Tiberius to the Antonines. A History of the Roman Empire A.D. 14–192. London 1974.
Grant, M., Rom. 133 v. Chr. – 217 n. Chr. Zürich 1960.
Jacques, F. – Scheid, J., Rome et l'intégration de l'Empire (44 av. J.-C. – 260 ap. J.-C.). I. Paris 1990.
Kienast, D., Römische Kaisertabelle. Grundzüge einer römischen Kaiserchronologie. Darmstadt 1990².
Mazzarino, S., L'Impero Romano. 3 Bde. Bari 1976².
Mommsen, Th., Römische Kaisergeschichte. Nach den Vorlesungs-Mitschriften von S. und P. Hensel 1882/86. Hrsg. von B. und A. Demandt. München 1992.
Petit, P., Histoire générale de l'empire romain. Paris 1974.
Seyfarth, W., Römische Geschichte. Kaiserzeit. 2 Bde. Berlin 1978³.
Wacher, J. (Ed.), The Roman World. 2 Bde. London 1987.

4.2. Zu den einzelnen principes

4.2.1. Julisch-claudisches Haus

Alföldy, G., Studi sull' epigrafia augustea e tiberiana di Roma. Roma 1992.
Balsdon, J. P. V. D., The emperor Gaius (Caligula). Oxford 1964².

Binder, G. (Hrsg.), Saeculum Augustum. 3 Bde. Darmstadt 1987–1991.
Cizek, E., Néron. Paris 1982.
Earl, D., Augustus und seine Zeit. Wiesbaden 1969.
Gardthausen, V., Augustus und seine Zeit. 2 Teile in 6 Bdn. Leipzig 1891–1917. NDr. 1964.
Griffin, M., Nero: The End of a Dynasty. London 1984.
Hennig, D., L. Aelius Seianus. München 1975.
Kaiser Augustus und die verlorene Republik. (Ausstellungskatalog). Mainz 1988.
Kienast, D., Augustus. Prinzeps und Monarch. Darmstadt 1992².
Kornemann, E., Tiberius. Stuttgart 1960.
Levi, M. A., Augusto e il suo tempo. Milano 1986.
Levick, B., Tiberius the Politician. London 1976.
–, Claudius. London 1990.
Meise, E., Untersuchungen zur Geschichte der Julisch-Claudischen Dynastie. München 1969.
Momigliano, A., Claudius. Cambridge 1961².
Raaflaub, K. A. – Toher, M. (Ed.), Between Republic and Empire. Berkeley 1990.
Roddaz, J.-M., Marcus Agrippa. Roma 1984.
Schmitthenner, W. (Hrsg.), Augustus. Darmstadt 1969.
Schrömbges, P., Tiberius und die res publica Romana. Bonn 1986.
Seager, R., Tiberius. London 1972.
Stahlmann, I., Imperator Caesar Augustus. Darmstadt 1988.
Timpe, D., Der Triumph des Germanicus. Bonn 1968.
Vittinghoff, F., Kaiser Augustus. Göttingen 1991³.

4.2.2. Vierkaiserjahr, Flavier

Graßl, H., Untersuchungen zum Vierkaiserjahr 68/69 n. Chr. Wien 1973.
Greenhalgh, P., The Year of the Four Emperors. London 1975.
Gsell, St., Essai sur le règne de l'empereur Domitien. Paris 1894. NDr. 1967.
Homo, L., Vespasien. L'empereur du bon sens (69–79 apr. J.-C.). Paris 1949.
Jones, B. W., The Emperor Titus. London 1984.
–, The Emperor Domitian. London 1992.
Murison, C. L., Galba, Otho and Vitellius. Hildesheim 1993.
Nicols, J., Vespasian and the partes Flavianae. Wiesbaden 1978.
Strobel, K., Die Donaukriege Domitians. Bonn 1989.
Wellesley, K., The long year A.D. 69. Boulder, Col. 1976.

4.2.3. Adoptivkaiser

Birley, A., Mark Aurel, Kaiser und Philosoph. München 1977².
Cizek, E., L'époque de Traian. Paris 1983.
Les empereurs romains d'Espagne. Paris 1965.
Farquharson, A. S. L., Marcus Aurelius. His life and his world. Oxford 1952².
Fell, M., Optimus Princeps? Anspruch und Wirklichkeit der imperialen Programmatik Kaiser Traians. München 1992.
Frankfort, Th., Études sur les guerres orientales de Trajan. Bruxelles 1955.
Garzetti, A., Nerva. Roma 1950.
Gherardini, M., Studien zur Geschichte des Kaisers Commodus. Wien 1974.

Grosso, F., La lotta politica al tempo di Commodo. Torino 1964.
Hammond, M., The Antonine Monarchy. Roma 1959.
Homo, L., Le siècle d'or de l'empire romain (96–192 apr. J.-C.). Ed. Chr. Piétri. Paris 1969.
Hüttl, W., Antoninus Pius. 2 Bde. Prag 1933–1936. NDr. 1975.
Kaiser-Reiß, M. R., Die stadtrömische Münzprägung während der Alleinherrschaft des Commodus. Frankfurt 1980.
Klein, R. (Hrsg.), Marc Aurel. Darmstadt 1979.
Lepper, F. A., Trajan's Parthian War. London 1948.
Oliver, J. H., Marcus Aurelius. Aspects of civic and cultural policy in the East. Princeton 1970.
D'Orgeval, B., L'empereur Hadrien. Œeuvre législative et administrative. Paris 1950.
Paribeni, R., Optimus princeps. 2 Bde. Messina 1926–1927. NDr. 1975.
Perowne, S., Hadrian. Sein Leben und seine Zeit. München 1977².
Schindler-Horstkotte, G., Der „Markomannenkrieg" Mark Aurels und die kaiserliche Reichsprägung. Köln 1985.
Strack, P. L., Untersuchungen zur römischen Reichsprägung des 2. Jahrhunderts. 3 Bde. Stuttgart 1931–1937.
Strobel, K., Untersuchungen zu den Dakerkriegen Trajans. Bonn 1984.
Temporini, H., Die Frauen am Hofe Trajans. Berlin 1978.
Weber, W., Rom, Herrschertum und Reich im 2. Jahrhundert. Stuttgart 1937.

4.3. Verfassung und Reichsverwaltung

Abbott, F. F. - Johnson, A. C., Municipal Administration in the Roman Empire. New York 1926. NDr. 1968.
Arnold, W. T., The Roman System of Provincial Administration to the Accession of Constantine the Great. Oxford 1914³. NDr. 1968.
Bleicken, J., Verfassungs- und Sozialgeschichte des Römischen Kaiserreiches. 2 Bde. Paderborn 1984².
Burn, A. R., The Government of the Roman Empire from Augustus to the Antonines. London 1952.
Carsana, Ch., La teoria della ‚Costituzione mista' nell' età imperiale Romana. Como 1990.
Castritius, H., Der römische Prinzipat als Republik. Husum 1982.
Chantraine, H., Ausgabenpolitik, Defizite und Sanierung des Staatshaushaltes in den beiden ersten Jahrhunderten der römischen Kaiserzeit, in: Gesellschaft und Universität. Mannheim 1982, 207–242.
Crawford, M. H. (Ed.), L'Impero Romano e le strutture economiche e soziali delle province. Como 1986.
Eck, W., Die staatliche Organisation Italiens in der hohen Kaiserzeit. München 1979.
D'Escurac, P., La préfecture de l'annone, service administratif impérial d'Auguste à Constantin. Paris 1976.
Gutsfeld, A., Römische Herrschaft und einheimischer Widerstand in Nordafrika. Stuttgart 1989.
Hirschfeld, O., Die kaiserlichen Verwaltungbeamten bis auf Diocletian. Berlin 1905². NDr. 1963.

Jones, A. H. M., Studies in Roman Government and Law. Oxford 1960. NDr. 1968.
De Laet, S. J., Portorium. Étude sur l'organisation douanière chez les Romains, surtout à l'époque du Haut-Empire. Brügge 1949.
Liebenam, W., Städteverwaltung im römischen Kaiserreich. Leipzig 1900. NDr. 1967.
Marquardt, J., Römische Staatsverwaltung. 3 Bde. Darmstadt 1957³.
Neesen, L., Untersuchungen zu den direkten Staatsabgaben der römischen Kaiserzeit (27 v. Chr. – 284 n. Chr.). Bonn 1980.
Pflaum, H.-G., Essai sur le cursus publicus sous le Haut-Empire Romain. Paris 1940.
Stevenson, G. H., Roman Provincial Administration till the Age of the Antonines. Oxford 1949².
Vitucci, G., Ricerche sulla Praefectura Urbi in Età Imperiale. Roma 1956.

4.4. Ideologie

Adam, T., Clementia principis. Stuttgart 1970.
Alföldi, A., Die monarchische Repräsentation im römischen Kaiserreiche. Darmstadt 1970³.
Béranger, J., Recherches sur l'aspect idéologique du principat. Basel 1953.
–, Principatus. Études de notions et d'histoire politiques dans l'antiquité gréco-romaine. Genève 1973.
Häfele, U., Historische Interpretationen zum Panegyricus des jüngeren Plinius. Freiburg 1959.
Hölscher, T., Victoria Romana. Mainz 1967.
Instinsky, H. U., Sicherheit als politisches Problem des römischen Imperiums. Baden-Baden 1952.
Klein, R., (Hrsg.), Prinzipat und Freiheit. Darmstadt 1969.
Kloft, H., Liberalitas Principis. Köln 1970.
Kneißl, P., Die Siegestitulatur der römischen Kaiser. Göttingen 1969.
Pani, M. (Ed.), Continuità e trasformazioni tra Repubblica e Principato. Bari 1989.
–, Potere e valori a Roma fra Augusto e Traiano. Bari 1993².
Pekáry, T., Das römische Kaiserbildnis in Staat, Kult und Gesellschaft, dargestellt anhand der Schriftquellen. Berlin 1985.
Taylor, L. R., The Divinity of the Roman Emperor. Middletown 1931. NDr. 1975.
Wickert, L., RE XXII, 1998–2296 (1954) s. v. princeps.

4.5. Gesellschaft

4.5.1 Allgemeines

Alföldy, G., Die Rolle des Einzelnen in der Gesellschaft des Römischen Kaiserreiches. SB. AdW. Heidelberg, 1980, 8.
Dauge, Y. A., Le Barbare. Bruxelles 1981.
Dill, S., Roman Society from Nero to Marcus Aurelius. London 1905².
Eck, W. – Wolff, H. (Hrsg.), Heer und Integrationspolitik. Köln 1986.
Gagé, J., Les classes sociales dans l'Empire romain. Paris 1964.
Garnsey, P., Social status and legal privilege in the Roman Empire. Oxford 1970.
Garnsey, P. – Saller, R., Das Römische Kaiserreich. Wirtschaft, Gesellschaft, Kultur. Reinbek 1989.

Graßl, H., Sozialökonomische Vorstellungen in der kaiserzeitlichen griechischen Literatur (1.–3. Jahrhundert n. Chr.). Wiesbaden 1982.
MacMullen, R., Roman Social Relations 50 B.C. to A.D. 284. New Haven 1974.
Mratschek-Halfmann, S., Divites et praepotentes. Reichtum und soziale Stellung in der Literatur der Principatszeit. Stuttgart 1993.
Pani, M., Principato e società a Roma dai Giulio-Claudi ai Flavi. Bari 1983.
Rostovtzeff, M., Gesellschaft und Wirtschaft im römischen Kaiserreich. 2 Bde. Leipzig 1931.
Saller, R. P., Personal Patronage under the Early Empire. Cambridge 1982.
Salmon, P., Population et dépopulation dans l'Empire romain. Bruxelles 1974.
Schneider, H. (Hrsg.), Sozial- und Wirtschaftsgeschichte der römischen Kaiserzeit. Darmstadt 1981.
Vittinghoff, F. (Hrsg.), Europäische Wirtschafts- und Sozialgeschichte in der römischen Kaiserzeit. (Handbuch der europäischen Wirtschafts- und Sozialgeschichte, 1). Stuttgart 1990.
Wiedemann, Th., Adults and Children in the Roman Empire. London 1989.

4.5.2. princeps, domus principis

Amarelli, F., Consilia principum. Napoli 1983.
Bauman, R. A., Impietas in principem. A study of treason against the Roman emperor with special reference to the 1st c. A.C. München 1974.
Campbell, J. B., The Emperor and the Roman Army, 31 B.C. – A.D. 235. Oxford 1984.
Crook, J., Consilium principis. Cambridge 1955.
Halfmann, H., Itinera principum: Geschichte und Typologie der Kaiserreisen im Römischen Reich. Stuttgart 1986.
Hammond, M., The Augustan Principate in Theory and Practice during the Julio-Claudian Period. New York 1968².
Kaplan, M., Greeks and the Imperial Court, from Tiberius to Nero. New York 1990.
Maier, B., Philosophie und römisches Kaisertum. Wien 1985.
Millar, F., The Emperor in the Roman World (31 BC – AD 337). London 1977.
Parsi, B., Désignation et investiture de l'empereur romain (Ier – IIe siècle apr. J.-C.). Paris 1963.
Von Premerstein, A., Vom Werden und Wesen des Prinzipats. (Abh. Bayer. AdW., 157). München 1937. NDr. 1964.
Timpe, D., Untersuchungen zur Kontinuität des frühen Prinzipats. Wiesbaden 1962.

4.5.3. Führungsschicht

Alföldy, G., Konsulat und Senatorenstand unter den Antoninen. Bonn 1977.
Bergener, A., Die führende Senatorenschicht im frühen Prinzipat. Bonn 1965.
Chastagnol, A., Le sénat romain à l'époque impériale. Paris 1992.
Eck, W., Senatoren von Vespasian bis Hadrian. München 1970.
Epigrafia e ordine senatorio. (Tituli, 4,5). Roma 1983.
Franke, Th., Die Legionslegaten der römischen Armee in der Zeit von Augustus bis Traian. 2 Bde. Bochum 1991.
Grenzheuser, B., Kaiser und Senat in der Zeit von Nero bis Nerva. Münster 1964.

Halfmann, H., Die Senatoren aus dem östlichen Teil des Imperium Romanum bis zum Ende des 2. Jh. n. Chr. Göttingen 1979.
Pflaum, H.-G., Les carrières procuratoriennes équestres sous le Haut-Empire romain. 4 Bde. Paris 1960–1961. Supplément 1982.
Pistor, H. H., Prinzeps und Patriziat in der Zeit von Augustus bis Commodus. Freiburg 1965.
Stein, A., Der römische Ritterstand. München 1927.
Syme, R., Colonial Élites. London 1958.
–, Roman Papers. 7 Bde. Oxford 1979–1991.
–, The Augustan Aristocracy. Oxford 1986.
Talbert, R. J. A., The Senate of Imperial Rome. Princeton 1984.
Vogel-Weidemann, U., Die Statthalter von Africa und Asia in den Jahren 14 bis 68 n. Chr. Bonn 1982.

4.5.4. plebs

Abbott, F. F., The Common People of Ancient Rome. London 1912.
Van Berchem, D., Les distributions de blé et argent à la plèbe romaine sous l'Empire. Genève 1939.
Huttunen, P., The Social Strata in the Imperial City of Rome. Oulu 1974.
Yavetz, Z., Plebs and Princeps. Oxford 1969.

4.5.5. Städte, Dekurionen

Abramenko, A., Die munizipale Mittelschicht im kaiserlichen Italien. Frankfurt 1993.
Bowmann, A. K., The Town Councils of Roman Egypt. Toronto 1971.
Castrén, P., Ordo populusque Pompeianus. Roma 1975.
Clavel, M. – Lévêque, P., Villes et structures urbaines dans l'Occident romain. Paris 1984².
Eck, W. – Galsterer, H. (Hrsg.), Die Stadt in Oberitalien und in den nordwestlichen Provinzen des Römischen Reiches. Mainz 1991.
Étienne, R., Pompeji. Das Leben in einer antiken Stadt. Stuttgart 1991⁴.
Galsterer, H., Untersuchungen zum römischen Städtewesen auf der iberischen Halbinsel. Berlin 1971.
Gascou, J., La politique municipale de l'Empire romain en Afrique proconsulaire de Trajan à Septime-Sévère. Paris 1972.
Hammond, M., The City in the Ancient World. Cambridge, Mass. 1972.
Jacques, F., Le privilège de liberté: politique impériale et autonomie municipale dans les cités de l' Occident romain. Roma 1984.
–, Les cités de l' Occident Romain. Paris 1990.
Jones, A. H. M., The Greek City from Alexander to Justinian. Oxford 1940.
–, The Cities of the Eastern Roman Provinces. Oxford 1971².
Kolb, F., Die Stadt im Altertum. München 1984.
Ladage, D., Städtische Priester- und Kultämter im lateinischen Westen des Imperium Romanum der Kaiserzeit. Köln 1971.
Langhammer, W., Die rechtliche und soziale Stellung der Magistratus Municipales und der Decuriones ... Wiesbaden 1973.
Lepelley, C., Les Cités de l'Afrique romaine. 2 Bde. Paris 1979–1981.
Levick, B. M., Roman Colonies in Southern Asia Minor. Oxford 1967.

Mazzolini, L. S., The Idea of the City in Roman Thought. London 1970.
Nörr, D., Imperium und Polis in der hohen Prinzipatszeit. München 1969².
Robert, L., Villes d'Asie Mineure. Paris 1962².
Rupprecht, G., Untersuchungen zum Dekurionenstand in den nordwestlichen Provinzen des Römischen Reiches. Kallmünz 1975.
Rodwell, W. – Rowley, T. (Ed.), Small Towns of Roman Britain. Oxford 1975.
Stahl, M., Imperiale Herrschaft und provinziale Stadt. Göttingen 1978.
Teutsch, L., Das römische Städtewesen in Nordafrika in der Zeit von C. Gracchus bis zum Tode des Kaisers Augustus. Berlin 1962.
Vittinghoff, F. (Hrsg.), Stadt und Herrschaft. München 1982.
Wacher, J. S., The Towns of Roman Britain. London 1975.
Wesch-Klein, G., Liberalitas in rem publicam: Private Aufwendungen zugunsten von Gemeinden im römischen Afrika bis 284 n. Chr. Bonn 1990.
Ziegler, R., Städtisches Prestige und kaiserliche Politik. Düsseldorf 1985.

4.5.6. Unterschichten

Barrow, R. H., Slavery in the Roman Empire. London 1928. NDr. 1968.
Bellen, H., Studien zur Sklavenflucht im römischen Kaiserreich. Wiesbaden 1971.
Boulvert, G., Les esclaves et les affranchis impériaux sous le Haut-Empire romain, rôle politique et administratif. 2 Bde. Napoli 1970.
–, Domestiques et fonctionnaires sous le Haut-Empire romain. Paris 1974.
Bradley, K. R., Slaves and Masters in the Roman Empire: a Study in Social Control. Bruxelles 1984.
Buckland, W. W., The Roman Law of Slavery. Cambridge 1908. NDr. 1970.
Chantraine, H., Freigelassene und Sklaven im Dienst der römischen Kaiser. Wiesbaden 1967.
Christes, J., Sklaven und Freigelassene als Grammatiker und Philologen im antiken Rom. Wiesbaden 1979.
Duff, A. M., Freedmen in the Early Roman Empire. Cambridge 1958².
Grant, M., Die Gladiatoren. Stuttgart 1970.
Hopkins, M. K., Conquerors and Slaves. Cambridge 1978.
Kiechle, F., Sklavenarbeit und technischer Fortschritt im römischen Reich. Wiesbaden 1969.
Marinovic, L. P. u. a., Die Sklaverei in den östlichen Provinzen des römischen Reiches im 1.–3. Jahrh. Stuttgart 1992.
Štaerman, E. M. u. a., Die Sklaverei in den westlichen Provinzen des römischen Reiches im 1.–3. Jahrh., Stuttgart 1987.
Štaerman, E. M. - Trofimova, M. K., La schiavitù nell' Italia imperiale. Roma 1975.
Waldstein, W., Operae Libertorum. Stuttgart 1986.
Weaver, P. R. C., Familia Caesaris. A Social Study of the Emperor's Freemen and Slaves. Cambridge 1972.
Wolf, M., Untersuchungen zur Stellung der kaiserlichen Freigelassenen und Sklaven in Italien und den Westprovinzen. Münster 1965.

4.6. Wirtschaft

Bolin, St., State and Currency in the Roman Empire to A. D. 300. Stockholm 1958.
Buck, R. J., Agriculture and agricultural practice in Roman law. Wiesbaden 1983.
Burford, A., Künstler und Handwerker in Griechenland und Rom. Mainz 1985.

Charlesworth, M. P., Trade-routes and commerce of the Roman Empire. Cambridge 1924. NDr. 1961.
Clausing, R., The Roman Colonate. New York 1925. NDr. 1965.
Davies, O., Roman Mines in Europe. Oxford 1935.
Duncan-Jones, R., The Economy of the Roman Empire. Cambridge 1982².
Frier, B. W., Landlords and tenants in imperial Rome. Princeton 1980.
Garnsey, P. D. A. (Ed.), Non-slave labour in the Greco-Roman world. Cambridge 1980.
– u. a. (Ed.), Trade in the Ancient Economy. London 1983.
Grant, M., Roman Imperial Money. London 1954. NDr. 1972.
Gren, E., Kleinasien und der Ostbalkan in der wirtschaftlichen Entwicklung der römischen Kaiserzeit. Uppsala 1941.
Healy, J. P., Mining and Metallurgy in the Greek and Roman World. London 1978.
Herz, P., Studien zur römischen Wirtschaftsgesetzgebung. Die Lebensmittelversorgung. Stuttgart 1988.
Johne, K.-P. u. a., Die Kolonen in Italien und den westlichen Provinzen des Römischen Reiches. Berlin 1983.
Kahrstedt, U., Das wirtschaftliche Gesicht Griechenlands in der Kaiserzeit. Bern 1954.
Kampen, N., Image and Status. Roman Working Women in Ostia. Berlin 1981.
Kehoe, D. P., The Economics of Agriculture on Roman Imperial Estates in North Africa. Göttingen 1988.
Kneißl, P., Die Berufsangaben auf den Inschriften der gallischen und germanischen Provinzen. Marburg 1977.
Kolendo, J., Le colonat en Afrique sous le Haut-Empire. Paris 1976.
–, L'agricoltura nell' Italia romana. Roma 1980.
Meiggs, R., Trees and timber in the ancient mediterranean world. Oxford 1982.
Miller, I. J., The spice trade of the Roman empire, 29 B.C.-A.D.641. Oxford 1969.
Nollé, J., Nundinas instituere et habere. Epigraphische Zeugnisse zur Einrichtung und Gestaltung von ländlichen Märkten in Afrika und in der Provinz Asia. Hildesheim 1982.
Painter, K. (Ed.), Roman Villas in Italy. London 1980.
Percival, J., The Roman Villa: A Historical Introduction. London 1976.
Ponsich, M. – Tarradell, M., Garum et industries antiques de salaison dans la Méditerranée occidentale. Paris 1965.
Rickman, G. E., Roman Granaries and Store Buildings. Cambridge 1971.
Rivet, A. L. F., Town and Country in Roman Britain. London 1964².
– (Ed.), The Roman Villa in Britain. London 1969.
Rossiter, J. J., Roman Farm Buildings in Italy. Oxford 1978.
Rostovtzeff, M., Studien zur Geschichte des römischen Kolonats. Leipzig 1910. NDr. 1970.
Rougé, R., Recherches sur l'organisation du commerce maritime en Méditerranée sous l'Empire romain. Paris 1966.
Sirago, V., L'Italia agraria sotto Traiano. Löwen 1958.
Taeckholm, U., Studien über den Bergbau der römischen Kaiserzeit. Uppsala 1937.
Thomas, E. B., Römische Villen in Pannonien. Budapest 1964.
Warmington, B. H., The Commerce between the Roman Empire and India. Cambridge 1928. NDr. 1974.

Wheeler, M., Der Fernhandel des Römischen Reiches in Europa, Afrika und Asien. München 1965.
White, K. D., Farm Equipment of the Roman World. Cambridge 1975.
Wierschowski, L., Heer und Wirtschaft. Das römische Heer der Prinzipatszeit als Wirtschaftsfaktor. Bonn 1984.
Wild, J. P., Textil Manufacture in the Northern Roman Provinces. Cambridge 1970.

5. Lebensformen

5.1. Allgemeines

Balsdon, J. P. V. D., Life and Leisure in Ancient Rome. London 1974^{2}.
Blanck, H., Einführung in das Privatleben der Griechen und Römer. Darmstadt 1976.
Blümner, H., Die römischen Privataltertümer. (Handbuch der Altertumswissenschaft, IV, 2.2.). München 1911^{3}.
Carcopino, J., Rom. Leben und Kultur in der Kaiserzeit. Stuttgart 1977.
Cowell, F. R., Everyday Life in Ancient Rome. London 1973^{8}.
Dilke, O. A. W., The Ancient Romans. How They Lived and Worked. London 1976^{2}.
Edwards, C., The Politics of Immorality in Ancient Rome. Cambridge 1993.
Friedländer, L., Darstellungen aus der Sittengeschichte Roms in der Zeit von Augustus bis zum Ausgang der Antonine. Bearbeitet von G. Wissowa. 4 Bde. Leipzig $1921–1922^{10}$.
Kahrstedt, U., Kulturgeschichte der römischen Kaiserzeit. Bern 1958^{2}.
Lorenz, Th., Römische Städte. Darmstadt 1987.
Paoli, U. E., Das Leben im alten Rom. Bern 1961^{2}.
Scheer, R., Römische Realienkunde. Wien 1966.
Ürögdi, G., Die Zustände im alten Rom. Frankfurt 1969.
Wilkinson, L. P., The Roman Experience. London 1975.

5.2. Frauen, Ehe

Bauman, R. A., Women and Politics in Ancient Rome. London 1992.
Bettini, M., Familie und Verwandtschaft im antiken Rom. Frankfurt 1993.
Bradley, K. R., Discovering the Roman Family. New York 1991.
Corbett, P. E., The Roman Law of Marriage. Oxford 1930.
Dixon, S., The Roman Mother. London 1988.
Eichenauer, M., Untersuchungen zur Arbeitswelt der Frau in der römischen Antike. Frankfurt 1988.
Fau, G., L'émancipation féminine dans la Rome antique. Paris 1978.
Gardner, J. F., Women in Roman Law and Society. London 1986.
Grimal, P., Liebe im Alten Rom. Frankfurt 1981.
Günther, R., Frauenarbeit – Frauenbindung. München 1987.
Hallet, J., Fathers and Daughters in Roman Society. Women and the Elite Family. Princeton 1984.
Von Hesberg-Tonn, B., Coniunx carissima. Untersuchungen zum Normcharakter im Erscheinungsbild der römischen Frau. Stuttgart 1983.
Humbert, M., Le remariage à Rome. Milano 1972.
Levy, E., Der Hergang der römischen Ehescheidung. Weimar 1955.

Mette-Dittmann, A., Die Ehegesetze des Augustus. Stuttgart 1991.
Pomeroy, S. B., Frauenleben im klassischen Altertum. Stuttgart 1985.
Rawson, B. (Ed.), The Family in Ancient Rome. Ithaca 1986.
–, Marriage, Divorce, and Children in Ancient Rome. Oxford 1991.
Schuller, W., Frauen in der römischen Geschichte. Konstanz 1987.
Treggiari, S., Roman Marriage. Oxford 1991.

5.3. Erziehung

Banner, S. F., Education in Ancient Rome. London 1977.
Marrou, H.-I., Geschichte der Erziehung im klassischen Altertum. Freiburg 1957.

5.4. Wohnung

D'Arms, J. H., Romans on the Bay of Naples. Cambridge, Mass. 1970.
Brödner, E., Wohnen in der Antike. Darmstadt 1989.
Clarke, J. R., The Houses of Roman Italy 100 B. C.–A. D. 250. Berkeley 1991.
Grimal, P., Les jardins romains. Paris 1969².
McKay, A. G., Römische Häuser, Villen und Paläste. Luzern 1980.
Mielsch, H., Die römische Villa. München 1987.
Pasini, F., Ostia antica, insule e classi sociali. Roma 1978.
Reutti, Fr. (Hrsg.), Die römische Villa, Darmstadt 1990.

5.5. Kleidung

Bieber, M., Entwicklungsgeschichte der griechischen Tracht von der vorgriechischen Zeit bis zur römischen Kaiserzeit. Berlin 1967².
Böhme, A., Schmuck der römischen Frau. Aalen 1974.
Wilson, L. M., The Clothing of the Ancient Romans. Baltimore 1938.

5.6. Ernährung

Alföldi-Rosenbaum, E., Das Kochbuch der Römer, Rezepte aus der Kochkunst des Apicius. Zürich 1973.
André, J.-M., L'alimentation et la cuisine à Rome. Paris 1961.
Klebing, T., In den Wirtshäusern und Weinstuben des antiken Rom. Berlin 1963.

5.7. Spiele, Theater

Auguet, R., Cruauté et civilisation: les jeux romains. Paris 1970.
Beare, W., Roman Stage. London 1977.
Bieber, M., The History of the Greek and Roman Theatre. Princeton 1960².
Blänsdorf, J. (Hrsg.), Theater und Gesellschaft im Imperium Romanum. Tübingen 1990.
Bollinger, T., Theatralis licentia, Winterthur 1969.
Cameron, A., Bread and Circuses: The Roman Emperor and His People. London 1974.
–, Circus Factions. Blues and Greens at Rome and Byzantium. Oxford 1976.
Cavallaro, M. A., Spese e spettacoli. Bonn 1984.
Fuchs, M., Untersuchungen zur Ausstattung römischer Theater in Italien und den Westprovinzen des Imperium Romanum. Mainz 1987.
Henze, A. – Höhnle, A., Römische Amphitheater und Stadien. Gladiatorenkämpfe und Circusspiele, Zürich 1981.

Jürgens, H., Pompa Diaboli. Stuttgart 1972.
Leppin, H., Histrionen. Untersuchungen zur sozialen Stellung von Bühnenkünstlern im Westen des Römischen Reiches zur Zeit der Republik und des Principats. Bonn 1992.
Pearson, J., Arena. The Story of the Colosseum. London 1973.
Piganiol, A., Recherches sur les jeux romains. Straßburg 1923.
Robert, L., Les gladiateurs dans l'Orient grec. Paris 1940. NDr. 1971.

5.8. Bäder, Wasserversorgung

Ashby, T., The Aqueducts of Ancient Rome. Oxford 1935. NDr. 1974.
Brödner, E., Die römischen Thermen und das antike Badewesen. Darmstadt 1992².
Bruun, C., The Water Supply of Ancient Rome. Helsinki 1991.
Hainzmann, M., Untersuchungen zur Geschichte und Verwaltung der stadtrömischen Wasserleitungen. Wien 1975.
Heinz, W., Römische Thermen. Badewesen und Badeluxus im römischen Reich. München 1983.
Hodge, A. T., Roman Aqueducts and Water Supply. London 1993.
Iulius Frontinus, S., Wasserversorgung im antiken Rom. Hrsg. von der Frontinus-Gesellschaft. München 1982.
Krencker, D., u. a., Die Trierer Kaiserthermen. Berlin 1929.

5.9. Bestattung, Totengedenken

Geist, H. – Pfohl, G., Römische Grabinschriften. München 1969.
Von Hesberg, H., Römische Grabbauten. Darmstadt 1992.
Pfannmüller, G., Tod, Jenseits und Unsterblichkeit in der Religion der Römer. Basel 1953.
Pikhaus, D., Levensbeschouwing en milieu in de latijnse metrische inscripties. Bruxelles 1978.
Raece, R. (Ed.), Burial in the Roman World. London 1977.
Toynbee, J. M. C., Death and Burial in the Roman World. London 1971.

5.10. Sonstiges

André, J.-M., L'otium dans la vie morale et intellectuelle romaine. Paris 1966.
Hands, A. R., Charities and Social Aid in Greece and Rome. London 1968.
Toynbee, J. M. C., Animals in Roman Life and Art. London 1971.
Väterlein, J., Roma ludens. Kinder und Erwachsene beim Spiel im antiken Rom. Amsterdam 1976.
Wille, G., Musica Romana. Die Bedeutung der Musik im Leben der Römer. Amsterdam 1967.

6. Römisches Recht

Arangio-Ruiz, V. u. a., Il Diritto Romano. Roma 1980.
Bauman, R. A., Lawyers in Roman Republican Politics. München 1983.
Bleicken, J., Senatsgericht und Kaisergericht. (Abh. AdW. Göttingen, 3,53). Göttingen 1962.
Bretone, M., Geschichte des römischen Rechts. München 1992.
Coleman-Norton, P. R., The Twelve Tablets. Princeton 1960.

Crook, J., Law and Life of Rome. London 1967.
Dulckeit, G. u.a., Römische Rechtsgeschichte. München 1989[8].
Guarino, A., Diritto Privato Romano. Napoli 1981[6].
–, Giusromanistica Elementare. Napoli 1989.
Honoré, T., Emperors and lawyers. London 1981.
Von Jhering, R., Geist des römischen Rechts auf den verschiedenen Stufen seiner Entwicklung. Darmstadt 1953[9].
Jolowitz, H. F. – Nicholas, B., Historical Introduction to Roman Law. Oxford 1973[2].
Jones, A. H. M., The criminal courts of the Roman republic and principate. Oxford 1972.
Kaser, M., Das Römische Privatrecht. 2 Bde. München 1971–1975[2].
Kelly, J. M., Princeps iudex. Weimar 1957.
–, Roman Litigation. Oxford 1966.
Koschaker, P., Europa und das römische Recht. München 1958[3].
Kunkel, W., Herkunft und soziale Stellung der römischen Juristen. Wien 1967[2].
–, Über die Entstehung des Senatsgerichts. (SB. Bayer. AdW. 1969, 2). München 1969.
–, Römische Rechtsgeschichte. Köln 1983[10].
Rilinger, R., Humiliores – Honestiores. Zu einer sozialen Dichotomie im Strafrecht der römischen Kaiserzeit. München 1988.
Schulz, F., Prinzipien des römischen Rechts. Berlin 1954[2].
–, Geschichte der römischen Rechtswissenschaft. Weimar 1961.
Söllner, A., Einführung in die römische Rechtsgeschichte. München 1989[4].
Wieacker, F., Vom römischen Recht. Stuttgart 1961[2].
–, Recht und Gesellschaft in der Spätantike. Stuttgart 1964.
–, Römische Rechtsgeschichte. I. München 1988.

7. Literatur, Künste, Wissenschaften und Technik, Religion

7.1. Literatur – Allgemeines und einzelne Gattungen

Adamietz, J., (Hrsg), Die römische Satire. Darmstadt 1986.
Von Albrecht, M., Römische Poesie. Heidelberg 1977.
–, Geschichte der römischen Literatur von Andronicus bis Boethius. Mit Berücksichtigung ihrer Bedeutung für die Neuzeit. 2 Bde. Bern 1992.
Büchner, K., Römische Literaturgeschichte. Stuttgart 1970[4].
–, Die römische Lyrik. Stuttgart 1976.
Dihle, A., Die griechische und lateinische Literatur der Kaiserzeit. München 1989.
Duckworth, G. E., The Nature of Roman Comedy. Princeton 1952.
Fuhrmann, M. (Hrsg.), Römische Literatur. Frankfurt 1974.
Hahn, J., Der Philosoph und die Gesellschaft. Stuttgart 1989.
Kennedy, G., The Art of Rhetoric in the Roman World. Princeton 1972.
Kenney, E. J. – Clausen, W. V., The Cambridge History of Classical Literature. II. Latin Literature. Cambridge 1982.
Knoche, U., Die römische Satire. Göttingen 1982[4].
Leeman, A. D., Orationis Ratio: The Stylistic Theories and Practice of the Roman Orators, Historians and Philosophers. 2 Bde. Amsterdam 1963.
Lefèvre, E. (Hrsg.), Das römische Drama. Darmstadt 1978.

Leo, F., Geschichte der römischen Literatur. 1. (Mehr nicht erschienen). Berlin 1913. NDr. 1967.
Maurach, G., Geschichte der römischen Philosophie. Darmstadt 1989.
Norden, E., Die römische Literatur. Bearbeitet von H. Fuchs. Leipzig 1961[6].
Ogilvie, R. M., Roman Literature and Society. Harmondsworth 1980.
Schanz, M., u.a., Geschichte der römischen Literatur. 5 Bde. München. I. 1927[4]. NDr. 1966. II. 1935[4]. NDr. 1967; III. 1922[3]. NDr. 1969; IV. 1914[2]. NDr. 1959; V. 1920. NDr. 1971.
Senoner, R. (Hrsg.), Die römische Literatur. München 1981.
Weinreich, O., Römische Satiren. Zürich 1949.

7.2. Literatur zur Zeit der Römischen Republik

Bailey, C., Lucretius. 3 Bde. Oxford 1947.
Boyancé, P., Lucrèce et l'epicurisme. Paris 1963.
Della Corte, F., Varrone, il terzo gran lume romano. Genua 1970[2].
Frank, T., Life and Literature in the Roman Republic. Berkeley 1930.
Girardet, K. M., Die Ordnung der Welt. Ein Beitrag zur philosophischen und politischen Interpretation von Ciceros Schrift de legibus. Wiesbaden 1982.
Heuß, A., Ciceros Theorie vom römischen Staat. Nachr. AdW. Göttingen 1976, 8.
Lieberg, G., Puella divina. Amsterdam 1962.
Minyard, J. D., Lucretius and the Late Republic. Leiden 1985.
Quinn, K., Catullus. London 1972.
Rawson, E., Intellectual life in the late Roman republic. London 1985.
–, Roman Culture and Society. Oxford 1991.
Suerbaum, W., Untersuchungen zur Selbstdarstellung älterer römischer Dichter: Livius Andronicus, Naevius, Ennius. Hildesheim 1968.
Vogt, J., Ciceros Glaube an Rom. Stuttgart 1935. NDr. 1956.
Weinreich, O., Catull. Zürich 1969.
Zazagi, N., Tradition and Originality in Plautus. Göttingen 1980.

7.3. Römische Geschichtsschreibung

Bracher, K. D., Verfall und Fortschritt im Denken der frühen Kaiserzeit. Wien 1987.
Brießmann, A., Tacitus und das flavische Geschichtsbild. Wiesbaden 1955.
Burck, E. (Hrsg.), Wege zu Livius. Darmstadt 1977[2].
Dorey, T. A. (Ed.), Latin Historians. London 1966.
Earl, D., The Political Thought of Sallust. Cambridge 1961.
Flach, D., Tacitus in der Tradition der antiken Geschichtsschreibung. Göttingen 1973.
–, Einführung in die römische Geschichtsschreibung. Darmstadt 1992[2].
Von Haehling, R., Zeitbezüge des T. Livius in der ersten Dekade seines Geschichtswerkes. Stuttgart 1989.
Häußler, R., Tacitus und das historische Bewußtsein. Heidelberg 1965.
La Penna, A., Sallustio e la rivoluzione romana. Milano 1968.
–, Aspetti del pensiero storico latino. Torino 1983[2].
Lendle, O., Einführung in die griechische Geschichtsschreibung. Darmstadt 1992.
Mazzarino, S., Il Pensiero Storico Classico. 3 Bde. Bari 1973[3].
Paratore, E., Tacito. Roma 1966[2].

Pöschl, V. (Hrsg.), Römische Geschichtsschreibung. Darmstadt 1969.
–, Tacitus. Darmstadt 1969.
–, Sallust. Darmstadt 1970.
Steidle, W., Sallusts historische Monographien. Wiesbaden 1958.
–, Sueton und die antike Biographie. Wiesbaden 1965².
Syme, R., Tacitus. 2 Bde. Oxford 1958.
–, Ten Studies in Tacitus. Oxford 1970.
–, Sallust. Darmstadt 1975.
Timpe, D., Le ‚Origini' di Catone e la storiografia latina. (Memorie della Accad. Pataviana). Padova 1971.
Walsh, P. G., Livy. His Historical Aims and Methods. Cambridge 1961.

7.4. Literatur der augusteischen Epoche

Becker, C., Das Spätwerk des Horaz. Göttingen 1963.
Eisenhut, W. (Hrsg.), Properz. Darmstadt 1975.
Fraenkel, E., Horaz. Darmstadt 1983⁶.
Fraenkel, H., Ovid. Berkeley 1945.
Gabba, E., Dionysius and the History of Archaic Rome. Berkeley 1991.
Klingner, F., Virgil. Zürich 1967.
La Penna, A., Orazio e l'ideologia del principato. Firenze 1963.
Norden, E., P. Vergilius Maro. Aeneis. Buch VI. Darmstadt 1981⁷.
Sullivan, J. P., Propertius. A Critical Introduction. Cambridge 1976.
Syme, R., History in Ovid. Oxford 1978.
Wimmel, W., Der frühe Tibull. München 1968.
–, Tibull und Delia. Wiesbaden 1976.

7.5. Die Literatur der nachaugusteischen Zeit

Von Arnim, H., Leben und Werke des Dio von Prusa. Berlin 1898.
Bardon, H., Les empereurs et les lettres latines d'Auguste à Hadrien. Paris 1968².
Barrow, R. H., Plutarch and his times. London 1967.
Beagon, J., Roman Nature. The Thought of Pliny the Elder. Oxford 1992.
Bleicken, J., Der Preis des Aelius Aristides auf das römische Weltreich. Nachr. AdW. Göttingen 1966, 7.
Champlin, E., Fronto and Antonine Rome. Cambridge, Mass. 1980.
Desideri, P., Dione di Prusa, un intellettuale greco nell' impero romano. Messina 1978.
Dorey, T. A. (Ed.), Empire and aftermath. Silver Latin. London 1975².
Fairweather, J., Seneca the Elder. Cambridge 1981.
Feldmann, L. H., Josephus and Modern Scholarship (1937–1980). Berlin 1984.
Gabba, E., Appiano e la storia delle guerre civili. Firenze 1976.
Gérard, J., Juvenal et la réalité contemporaine. Paris 1976.
Griffin, M. T., Seneca. A Philosopher in Politics. Oxford 1976.
Grimal, P., Seneca. Darmstadt 1978.
Habicht, C., Pausanias und seine „Beschreibung Griechenlands". München 1985.
Highet, G., Juvenal the Satirist. Oxford 1954.
Jones, C. P., Plutarch and Rome. Oxford 1971.
–, The Roman World of Dio Chrysostom. Cambridge, Mass. 1978.
–, Culture and Society in Lucian. Cambridge, Mass. 1986.

Lebek, W. D., Lucans Pharsalia. Göttingen 1976.
Pausanias. Reisen in Griechenland. Gesamtausg. in drei Bänden, auf Grund der komm. Übs. von Ernst Meyer, hrsg. von Felix Eckstein. 3 Bde. Zürich-München 1986–1989[3].
Oliver, J. H., The Ruling Power. Philadelphia 1953.
–, The Civilizing Power, Philadelphia 1968.
Paratore, E., La Letteratura dell' età imperiale. Milano 1970.
Pohlenz, M., Die Stoa. 2 Bde. Göttingen 1978–1980[5].
Rajak, T., Josephus. London 1984.
Scardigli, B., Die Römerbiographien Plutarchs. München 1979.
Schetter, W., Untersuchungen zur epischen Kunst des Statius. Wiesbaden 1960.
Schwartz, J., Biographie de Lucian de Samosate. Bruxelles 1965.
Sherwin-White, A. N., The Letters of Pliny. Oxford 1966.
Tatum, J., Apuleius and the Golden Ass. Ithaca 1979.
Wallace-Hadrill, A., Suetonius: The Scholar and his Caesars. London 1983.
Walsh, P. G., The Roman Novel. The ‚Satyricon' of Petronius and the ‚Metamorphoses' of Apuleius. London 1970.

7.6. Künste

Andreae, B., Römische Kunst. Freiburg 1974.
Bianchi Bandinelli, R., Rom. Das Zentrum der Macht. München 1970.
–, Rom. Das Ende der Antike. München 1971.
Blake, M. E., Roman Construction in Italy from Tiberius through the Flavians. New York 1959. NDr. 1968.
–– Bishop, D. T., Roman Construction in Italy from Nerva through the Antonines. Philadelphia 1973.
Breglia, L., L'arte romana nelle monete dell' età imperiale. Milano 1968.
Buchner, E., Die Sonnenuhr des Augustus. Mainz 1982.
Charles-Picard, G. – Butler, Y., Imperium Romanum. (Weltkulturen und Baukunst). München 1966.
Crema, L., L'architettura romana. Torino 1959.
Gauer, W., Untersuchungen zur Trajanssäule. Berlin 1977.
Gros, P., Architecture et société à Rome et en Italie centro-méridionale aux deux derniers siècles de la république. Bruxelles 1978.
Hamberg, G., Studies in Roman imperial art, with special reference to the state reliefs of the second century. Kopenhagen 1945.
Hanfmann, G. M. A., Römische Kunst. Wiesbaden 1964.
Von Heintze, H., Römische Porträtplastik aus sieben Jahrhunderten. Stuttgart 1961.
–, Römische Kunst. Stuttgart 1969.
–, Römische Porträts. Darmstadt 1974.
Kähler, H., Rom und seine Welt. 2 Bde. München 1958–1960.
–, Rom und sein Imperium. Baden-Baden 1962.
Von Kaschnitz-Weinberg, G., Die Baukunst im Kaiserreich. Reinbek 1963.
Kent, J. P. u. a., Die römische Münze. München 1973.
Koch, G. – Sichtermann, H., Römische Sarkophage. München 1982.
Kraus, Th. (Hrsg.), Das römische Weltreich. Berlin 1967.
La Baume, P., Römisches Kunstgewerbe zwischen Christi Geburt und 400. Braunschweig 1964.

Ling, R., Roman Painting. Cambridge 1991.
L'Orange, H. P. – Nordhagen, P. J., Mosaik. München 1960.
Maiuri, A., La peinture romaine. Genève 1953.
Moretti, G., Ara Pacis Augustae. 2 Bde. Roma 1948.
Niemeyer, H. G., Studien zur statuarischen Darstellung der römischen Kaiser. Berlin 1968.
–, Einführung in die Archäologie. Darmstadt 1983[3].
Pollitt, J. J., The Art of Rome c. 753 BC – AD 337. Sources and Documents. Cambridge 1983.
Ramage, N. H. – Ramage, A., The Cambridge Illustrated History of Roman Art. Cambridge 1991.
Rossi, L., Trajan's column and the Dacian wars. London 1971.
Schefold, K., La peinture pompéienne. Bruxelles 1972.
Schweitzer, B., Die Bildniskunst der römischen Republik. Leipzig 1948.
Settis, S. u.a., La colonna traiana. Torino 1988.
Simon, E., Augustus. Kunst und Leben in Rom um die Zeitwende. München 1986.
Sutherland, C. H. V., Roman History and Coinage 44 B. C.–A. D.69. Oxford 1987.
Toynbee, J. M. C., The Hadrianic School. Cambridge 1934.
–, Roman historical portraits. London 1978.
Vermeule, C. C., Roman imperial art in Greece and Asia Minor. Cambridge, Mass. 1968.
Wegner, M. – Gross, W. H. (Hrsg.), Das römische Herrscherbild. Berlin 1939ff.
Wirth, F., Römische Wandmalerei vom Untergange Pompejis bis ans Ende des 3. Jhs. Berlin 1934.
Zanker, P., Klassizistische Statuen. Studien zur Veränderung des Kunstgeschmacks in der römischen Kaiserzeit. Mainz 1974.

7.7. Wissenschaften und Technik

Boll, F. u.a., Sternglaube und Sterndeutung. Darmstadt 1966[5].
Drachmann, A. G., The mechanical technology of Greek and Roman antiquity. Kopenhagen 1963.
Farrington, F., Science in antiquity. Oxford 1969[2].
Flashar, H. (Hrsg.), Antike Medizin. Darmstadt 1971.
Forbes, R. J., Studies in ancient technology. 9 Bde. Leiden 1964–1972[2].
Gummerus, H., Der Ärztestand im römischen Reiche nach den Inschriften. Helsingfors 1932.
Gundel, W. – Gundel, H. G., Astrologumena. Die astrologische Literatur in der Antike und ihre Geschichte. Wiesbaden 1966.
Heiberg, J. L., Geschichte der Mathematik und der Naturwissenschaften im Altertum. München 1925. NDr. 1960.
Histoire générale des sciences. Ed. R. Taton. I. La science antique et médiévale. Paris 1966[2].
Jackson, R., Doctors and Diseases in the Roman Empire. London 1988.
Kretschmer, F., Bilddokumente römischer Technik. Düsseldorf 1978[4].
Lamprecht, H.-O., Opus caementitium. Bautechnik der Römer. Düsseldorf 1985[2].
Landels, J. G., Die Technik in der antiken Welt. München 1989[4].
Neugebauer, O., The exact sciences in antiquity. Providence 1957[2].
O'Connor, C., Roman Bridges. Cambridge 1993.

Sambursky, S., Das physikalische Weltbild der Antike. Zürich 1965.
Scarborough, J., Roman Medicine. London 1969.
Singer, C. (Ed.), A History of Technology. 5 Bde. London 1954–1958.
Stahl, W. H., Roman Science. Origins, Development and Influence in the Later Middle Ages. Madison 1966.
Die Wasserversorgung antiker Städte. Hrsg. von der Frontinus-Gesellschaft, Mainz 1987.
White, K. D., Greek and Roman Technology. London 1984.
Wikander, Ö., Exploitation of Water-Power or Technological Stagnation? Lund 1984.

7.8. Römische Religion

Altheim, F., Römische Religionsgeschichte. 2 Bde. Baden-Baden 1951.
Bayet, J., Histoire politique et psychologique de la religion romaine. Paris 1969².
Burkert, W., Antike Mysterien. München 1991².
Clauss, M., Mithras. München 1990.
–, Cultores Mithrae. Die Anhängerschaft des Mithras-Kultes. Stuttgart 1992.
Le culte des souverains dans l'Empire romain. Vandoeuvres 1973.
Cumont, F., Die orientalischen Religionen im römischen Heidentum. Darmstadt 1981⁸.
–, Die Mysterien des Mithra. Darmstadt 1981⁵.
Deininger, J., Die Provinziallandtage der römischen Kaiserzeit von Augustus bis zum Ende des 3. Jahrhunderts n. Chr. München 1965.
Dodds, E. R., Heiden und Christen in einem Zeitalter der Angst. Frankfurt 1985.
Dorcey, P. F., The Cult of Silvanus. A Study in Roman Folk Religion. Köln 1992.
Études préliminaires aux religions orientales dans l'Empire romain. Ed. M. J. Vermaseren. Leiden 1961 ff.
Fears, J. R., Princeps a diis electus: the divine election of the emperor as a political concept at Rome. Roma 1977.
Ferguson, J., The religions of the Roman Empire. London 1982.
Fishwick, D., The Imperial Cult in the Latin West. 2 Bde. Leiden 1987–1992.
Koch, C., Religio. Studien zu Kult und Glauben der Römer. Nürnberg 1960.
Latte, K., Römische Religionsgeschichte. München 1967² (NDr. 1992).
Le Gall, J., La religion romaine de l'époque de Caton l'Ancien au règne de l'empereur Commode. Paris 1975.
MacMullen, R., Paganism in the Roman Empire. New Haven 1981.
Mellor, R., Thea Rome. Göttingen 1975.
Merkelbach, R., Mithras. Königstein/Ts. 1984.
Momigliano, A., On Pagans, Jews, and Christians. Middletown, Conn. 1987.
–, Saggi di storia della religione romana, Brescia 1988.
Nilsson, M. P., The Dionysiac Mysteries of the Hellenistic and Roman Age. Lund 1957.
Ogilvie, R. M., ... und bauten die Tempel wieder auf. Religion und Staat im Zeitalter des Augustus. Stuttgart 1982.
Radke, G., Zur Entwicklung der Gottesvorstellung und der Gottesverehrung in Rom. Darmstadt 1987.
Reitzenstein, R., Die hellenistischen Mysterienreligionen nach ihren Grundgedanken und ihren Wirkungen. Leipzig 1927³. NDr. 1977.

Schillinger, K., Untersuchungen zur Entwicklung des Magna-Mater-Kultes im Westen des römischen Kaiserreiches. Konstanz 1979.
Scullard, H. H., Festivals and Ceremonies of the Roman Republic. London 1981.
Simon, E., Die Götter der Römer. München 1990.
Les Syncrétismes dans les religions grecque et romaine. Paris 1973.
Taeger, F., Charisma. Studien zur Geschichte des antiken Herrscherkultes. 2 Bde. Stuttgart 1957–1960.
Turcan, R., Religion romaine. 2 Bde. Köln 1988.
Ulf, C., Das römische Lupercalienfest. Darmstadt 1982.
Vermaseren, M. J., Cybele and Attis. Their Myth and their Cult. London 1977.
– (Ed.), Die orientalischen Religionen im Römerreich. Leiden 1981.
Vidman, L., Isis und Sarapis bei den Griechen und Römern. Berlin 1970.
Wissowa, G., Religion und Kultus der Römer. München 1912[2]. NDr. 1971.
Wlosok, A. (Hrsg.), Römischer Kaiserkult. Darmstadt 1978.

7.9. Judentum und Christentum im Römischen Reich

7.9.1. Judentum

Ben Sasson, H. H. (Hrsg.), Geschichte des jüdischen Volkes. München 1992.
Goodman, M., State and Society in Roman Galilee, A. D. 132–212. Totowa, N. J. 1983.
Grant, M., The Jews in the Roman World. London 1973.
Juster, J., Les Juifs dans l'Empire romain. I. Paris 1914. NDr. 1969.
Leon, H., The Jews of Ancient Rome. Philadelphia 1960.
Maier, J., Grundzüge der Geschichte des Judentums im Altertum. Darmstadt 1981.
Momigliano, A., Die Juden in der Alten Welt. Berlin 1988.
Price, J. J., Jerusalem under Siege. The Collaps of the Jewish State, 66–70 C. E. Leiden 1992.
Schäfer, P., Der Bar Kokhba-Aufstand. Tübingen 1981.
Schürer, E., The History of the Jewish People in the Age of Jesus Christ (175 B. C.–A. D. 135). 3 Bde. in 4. Rev. Edit. Edinburgh 1973–1987[4].
Sevenster, J. N., The Roots of Pagan Anti-Semitism in the Ancient World. Leiden 1975.
Smallwood, E. M., The Jews under Roman Rule. 2 Bde. Leiden 1976.
Stemberger, G., Die römische Herrschaft im Urteil der Juden. Darmstadt 1983.

7.9.2. Christentum

Altaner, B. – Stuiber, A., Patrologie. Leben, Schriften und Lehre der Kirchenväter. Freiburg 1980[9].
Andresen, C., Die Kirchen der alten Christenheit. Stuttgart 1971.
Barnes, T. D., Early Christianity and the Roman Empire. Oxford 1984.
–, Tertullian. Oxford 1985.
Brown, P., The Cult of the Saints. London 1983[2].
–, Die Keuschheit der Engel. München 1991.
Brox, N., Zeuge und Märtyrer. München 1961.
Von Campenhausen, H., Die Idee des Martyriums in der alten Kirche. Göttingen 1964[2].
Chadwick, H., Die Kirche in der antiken Welt. Berlin 1972.
Christensen, T., Christus oder Jupiter. Göttingen 1981.

Coleman-Norton, P. R., Roman State and Christian Church: a Collection of Legal Documents to A. D. 535. 3 Bde. London 1966.

Cullmann, O., Der Staat im Neuen Testament. Tübingen 1961^{2}.

Daniélou, J. – Marrou, H. I. (Hrsg.), Geschichte der Kirche. I. Zürich 1963.

Deichmann, F. W., Einführung in die christliche Archäologie. Darmstadt 1983.

Frend, W. H. C., Martyrdom and persecution in the early church. Oxford 1965.

–, The Rise of Christianity. London 1984.

Freudenberger, R., Das Verhalten der römischen Behörden gegen die Christen im 2. und 3. Jahrhundert. München 1969^{2}.

Gaudemet, J., Les sources du droit de l'Église en Occident du IIe au VIIe siècles. Paris 1985.

Grant, R. M., Christen als Bürger im Römischen Reich. Göttingen 1981.

Grimm, B., Untersuchungen zur sozialen Stellung der frühen Christen in der römischen Gesellschaft. München 1975.

Guelzow, H., Christentum und Sklaverei in den ersten drei Jh. Bonn 1969.

Guterman, S. L., Religious Toleration and Persecution in Ancient Rome. London 1951.

Von Harnack, A., Mission und Ausbreitung des Christentums in den ersten drei Jahrhunderten. 2 Bde. Leipzig 1924^{4}.

Jedin, H. (Hrsg.), Handbuch der Kirchengeschichte. I. Freiburg 1978^{4}.

– u. a. (Hrsg.), Atlas zur Kirchengeschichte. Freiburg 1970.

Kee, H. C., Das frühe Christentum in soziologischer Sicht. Göttingen 1982.

Klein, R. (Hrsg.), Das frühe Christentum im römischen Staat. Darmstadt 1971.

De Labriolle, P., La réaction paienne. Études sur la polémique antichrétienne du Ier au VIe siècles. Paris 1948^{2}.

Lampe, P., Die stadtrömischen Christen in den ersten beiden Jahrhunderten. Tübingen 1986.

Lietzmann, H., Geschichte der Alten Kirche. 4 Bde. Berlin 1961$^{3-4}$. NDr. in einem Band 1975.

MacMullen, R., Christianizing the Roman Empire (100–400). New Haven 1984.

Meeks, W. A., Urchristentum und Stadtkultur. Die soziale Welt der paulinischen Gemeinden. Gütersloh 1993.

Meinhold, P., Geschichte der kirchlichen Historiographie. 2 Bde. Freiburg 1967.

Meyer, Ed., Ursprung und Anfänge des Christentums. 3 Bde. Stuttgart 1921–1923.

Molthagen, J., Der römische Staat und die Christen im zweiten und dritten Jahrhundert. Göttingen 1975^{2}.

Moreau, J., Die Christenverfolgung im römischen Reich. Berlin 1971^{2}.

Nock, A. D., Conversion. Oxford 1933.

Schäfke, W., Frühchristlicher Widerstand. Mainz 1976.

Schmidt, K. D. – Wolf, E. (Hrsg.), Die Kirche in ihrer Geschichte. Göttingen 1961 ff.

Schöllgen, G., Ecclesia sordida? Zur Frage der sozialen Schichtung frühchristlicher Gemeinden am Beispiel Karthagos zur Zeit Tertullians. Münster 1985.

Schrage, W., Die Christen und der Staat nach dem neuen Testament. Gütersloh 1971.

Sordi, M., I cristiani e l'impero romano. Milano 1983.

Speigl, J., Der römische Staat und die Christen. Staat und Kirche von Domitian bis Commodus. Leiden 1970.

Stambaugh, J. – Balch, D., The Social World of the First Christians. London 1986.
Vielhauer, Ph., Geschichte der urchristlichen Literatur. Berlin 1975.
Wilken, R. L., The Christians as the Romans saw them. New Haven 1984.
Wlosok, A., Rom und die Christen. Stuttgart 1970.

8. Das Römische Reich der Spätantike

8.1. Die Epoche der Severer und die Reichskrise des 3. Jahrhunderts n. Chr.

Alföldi, A., Studien zur Geschichte der Weltkrise des 3. Jahrhunderts nach Christi. Darmstadt 1980³.
Alföldy, G., Die Krise des Römischen Reiches. Ausgewählte Beitr. Stuttgart 1989.
Altheim, F., Der Niedergang der alten Welt. 2 Bde. Frankfurt 1952.
Babelon, J., Les impératrices Syriennes. Paris 1957.
Birley, A., Septimius Severus. The African Emperor. London 1971.
De Blois, L., The Policy of the Emperor Gallienus. Leiden 1976.
Callu, J. P. La politique monétaire des empereurs romains de 238 à 311. Paris 1969.
Dietz, K., Senatus contra principem. München 1980.
Dodgeon, M. H. – Lieu, S. N. C., The Roman Eastern Frontier and the Persian Wars AD 226–363. A Documentary History. London 1991.
Drinkwater, J. F., The Gallic Empire. Stuttgart 1987.
Flaig, E., Den Kaiser herausfordern. Frankfurt 1992.
Frey, M., Untersuchungen zur Religion und zur Religionspolitik des Kaisers Elagabal. Stuttgart 1989.
Frye, R. N., The History of Ancient Iran. München 1984.
Gagé, J., La montée des Sassanides et l'heure de Palmyre. Paris 1964.
Ghirsman, R., Iran. Parther und Sassaniden. München 1962.
Grant, M., Das Römische Reich am Wendepunkt. Die Zeit von Mark Aurel bis Konstantin. München 1972.
Hartmann, F., Herrscherwechsel und Reichskrise. Frankfurt 1982.
Herrmann, P., Hilferufe aus römischen Provinzen. Ein Aspekt der Krise des römischen Reiches im 3. Jhdt. n. Chr. Göttingen 1990.
Kettenhofen, E., Die syrischen Augustae in der historischen Überlieferung. Bonn 1979.
–, Die römisch-persischen Kriege des 3. Jahrhunderts n. Chr. Wiesbaden 1982.
King, A. – Henig, M. (Ed.), The Roman West in the Third Century: Contributions from Archaeology and History. 2 Bde. Oxford 1981.
König, I., Die gallischen Usurpatoren von Postumus bis Tetricus. München 1991.
Leunissen, P. M., Konsuln und Konsulare in der Zeit von Commodus bis Severus Alexander (180–235 n. Chr.). Amsterdam 1989.
MacMullen, R., Roman Government's Response to Crisis, A. D. 235–337. New Haven 1976.
Mazza, M., Lotte sociali e restaurazione autoritaria nel 3° secolo d. C. Catania 1970.
Schtajerman, E. M., Die Krise der Sklavenhalterordnung im Westen des römischen Reiches. Berlin 1964.
Strobel, K., Das Imperium Romanum im ‚3. Jahrhundert': Modell einer historischen Krise? Stuttgart 1993.
Sünskes Thompson, J., Aufstände und Protestaktionen im Imperium Romanum: Die severischen Kaiser im Spannungsfeld innenpolitsicher Konflikte. Bonn 1990.

Tyler, F., The Persian Wars of the 3rd Century A.D. and Roman Imperial Monetary Policy A.D. 253–268. Wiesbaden 1975.
Walser, G. – Pekáry, Th., Die Krise des römischen Reiches. Bericht über die Forschungen zur Geschichte des 3. Jahrhunderts (193–284 n. Chr.) von 1939 bis 1959. Berlin 1962.

8.2. Die Spätantike

Brown, P., Welten im Aufbruch: Die Zeit der Spätantike. Bergisch Gladbach 1980.
Dannenbauer, H., Die Entstehung Europas. I. Von der Spätantike zum Mittelalter. Stuttgart 1959.
Giardina, A. (Ed.), Società romana e impero tardo-antico. 4 Bde. Roma 1986.
Jones, A. H. M., The Later Roman Empire, 284–602. A Social Economic and Administrative Survey. 3 Bde. Oxford 1964. NDr. in 2 Bdn. Baltimore 1986.
Stein, E., Histoire du Bas-Empire. Ed. J.-R. Palanque. Brügge I. 1959². II. 1949.
Vogt, J., Der Niedergang Roms. Zürich 1965.

8.3. Verfassung und Verwaltung – Gesellschaft und Wirtschaft

8.3.1. Das tetrarchische System Diokletians

Barnes, T. D., The New Empire of Diocletian and Constantine. Cambridge, Mass. 1982.
Van Berchem, D., L'armée de Dioclétien et la réforme constantinienne. Paris 1952.
Castritius, H., Studien zu Maximinus Daia. Kallmünz 1969.
Kolb, F., Diocletian und die erste Tetrarchie. Berlin 1987.
Lauffer, S., Diokletians Preisedikt, Berlin 1971.
L'Orange, H. P., Das spätantike Herrscherbild von Diokletian bis zu den Konstantins-Söhnen, 284–361 n. Chr. Berlin 1984.
Seston, W., Dioclétien et la tétrarchie. I. Guerres et réformes. Paris 1946.
Williams, St., Diocletian and the Roman Recovery. London 1985.

8.3.2. Das Reich Konstantins d. Gr.

Alföldi, M. R., Die konstantinische Goldprägung. Mainz 1963.
Barceló, P. A., Roms auswärtige Beziehungen unter der Constantinischen Dynastie (306–363). Regensburg 1981.
Bonamente, G. – Fusco, F. (Ed.) Costantino il Grande dall' Antichità all' Umanesimo. 2 Bde. Macerata 1992f.
Bowder, C., The age of Constantine and Julian. London 1978.
Burckhardt, J., Die Zeit Constantins d. Gr. Leipzig 1880². NDr. München 1982.
Chantraine, H., Die Nachfolgeordnung Constantins des Großen. (Abh. AdW. Mainz 1992, 7). Stuttgart 1992.
Chastagnol, A., La Préfecture urbaine à Rome sous le Bas-Empire. Paris 1960.
Clauss, M., Der magister officiorum in der Spätantike (4.–6. Jhdt.). München 1980.
Dagron, G., Naissance d'une capitale: Constantinople et ses institutions de 330 à 451. Paris 1974.
Delmaire, R., Les responsables des finances impériales au Bas-Empire romain (IVe–VIe s.). Bruxelles 1989.
Dörries, H., Konstantin der Große. Stuttgart 1958.
Drijvers, J. W., Helena Augusta. Leiden 1992.
Grünewald, Th., Constantinus Maximus Augustus. Stuttgart 1990.
Keresztes, P., Constantin. Amsterdam 1981.

Kraft, H. (Hrsg.), Konstantin der Große. Darmstadt 1974.
Leeb, R., Konstantin und Christus. Berlin 1992.
MacMullen, R., Constantine. London 1970.
Noethlichs, K. L., Beamtentum und Dienstvergehen. Wiesbaden 1981.
Piganiol, A., L'Empire chrétien (325–395). Ed. A. Chastagnol. Paris 1972^2.
Spagnuolo Vigorita, T., Exsecranda pernicies: delatori e fisco nell' età di Costantino. Napoli 1984.
Stallknecht, B., Untersuchungen zur römischen Außenpolitik in der Spätantike, 306–395 n.Chr. Bonn 1969.
Vogt, J., Constantin der Große und sein Jahrhundert. München 1960^2.
–, Orbis. Freiburg 1960.
Weiss, P. B., Consistorium und Comites consistoriani. Würzburg 1975.

8.3.3. Sozial- und Wirtschaftsstruktur der Spätantike

Arnheim, M. T. W., The senatorial aristocracy in the later Roman empire. Oxford 1972.
Chastagnol, A., L'évolution politique, sociale et économique du monde romain de Dioclétien à Julien. Paris 1982.
Clark, G., Women in Late Antiquity. Oxford 1993.
Delmaire, R., Largesses sacrées et res privata. Roma 1989.
Depeyrot, G., Le Bas-Empire romain: économie et numismatique. Paris 1987.
Dill, S., Roman Society in the last century of the Western Empire. London 1898. NDr. 1960.
Dupont, C., La réglementation économique dans les Constitutions de Constantin. Lille 1963.
Goffart, W., Caput and Colonate. Toronto 1974.
–, Barbarians and Romans, AD 418–584. Princeton 1980.
Heil, W., Der konstantinische Patriziat. Basel 1966.
Holum, K. G., Theodosian Empresses: Women and Imperial Dominion in Late Antiquity. Berkeley 1982.
Horstkotte, H.-J., Die Theorie vom spätrömischen „Zwangsstaat" und das Problem der Steuerhaftung. Königstein/Ts. 1984.
Kent, J. P. C., Late Roman Bronze Coinage 324–498. London 1960.
Kneppe, A., Untersuchungen zur städtischen Plebs des 4. Jahrhunderts n.Chr. Münster 1979.
Kuhoff, W., Studien zur zivilen senatorischen Laufbahn im 4. Jh. n.Chr. Frankfurt 1983.
Kohns, H. P., Versorgungskrisen und Hungerrevolten im spätantiken Rom. Bonn 1961.
Lewin, A., Studi sulla città imperiale romana nell' oriente tardoantico. Como 1991.
Liebs, D., Die Jurisprudenz im spätantiken Italien (260–640 n.Chr.). Berlin 1987.
Löhken, H., Ordines Dignitatum. Untersuchungen zur formalen Konstitution der spätantiken Führungsschicht. Köln 1982.
MacMullen, R., Soldier and civilian in the later Roman Empire. Cambridge, Mass. 1963.
De Martino, F., Uomini e terre in Occidente tra tardo antico e medioevo. Napoli 1988.
Matthews, J., Western aristocracies and imperial court A.D. 364–425. Oxford 1975.

Mazzarino, S., Aspetti sociali del quarto secolo. Roma 1951.
Mickwitz, G., Geld und Wirtschaft im römischen Reich des vierten Jahrhunderts. Helsinki 1932.
Overbeck, M., Untersuchungen zum afrikanischen Senatsadel in der Spätantike. Konstanz 1971.
Pack, E., Städte und Steuern in der Politik Julians. Bruxelles 1986.
Pallasse, P., Orient et Occident. A propos du colonat romain au Bas-Empire. Lyon 1950.
Ruggini, L., Economia e società nell' „Italia annonaria". Milano 1961.
Seyfarth, W. (Hrsg.), Die Rolle der Plebs im spätrömischen Reich. Berlin 1969.
Stroheker, K. F., Der senatorische Adel im spätantiken Gallien. Tübingen 1948. NDr. 1970.

8.4. Staat und Religion

8.4.1. Allgemeines

Brown, P., Die Gesellschaft und das Übernatürliche. Berlin 1993.
Chitty, D. J., The Desert a City. An Introdoction to the History of Egyptian and Palestinian Monasticism under the Christian Empire. Oxford 1966.
Dumeige, G. – Bacht, H., Geschichte der ökumenischen Konzilien. Mainz 1963 ff.
Festugière, A. J., Les moines d'Orient. 7 Bde. Paris 1961–1969.
Frank, K. S., Grundzüge der Geschichte des christl. Mönchtums. Darmstadt 1993^5.
– (Hrsg.), Askese und Mönchtum in der Alten Kirche. Darmstadt 1975.
Gaudemet, J., L'Église dans l'Empire romain (IVe–Ve siècles). Paris 1958.
Von Harnack, A., Lehrbuch der Dogmengeschichte. 3 Bde. Tübingen 1931–1932^5. NDr. 1964.
Herrmann, E., Ecclesia in Re Publica. Die Entwicklung der Kirche von pseudostaatlicher zu staatlich inkorporierter Existenz. Frankfurt 1980.
Hunt, E. D., Holy Land Pilgrimage in the Later Roman Empire A. D. 312–460. Oxford 1982.
Jedin, H., Kleine Konziliengeschichte. Freiburg 1967^7.
Kelly, J. N. D., Altchristliche Glaubensbekenntnisse. Göttingen 1972^3.
Meslin, M., Les Ariens d'Occident 335–430. Paris 1967.
Momigliano, A. (Ed.), The Conflict between Paganism and Christianity in the Fourth Century. Oxford 1963.
Nesselhauf, H., Der Ursprung des Problems „Staat und Kirche". Konstanz 1975.
Schneemelcher, W., Kirche und Staat im 4. Jahrhundert. Bonn 1970.

8.4.2. Die constantinische Epoche

Alföldi, A., The Conversion of Constantine and Pagan Rome. Oxford 1969^2.
Barnes, T. D., Constantine and Eusebius. Cambridge, Mass. 1981.
Baynes, N. H., Constantine and the Christian Church. Oxford 1969^2.
Bleicken, J., Constantin der Große und die Christen. München 1992.
Bonamente, G. – Nestori, A. (Ed.), I Cristiani e l'Impero nel IV secolo. Macerata 1988.
Boularand, E., L'hérésie d'Arius et la foi de Nicée. 2 Bde. Paris 1972.
Brezzi, P., La politica religiosa di Costantino. Napoli 1965.
Calderone, S., Costantino e il Cattolicesimo. Firenze 1962.
Dörries, H., Das Selbstzeugnis Kaiser Konstantins. (Abh. AdW. Göttingen, 34). Göttingen 1954.

Frend, W. H. C., The Donatist Church. Oxford 1952.
De Giovanni, L., Costantino e il mondo pagano. Napoli 1977.
Girardet, K. M., Kaisergericht und Bischofsgericht. Bonn 1975.
Grasmück, E. L., Coercitio. Staat und Kirche im Donatistenstreit. Bonn 1964.
Von Haehling, R., Die Religionszugehörigkeit der hohen Amtsträger des Römischen Reiches seit Constantins I. Alleinherrschaft bis zum Ende der Theodosianischen Dynastie (324–450 bzw. 455 n. Chr.). Bonn 1978.
Jones, A. H. M., Constantine the Great and the Conversion of Europe. London 1961[5].
Kannengiesser, C. (Ed.), Politique et théologie chez Athanase d'Alexandrie. Paris 1974.
Keil, V., Quellensammlung zur Religionspolitik Konstantins des Großen. Darmstadt 1989.
Klein, R., Constantius II. und die christliche Kirche. Darmstadt 1977.
Kraft, H., Kaiser Konstantins religiöse Entwicklung. Tübingen 1955.
– (Hrsg.), Konstantin der Große. Darmstadt 1974.
Lietzmann, H., Der Glaube Konstantins des Großen. Berlin 1937.
Ruhbach, G. (Hrsg.), Die Kirche angesichts der konstantinischen Wende. Darmstadt 1976.
Von Schoenebeck, H., Beiträge zur Religionspolitik des Maxentius und Konstantin. Leipzig 1939.
Schwartz, E., Kaiser Constantin und die christliche Kirche. Berlin 1936[2].
–, Zur Geschichte des Athanasius. Berlin 1959.
Süssenbach, U., Christuskult und kaiserliche Baupolitik bei Konstantin. Bonn 1977.
Tengström, E., Soziale, wirtschaftliche und politische Aspekte einer nordafrikanischen Kirchenspaltung. Göteborg 1964.

8.4.3. Altgläubige Reaktionen

Bidez, J., Julian der Abtrünnige. München 1940.
Bowersock, G. W., Julian the Apostate. Oxford 1978.
Brown, P., Die letzten Heiden. Berlin 1986.
Geffcken, J., Der Ausgang des griechisch-römischen Heidentums. Heidelberg 1929[2].
Klein, R., Der Streit um den Victoria-Altar. Darmstadt 1972.
– (Hrsg.), Julian Apostata. Darmstadt. 1978.
Wytzes, J., Der letzte Kampf des Heidentums in Rom. Leiden 1977.
Ziegler, J., Zur religiösen Haltung der Gegenkaiser im 4. Jahrhundert n. Chr. Kallmünz 1970.

8.4.4. Staat und Christentum in der nachkonstantinischen Zeit

Frend, W. H. C., The Rise of the Monophysite Movement. Cambridge 1972.
Gould, G., The Desert Fathers on Monastic Community. Oxford 1993.
Joannou, P. P., La législation impériale et la christianisation de l'Empire romain (311–476). Roma 1972.
Langenfeld, H., Christianisierungspolitik und Sklavengesetzgebung der römischen Kaiser von Konstantin bis Theodosius II. Bonn 1977.
Liebeschuetz, J. H., Barbarians and Bishops. Army, Church and State in the Age of Arcadius and Chrysostom. Oxford 1990.

Lizzi, R., Vescovi e strutture ecclesiastiche nella città tardoantica (L'Italia Annonaria nel IV–V secolo d.C.). Como 1989.
Markus, R. A., From Augustin to Gregory the Great. London 1983.
Noethlichs, K. L., Die gesetzgeberischen Maßnahmen der christlichen Kaiser des 4. Jahrhunderts gegen Häretiker, Heiden und Juden. Köln 1971.
Prinz, F., Askese und Kultur. München 1980.
Ritter, A. M., Das Konzil von Konstantinopel und sein Symbol. Göttingen 1965.

8.5. Die Kultur der Spätantike

8.5.1. Allgemeines

Bowersock, G. W., Hellenism in Late Antiquity. Cambridge 1990.
Fuhrmann, M., Rom in der Spätantike. Porträt einer Epoche. München 1994.
Jonas, H., Gnosis und spätantiker Geist. Göttingen I. 1964[3]; II. 1966[2].
Laistner, M. L. W., Thought and Letters in Western Europe, 500–900. London 1957[2].
Riché, P., Éducation et culture dans l'Occident barbare. VIe–VIIIe siècles. Paris 1962.
Rudolph, K., Die Gnosis. Göttingen 1980[2].
Schulz, R., Die Entwicklung des römischen Völkerrechts im vierten und fünften Jahrh. n. Chr. Stuttgart 1993.
Vogt, J., Kulturwelt und Barbaren. Zum Menschheitsbild der spätantiken Gesellschaft. Wiesbaden 1967.
Widengren, G., Mani und der Manichäismus. Stuttgart 1961.
Zintzen, C. (Hrsg.), Die Philosophie des Neuplatonismus. Darmstadt 1977.

8.5.2. Literatur

Asche, U., Roms Weltherrschaftsidee und Außenpolitik in der Spätantike im Spiegel der Panegyrici Latini. Bonn 1983.
Beck, R., Die Tres Galliae und das Imperium im 4. Jahrhundert. Zürich 1969.
Blockley, R. C., Ammianus Marcellinus. A Study of his Historiography and Political Thought. Bruxelles 1975.
Brandt, H., Zeitkritik in der Spätantike. Untersuchungen zu den Reformvorschlägen des Anonymus De rebus bellicis. München 1988.
Bregman, J., Synesius of Cyrene: Philosopher-Bishop. Berkeley 1982.
Brown, P., Augustinus von Hippo. Frankfurt 1982[2].
Cameron, A., Claudian: Poetry and Propaganda at the Court of Honorius. Oxford 1970.
Christensen, A. S., Lactantius the Historian. Copenhagen 1980.
Courcelle, P., Histoire littéraire des grandes invasions germaniques. Paris 1964[3].
Courtonne, Y., Un témoin du IVe siècle oriental. Saint Basil et son temps d'après sa correspondance. Paris 1973.
Demandt, A., Zeitkritik und Geschichtsbild im Werk Ammians. Bonn 1965.
Döpp, S., Zeitgeschichte in Dichtungen Claudians. Wiesbaden 1980.
Eadie, J. W., The Breviarium of Festus. London 1967.
Fuchs, H., Augustin und der antike Friedensgedanke. Berlin 1926.
Gelzer, H., S. Iulius Africanus und die byzantinische Chronographie. 2 Bde. Leipzig 1880–1898. NDr. 1967.
Goetz, H.-W., Die Geschichtstheologie des Orosius. Darmstadt 1980.

Kelly, J. N. D., Jerome. London 1975.
Kolb, F., Literarische Beziehungen zwischen Cassius Dio, Herodian und der Historia Augusta. Bonn 1972.
Kytzler, B., Roma aeterna. Zürich 1972.
– (Hrsg.), Rom als Idee. Darmstadt 1993.
Lacombrade, Ch., Le discours sur la royauté de Synésios. Paris 1951.
Maier, F. G., Augustin und das antike Rom. Stuttgart 1955.
Marrou, H.-I., Saint Augustin et la fin de la culture antique. Paris 1958[4].
Mazzarino, S., Storia sociale del vescovo Ambrogio. Roma 1989.
Palanque, J.-R., Saint Ambroise et l'Empire romain. Paris 1933.
Paschoud, F., Cinq études sur Zosime. Paris 1975.
Petit, P., Les étudiants de Libanius. Paris 1956.
Rebenich, S., Hieronymus und sein Kreis. Stuttgart 1992.
Roos, B.-A., Synesius of Cyrene. Lund 1991.
Rosen, K., Ammianus Marcellinus. Darmstadt 1982.
Ruether, R. R., Gregory of Nazianzus. Oxford 1969.
Saumagne, C., Saint Cyprien. Paris 1976.
Schlumberger, J., Die Epitome de Caesaribus. München 1974.
Von Stauffenberg, A. Schenk Graf, Römische Kaisergeschichte bei Malalas. Stuttgart 1931.
Straub, J. – Alföldi, A. (Hrsg.), Beiträge zur Historia-Augusta-Forschung. Bonn 1963ff.
Sugano, K., Das Rombild des Hieronymus. Frankfurt 1983.
Syme, R., Ammianus Marcellinus and the Historia Augusta. Oxford 1968.
–, The Historia Augusta. Bonn 1971.
–, Emperors and Biography. Oxford 1971.
Thompson, E. A., The historical work of Ammianus Marcellinus. Cambridge 1947.
Treucker, B., Politische und sozialgeschichtliche Studien zu den Basiliusbriefen. München 1961.
Vogt, J., Ammianus Marcellinus als erzählender Geschichtsschreiber der Spätantike. (Abh. AdW. Mainz 1963,8). Wiesbaden 1963.
–, Begegnung mit Synesios, dem Philosophen, Priester und Feldherrn. Darmstadt 1985.
Wachter, A., Beiträge zur Geschichtstheologie des Aurelius Augustinus. Bonn 1960.
Wallace-Hadrill, D. S., Eusebius of Caesarea. London 1960.
Widmer, W., Kaisertum, Rom und Welt in Herodians Metà Márkon basileías historíai. Zürich 1967.

8.5.3. Kunst

Alföldi, A., Die Kontorniat-Medaillons. 2 Teile. Berlin 1976.
Brilliant, R., The Arch of Septimius Severus in the Roman Forum. Roma 1967.
Deichmann, F. W., Frühchristliche Kirchen in Rom. Basel 1948.
–, Ravenna. 3 Bde. Wiesbaden 1969ff.
Delbrück, R., Spätantike Kaiserporträts von Contantinus Magnus bis zum Ende des Westreiches. Berlin 1933.
–, Die Münzbildnisse von Maximinus bis Carinus. Berlin 1940.
Gose, E., Die Porta Nigra in Trier. Berlin 1968.

Grabar A., La peinture byzantine. Genève 1953.
Hubert, J. u.a.,. Frühzeit des Mittelalters. München 1968.
Kähler, H., Piazza Armerina. Berlin 1973.
Krautheimer, R., Corpus Basilicarum Romae. 5 Bde. Roma 1937–1977.
–, Rom – Schicksal einer Stadt 312–1308. München 1987.
L'Orange, H. P., Der spätantike Bildschmuck des Konstantinbogens. Berlin 1939.
–, Art Forms and Civil Life in the Late Roman Empire. Princeton 1966.
MacCormack, S. G., Art and Ceremony in Late Antiquity. Berkeley 1981.
Matz, F. u.a. (Hrsg.), Die antiken Sarkophagreliefs. Berlin 1890ff.
McCann, A. H., The portraits of Septimius Severus. Roma 1968.
McNally, S. – Marascowić, J. and T., Diocletian's Palace. 2 Bde. Split 1976.
Schweitzer, B., Die spätantiken Grundlagen der mittelalterlichen Kunst. Leipzig 1949.
Volbach, W. F., Frühchristliche Kunst, München 1958.
Weitzmann, K., Late Antique and Early Christian Book Illuminations. New York 1977.
Wilpert, J., Die römischen Mosaiken und Malereien vom IV. bis XIII. Jahrhundert. 4 Bde. Freiburg 1916–1924[3]. Ndr. 1977.

8.6. Der Untergang des Weströmischen Reiches

Alföldi, A., A Conflict of Ideas in the Later Roman Empire. The Clash between the Senat and Valentinian I. Oxford 1952.
Altheim, F., Geschichte der Hunnen. 1–4. Berlin 1969–1975[2]; 5. Berlin 1962.
Bertolini, O., Roma e i Longobardi. Roma 1972.
Blockley, R. C., East Roman Foreign Policy. Formation and Conduct from Diocletian to Anastasius. Leeds 1992.
Cameron, A. – Long, J., Barbarians and Politics at the Court of Arcadius. Berkeley 1993.
Christ, K. (Hrsg.), Der Untergang des Römischen Reiches. Darmstadt 1986[2].
Christlein, R., Die Alamannen. Stuttgart 1978.
Clemente, G., La „Notitia Dignitatum". Cagliari 1968.
Courtois, C., Les Vandales et l'Afrique. Paris 1955.
Demandt, A., Der Fall Roms. München 1984.
Demougeot, E., De l'unité à la division de l'Empire romain (395–410). Paris 1951.
–, La formation de l'Europe. II. De l'avènement de Diocletien à l'occupation germanique de l'Empire romain. Paris 1979.
Diesner, H.-J., Die Völkerwanderung. Gütersloh 1976.
Enßlin, W., Theoderich d. Gr. München 1959[2].
Heather, P. J., Goths and Romans 332–489. Oxford 1991.
Heinzberger, F., Heidnische und christliche Reaktion auf die Krisen des Weströmischen Reiches in den Jahren 395–410 n. Chr. Bonn 1976.
Helbling, H., Goten und Wandalen. Zürich 1959.
Kaegi, W., Byzantium and the Decline of Rome. Princeton 1968.
Lippold, A., Theodosius d. Gr. und seine Zeit. München 1980[2].
Maenchen-Helfen, O., Die Welt der Hunnen. Wien 1978.
MacMullen. R., Corruption and the Decline of Rome. New Haven 1988.
Martin, J., Spätantike und Völkerwanderung. München 1990[2].
Mazzarino, S., Das Ende der antiken Welt. München 1961.

Oost, S. I., Galla Placidia Augusta. Chicago 1968.
Pabst, A., Divisio regni. Der Zerfall des Imperium Romanum in der Sicht der Zeitgenossen. Bonn 1986.
Paschoud, F., Roma aeterna. Neuchâtel 1964.
Perrin, O., Les Burgondes. Neuchâtel 1968.
Piganiol, A., Le sac de Rome. Paris 1964.
Rehm, W., Der Untergang Roms im abendländischen Denken. (1930). NDr. Darmstadt 1987.
Stroheker, K. F., Germanentum und Spätantike. Zürich 1965.
Thompson, E. A., The Goths in Spain. Oxford 1959.
Várady, L., Die Auflösung des Altertums. Budapest 1978.
–, Epochenwechsel um 476. Budapest 1984.
Waas, M., Germanen im römischen Dienst im 4. Jahrhundert n. Chr. Bonn 1965².
Wanke, U., Die Gotenkriege des Valens. Frankfurt 1990.
Wes, M. A., Das Ende des Kaisertums im Westen des Römischen Reichs. Den Haag 1967.
Wolfram, H., Die Goten. München 1989³.

9. *Die römische Tradition*

Bailey, C., The Legacy of Rome. Oxford 1924.
Büchner, K. (Hrsg.), Latein und Europa. Stuttgart 1978.
Calder III, W. M. – Kramer, D. J., An Introductionary Bibliography to the History of Classical Scholarship Chiefly in the XIX and XX Centuries. Hildesheim 1992.
Christ, K., Römische Geschichte und deutsche Geschichtswissenschaft. München 1982.
–, Römische Geschichte und Wissenschaftsgeschichte. 3 Bde. Darmstadt 1982–1983.
–, Von Gibbon zu Rostovtzeff. Darmstadt 1989³.
–, Neue Profile der Alten Geschichte. Darmstadt 1990.
– – Gabba, E. (Hrsg.), Römische Geschichte und Zeitgeschichte in der deutschen und italienischen Altertumswissenschaft während des 19. und 20. Jahrhunderts. 2 Bde. Como 1989–1991.
Curtius, E. R., Europäische Literatur und lateinisches Mittelalter. Tübingen 1993¹¹.
Goez, W., Translatio imperii. Tübingen 1958.
Hassel, P., Römische Geschichte im öffentlichen Geschichtsbewußtsein. Frankfurt 1989.
Jacks, P. (Ed.), The antiquarian and the myth of antiquity. The origins of Rome in Renaissance thought. Cambridge 1993.
Momigliano, A., Contributi alla storia degli studi classici e del mondo antico. 9 Bde. Roma 1955–1992.
–, Wege in die Alte Welt. Berlin 1991.
Salmon, E. T., The Nemesis of Empire. Oxford 1974.
Schneider, F., Rom und Romgedanke im Mittelalter. München 1926.
Schramm, P. E., Kaiser, Rom und Renovatio. Leipzig 1929; NDr. 1992.
Weiss, R., The Renaissance Discovery of Classical Antiquity. Oxford 1969.

5. Verzeichnis der Kartenskizzen und Pläne

6. Erläuterungen zu den Tafeln

1. Flavisches Amphitheater (Colosseum), 80 n. Chr.

Der Baubeginn erfolgte unter Vespasian (69–79 n. Chr.), die Einweihung unter Titus. Dieses älteste steinerne Amphitheater Roms wies eine Achsenweite von 187 × 155 m und eine Höhe von 48 m auf, die ellipsenförmige Arena eine Länge von 86 und eine Breite von 54 m. In seinen vier, aus Arkaden gebildeten Stockwerken bot es einst rund 45 000 Sitz- und 5000 Stehplätze.

Die Anlage war ein Tribut der neuen flavischen Dynastie an die römische plebs und zugleich monumentaler Ausdruck für die Entpolitisierung der alten römischen Bürgerschaft, die in diesem größten Amphitheater des Imperiums viele Tage im Jahr Unterhaltung nach ihrem Geschmack finden konnte. (Siehe S. 121)

2. Straße eines Wohnviertels, Herculaneum, 1. Jahrhundert n. Chr.

Während die Bauten Pompejis 79 n. Chr. durch einen Aschen- und Bimssteinregen, später dann durch Bergungsaktionen und Plünderungen stark zerstört wurden, ist das gleichzeitig betroffene Herculaneum unter einer Tuffmasse besser konserviert worden. Der vulkanische Schlammstrom, der sich hier nach dem großen Ausbruch des Vesuvs durch die Straßen der Stadt wälzte, ließ gleichsam alles zu Stein erstarren. Diese totale Katastrophe erlaubte es den Ausgräbern, die besten Einblicke in die italische Siedlungs- und Wohnweise zu erhalten.

Die Häuser mit ihren zum Teil vorgezogenen Schutzdächern und Balkonen öffneten sich zur relativ schmalen, aber solide gepflasterten Straße hin. Die Erdgeschosse waren meist gediegen mit Tuffquadern und Ziegelschichten gebaut, die Obergeschosse dagegen in einer sehr viel leichteren Bauweise mit Fachwerk (parietes craticii) errichtet und häufig Anlaß für die gefährlichen Brände. (Siehe S. 115)

3. Toga-Statue eines Römers mit Ahnenbildnissen.
Marmor. Höhe 1,65 m. Augusteische Epoche. Rom, Konservatorenpalast

Die enge Verbundenheit der Angehörigen der römischen Führungsschicht mit ihren Vorfahren (siehe S. 31) kommt in dieser Statue besonders deutlich zum Ausdruck. Durch Horaz (Serm. I, 6, 16) ist bekannt, daß sich das römische Volk noch in augusteischer Zeit mit Staunen an Inschriften und Ahnenbildern weidete, die das soziale Prestige dokumentierten.

4. Römische Porträts

a. Caesar, Pisa, Campo Santo

Das Caesarporträt dieses Typus wurde in mehreren Kopien überliefert. Es geht auf eine idealisierte Gestaltung der frühaugusteischen Epoche zurück, welche durch die Betonung der hohen Stirn, straffe, ovale Kopfform und volleren Haarwuchs charakterisiert wird. Dem Künstler kam es offensichtlich darauf an, die hohe Intelligenz, Entschlossenheit und Souveränität der Person herauszuarbeiten sowie das Porträt mit besonderer Dynamik zu erfüllen.

b. „Brutus“ – Männlicher Porträtkopf, Bronze, Mitte 3. Jahrh. v. Chr. 32 cm hoch – Rom, Konservatorenpalast

Nach dem Auftauchen dieses Kopfes, zu Beginn des 16. Jahrhunderts, wurde in dem Dargestellten wiederholt der erste Konsul der Römischen Republik, L. Iunius Brutus, von anderen wiederum der Caesarmörder Brutus gesehen.

Die Augen des Kopfes sind in Elfenbein mit brauner Iris und schwarzer Pupille eingelegt. Willensstärke, Strenge, in sich ruhende Selbstsicherheit und Beherrschtheit der Angehörigen der römischen Führungsschicht fanden hier eine eindrucksvolle und doch zugleich auch individuelle Gestaltung.

c. Kopf einer spätantiken Kolossalstatue, Barletta, 5. Jahrh. n. Chr.

Die einstmals insgesamt etwa 5 m hohe Bronzestatue dürfte Kaiser Markian (450–457 n. Chr.) darstellen. Teile des Kopfes über dem Diadem sind ergänzt, ebenso andere Partien der imposanten Statue, die heute in Barletta, vor San Sepolcro, aufgestellt ist. Das mächtige Haupt der Figur dürfte gleichwohl einen guten Eindruck von der Stilisierung des spätantiken Kaisertums geben. (Siehe S. 241)

d. Bildnis Trajans (98–117 n. Chr.) aus Carpentras (Vaucluse)

Höhe 22 cm, Breite 20 cm, Tiefe 19 cm. Trotz seiner niedrigen Stirn und den großflächigen Gesichtspartien läßt das Porträt das nüchterne, schlichte Wesen des „optimus princeps“ lebendig werden. Es belegt zugleich die Bedeutung der Kaiserporträts in den Provinzen als Denkmäler der im Kaiser personifizierten Reichsidee.

5. Römische Haruspices bei der Eingeweideschau vor dem Tempel des Iuppiter Capitolinus. Anfang 2. Jahrh. n. Chr. Marmorrelief, Louvre

Das von M. Ulpius Orestes geschaffene Relief stammt wahrscheinlich vom Trajansforum in Rom. Die Eingeweideschau ließ in der Römischen Republik der Inhaber des Imperiums vornehmen, in der Kaiserzeit der Princeps, um vor wichtigen Unternehmungen den Willen der Götter zu erkunden. Die Beobachtung des Vogelflugs und die Untersuchung der Eingeweide der Opfertiere zählten zu den bedeutsamsten Akten der römischen Staatsreligion. (Siehe S. 169)

Im Bild löst ein gebückter Opferschlächter die Leber aus dem Bauch des geschlachteten Stiers, um sie dem am linken Bildrand stehenden Priester (mit der hochgeworfenen Toga) zu zeigen.

6. Trajansbogen, Benevent. Trajan verteilt Alimenta. Marmor. 114 n. Chr. Höhe 2,40 m. Durchgangsrelief

In der Szene wird die Fürsorge Trajans für die bedürftigen Kinder der freien Bürger gefeiert, staatliche Maßnahmen, welche an die Stelle der früheren privaten Stiftungen traten oder diese ergänzten.

Das Relief zeigt links den Kaiser und seine Begleitung, die der Verteilung von Lebensmitteln beiwohnen, im Mittelpunkt den Tisch mit den Spenden. In der rechten Bildhälfte sind Bewohner von Benevent mit ihren Kindern dargestellt. Unter diese Gruppe haben sich vier Frauen mit Mauerkronen (= Personifikationen von begünstigten Städten) gemischt.

7. Relieffries der Ara Pacis Augustae, Rom 13–9 v. Chr. Höhe 1,55 m, ursprüngliche Länge 8,60 m

Der Südfries der Ara Pacis Augustae zeigt in seiner linken Hälfte das Kultpersonal, das Augustus in der dargestellten Prozession umgab. Es folgt das domus principis, die Familie und die nächste Umgebung des princeps, aus der M. Agrippa in der Kleidung eines Priesters, Julia mit C. Caesar und Livia besonders herausragen. (Siehe S. 161)

8. Fries eines Terra-Sigillata-Kelchgefäßes der augusteischen Epoche
Werkstatt des Ateius. Gefunden im Gebiet des römischen Lagers von Mainz.

9. Gladiatorenkampf, Mosaik. 3. Jahrh. n. Chr.
Teil eines bunten Fußbodenmosaiks aus einer römischen Villa bei Nennig. Das abgebildete zentrale Motiv eines insgesamt 10 × 15 m großen Mosaiks zeigt einen Übungskampf zwischen einem voll bewaffneten retiarius (rechts) und einem leicht bewaffneten myrmillo (links). Im Hintergrund ein Trainer, der die Übung überwacht.

10. Helm eines Gladiators
Die häufig reich verzierten Helme zählten zu den kostspieligsten Ausrüstungsgegenständen schwerbewaffneter Gladiatoren. Die Helmform wurde zwar variiert, im Prinzip jedoch lange beibehalten. Der Gesichtsschutz war teilweise noch besser als bei diesem Exemplar.

11. Mosaik aus den Caracalla-Thermen. Anfang 3. Jahrhundert n. Chr.
Die riesige Thermenanlage (siehe S. 127) war einst durch zahlreiche Mosaiken ausgeschmückt. Unser Bild zeigt drei charakteristische Athletengestalten (Ringer, Läufer, Boxer). Die Berufsathleten in diesen Sparten, die bei öffentlichen Wettkämpfen auftraten, waren oft hochgezüchtete Sklaven, großenteils griechischer oder „barbarischer" Herkunft. Die brutalen Physiognomien dürften lediglich den üblichen Vorstellungstypen entsprechen.

12. Columbarium in der Vigna Codini, Rom
Da die viele Reihen von Nischen umfassenden Sammelanlagen für die Urnen den Taubenschlägen ähnelten, wurden auch sie als Columbarien bezeichnet. Nach der Verbrennung des Toten auf einem Scheiterhaufen wurden während der späten Republik und in der frühen Kaiserzeit Asche und Gebeine in einer Marmorurne gesammelt, diese dann in einer Nische eines Columbariums aufbewahrt. Die Nischen sind regelmäßig durch kleine Inschriftentafeln mit den Namen der Verstorbenen gekennzeichnet worden, gelegentlich wurden sie auch durch Bildnisbüsten geschmückt. (Siehe S. 129)

13. Ärztliche Instrumente aus Pompeji. 1. Jahrhundert n. Chr.
Vor allem in Pompeji, aber auch in anderen Städten des Imperiums wurden eine ganze Reihe von chirurgischen und anderen medizinischen Instrumenten gefunden, oft viele Einzelstücke umfassende Bestecke, die inzwischen in die großen Museen gelangt sind (zum Beispiel in das Nationalmuseum Neapel, das Britische Museum, das Römisch-germanische Zentralmuseum, Mainz).

Unter einer Gruppe von Schneidezangen (mittlere Reihe, linke Hälfte) sieht man einen geschwungenen Harnröhrenkatheter. Ferner zeigt unser Bild (mittlere Reihe, rechts) specula gynaecologica, die in der Frauenheilkunde gebräuchlichen Uterusspiegel, die durch einen Schraubmechanismus nach der Einführung in die Vagina gespreizt werden konnten.

14. Dupondius. Unter Tiberius, nach 22 n. Chr. geprägt

Vorderseite
Legende: DIVVS AVGVSTVS PATER.
Kopf des Augustus mit Strahlenkrone. Idealisiertes Porträt.

Rückseite
Legende: PROVIDENT(ia) – S(enatus) C(onsulto)
Altar. München, Staatliche Münzsammlung.

Der eindrucksvolle Münztypus erinnert an die Konsekration des Augustus, die offizielle Erhebung des Gründers des Principats zu den Göttern. Die Strahlenkrone verbindet seine Person mit der aeternitas (Ewigkeit). Die Legende der providentia (Voraussicht, Vorsorge) weist dagegen auf Augustus' Regelung der Nachfolge im Principat hin, welcher der damalige princeps (Tiberius, 14–37 n. Chr.) seine Stellung verdankte. Die durch die Buchstabengröße auffallende Betonung der Autorität des Senates läßt sich nicht nur im Hinblick auf dessen (eingeschränktes) Prägerecht interpretieren, sondern ebenso auf den Versuch des Tiberius, in betontem engem Einvernehmen mit dem Senat zu regieren.

15. Silbermedaillon Constantins d. Gr. Münzstätte Ticinum. 315 n. Chr. 6,4 gr. Durchmesser 2,4 cm. München, Staatliche Münzsammlung

Vorderseite
Legende: IMP(erator) CONSTANTINVS P(ius) F(elix) AVG(ustus)
(Die übliche Kurzformel der spätantiken Kaisertitulatur: Der Imperator Constantin, der Fromme, Glückliche, Erhabene).

Enfaceporträt Constantins d. Gr. Der in Panzer und mit Helm abgebildete Kaiser führt mit seiner rechten Hand ein Pferd am Zügel, über dem linken Arm trägt er einen Schild, in dessen Zentrum die Wölfin mit den Zwillingen abgebildet ist. Hinter diesem Schild erhebt sich ein Szepter mit Querstange und Globus. Den Kopf des Kaisers überwölbt ein prunkvoller, mit Rosetten verzierter Spangenhelm. Über dem rechten Auge des Herrschers wird der Helmbusch durch eine runde Scheibe abgeschlossen, auf der das Christusmonogramm (X–P/Chi–Ro) zu erkennen ist.

Rückseite
Legende: SALVS REI PVBLICAE (Das Heil des Staates).
Der auf einem Podium stehende Kaiser ist im Gestus der adlocutio, der Ansprache an Kavallerieverbände, abgebildet. Der Herrscher trägt Panzer und Feldherrnmantel, seine rechte Hand ist erhoben, in der Linken hält er ein Tropaion, das Siegeszeichen. Rechts neben ihm steht Victoria mit Palmzweig. Um das Podium schließt sich ein Kreis von Kavalleristen mit Rundschilden, Helmen, Lanzen und Pferden. Die beiden hintersten Reiter halten jeweils ein Feldzeichen.

16. Römisches Weinschiff auf der Mosel. 2./3. Jahrhundert n. Chr. Trier, Landesmuseum

Die Großplastik stammt vom Grabmal eines Weinhändlers aus Neumagen. Der Schiffsrumpf wurde am Vorder- und Hintersteven mit Tierköpfen geschmückt, der Bug läuft in einen Rammsporn (= Delphin) aus. Das eingemeißelte Auge ist kaum erkennbar. Die Ladung des Schiffes besteht aus vier großen Weinfässern. Auf der

Backbord- und Steuerbordseite befinden sich jeweils 6 Ruderer, sowie je ein Schiffsvormann und ein Steuermann; an den Seiten des Schiffs sind 22 Ruder angebracht, sei es aus künstlerischen Gründen, sei es, um das Tempo der Fahrt zu zeigen.

Bildquellennachweis

Collezione Anderson, Rom: 12

Deutsches Archäologisches Institut, Rom: 3, 6

Foto Marburg, Marburg: 1, 4, 5, 7, 8, 9, 10, 11, 13, 16

Staatliche Münzsammlung, München: 14, 15

The Mansell Collection, London: 2

7. Register